김 대 종 (金大鍾, KIM DAE JONG)

연락처: 010-8366-5552.

이메일: daejong68@sejong.ac.kr daejong1968@gmail.com

김대종 교수는 세종대학교 경영학과 교수이면서,
한국경영경제연구소 소장을 맡고 있다.

이 책을 읽으면 한국의 1%부자 30억원, 평균55억원 부자가 될 수 있다.
꼭 정독하고 요약하면서 읽자.

저의 목표는 이 책을 읽는 모든 분들이 부자가 되는 것이다.
조금만 공부하고 노력하면 부자가 된다.

절대로 직장만 열심히 다녀서는 부자가 될수 없다.
청약통장을 활용해 강남 아파트 분양받으면 차액이 50억원이다.
서울 둔촌주공 올림픽파크크레온은 5,000세대중 미분양이 발생했다.
서울 아파트는 89%확률로 10년 이상 상승한다.

이 책을 읽고 한강이남 아파트 분양이나 지하철 종점 3, 5호선을 집중적으로 보자. 버스 종점도 좋다.

주식은 미국 시가총액 1등만 투자하자. 2025년 엔비디어가 6000조원이다. 엔비디어를 사라는 것이 아니라 미국 1등을 사라는 것이다.

글로벌 시가총액 비중에서 미국 60%, 한국 1.5%다. 엔비디어 95%, 삼성전자 5%에 분산투자가 좋다.

KBS, MBC, SBS, YTN, 연합TV, 채널A, TV조선, 한국경제TV, SBS BIZ, BBC 등에서 활발한 방송과 기고를 하고 있다.

한국은 무역의존도 75% 세계 2위로 수출과 수입으로 먹고산다. 한국은 GDP 세계10위, 제조업 세계5위, 국제금융 세계 35위로 위기에 대비해야 한다.

그는 국회 기획재정위원회, 정무위원회, 산업자원부, 한국전력, 대한상공회의소와 공공기관, 중소기업중앙회, 한국 대기업과 중소기업 등에서 활발희 강의하고 있다.

〈신정부의 경제비전과 중소기업 대응전략〉〈3고 시대 중소기업 생존전략〉 〈트럼프 2기 , 한국생존전략〉〈신정부 부동산 현황과 전망〉 〈신정부의 경제현황과 수출기업 생존전략〉

〈1조 자산가의 주식투자 전략〉〈학생들을 위한 부자학- 부자가 되어 좋은 일을 많이 하자〉〈부자트렌드- 삶을 위한 디자인〉 등 다양한 주제로 특강을 하고 있다.

국내와 해외에서 한국경제전망과 산업전망을 활발히 강의를 하고 있다.

기업이 생존하려면 모바일 전략, 정부 구매, 구독경제, 인공지능 도입이 가장 중요하다.

개인은 지속적인 공부, 직장에서 최고 인재 되기, 한강이남 아파트 분양, 세계 시가총액 1등 엔비디어 주식 투자가 부자되는 지름길이라고 가르치고 있다.

한국외대 경제학과 수석졸업, 고려대 MBA, 서강대학교에서 경제학 박사학위를 받았다. 뉴욕대 MBA(현대금융), 컬럼비아대학교에서 방문교수로 연구 활동을 했다.

그는 세종대 경영학부 교수이며, 홍보실장을 10년 맡고 있다. 서울구로로타리클럽 회장, 국제로타리3640지구 공공이미지 위원장으로 어려운 이웃과 국민들을 위하여 많은 봉사활동을 계속하고 있다.

소아마비 박멸을 위한 기부, 노인복지관, 탈북 청소년 회관 등에서 봉사활동을 지속하고 있다.

현대모비스, LG전자, 현대증권과 CJ증권 이코노미스트, 한국경제신문사, 국회 4급 정책연구원 10년, 대통령직 인수위원회 자문위원을 했다. 삼성, LG, 현대그룹 국내 3대 대기업에서 모두 직장경험을 했다.

세계 3대 인명사전 후즈후 등재, 서울총장포럼 사무국장, 소방청, 동반성장위원회 등에서 활동하고 있다.

부자트렌드- 삶을 위한 디자인, 이재명 경제대전망, 트럼프2기 한국 생존전략, 성장하는 2025년 경제전망, 2024년 경제大전망, 부자학, 금과 채권시장 전망, 4차 산업혁명 인재 양성방안, 생활재테크,

기업경제학, 한국적정외환보유고, 중소기업 성장 연구, 무역과 인공지능 등 저서와 논문 200여 편이 있다.

한국시장경제연구회장, 한국경제평론가협회와 한국글로벌무역학회, 한국구매조달학회 부회장이다.

LG그룹 연암장학재단 회장, 고려대학교 MBA 상임이사, 한국외대 총동문회 이사다. 현대증권, 엘지전자, 증권연수원에서 최우수 사원상을 수상했다. 국방부 장관상과 소방청장 표창을 받았다. 세종대학교 총동문회에서 최우수 공로상 등을 받았다.

꼭 읽어야 하는 요약문

〈요 약〉

1. 김대종의 부자트렌드

대한민국에서 살면서 반드시 부자가 되어야 한다. 부자가 되는 방법은 어렵지 않다. 필자가 제시하는 실천 전략을 따르면 누구든 부자의 길에 들어설 수 있다.

첫째, 청약통장을 활용하자. 청약통장은 출생 직후 바로 만들어 주는 것이 이상적이다.

가점항목	가점상한	가점구분	점수	가점구분	점수
① 무주택 기간	32점	1년 미만	2	8년 이상~9년 미만	18
		1년 이상~2년 미만	4	9년 이상~10년 미만	20
		2년 이상~3년 미만	6	10년 이상~11년 미만	22
		3년 이상~4년 미만	8	11년 이상~12년 미만	24
		4년 이상~5년 미만	10	12년 이상~13년 미만	26
		5년 이상~6년 미만	12	13년 이상~14년 미만	28
		6년 이상~7년 미만	14	14년 이상~15년 미만	30
		7년 이상~8년 미만	16	15년 이상	32
② 부양 가족 수	35점	0명	5	4명	25
		1명	10	5명	30
		2명	15	6명이상	35
		3명	20		
③ 청약 통장 가입 기간	17점	6월 미만	1	8년 이상~9년 미만	10
		6월 이상~1년 미만	2	9년 이상~10년 미만	11
		1년 이상~2년 미만	3	10년 이상~11년 미만	12
		2년 이상~3년 미만	4	11년 이상~12년 미만	13
		3년 이상~4년 미만	5	12년 이상~13년 미만	14
		4년 이상~5년 미만	6	13년 이상~14년 미만	15
		5년 이상~6년 미만	7	14년 이상~15년 미만	16
		6년 이상~7년 미만	8	15년 이상	17
		7년 이상~8년 미만	9		
		84점			

아파트 청약가점 배점표 /국토교통부

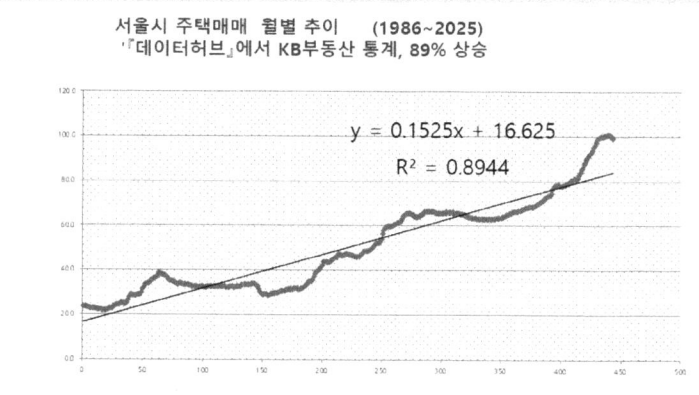

 만 15세부터 청약 인정이 가능하며, 15년 이상 납입해야 만점 조건을 만족할 수 있다.

강남, 서초, 송파, 강동, 하남, 거여, 마천 등 한강 이남 지역, 특히 3호선·5호선 종점 인근에 분양받는 것이 핵심이다.

이 지역은 향후 시세 상승 확률이 90%에 달한다. 버스와 지하철 종점 주변도 교통이 좋아 가치가 상승한다.

청약을 통해 받은 아파트는 수억 원의 차익을 낳는다. 실제로 2023년 분양한 둔촌주공은 13억 원이었던 분양가가 2025년 기준 약 30억 원으로 상승했다.

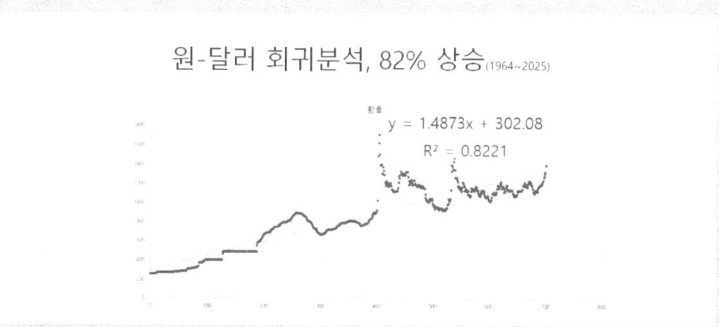

반포 원베일리 아파트는 분양가 20억원 시세가 70억원이다. 가족 모두가 청약통장에 가입하자. 분양 당첨후 매각하면 3년후 재차 1순위가 될 수 있다.

둘째, 직장을 오래 다니고 승진하자. 전문성과 경력을 쌓으며, 직장재직중에 석사와 박사 과정을 병행한다면 대표이사가 될 가능성이 커진다. 직장인으로서 신뢰받고 성장해야만 경제력과 자산도 따라온다.

셋째, 미국의 신산업을 주목하자. 미국, 일본, 싱가포르 등 선진국의 산업 구조를 참고하여, 새로운 트렌드를 한국에 먼저 도입하자.

쿠팡의 물류 혁신, 넷플릭스의 콘텐츠 전략처럼 해외 산업 사례를 벤치마킹하거나 '카피캣 전략'을 통해 국내 및 동남아 시장에서도 성공할 수 있다.

넷째, 반드시 미국의 시가총액 1등 주식에 투자하자. 예컨대 현재의 엔비디아처럼 미국의 1등 주식은 장기적으로 안정성과 수익률 모두를 제공한다. 월급의 25%를 투자하되, 시가총액 1위가 바뀌면 종목도 함께 조정해야 한다.

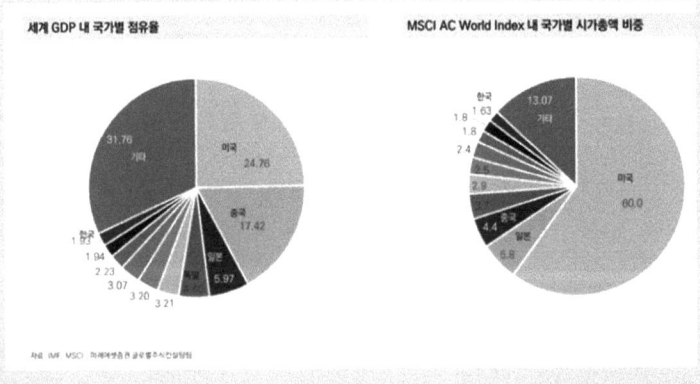

국내 주식은 전체 자산의 5% 이내로 제한하고, 가상자산은 10% 이내로 유지하자. 비트코인과 같은 1등 가상화폐만 장기 보유 대상으로 고려할 수 있다. 마지막으로, 부자가 되고 싶다면 부자를 관찰하고 따라해야 한다. 넷플릭스에서 트럼프 전기영화를 보고, 수많은 부자 책을 읽고 그들의 사고방식과 투자 원칙을 배워야 한다.

필자 역시 100권 이상의 재테크 책을 읽고 실행해왔다.

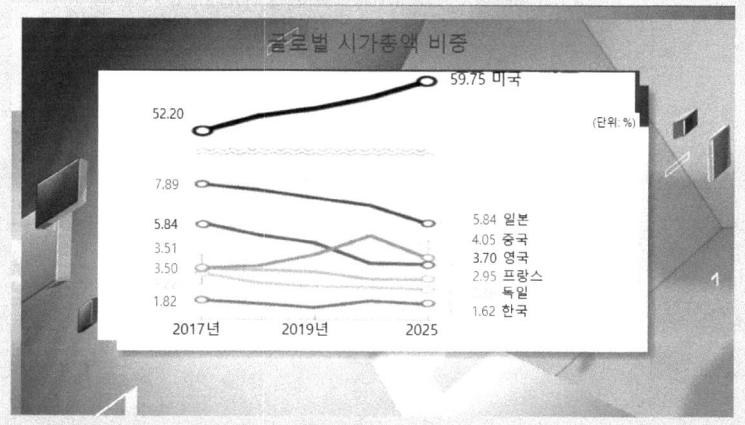

책을 통해 지식을 쌓고, 한 주라도 미국 1등 주식을 사고, 청약통장을 만들어 가족 전체의 미래를 설계하자.

결론적으로, 오늘 당장 실천할 수 있는 부자 전략은 이렇다:

청약통장을 만들고, 미국 주식을 사고, 직장에 충실하고, 신산업에 관심을 갖고, 부자들의 전략을 배우는 것이다.

단돈 2만 원으로 청약통장을 시작할 수 있다. 이것이 부자의 첫걸음이 된다.

〈총 론〉

1. 한국에서 부자가 되는 현실적인 방법

부자가 되고자 하는 열망은 인류 보편의 꿈이며, 한국 사회에서도 예외는 아니다. 치열한 경쟁과 급변하는 경제 환경 속에서 '어떻게 하면 부자가 될 수 있는가'에 대한 답은 사람마다 다르지만, 한국 사회의 구조와 제도를 고려했을 때 실현 가능한 전략은 분명히 존재한다. 이 글에서는 직장, 부동산 청약, 자녀 교육을 중심으로 현실적이고 체계적인 부의 축적 방법을 소개한다.

1. 첫 직장을 오래 다니며 내부에서 승진하기

한국에서 안정적인 부를 축적하는 가장 전통적이고 확실한 방법은 대기업에 취직하여 내부 승진을 통해 최고경영자(CEO)까지 올라가는 것이다. 이는 단순한 월급쟁이의 삶을 넘어, 직장이라는 구조 속에서 최대한의 보상을 이끌어내는 방식이다.

예를 들어 삼성전자와 같은 초대형 기업의 경우, 상무의 연봉은 약 5억 원 수준이며, 부사장, 사장으로 승진할 경우 연 50억~100억 원에 달하는 보상을 받을 수 있다. 이러한 구조는 단순히 급여뿐만 아니라 주식 매입, 인센티브, 퇴직금 등 다양한 방식으로 부의 축적이 가능하게 한다.

물론, 이러한 길은 경쟁이 치열하고 오랜 기간의 헌신과 성과가 필요하다. 그러나 직장 내에서 자신의 전문성과 리더십을 키우며 꾸준히 성장한다면, 매우 현실적인 부의 경로가 될 수 있다.

가점항목	가점상한	가점구분	점수	가점구분	점수
① 무주택 기간	32점	1년 미만	2	8년 이상~9년 미만	18
		1년 이상~2년 미만	4	9년 이상~10년 미만	20
		2년 이상~3년 미만	6	10년 이상~11년 미만	22
		3년 이상~4년 미만	8	11년 이상~12년 미만	24
		4년 이상~5년 미만	10	12년 이상~13년 미만	26
		5년 이상~6년 미만	12	13년 이상~14년 미만	28
		6년 이상~7년 미만	14	14년 이상~15년 미만	30
		7년 이상~8년 미만	16	15년 이상	32
② 부양 가족 수	35점	0명	5	4명	25
		1명	10	5명	30
		2명	15	6명이상	35
		3명	20		
③ 청약 통장 가입 기간	17점	6월 미만	1	8년 이상~9년 미만	10
		6월 이상~1년 미만	2	9년 이상~10년 미만	11
		1년 이상~2년 미만	3	10년 이상~11년 미만	12
		2년 이상~3년 미만	4	11년 이상~12년 미만	13
		3년 이상~4년 미만	5	12년 이상~13년 미만	14
		4년 이상~5년 미만	6	13년 이상~14년 미만	15
		5년 이상~6년 미만	7	14년 이상~15년 미만	16
		6년 이상~7년 미만	8	15년 이상	17
		7년 이상~8년 미만	9		
84점					

아파트 청약가점 배점표 / 국토교통부

2. 아파트 청약통장: 누구나 시작할 수 있는 부자의 통로

두 번째는 누구나 실현 가능한 방법인 아파트 청약 제도를 활용하는 것이다. 한국에서는 강남, 서초, 송파 등 주요 지역의 아파트에 당첨되기만 해도 수억 원에서 수십억 원의 시세 차익을 얻을 수 있다. 그 대표적인 예로, 강남의 원베일리 아파트는 32평 기준 분양가 20억 원 → 시세 70억 원(2025년 기준)까지 상승하였다. 단 한 번의 당첨으로 50억 원 차익을 얻는 것이다. 이것이야말로 평생의 노동소득을 뛰어넘는 일확천금의 기회가 된다.

> **거창고등학교 직업선택 10계명**
>
> 1. 월급이 적은 쪽을 택하라.
> 2. 내가 원하는 곳이 아니라 나를 필요로 하는 곳을 택하라.
> 3. 승진의 기회가 거의 없는 곳을 택하라.
> 4. 모든 조건이 갖추어진 곳을 피하고 처음부터 시작해야 하는 황무지를 택하라.
> 5. 앞을 다투어 모여드는 곳을 절대 가지 마라. 아무도 가지 않는 곳을 가라.
> 6. 장래성이 없다고 생각되는 곳으로 가라.
> 7. 사회적 존경을 바랄 수 없는 곳으로 가라.
> 8. 한가운데가 아니라 가장자리로 가라.
> 9. 부모나 아내가 결사반대를 하는 곳이면 틀림없다. 의심치 말고 가라.
> 10. 왕관이 아니라 단두대가 기다리고 있는 곳으로 가라

어떻게 준비해야 할까?

15세부터 인정 회차 시작: 청약통장은 만 15세부터 가입 시점이 인정 회차로 계산된다. 자녀가 태어나면 바로 가입: 2만 원이라도 넣어 통장을 만들어주고, 관리해주는 것이 중요하다.

15세부터는 매달 10만 원씩 입금 추천: 회차 및 납입액을 충실히 쌓으면 당첨 확률이 높아진다.

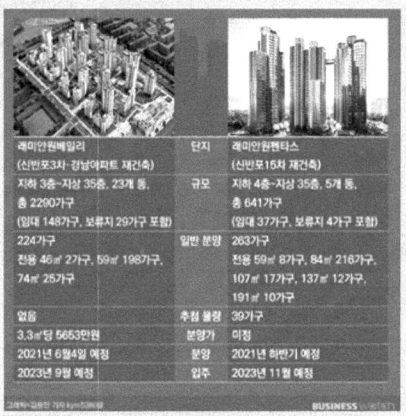

20세가 되면 세대주 인정: 본격적으로 청약 조건이 갖추어진다. 특히, 강남이나 하남, 송파, 강동, 서초 등 한강 이남 지역의 아파트를 분양받는 것이 핵심이다. 삼호선, 오호선의 종점, 주요 버스 노선의 종점 인근은 향후 가치 상승 가능성이 높기 때문에 이러한 지역을 우선적으로 고려해야 한다.

3. 부모의 준비가 자녀의 부를 만든다

부자가 되는 것은 개인의 역량 못지않게 가정의 준비에 달려 있다. 자녀가 태어나면 아래와 같은 로드맵으로 준비하는 것이 좋다.

1. 출생 직후: 청약통장 가입 + 2만 원 입금

2. 15세 이후: 매달 10만 원씩 입금

3. 20세 이후: 세대 분리 → 무주택 세대주로 전환

4. 30세 전후: 15년 이상 납입 + 무주택 유지 시, 가족, 출산 등으

로 '청약 가점 만점자' 가능

이렇게 준비된 자녀는 청약 당첨 확률이 매우 높으며, 결혼 자금, 내 집 마련, 부의 출발점을 일찍 확보하게 된다. 부모가 자녀를 위해 미리 청약 준비를 해주는 것만으로도 세대를 뛰어넘는 부의 축적이 가능하다.

4. 사업, 주식, 부동산도 중요하지만…

물론 부자가 되는 방법은 다양하다. 사업을 시작하거나, 주식과 코인을 잘 투자하거나, 수익형 부동산에 투자하는 방법도 있다. 그러나 이들은 위험이 따르고, 운과 타이밍, 전문지식이 요구되며, 대부분의 사람들이 쉽게 접근하기 어려운 영역이다.

반면, 직장 내 승진과 청약통장은 누구나 시작할 수 있고, 제도적으로 안정적인 부의 길이다. 특히 청약은 정부가 제도적으로 운영하는 시스템이기 때문에 상대적으로 투명하고 예측 가능하다.

결론: '현실적 부자'가 되기 위한 전략

한국에서 부자가 되는 가장 빠르고 현실적인 방법은 아래 두 가지다. 좋은 회사에 입사해 오래 근속하고, 내부 승진을 통해 최고보수를 받는 구조로 가는 것 아파트 청약 제도를 철저히 활용해, 시세 차익을 통해 자산을 빠르게 키우는 것

그리고 이 둘의 공통점은 "꾸준함"과 "계획"이다. 운에 기대는 것이 아니라 제도와 구조를 이해하고, 장기적인 계획 속에서 실행하는 것이 부자로 가는 핵심이다.

우리 모두가 꿈꾸는 '경제적 자유', 그 출발은 생각보다 가까이에 있다. 중요한 것은 지금 준비하고 실천하는 것이다.

오늘 당장 청약통장을 만들자.

LH, SH공사, 청약홈에 회원가입을 하자.

미국 시가총액 1위 엔비디어를 한주 사자.

실천한 사람은 부자가 될 수 있다.

5. 부자트렌드 - 새로운 신산업을 한국에 도입하라

한국에서 부자가 되는 길은 여러 갈래가 있지만, 그중에서도 가장 혁신적이고 잠재력이 큰 방법은 바로 해외의 새로운 산업을 한국에 도입하여 사업화하는 것이다. 이는 단순한 투자나 근로소득을 뛰어넘는, 부를 창조하는 방식이다. 역사적으로도 이러한 사례는 존재하며, 지금 이 순간에도 실현 가능성이 있는 실전 전략이다.

1. 피자를 들여온 사나이: 성신재 회장의 대담한 도전

국내에서 대표적인 해외 신산업 도입 사례는 피자헛(Pizza Hut)이다. 그 주인공은 바로 성신재 회장이다. 그는 단순한 사업가가 아니라, 미국 출장 중 우연히 접한 피자헛이라는 브랜드를 한국에 들여와 외식 문화에 혁신을 일으킨 개척자였다. 당시 피자는 한국에 생소한 음식이었다. 하지만 성 회장은 미국 본사를 직접 찾아가, 한국 내 피자헛 독점사업권을 무상으로 받아오는 데 성공했다. 이는 오늘날로 치면 수백억 원의 가치를 가진 계약이었다. 그 결과, 한국에 수백 개의 피자헛 가맹점을 열었고, 나중에 본사 요청에 따라 다시 회사를 매각하며 현재 시세로 약 3,000억 원에 해당하는

성신제씨.
서울신문DB

금액을 현금화할 수 있었다. 그는 단순히 피자를 판매한 것이 아니라, '한국 최초의 피자 산업'을 만든 창조자였다.

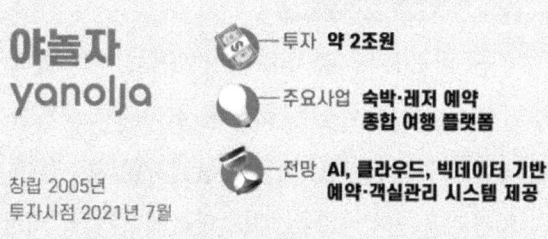

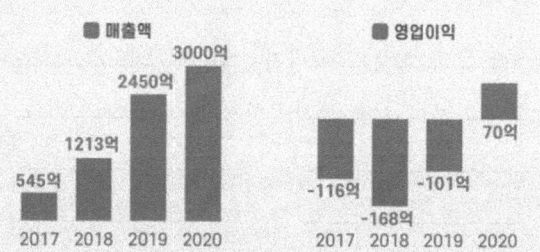

01 주식 투자로 1조 부자되자

2. 쿠팡: 아마존을 벤치마킹한 성공 전략

또 다른 대표 사례는 쿠팡(Coupang)이다. 창업자인 김범석 회장은 미국에서 아마존의 유통 시스템과 전자상거래 모델을 접한 후, 이를 한국 실정에 맞게 도입했다. 초기에는 회의적인 시선도 많았지만, 그는 '로켓배송'이라는 강력한 물류 전략과 함께 고객 경험을 극대화하는 데 성공했다.

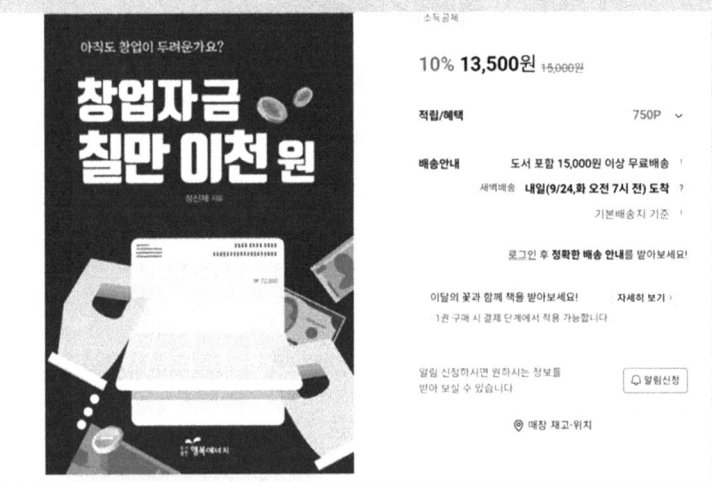

그 결과 쿠팡은 미국 뉴욕 증시에 상장되었고, 시가총액이 70조 원에 이르는 글로벌 기업으로 성장했다. 한국에서 상장할 경우 기업 가치에 제한이 있었겠지만, 미국은 창업자의 지분율에 따라 10배 이상의 의결권을 인정해주는 제도 덕분에 김범석 회장은 여전히 확고한 경영권을 유지하고 있다.

쿠팡은 단순한 유통 회사가 아니라, 해외에서 성공한 산업 모델을 한국에 맞게 구현하여 시장을 장악한 성공 사례다.

3. 앞으로의 방향: 선진국에서 사업 아이디어를 가져오라

많은 사람들이 해외여행을 갈 때 관광과 쇼핑에 집중한다. 하지만 부자가 되고 싶다면, 여행의 목적은 달라야 한다. 신산업을 관찰하고

새로운 브랜드를 탐색하는 것, 그것이 진정한 목적이 되어야 한다.

가야 할 곳은?

저렴한 후진국 여행 (중국, 베트남 등) → 관광에만 그칠 가능성이 높음

선진국 여행 (미국, 일본, 유럽, 싱가포르 등) → 미래 산업과 소비 트렌드를 체험할 수 있음

어떤 아이템을 봐야 하나?

아직 한국에 들어오지 않은 음식 프랜차이즈

신개념 교육, 헬스케어, 뷰티 브랜드

무인점포, AI 서비스, 로봇카페 등 자동화 시스템

ESG, 친환경, 지속가능성을 기반으로 한 산업 모델

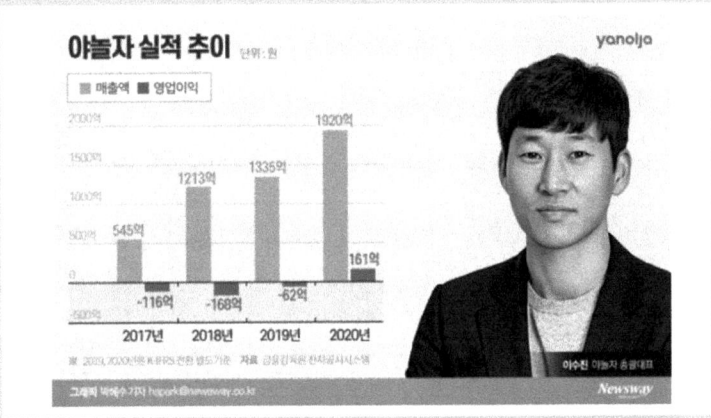

이와 같은 산업들은 국내에 빠르게 도입하여 선점하면, 단기간 내에 독점적 시장을 창출할 수 있다. 실제로 야놀자, 토스, 마켓컬리 등도 미국과 유럽의 모델을 벤치마킹해 한국 시장에서 급성장한 기업들이다.

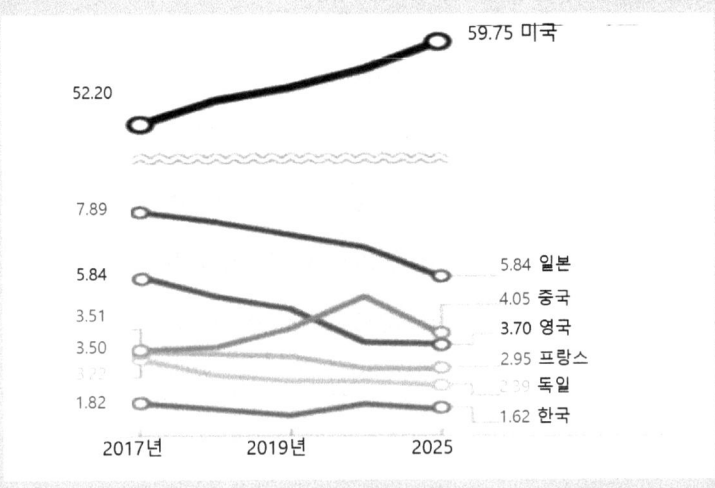

4. 미국 상장의 장점: 창업자의 권리를 지키는 구조

많은 한국 스타트업들이 미국 증시(NYSE, NASDAQ) 상장을 추구하는 이유는 다음과 같다.

차등의결권 인정:

창업자의 소수 지분이라도 10배 이상의 의결권을 부여받음.

글로벌 자금 유입: 대규모 투자자 유치가 용이함.

높은 기업가치 평가:

국내보다 훨씬 높은 시가총액을 인정받을 수 있음.

따라서 향후 한국에서 유니콘 기업을 키우고자 하는 창업자라면, 해외 상장과 국제적 사업모델을 염두에 둔 전략 수립이 필수적이다.

결론: 부자는 시대를 먼저 보는 자의 몫이다

한국에서 부자가 되고 싶다면, 이제는 단순히 국내에 있는 부동산과 직장에 안주할 것이 아니라, 글로벌 산업 트렌드를 한국에 먼저 들여오는 '혁신가의 길'을 고려해야 한다

성신재 회장은 피자헛으로

김범석 회장은 아마존을 통해 쿠팡으로

미래의 당신은 어떤 아이템으로?

지금 이 순간에도 미국, 일본, 유럽의 거리에서는 미래의 쿠팡과 피자헛이 되고 싶은 브랜드와 기술들이 움직이고 있다. 그것을 가장 먼저 발견하고 한국으로 가져오는 사람, 그 사람이 바로 다음 시대의 진정한 부자가 될 것이다.

< 국내 기업가치 1조원 돌파 이력기업 및 현재 유니콘기업 현황 >

기업명	분야	CB Insights	현재 유니콘기업	비고
옐로모바일	모바일	○	○	-
엘앤피코스메틱	화장품	○	○	-
두나무	핀테크	○	○	-
비바리퍼블리카	핀테크	○	○	-
야놀자	O2O서비스	○	○	-
위메프	전자상거래	○	○	-
지피클럽	화장품	○	○	-
무신사	전자상거래	○	○	-
에이프로젠	바이오	○	○	-
쏘카	카쉐어링	○	○	-
컬리	신선식품 배송	○	○	-
직방	부동산중개	○	○	-
버킷플레이스	전자상거래	○	○	-
리디	콘텐츠 플랫폼	○	○	-
아이지에이웍스	빅데이터 플랫폼	○	○	'22년 신규
A사(기업명 비공개)	도소매업	×	○	-
티몬	소셜커머스	×	○	-
당근마켓	전자상거래	×	○	-
빗썸코리아	핀테크	×	○	-
메가존클라우드	클라우드 서비스	×	○	'22년 신규
여기어때컴퍼니	O2O서비스	×	○	'22년 신규
오아시스	신선식품 새벽배송	×	○	'22년 신규
시프트업	모바일 게임 개발	×	○	'22년 신규
우아한 형제들	O2O서비스	△	×	M&A
CJ게임즈	게임	△	×	M&A
쿠팡	전자상거래	△	×	IPO(美 NYSE)
크래프톤	게임	△	×	IPO(코스피)
하이브	엔터테인먼트	×	×	IPO(코스피)
카카오게임즈	게임	×	×	IPO(코스닥)
더블유게임즈	게임	×	×	IPO(코스피)
펄어비스	게임	×	×	IPO(코스닥)
잇츠한불	화장품	×	×	IPO(코스피)
32개		15개	23개	

※ (참고) △ : 과거 CBinsights에 유니콘기업으로 등재됐으나 제외된 기업

6. 김대종의 부자 트렌드, 부자기준 순자산 30억원, 평균 55억 원

한국에서 상위 1% 부자의 기준은 순자산 약 30억 원 수준이다. 평균 55억 원에 이른다. 대부분의 직장인들은 평생을 일해도 이 자산을 만들기 어렵다고 생각하지만, 실제로는 성실히 일하고, 승진하면서 우량 자산에 꾸준히 투자하면 누구나 그 문턱에 다가갈 수 있다. 서울 강남구, 서초구, 송파구, 강동구, 하남 등 주요 권역의 부동산 가격 상승은 그 좋은 예다. 한강 이남, 특히 삼호선과 오호선 종점을 기준으로 분양을 받으면 최소 수억, 많게는 수십 억의 시세 차익을 볼 수 있다. 예컨대, 2023년 분양된 둔촌주공 아파트는 5,000세대 규모였고 당시 분양가는 13억원 수준이다. 2025년

이 아파트의 시세는 무려 30억 원까지 상승했다. 무려 2배 이상의 상승률을 기록한 것이다. 이처럼 수도권 핵심 입지의 아파트는 '부의 사다리' 역할을 한다. 직장인이라면 청약을 통해 내 집 마련에 도전해야 한다. 부동산은 일정 기간이 지나면 반드시 시세 상승의 과실을 안겨준다. 단, 기가 아닌 실거주 및 자산 방어의 목적에서 접근해야 한다. 그러나 부자는 부동산만으로 완성되지 않는다. 진정한 부자는 자산의 구성이 다양하다. 특히 주식투자는 필수다. 필자는 '월급의 25%를 주식에 투자하라'고 강조한다. 단, 아무 종목에 투자해서는 안 된다. 핵심은 '1등 주식'이다. 미국의 시가총액 1위 기업, 현재는 엔비디아가 그 대상이다. 엔비디아를 반드시 사라는 것이 아니다. 미국 주식 중 시가총액 1등, 가장 안정적인 우량 기업을 선택해야 한다. 미국은 전 세계 시가총액의 60%를 차지하고 있고, 한국은 1.5%에 불과하다.

글로벌 자본은 이미 미국에 몰려 있다. 이 흐름을 따라야 한다. 국내 주식은 전체 투자금의 5% 이내로 줄이는 것이 바람직하다.

환율 또한 중요한 변수다. 최근 50년간 데이터를 보면 한국 원화

유니콘으로 성장이 기대되는 글로벌 스타트업 50			
국가	도시	이름	제품·서비스
미국	샌프란시스코	알토파마시	온라인 약국
		앰블리듀드	생명과학 연구용 소프트웨어
		블렌드	금융기관용 소비자 대출 소프트웨어
		벤슬링	헬스케어
		카르타	투자자·창업자·직원 지분 관리 서비스
		도미노데이터랩	데이터 관리 소프트웨어 제작
		엠바크트럭스	자율주행 세미트럭 제작
		익스팬스	온라인 보안 장치
		페어	뷰티 및 소규모 매장용 도매
		파머스비즈니스네트워크	농업 데이터·정보 공유 및 공동구매, 판매 플랫폼
		체커	근로자 범죄경력 등 점검
		프론트	이메일 공동 작업 소프트웨어
		해커원	소프트웨어 취약점 발견 및 수정
		세그먼트	데이터 수집, 관리 플랫폼
		손더	도시의 호텔형 아파트 제공
		스탠다드코그니션	오프라인 매장 인공지능 등 제공
		업그레이드	온라인 대출 플랫폼
		배터클라우드	클라우드 소프트웨어 보안
	뉴욕	브레이즈	모바일 마케팅 소프트웨어
		글로시	스킨 케어 및 뷰티 제품
		시센스	데이터 분석 및 시각화 소프트웨어
		줄라	온라인 결혼 등록 및 웨딩 플랫폼
	팔로알토	딥맵	자율주행차용 맵핑 기술
		어닌	단기 대출
	보스턴	플라이와이어	글로벌 거래용 지불 소프트웨어
	리우드	C2FO	기업 운전자금 대출 중개 플랫폼
	서니베일	다르리오	클라우드 스토리지 제공
	워싱턴	햄낙스	캠핑 기술
	오클랜드	마르쿠타	물리·가상 토론과 핀지털 인프라
	캠임브릿지	온셰이프	제조업 전용 클라우드 기반 디자인 툴 제작
	시애틀	아웃리치	영업 참여 플랫폼
	오스틴	익업	에너지 산업 파트타임 근로자의 일자리 온라인 플랫폼
	애틀란타	세일즈로프트	기업의 매출 증대 기술 제공
중국	홍콩	에어왈렉스	기업 간편 환해 송금 시스템
	베이징	베이센	인재 관리 솔루션
		메드뱅크스네트워크테크놀로지	종양학 시스템 제작
	상하이	샹유쇼우	중고 상품 교환 플랫폼
	광저우	미아오소닥터	의사·환자 간 온라인 의사 소통 시스템 구축
인도	자이푸르	카데크그룹	자동차 판매 및 교육 서비스, 금융, 보험
	방갈로르	클리어택스	세금 신고 및 투자 관리 소프트웨어
		데일리헌트	뉴스, 엔터테인먼트 앱
		파텍테크놀로지스	환자와 의료 서비스 간 연결
		레이지페이	온라인 가맹점 지불망 제공
		그로우빌리티	공유 자전거 및 스쿠터 서비스
브라질	상파울로	카고엑스	트럭 회사용 효율화 시스템 개발
		렌트안다프	주거용 부동산 임대 플랫폼
영국	런던	샤테퍼피	도심 지도 및 대중 교통, 내비게이션
독일	베를린	콘텐트풀	디지털 콘텐츠 소프트웨어 제작
스웨덴	스톡홀름	KRY	모바일 통한 환자-의사 간 상담 서비스
호주	시드니	디퓨티	직원 스케줄 및 작업대 관리

자료: CB인사이츠·뉴욕타임스

는 달러 대비 82% 확률로 하락해왔다. 이는 자산의 실질가치를 보존하려면 미국 주식 보유가 필수임을 의미한다. 즉, 환차손 방지와 자산 증식을 동시에 노릴 수 있는 가장 좋은 수단이 바로 미국 우량주 투자다. 또한 가상화폐에 대한 접근도 전략적으로 해야 한다. 비트코인을 비롯한 일부 1등 가상자산은 향후에도 생존 가능성이 높다. 다만 변동성이 매우 크기 때문에 전체 자산 중 10% 이내로 한정하는 것이 좋다.

02 청약통장 활용(10억 원 가치)

사례 : 송파 위례, 강서구, 강동구 당첨 시 **10억 원** 차익

주식과 부동산 중심의 포트폴리오에 가상자산을 10% 비중으로 추가하는 전략은 유연성과 성장성을 동시에 확보할 수 있는 길이다. 결론적으로 부자가 되기 위한 트렌드는 명확하다.

첫째, 수도권 핵심지역의 부동산을 분양받아 중장기적 자산 상승을 누릴 것.

둘째, 월급의 일정 비율을 시가총액 1위의 글로벌 주식에 투자할 것.

셋째, 환율과 글로벌 자산 흐름을 이해하고 미국 중심의 자산 포트폴리오를 구성할 것.

넷째, 가상자산은 보조적 수단으로 10% 이내에서만 접근할 것.

이러한 자산운용 전략은 특별한 재테크 기술보다 훨씬 현실적이고 실행 가능하다. 중요한 것은 꾸준함과 실천이다.

이 글을 읽고 있는 여러분이 오늘 한 주라도 미국의 1등 주식을 매수한다면, 그것이 바로 부자의 첫걸음이 될 것이다.

한국 경제 SWOT	
강 점	기 회
세계 최고 교육, 우수한 인재, 대학진학80% 세계 최상 IT, 통신 인프라, 스마트폰 1위 지정학적 위치(중국, 일본) 2025년 제조업 세계5위, 경제 9위, 금융35위, 신속한 의사결정, 정확성, 창의성	모바일(95%),온라인,구독경제,AI 반도체, SW인재 양성, 전자정부 시가총액: 미국60%,한국1.5%, 부동산90%상승 4차 산업혁명, IT 융합, 벤처 육성 우수한 기술, 브랜드(한강 노벨상, 한류, BTS)
약 점	위 험
고임금,고물가,고환율(24~25년 1400~1,600원) 에너지 99%수입, 주52시간제, 강력한 노조 4차 산업혁명 규제(허가)—>네거(불법외 허용) 규제: 법인세26%, 소득세(45%), 상속세(60%) 해외직접(FDI):유출2-5배>유입, 청년취업율45%	-트럼프 25% 고관세 정책 → 한국 가장 큰 타격 -미 연준 물가목표(9%→2%) 외환위기, 금융위기: 한미, 한일 통화스와프 중국침체, 북핵과 참전, 전쟁지속→조선,방위 미중 패권전쟁, 인구 71년 105만명-> 23만명

7. 구독 경제, 정부 조달, 온라인 쇼핑이 미래다

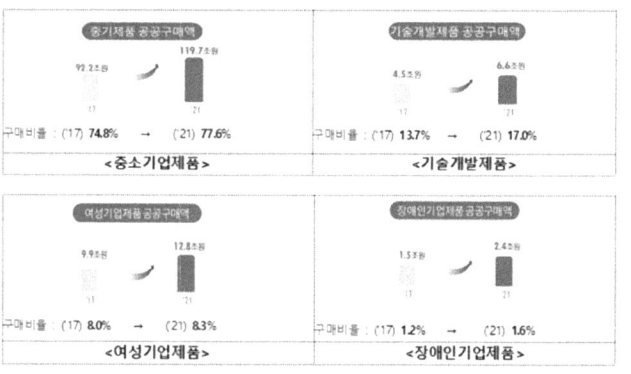

이제는 대기업뿐 아니라 동네 식당과 중소기업도 구독 경제(subscription economy)를 해야 살아남을 수 있는 시대다. 미국의 애플(Apple), 마이크로소프트(Microsoft), 아마존(Amazon) 등 글로벌 기업은 물론, 한국의 쿠팡까지 모두 구독 경제 모델을 통해 안정적인 매출을 확보하고 있다.

이들은 매달 일정액의 요금을 받는 정기 결제 서비스를 통해 불황에도 끄떡없는 구조를 만들었다. 예측 가능한 매출이 기업 경영의 생존 조건이 되었다는 뜻이다.

구독 경제는 예측 가능한 안정 수입을 만든다

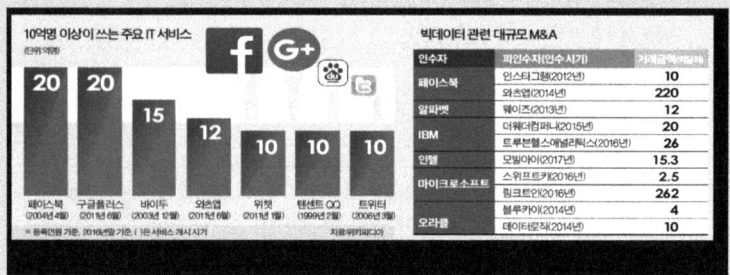

애플은 앱스토어, 아이클라우드, 애플뮤직, 넷플릭스 연동 결제 등 다양한 구독 서비스로 수익을 창출한다.
마이크로소프트는 개인이나 기업에게 매월 오피스365를 구독하도록 해 정기 수입을 얻는다.

쿠팡은 1,400만 명에 이르는 '와우 멤버십' 가입자들에게 월 7,900원을 받고 있다. 단순 계산만 해도 매달 약 700억 원의 고정 수익이 발생한다. 이들이 배송비 무료, 새벽 배송 등의 혜택을 제공하는 이유는 구독 수익이 이를 충분히 감당하기 때문이다.
이 모델은 대기업뿐 아니라 자영업자와 1인 기업에게도 유효하다.

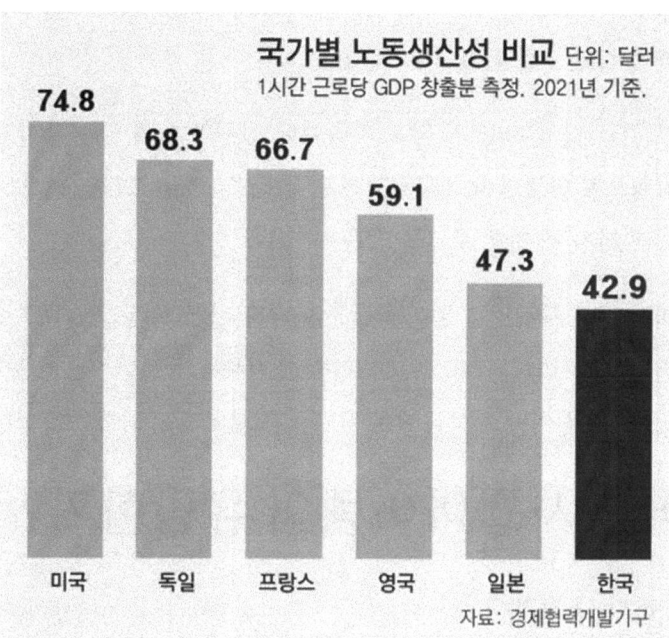

실제로 한 노무사는 '노무상담 구독제'를 통해 월 1만 원을 받고 1만 개 기업의 문의를 응대한다. 90% 할인된 가격이다.

이 경우 매달 1억 원의 고정 매출이 확보된다. 상담 한 건당 1,000원꼴로 저렴하게 제공되지만, 전체 매출은 크고 안정적이다. 가격은 파격적이지만 사업의 지속 가능성을 높이는 구조다.

동네 식당도 구독 경제로 전환해야 한다

만약 내가 식당을 운영한다면, 나는 이렇게 할 것이다. 매달 사용할 수 있는 30% 할인 식사 쿠폰을 20장 단위로 묶어 한 세트로 판매한다.

이 세트는 예를 들어 20만 원 상당의 가치를 14만 원에 제공하는

식이다. 고객은 가격 혜택을 받고, 나는 매달 선불로 현금을 확보해 안정적인 수입을 기대할 수 있다.

이 쿠폰은 나 혼자 쓰지 않고 가족이나 친구와 함께 쓸 수 있도록 개방형으로 만들면 더 잘 팔린다. 단골 확보, 현금 흐름 개선, 마케팅 효과까지 세 마리 토끼를 잡을 수 있다.

이러한 쿠폰 구독제는 동네 식당뿐 아니라 카페, 미용실, 피트니스 센터 등 오프라인 서비스 업종 전반에 적용 가능하다. '단골 고객의 반복 방문'이라는 핵심 수요를 구독 모델로 구조화하는 것이다.

어떤 사업아이템이 유망한가?

- 전자상거래
- 4차산업혁명 주도할 기술, 서비스
  - VR
  - AI
  - 무인자동차
  - 공장자동화
  - 로봇

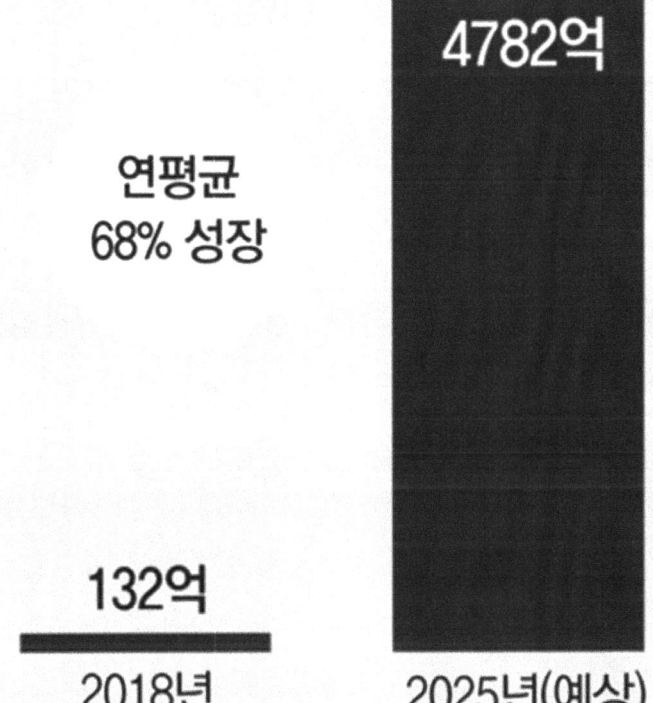

달에 더해, 이제는 모든 기업이 온라인 쇼핑을 기본 운영 방식으로 삼아야 한다. 2025년 한국의 전체 소매시장 규모는 약 600조 원이며, 이 중 52%가 온라인에서 이루어진다. 향후 80%까지 비중이 늘어날 것이라는 전망도 있다. 이는 오프라인만 고수하는 기업이나 가게는 앞으로 점점 설 자리를 잃게 된다는 뜻이다.

8. 온라인 쇼핑 플랫폼은 이제 누구나 쉽게 사용할 수 있다.

네이버 스마트스토어, 쿠팡 마켓플레이스, 11번가, 카카오톡 스토어, 배달의민족 사장님사이트 등은 모두 개인사업자도 쉽게 입점할 수 있다. SNS 마케팅을 연계하면 광고 비용 없이도 초기 고객을 확보할 수 있다. 온라인 판매는 제품 노출, 고객 피드백, 가격 실험 등 사업의 다양한 가능성을 빠르게 검증할 수 있는 장점도 있다.

주요 구독경제 업체별 유료멤버십 현황

단위: 명

	분야	유료 회원 수
쿠팡(와우)	커머스+콘텐츠	900만
KT	IPTV	839만
코웨이	정수기 등 렌털	656만
SK브로드밴드	IPTV	604만
네이버(플러스)	커머스+콘텐츠	600만
LG유플러스	IPTV	525만
넷플릭스	OTT	500만
멜론	음원	500만
밀리의서재	전자책	400만
신세계(스마일클럽)	커머스	300만
CJ ENM(티빙)	OTT	214만

지난해 말 기준. 네이버, 밀리의서재 유료회원은 누적 기준.
자료: 각 사, 과학기술정보통신부 등

예를 들어 한 카페 창업자는 디카페인 원두를 소분하여 매달 정기배송하는 구독 상품을 온라인에서 출시했다.

건강을 중시하는 40대 여성 타깃층을 정하고, 블로그와 인스타그램을 통해 상품의 철학과 맛, 용도 등을 소개한 결과, 매달 300개의 정기배송 계약을 성사시켰다. 이는 기존 오프라인 카페 수익을 능가하는 새로운 매출원이 되었다.

결론: 세 가지를 동시에 하라

구독경제(subscription economy)의 세 가지 모델

	넷플릭스 모델	정기배송 모델	정수기 모델
주요 적용상품	술, 커피, 병원, 헬스클럽, 영화관 관람, 동영상 및 음원 디지털콘텐트 등	면도날, 란제리, 생리대, 칫솔, 영양제 등 소모품	자동차, 명품 옷, 가구, 매장 등 고가제품
이용방식	월 구독료 납부한 후 매월 무제한 이용	월 구독료 납부한 후 매달 집으로 수차례 배송	월 구독료만 납부하면 품목 바꿔가며 이용가능
대표업체	무비패스 (월 9.95달러 내면 매일 영화관 관람 가능)	달러쉐이브클럽 (월 9달러 내면 매달 면도날 4~6개씩 배송)	캐딜락 (월 1800달러 내면 모든 차종 바꿔가며 이용가능)

그래픽: 유정수 디자인기자

오늘날의 자영업자와 중소기업은 단순히 '좋은 제품을 만드는 것' 만으로는 생존할 수 없다. 반드시 다음 세 가지를 동시에 실행해야 한다.

1. 구독 경제 도입: 반복 구매 고객을 대상으로 정기적인 수익 모델을 구축하라. 쿠폰, 멤버십, 월간 배송, 정기 결제 등 다양한 형태로 적용 가능하다.

2. 정부 조달 참여: 나라장터 등록 후 꾸준히 입찰 정보를 확인하고, 제품을 제안하라. 특히 여성기업, 중소기업은 정책적 혜택이 많다.

3. 온라인 쇼핑 전환: 전체 유통의 중심이 온라인으로 이동한 만큼, 모든 제품은 온라인 판매 채널을 확보해야 한다. 플랫폼 활용 능력은 생존을 좌우한다.

이 세 가지는 모두 '한 번 잘 준비하면 매달 반복되는 안정적인 매출'을 가능하게 한다는 공통점이 있다. 이것이 바로 내가 강조하는

'부자 트렌드'의 핵심이다.

> ### 구독경제 전략
> - **넷플릭스 : 무료 체험 30일, 무제한, 다양한 장치(TV, 스마트폰)**
> - 쿠팡, 구글, MS, →이벤트로 회원모집: 100원 스테이크(마켓컬리)
> - **가치 >회비 : 이탈방지**
> - 자동차, 양말, 스마트폰, 식자재, 모든 산업과 상품에 응용.-
> - 사례)식당 점심 쿠폰 발행(-30% 할인),월 20장, 커피와 와인
> - 사례) 노무사: 월 1만원, 2만개, **시장선점**
> - 매몰비용: 회수불가능 비용→ 무료체험 확대, 무료 서비스 확대

이제는 제품보다 구조가 중요하다. 브랜드보다 고객 유지가 중요하다. 트렌드는 빠르게 바뀌지만, 구독·조달·온라인이라는 구조는 10년 후에도 유효할 것이다. 지금 시작하라. 기업과 자영업의 미래는 이 구조 위에 있다.

〈서 론〉

이 책을 저술한 이유

우리는 누구나가 부자가 되기를 원한다.

이 세상에 태어나서 우리가 살면서 돈이 부족하여 불편함을 겪은 적은 여러 번 있다. 나는 한국인이 꼭 알아야 하는 실용금융학을 가르쳐주고 싶다.

초등학생 어린이에서부터 노인에 이르기까지 한국인들이 꼭 알아야 하는 실용적인 내용을 이 책에 담았다.

주식이란 무엇인지에서부터 가상화폐, 부동산 투자, 아파트 경매에 이르기까지 전반적으로 우리가 부자가 되기 위한 기본적인 교육을 위하여 이 책을 저술했다.

유대인 경제사를 방송하면서 유대인들은 부자가 되는 것이 하나님이 주시는 소명이라는 것을 알았다. 나는 우리 대한민국 국민들은 부모님이나 일부 종교 등에서 검소하고 알뜰하게만 살아야 된다고 배웠다. 부자가 되어야 한다는 것을 가르쳐주지 않았다.

실제로 사람에게 목숨 다음으로 중요한 것이 돈이다.

이 세상에 돈이 없어도 살 수는 있지만 불편함이 많다. 솔직하게 돈을 많이 가지면 삶의 여유가 있고 풍족하게 살 수가 있다.

우리는 자유시장 경제 체제에 살고 있기 때문에 돈이라는 것이 없으면 안 된다.

알뜰하게 자기의 급여를 저축하는 방법도 있지만, 실용금융학을 배워서 송파구 위례에 있는 아파트를 분양받으면 10억 원을 벌 수 있다.

분양가는 6억이고 매매 가격은 15억이 넘는다. 아파트를 분양받으면 10억 원이 넘는 차익을 거둘 수 있는데 그 방법을 모르는 경우가 많다. 또한 부모님으로부터 아파트 청약통장을 물려받을 수도 있다.

부모님으로부터 통장을 물려받을 수 있다는 것을 모르는 사람들도 상당히 많다. 이 세상에 사는데 꼭 필요한 실용금융학 책을 통하여 우리 한국인들이 모두 부자가 되기를 바란다.

대학에서 실용금융학을 가르치면서 이러한 학문을 부자학이라고 부르고 싶다. 최근 많은 교수들이 모여서 '부자학'이라고 명칭하고 학생들을 가르치자는 얘기를 나누었다.

이처럼 부자학이라는 학문도 새로이 생겨나고 있다. 경주 최부잣집과 같이 우리가 부자가 되어야만 선하고 좋은 일을 많이 할 수 있다. 카카오 김범수 의장과 배달의 민족 김봉진 회장은 자신의 재산에 상당한 부분을 기부를 하면서 선을 실천하고 있다.

우리도 부자가 되어야만 이러한 좋은 일을 할 수가 있다. 건전한 부자가 되어서 우리 대한민국이 좋은 일이 많이 일어나기를 바란다.

증권회사와 기업 등에서 20년 이상을 일했지만 주식은 우량한 기업을 장기투자해야 되고, 손절매를 해서 안 된다는 것을 53세에 배웠다. 우량한 기업도 20%-50%까지는 언제든지 하락을 할 수가 있다.

이러한 이유로 주식은 매우 어렵고 힘낸 인내의 시간을 견디어야 한다.

이 책을 통하여 우리 한국인들이 모두 부자가 되기를 바란다. 부자학의 시초이다.

사람들이 재테크를 한다고 말하지만 실제로 기본 이론이 부족하고, 실제로 활용을 하지 못하고 있다. 많은 사람들이 대학을 졸업했음에도 불구하고 금융문맹이 많다.

그 이유는 대학에서 실용금융을 가르쳐주지 않았기 때문이다.

저자도 대학에서 경영학과 경제학을 공부했지만, 이 학문이 실제 생활재테크와는 연결되지 않았다. 그러나 이 책을 보고 실천하면 부자가 될 수 있다.

부자가 되는데는 학벌과는 상관이 없다. 부자가 되고 싶다는 열망과 관심을 가지고 있었는가에 달려있다. 공부와 부자는 전혀 상관이 없다. 현대창업자 故 정주영 회장은 초등학교 졸업이 전부다. 그러나 그분은 세계적인 재벌로서 이병철회장과 함께 우리나라를 키웠다. '돈을 어떻게 돈을 버느냐?' 에 많은 사람들이 관심이 있다. 그래서 이 책에서는 실용적인 방법을 가르쳐주려고 한다. 이론을 조금 배운 뒤 곧바로 실생활에 적용할 수 있는 살아있는 지식을 배우는 것을 목적으로 한다.

부자가 되기 위해서는 직장을 절대 그만두지 마라. 가장 좋은 재테크는 오래 직장을 다니는 것이다.

직장이 가장 우선시 되어야 하며 그 뒤에 재테크가 필요하다. 직장에서 최우수 사원이 되도록 먼저 노력하고, 그렇게 된 후 이 책에서 가르쳐 준대로 실천하면 된다.

목차를 보면 아파트 청약에서부터 부동산 지식, 그 다음에 주식과 채권 등 실용적일 학문을 배우는 것으로 되어있다. 실패하지 않는 재테크, 그 다음에 요람에서 노후까지의 재테크가 목표이다. 영국의 복지정책을 '요람에서 무덤까지'라고 한다. 그러나 죽고 난 다음에는 돈이 소용없으므로 요람에서 노후까지로 하자. 이후 여유있게 부자로 사는 것을 목표로 해보자.

이 책의 목표는,

첫 째, 대학이나 직장을 다니면서 필수적으로 알아야 하는 가장 기본적인 실용금융을 공부한다.

둘 째, 아파트 청약종합통장을 무조건 가입한다. 매월 10만원 입금한다.

셋 째, 전세와 월세 계약서 작성법 등 살아있는 지식을 배우는 것이다.

실용금융 지식을 배운 후 실행에 옮기지 못하면 죽은 지식이다. 이 책은 실제 전세와 월세 계약을 할 때 의사 결정에 도움을 줄 것이다.

아파트를 청약하기 위한 장기계획을 세우고 그에 맞는 통장을 만드는 것이 가장중요하다. 18세부터 청약통장을 만들면 인정이 된다. 고교학생 부터 실용금융을 배워야 한다.

초등학교 입학하면 부모님이 엔비디어, 삼성전자 등 우량주식을 선물로 주자.

이 책을 보는 것만으로 부자가 되는 첫 걸음을 뗀 것이다.

그 다음은 실천에 옮기는 것이다.

부자가 되기 위한 다음 순서는 경제신문 보기와 뉴스시청이다. 매일경제신문과 한국경제신문은 부자가 되는 교재로 생각하라. 매일 뉴스를 볼 때 경제뉴스를 관심있게 보면 학습한 내용을 더욱 잘 이해할 수 있다.

책을 읽을 때는 본인이 관심있는 부분부터 보면 더 빨리 이해하고 흡수할 수 있다.

책을 보다가 궁금한 것은 010-8366-5552 전화나 문자주세요. 이메일은 daejong68@sejong.ac.kr, daejong1968@gmail.com, daejong68@hanmail.net 로 문의하면 된다.

목차

총론

01 주식 투자로 1조 부자되자

주식 투자 십계명 · 55
주식 투자 성공 비결 · 63
유가 증권과 증권시장 · 66
주식으로 200억을 벌다 · 69
외국인 직접 투자(FDI)와 외국인 간접 투자(FII) · · · 71
부자가 되려면 경제신문을 매일 읽자. · · · · · · · · · · · · 73

1조 자산가 된 80대 투자비법
코스피 5000, 기업 이익과 환경이 달라져야 한다

02 주식 발행 시장

대차대조표의 이해: 자산, 부채, 자본 계정 · · · · · · · · 85
창업과 자본금 제도 · 90
권리락과 배당락 · 97
액면 분할 · 98
발행시장과 유통시장 · 99
어떤 주식을 사야 하는가? · 100
주식은 자기 책임 · 104
간접 발행의 유형 및 인수/배정 방법 · · · · · · · · · · · · 104
공모주 청약 방법 · 107
주식의 유통 시장 · 107
상장의 종류 · 110

이재명 대통령에게 바란다.

03 주식 유통 시장

한국의 유통 시장 ········· 121
진정한 부자는 발행 시장 참여자와 창업자 ········· 128
주식은 미래 가치에 대한 투자 ········· 129
공매도 ········· 130
매수 종목 고르는 법 ········· 132
존 템플턴과 최부잣집 ········· 134
손절매 ········· 140
주식 매매 ········· 149
주가지수 ········· 150
주가 분석 ········· 152
기본적 분석: PER과 PBR ········· 153
기술적 분석 – 캔들(봉) 차트 ········· 153
기술적 분석 – 엘리어트 파동이론 ········· 155
이동 평균선 ········· 159
그랜빌의 8법칙 ········· 161
골든 크로스와 데드 크로스 ········· 164
산업 분석 ········· 164
기업 분석 ········· 165
금융 뉴스 분석 ········· 166
미국의 유명한 펀드 매니저와 구두닦기 ········· 169
주식은 언제 사야 하는가? ········· 170

4차 산업혁명 인재 1,500만 명을 양성하자.
한국 청년 취업률 45%, 기업하기 좋은 나라를 만들어야 할 때다

04 | 채권이란 무엇인가?

채권이란? · 180
더블딥: 금융 위기 재발 · · · · · · · · · · · · · · · · · 186
미국 국채 금리: 2% · 186
미국 달러: 기축통화 · · · · · · · · · · · · · · · · · · · 187
채권 가격과 채권 수익률, 채권 금리 · · · · · · · 188
국민주택채권이란? · 189
2025년 8월 우리나라 기준 금리는 2.5% · · · · · 192
금융 정책은 한국은행 · · · · · · · · · · · · · · · · · · 193
재정 정책은 기획재정부 · · · · · · · · · · · · · · · · 195
콜 금리 · 195
양도성 예금증서(CD) 금리: 2% · · · · · · · · · · · 196
채권의 거래 · 197
주식과 채권의 차이 · 198
채권의 분류 · 200
회사채의 분류 · 203
채권의 만기수익률 계산 · · · · · · · · · · · · · · · · 205
미래 소득의 현재 가치 · · · · · · · · · · · · · · · · · 207
채권의 기간 구조 · 207
채권의 3특성 · 211
그린스펀: 자산 90% 채권에 투자 · · · · · · · · · 215
화폐전쟁- 쑹훙빈 · 216
외환 보유고 2025년 4,200억 불 · · · · · · · · · · 225
전 세계 금융 전쟁 · 227

IMF 외환위기에 선제적으로 대비하자.

05 선물이란?

선물이란? · 232
밭떼기 · 234
선물(先物, Future)의 정의 · · · · · · · · · · · · · · · · · 239
만기 보유 전략 · 247
예약 증서의 가치 변화 · 250
선물 거래의 목적 · 251
선물의 특징 · 252
청산(liquidation) 방법 · · · · · · · · · · · · · · · · · · · 254
선물 거래 절차 · 255
선물 계약의 특징 · 255
신규 매수/매도, 반대 매매 (전매/환매) · · · · · · · · 256
선물의 다른 특징 · 257
선도와 선물의 차이 · 258
선물의 역사 · 260
선물 · 거래개시와 정산 · 264
거래 동기별 선물 거래의 유형 · · · · · · · · · · · · · · 265
햇징(hedging)이란? · 265
투기 거래란? · 279
프로그램 매매 · 288
베이시스(Basis) · 289
스프레이드 거래란? · 295
KOSPI200 · 296
KOSPI200 지수 선물 · 302
파생 금융 상품 · 303

06 펀드, 옵션이란 무엇인가

- 펀드 ········· 311
- 보험 ········· 316
- 옵션 ········· 318
- 옵션 매매 ········· 323
- 옵션의 네 가지 기능 ········· 328
- 용산 시티파크 청약 현장 ········· 329
- 밭떼기 + 보험 ········· 329
- 선물 → 옵션 개념도 ········· 331
- 선물은 거래 대상이 기초 자산이다 ········· 331
- 증거금 ········· 332
- 트리플 위칭데이 triple switching day ········· 336
- 옵션의 고정 가격은 black & scholes 모형 ········· 336
- 옵션 전략 ········· 338
- 옵션의 투자 형태 ········· 342
- 분산 투자 ········· 343
- 경제 고통지수 ········· 345

07 리스크 관리

- 리스크의 개념과 분류 ········· 357
- 기업 리스크의 실제 사례 ········· 358
- 주택 구입과 개인 리스크 ········· 373
- 기대 수익과 위험 ········· 378
- 위험 관리 ········· 381
- 바젤협약과 BIS 비율 ········· 382
- 미국의 모기지, 파생 상품의 위험 사례 ········· 388
- 자산 위험도 ········· 389

08 | 부동산

2025 부동산 상황 407
2010년 모기지 사태 408
전세금 지키는 법 411
경매 기초 416
경매 실전 417
임차 내역과 대항력 424
경매 물건 확인 순서 429

09 | 재테크 실천 계획

필요한 지출만 하고 소득의 50~80%를 저축한다 · 433
하루 60분 이상 경제 뉴스를 본다 447
1년, 한 달, 일 주일 단위로 지출 계획을 미리 세운다
.... 448
세금과 공과금은 절대 밀리지 않는다 449
내 집 마련은 구체적이고 명확한 계획을 세운다 ··· 450
주위에서 나만의 멘토와 롤 모델을 정한다 450
출생하자마자 청약통장으로 재테크를 시작한다 · 451
부동산 투자 10계명 451

10 | 부동산 투자와 경매

경매란? 461
권리 분석의 기초 461
등기부(등기 순위) 보는 법 468
주택임대차보호법 470
경매에 따른 임차금 부담 여부 472
경매 실제 사례(구분 등기 관계 임대차 관계 경매 참가 여부) 474
실전 부동산 경매 476

11 부동산 투자! 20대에 하라

아파트 분양 ····· 491
500배 수익을 올린 도날드 트럼프 ····· 497
내 집은 하나 마련하자 ····· 498
부동산 임대업 ····· 499
전세 끼고 집사기 ····· 501
빌딩 부자 되기 ····· 502
5천만 원 투자 ····· 503
대출금 이자의 소득 공제 ····· 505

최저 임금을 시장 경제에 맡기자

12 연말정산과 세테크

연말 정산이란? ····· 523
레이거노믹스 ····· 525
성공하려면 영어, 중국어를 공부하라 ····· 529
개인연금 등 절세 상품 가입 ····· 530
세테크 ····· 531
건강이 가장 큰 재테크 ····· 531
양도소득세 ····· 532
부동산과 주식 관련 서적을 읽자 ····· 533
내 집 마련이 최우선 ····· 535
주식은 여윳돈으로 ····· 536

13 부동산과 아파트시장의 이해

부동산 시장에 대한 시스템적 접근 ··············· 539
자본시장 분석 ······································ 544
부동산 시장 분석 ··································· 545
거시 경제와 부동산 시장 ························· 554
부동산 경기 변동 ··································· 555
아파트 청약 통장 ··································· 556
임대 주택 ·· 558
부모님에게서 청약 통장을 물려받자 ··········· 559

14 투자의 정석

대표 업종 투자하기 ································ 580
어떻게 선택하고, 언제 매매할 것인가? ········ 582
아파트 청약 ··· 585
민영 아파트 청약 ··································· 588
부동산 어떻게 고를 것인가? ····················· 590
부동산 투자 수칙 ··································· 592
블록체인과 4차 산업혁명 인재 육성 ··········· 593
암호화폐 투자 ······································ 596
항상 뉴스를 관심있게 보라. ······················ 601
투잡 또는 창업 ····································· 602
가장 좋은 재테크 방식은 좋은 직장에 오래 다니는 것이다.
·· 603

01
주식 투자로
1조 부자되자

- 주식 투자 십계명
- 주식 투자 성공 비결
- 유가 증권과 증권시장
- 주식으로 200억을 벌다
- 외국인직접투자(FDI)와 외국인 간접 투자(FII)
- 부자가 되려면 경제신문을 매일 읽자.

주식 투자로 1조 부자되자

주식 투자 십계명

계명 1 한국 시가 총액 1등 기업만 매수하라!

부자가 되려면 미국 1등 엔비디어가 가장 좋다.

시가 총액 30위 기업의 리스트를 보면 우리나라 주요 기업의 대부분이 들어가 있다. 2025년 기준으로 한국 시가 총액은 3,100조 원이다. 삼성전자의 시가 총액이 360조 원이다. 따라서 삼성전자와 삼성전자 우선주를 합치면 400조 원이다. 우선주는 배당을 우선하여 주는 주식을 말한다. 주주총회에서 의결권이 없는 것이 우선주이다. 주식은 기업 가치를 반영한다. 경제 자체가 성장하면 우량 주식은 계속 오른다. 지난 30년을 기준으로 평가하면 매월 종합 주가지수는 7.8P 상승했다. 지난 30년

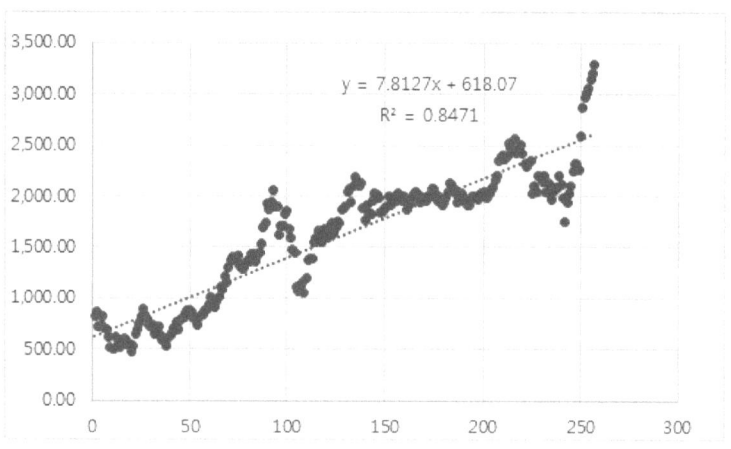

〈출처: 그림. 한국 종합 주가지수 추세선〉

을 기준으로 평가하면 매월 종합 주가지수는 7.8P 상승했다. 지난 30년간(1994-2025년) 사례로 보면, 코스피는 3배. 삼성전자는 100배, 네이버는 2,000배, 엔비디어 2,000배, 애플 3,000배 상승, 아마존은 2,000배 상승했다. 우량기업의 주식은 장기 보유시 상승할 것으로 예측할 수 있다. 현재의 추세는 2008년 금융위기와 비슷한 추세로 예측할 수 있다. 그러므로 미국 달러화를 중심으로 전망하여 개편하라. 엔비디어 등 미국 주식에 대한 투자가 안정적이다. 미국은 2025년 정책을 변환했다.

이에 따라 신흥국 주가는 하락하고 미국 우량주는 상승할 것으로 예측 가능하다. 2025년 1달러당 1,400원으로 환율 상승이 예측된다.

순위	종목명	현재가	등락(대비)	시가총액(천)
1	엔비디아 NVDA	158.8800	-0.29% ▼ 0.4600	3,876,672,000
2	마이크로소프트 MSFT	498.3500	-0.10% ▼ 0.4900	3,704,006,309
3	애플 AAPL	210.1500	-1.59% ▼ 3.4000	3,138,758,370
4	아마존닷컴 AMZN	224.0000	0.26% ▲ 0.5900	2,378,073,600
5	메타 플랫폼스(페이스북) META	721.3800	0.33% ▲ 2.3700	1,566,224,187
6	브로드컴 AVGO	276.0000	0.30% ▲ 0.8200	1,298,157,720
7	알파벳 A GOOGL	177.1400	-1.33% ▼ 2.3900	1,030,954,800
8	알파벳 C GOOG	177.8800	-1.48% ▼ 2.6700	971,046,920
9	테슬라 TSLA	296.3500	-6.03% ▼ 19.0000	953,215,702
10	넷플릭스	1,292.7700	-0.34% ▼ 4.4100	550,165,422
S&P500		6,229.98	0.00	0.00%

현재의 추세는 2008년 금융위기와 비슷한 추세로 예측할 수 있다. 그러므로 미국 달러화를 중심으로 전망하여 개편하라. 엔비디어 등 미국 주식에 대한 투자가 안정적이다. 미국은 2025년 정책을 변환했다.

이에 따라 신흥국 주가는 하락하고 미국 우량주는 상승할 것으로 예측 가능하다. 2025년 1달러당 1,400원으로 환율 상승이 예측된다.

만료된다. 국제 금융시장에서의 안정성을 위해 한국으로서는 통화 스와프 연장이 필요하다. 각국의 기준 금리는 브라질 5.5%, 터어키 19%, 신흥국 대부분은 5% 이상을 유지하고 있다. 한국도 기준 금리를 1.5% 올린다.

삼성전자 등의 주가는 25% 하락이 예상되며. 장기적인 추세로는 상승을 기대할 수 있다. 주가는 적정 가격으로 조정되는 과정이다. 긴 시간 후 주가는 다시 상승한다. 보유하고 있는 한국 주식의 30% 정도는 미국 1등 주식으로 교체 좋다.

	주가	경상수지	외환보유고	환율	고용율	cd	국채
주가	1						
경상수지	0.553819	1					
외환보유고	0.956115	0.637874	1				
환율	-0.30334	0.071243	-0.2219	1			
고용율	0.336358	0.477015	0.391977	-0.1994	1		
cd	-0.74238	-0.65463	-0.85108	-0.08278	-0.34941	1	
국채	-0.75766	-0.66776	-0.88787	-0.01724	-0.39498	0.953923	1

계명 2_ 국내10%와 해외 주식 90%씩 매수하라!

시가 총액 1등 주식을 사라. 최고의 종목은 엔비디어사 주식으로 2025년에 6000조 원으로 예상된다.

계명 3_ 업종 1등 종목만 매수하라
계명 4_ 우량기업은 절대 손절매하지 마라!

필자는 증권회사에 근무한 경험이 있다. 증권회사에서서는 우리가 어떠한 종목을 매수한 후 15% 정도 하락하면 손절매하라고 교육한다. 더 큰 손실을 방지하기 위한 예방책이다. 그럼에도 코로나가 전 세계를 휩쓸면서 2020년 3월에는 40~50%까지 폭락한 적도 있었다.

대부분의 사람들은 15% 하락한 저점에서 팔고, 반등할 때 사자고 생각한다. 그러나 실제로 반등할 때 매수하는 일은 쉽지 않다. 우리나라 주식시장은 하루 30%를 상한가로 지정하고 있다. 하한가에서 출발해 상한가까지 가면 60%까지 급등할 수 있다. 미국은 상한 폭 제한이 없다. 따라서 우량 기업 주식은 절대 손절매해서는 안 된다.

코로나19와 같은 극단적 상황 탓에 우량 기업 주식이 폭락할 때는 지켜보기만 해야 한다. 인내심을 가지고 꾸준히 참는 것이 정답이다. 아예 주식 시세를 보지 말라는 이야기도 있다. 하지만 기업 내부 사정으로 주가가 급락한다면 매도해야 한다. 회사 내부 횡령 사건이나 사장이 중대 범죄에 연루된 경우 등이 이러한 기업 내부 문제이다.

그러나 코로나와 같이 외부적 요인에 의하여 하락하거나 북한 핵 실험이나 연평 포격과 같은 외부적인 요인 탓에 주가가 하락할 수 있다. 이런 외부적 사건들은 삼성전자나 네이버 같은 우량 기업의 주가에는 영향을 미치지 않는다. 이와 같은 외부적 요인으로 주가가 일시적으로 30% 급락할 수도 있지만 이런 경우 손절매해서는 안 된다.

비우량 기업이 오히려 우량 기업으로 변화할 수 있는 기회라 생각할 수도 있다. 한국에는 2,400개의 기업이 있는데 매년 20개 기업이 부도에 직면한다는 통계를 유념해야 한다.

비우량 기업이 오히려 우량 기업으로 변화할 수 있는 기회라 생각할 수도 있다. 한국에는 2,400개의 기업이 있는데 매년 20개 기업이 부도에 직면한다는 통계를 유념해야 한다.

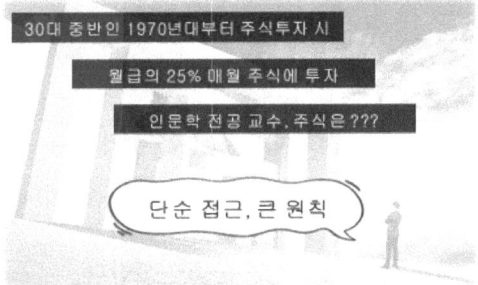

계명 5_ 외국인이 30% 이상 매수한 기업만 투자하라!

외국인이 30% 이상 지분을 가지고 있는 기업은 우량 기업이다. 따라서 외국인과 기관들이 동시 매수에 나서는 종목을 택하는 것도 한 방법이다. 최소한 원금 손실이나 부도 위험을 감수하며 매수에 나서서는 절대 안 된다. 일반적으로 외국인이 30% 이상 주식을 매수한 기업은 우량 기업으로 생각할 수 있다. 가능한 한 이러한 기업에 투자하는 것이 바람직하다. 국민은행은 외국인이 80%의 지분을 소유하는 기업이다. 삼성전자의 외국인 지분은 55%이다.

계명 6_ 돈을 빌려 투자하는 것도 한 방법이다. 은행 자금을 적극 활용하라!

대출을 받아 투자하는 것도 한 방법이다. 특히 공모주 청약은 50%를 안분 배분하므로 대출을 통한 투자도 괜찮은 방법이다. 공모주 청약은 3일 동안만 돈이 묶이므로 언제든 상환할 수 있다. 대출 상환 능력이 있으면 대출을 활용할 필요도 있다. 투자할 현금이 없는데 어떻게 돈을 벌겠는가? 자금이 없다고 투자를 꺼릴 필요는 고려하라. 1억 원을 대출받는 경우 이자는 한 달에 약 30만 원 정도이다.

원리금 상환 능력만 된다면 충분한 돈을 빌려 투자를 할 수 있다. 이러한 투자 방식을 레버리지 효과라고 한다. 대출 없는 투자는 사실상 거의 불가능하다. 물론 본인이 소유한 여유 자금으로 투자하는 것이 제일 바람직하다. 하지만 강하게 확신을 갖거나 우량 기업에 투자하는 경우 대출을 받는 것도 가능한 한 가지 방법이다.

미국의 우량 기업은 평균 년 30%의 상승률을 기록한다.

대출을 받을 때는 반드시 금리를 따져보아야 한다. 일반적인 신용 대출이나 담보 대출 금리는 3.5%이다. 증권회사의 신용 대출 금리는 10%를 상회한다. 그러므로 낮은 금리로 대출을 받아 투자하는 것도 좋은 방법이다.

외부 요인으로 인한 하락장에서는 손절매하지 마라. 2001년 9·11 테러로 당시 미국 아마존 주가는 2달러로 90% 하락했다. 그러나 2025년 6월의 주가는 3,300 달러로 2001년 9·11 테러 당시에 비해 약 1,500배 이상 상승했다. 이와 같이 외부 요인 탓에 주가가 큰 폭으로 하락하는 경우는 인내해야 한다.

개명 7_ 코로나 등과 같은 외부 요인이 주가를 50%까지 끌어내릴 수 있다. 이때는 참아라!

외부 요인으로 인한 하락장에서는 손절매하지 마라. 2001년 9·11 테러로 당시 미국 아마존 주가는 2달러로 90% 하락했다. 그러나 2025년 6월의 주가는 3,300 달러로 2001년 9·11 테러 당시에 비해 약 1,500배 이상 상승했다. 이와 같이 외부 요인 탓에 주가가 큰 폭으로 하락하는 경우는 인내해야 한다.

계명 8_ 작전 종목, 정치 종목은 절대 거래하지 마라!

계명 9_ 절대 남의 말을 듣지 말고 우량주에 장기 투자하라!

계명 10_ 매년 20개 이상의 기업이 부도에 직면한다. 그러니 우량주에 투자하라!

주식 투자 성공 비결

주식 투자 열풍이 불고 있다. 한국에서만 주식 투자 계좌를 개설한 사람은 5,000만 명에 이른다. 2020년에는 외국인 투자자로부터 한국 우량기업을 지키자는 이른바, '동학개미운동'이 일어났다. 코로나 이후 급격한 주가 상승은 주식 열풍을 불러왔다. 주식 투자에서 성공 비율은 10%로 매우 낮다. 주식 투자에서의 성공 사례를 살펴봄으로써, 바람직한 투자 방법을 논의해보자.

첫 번째 방법은, 발행 시장에 투자하는 것이다. 이를 일반적으로 '공모주 청약'이라고 한다. 주식시장은 발행 시장과 유통 시장으로 나눌 수 있다. 발행 시장은 공모주 청약과 실권주 청약 등 주식을 상장하는 시장이다. 이러한 공모주 청약은 시세보다 30% 정도 할인해 분배하므로 대부분의 공모주 청약은 이익을 남길 수 있다.

2021년 3월, SK바이오사이언스 주식이 상장되면서 많은 사람들이 공모주 청약으로 이익을 취했다. 2025년부터 주식 배정 방식은 균등 배분과 비례 배정의 혼합으로 시행된다. 상장 주식의 반은 계좌를 만든 모든 사람에게 안분 배정하므로 10주만 신청해도 이익을 남길 수 있다. 2021년에는 카카오뱅크, 카카오 페이, LG 에너지 솔루션, 크래프톤 등 매우 큰 기업들이 상장을 예정하고 있다. 우리나라는 매년 100개 이상의 기업이 신규 상장된다. 따라서 공모주 청약을 이용하여 이익을 올리는 것은 매우 바람직한 방법이다.

두 번째 방법은 유통 시장에서 우량 주식을 장기 보유하는 것이다. 유통 시장은 유가 증권과 주식이 거래되는 시장을 말한다. 최근 쿠팡이 미국에 상장하면서 서학개미도 매우 늘었다. 전 세계 주식시장의 시가 총액은 약 8경 원 규모이다. 이중 50%는 미국, 25%는 유럽, 나머지 25%는 중국, 일본, 한국 등이 차지한다. 우리나라는 시가 총액 2,400조 원으로 전 세계 주식시장의 2%를 차지한다.

몇 년 전에 주식 투자로 1조 원을 벌었다는 교수의 기사가 크게 관심을 모았다. 서울 소재 대학의 인문학과 교수가 30대부터 자기 월급의 25%를 시가 총액 1등 기업에만 투자했다는 것이다. 1970년대부터 시가 총액 1위를 차지한 기업들은 주로 은행주, 건설주, 화학주, 에스케이텔레콤, 포항제철 등이었다. 2000년도부터는 삼성전자가 시가 총액 1위를 차지하고 있다. 당사자는 시가 총액 1등 기업에만 투자하는 매우 단순한 방식으로 1조 원이 넘는 돈을 모았다. 정말 좋은 투자 방법이라고 생각한다.

우리나라에는 현재 2,500개의 기업이 상장되어 있지만, 매년 20개 정도의 기업이 부도를 맞는다. 2020년에 옵티머스와 라임펀드 사기 사건이 큰 뉴스가 되었다. 펀드보다는 기초 자산인 삼성전자나 네이버, 국내 우량한 기업에 투자하는 것이 바람직하다.

세 번째 방법은 장기 투자하는 것이다. 1조를 모았다는 이 교수는 40년에 걸쳐 꾸준히 투자했다. 주식 투자를 통해 단기 수익을 얻으려 하면 안 된다. 60세 이후 노후 자금을 위하여 투자한다고 생각하라. 미국 국민의 70%가 주식 투자를 한다. 이 투자금은 직장을 은퇴할 때까지 찾을 수 없다. 따라서 미국은 장기 투자를 할 수밖에 없다. 우리나라도 장기 투자를 해야만 이익을 얻는다. 삼성전자 주식은 1997년 IMF 당시 3만 원까지 하락했지만, 지금은 400만 원으로 약 330배 정도 상승한 가치이다. 네이버는 액면가 100원에서 4,000배 상승한 40만 원에 이른다. 이처럼 20년 이상 장기 투자했을 때 큰 이익을 기대할 수 있다. 코로나19로 2020년 3월 주가가 40% 하락했다. 이처럼 주식은 변동 폭이 매우 크다. 따라서 최소 5년에서 10년 이상 장기 투자하지 않으면 이 변동 폭을 이겨낼 수 없다.

한국에서의 주식 상승과 하락의 상하한 폭은 하루 30%로 제한되어 있다. 미국은 상하한 제한폭이 없어 하루에 90%까지도 하락할 수 있다. 앞서 살펴보았듯, 2001년 9·11 테러 당시 2달러로 폭락했던 아마존 주가는 현재 3,100 달러로 약 1,600배 상승했다. 따라서 주식은 10년 이상 꾸준하게 투자하는 것이 가장 중요하다. 미국의 시가 총액 1위 기업 엔비디어와 한국 시가 총액 1위 삼성전자를 동시에 투자하는 것도 좋은 방법이다.

네 번째 방법은, 주식은 30%~50%까지 하락할 수도 있으므로 인내심을 가져야 한다는 것이다. 코로나19로 인한 팬데믹 상황에서 같이 주식은 두려움과 공포심이 존재할 때 가장 크게 하락한다. 남들이 두려워하고 공포심을 가질 때가 바로 매수 시점이다. 공포와 두려움으로 주식을 손절매하거나 매도해서는 절대 안 된다.

주식은 결혼 등 아주 긴급한 자금이 필요할 때만 매도해야 한다. 부자가 되려면 베푸는 마음으로 살아야 된다. 결론은 주식 투자는 우량기업을 은퇴 이후 노후 대비용으로 10년 이상 장기 투자했을 때 비로소 성공에 도달할 수 있다.

주요 증권사들은 투자 추천 주식으로 IT에서는 삼성전자, 하이닉스, 삼성전기, LG디스플레이를, 자동차에서는 현대자동차, 기아자동차, 현대모비스를, 화학에서는 LG화학, 호남석유화학, 한화케미칼을 꼽았다.

주식 투자로 돈 버는 사람은 10명 중 1명, 100명 중 1명밖에 되지 않는다고 한다. 그렇다면 어떻게 해야 주식 투자를 해야 돈을 벌 수 있을까? 주식으로 돈을 벌기 위해서는 장기적 전망으로 투자해야 한다. LG화학의 주식은 불과 5년 전에는 5만 원이었는데 지금은 35만 원이다. 전기 자동차 배터리를 양산하는 세계 최초 기업이기 때문이다. 삼성전자 같은 경우는 어떤가? 1997년도 IMF 직후 3만원 정도였던 삼성전자 주식은 2025년에는 약 400만 원에 이른다. 액면 분할 후에는 8만 원이다. 하이닉스는 부채 비율이 높지만 외국인들이 추천하는 이유는 세계 2등 반도체 회사이기 때문이다. LG디스플레이는 LCD를 만드는 회사이다.

유가 증권과 증권시장

경제적 기능에 따라 유가 증권은 자본증권, 상품증권, 화폐증권으로 분류할 수 있다. 자본증권에는 주식, 채권, 수익증권이 있고, 상품증권에는 선하증권, 화물증권이 있으며 화폐증권에는 어음 수표, 은행권(지폐, 동전)이 있다. 증권거래법상 분류로는 주식, 채권, 수익증권, 선물, 옵션, 예탁증서 등이 있다.

1. 주식

주식은 주식회사에서 발생한 출자 증권이다. 주식 소유자를 주주라고 한다. 주식은 경영 참가권, 배당 수취권, 의결권, 잔여재산분배권을 가진다. 각각의 특성에 따라 보통주와 우선주로 구분되는데 보통주는 주주총회에서 의결권을 행사할 수 있는 주식이고, 우선주는 주주로서 의결권을 행사하지는 못하지만 배당을 우선적으로 받는 주식이다.

일반적으로 우선주는 무의결권주이다. 또한 발기인이나 경영자들에게 분배된 주식 중에서 배당에 열위적인 위치를 가지고 있는 후배주가 있다. 통상적으로 주식이라고 하면 주식 투자를 의미한다.

2. 주식의 발행 절차 및 방식

주식의 발행은 자금이 필요한 기업이 사업 추진 계획을 제출하고 주식 발행을 요구하면 이사회에서 결정한다. 발행 방식은 인수 대상에 따라 공모 발행과 사모 발행으로 구분되고, 발행 주체에 따라 직접 발행과 간접 발행으로 구분되다.

2025년 기업생존전략

1. 기업: 구독경제, 온라인, 정부조달, 현금 비축, 생산성 34/38 → 몰입, 집중,
   -미국 생산성 1위: 개인 전화, 신문금지, 도시락 → 해고, 공무원 11만명해고
2. 한국 1% 부자: 순자산 30억원, 평균 55억(자산 75% 부동산)
   급여, 부동산, 주식, 사업, 창업, 신산업 아이디어(비트코인 1500조) 등,
   청약통장, 공모주청약,
   미국 시가총액 1등 주식: MS, 애플, 엔비디어(6천조원)
3. 경제신문(매경, 한경)
4. 속지않기: 사기 당하지 않기(폰지사기).
   • 자녀: 부자가 되어 좋은 일 많이하라.(유대인- 티쿤올람)
   • 엔비디어 등 (95%), 삼성(5%) 월급25% , 한강 이남 아파트 (90%상승)

공모 발행은 일반 투자자를 대상으로 공개 발행하고, 사모 발행은 특정인을 대상으로 발행한다. 직접 발행은 발행 회사가 집적 발행하며, 간접 발행은 발행 기관이 발행 업무를 대행한다. 간접 발행에는 모집 주선, 잔액 인수, 총액 인수 등의 방식이 있다.

3. 주식 예탁 증서(Depositary Receipts, DR)

DR은 주식 예탁 증서(Depositary Receipts)로 주식을 외국 증권 예탁 기관에 맡겨 현지에서 발행, 유통시키는 주식 대체 증서를 의미한다. 유명 대기업들은 미국에서 해외 DR을 발행한다. 삼성이나 포스코의 경우 우리나라 주식보다 DR 가격이 5%정도 더 비싸다.

4. 주가지수

2025년 한국의 종합 주가지수는 3,200이다. 역대 최고치를 경신하는 중이다. 돈이 많이 풀리며 주식, 부동산, 가상화폐 등 모든 물가가 상승하고 있다. 마음이 조급한 사람은 주식으로 돈 벌려는 생각을 버려야 한다. 주식은 여유 자금으로 해야 한다.

5. 증권 시장의 주체별 역할

증권 시장을 정부는 재정 금융 정책 수단으로, 개인은 자산 운용 수단으로, 그리고 기업은 자본 조달 수단으로 활용한다.

6. 주식 결제시스템

주식은 매수일로부터 3일째 되는 날 결제가 되는 3일 결제시스템이다. 주식에 투자하는 경우 절대 미수 또는 신용 투자는 하지 말라. 미수는 계좌에 있는 현금의 2.5배까지 매수할 수 있는 방식으로 위험성이 매우 높고, 신용 투자는 증권회사로부터 약 10% 이상의 고금리로 대출을 받아 주식을 매입하는 것이다. 미수와 신용으로 투자하여 실패하는 경우, 굉장히 곤란한 상황으로 이어진다. 주식은 여유 자금이나 1년 정도 꼭 필요하지 않은 자금을 운영하여 해야 한다. 이렇게 없어도 되는 자금으로 주식 투자에 나설 때 조바심에 따른 매매를 방지할 수 있다.

주식으로 200억을 벌다

친구가 주식 투자로 200억 원을 벌었다. 주식 투자로 돈 버는 사람은 주변에선 처음이었다. 주식 투자를 어떻게 했길래 돈을 벌 수 있었는지 물었더니 자신은 "우량 회사의 주식에 2~3년간 장기 투자한다"고 했다. 친구는 2000년에 SK에너지에 투자했다. SK에너지로 사명을 변경하기 전 이름은 〈유공〉이었다.

2000년경 SK증권이 파생상품 투자를 잘못하고 분식 회계 사건으로 주가가 크게 폭락했던 적이 있다. 2000~2002년도에 SK그룹 주가가 하락하여 1만 원이 되었고, 그 후로도 계속 하락해 8,000원까지 떨어졌다. 당시 SK그룹이 부도난다는 얘기가 심심찮게 돌았다. SK텔레콤, SK증권 등 SK그룹이 다 망한다고 사람들이 놀라며 지켜보던 시절이었다. 이때 외국인들이 적대적 M&A, 즉 SK그룹을 인수 합병 하겠다며 공격했다. SK 주식이 8,000원~1만 원 할 때였다. 많은 사람들이 SK그룹이 망할 거라며 주저하던 시절에, 이 친구는 이 주식을 샀다. 이후 매도 시 수익률은 무려 10배라고 했다.

2002년 당시 자신이 판단했을 때 SK는 도저히 만 원짜리 회사가 아님에도, SK증권의 파생상품 투자 실수로 주가가 급락했으니 오히려 매수 기회라 생각해 은행 대출까지 끌어 모아 2억 원을 투자했다. 얼마를 벌었나 물었더니 1만 원에 매수한 주식을 10만 원에 팔았다고 했다. 딱 10배, 20억을 번 것이다. 2025년 SK에너지 주식은 24만 원 정도이다.

이와 같이 대기업이나 우량 기업이 어떤 사건으로 주가가 급락할 때를 잘 활용해야 한다. 2010에는 천안함 사건의 여파로 우리나라 금융시장이 10% 급락했었다. 이때 많은 사람들은 공포에 질려 주식을 팔았다. 주식을 통해 돈을 버는 사람은 절대 전쟁은 일어나지 않는다는 확신으로, 이때가 오히려 주식을 매수해야 하는 기회로 생각한다. 다른 사람들이 매도에 몰릴 때 오히려 매수에 나선다. 주식은 모든 사람들이 공포와 두려움에 팔자고 나설 때, 반대로 사야 한다.

외국인 직접 투자(FDI)와 외국인 간접 투자(FII)

 2025년 한국의 삼성전자, SK, 현대자동차 LG전자가 미국에 44조 원을 투자하기로 했다. 그보다 앞서 LG화학은 미시건주에 세계 최초로 전기 자동차 배터리를 공급하는 사업에 투자했다. LG화학이 미국에 투자한 것이다. 당시 오바마 대통령은 미국에서 만드는 LG화학의 전기 자동차 배터리는 한국 제품이 아니라 미국 제품이라 강조하는 연설을 했다. 미국 공장에서 미국인들이 만들어내므로 외국 회사가 아니라는 의미였다. 이러한 투자를 직접 투자라고 한다. LG화학이 미국에 직접 공장을 지은 것과 같은 방식이 직접 투자 방식이고, 간접 투자는 외국인들이 우리나라의 주식을 사는 것과 같은 방식이다. 직접 투자는 현지에 직접 공장과 설비를 투자하므로 투자자가 빼나갈 방법이 없다. 예컨대 IMF 이전에 외국인들이 한국에 직접 투자를 많이 했다면 공장과 설비를 옮겨갈 수 없으므로 투자를 빼서 빠져나갈 수 없었을 것이다. 간접 투자의 경우, 마음만 먹으면 언제든지, 한 시간 안에도 주식을 매각하여 돈을 빼 갈 수 있다. 한국 땅에 공장을 짓고, 한국인을 고용하도록 유도하는 방식이 직접 투자이므로 한국으로서는 간접 투자보다는 직접 투자를 많이 유치해야 한다. 그렇다면, 우리나라에는 전 세계 직접 투자 총액의 몇 %나 들어와 있을까? 2009년 기준, 우리나라에 들어온 직접 투자 비율은 전 세계 직접 투자 총액의 1%밖에 되지 않는다. 나머지 총액의 99%는 미국, 유럽, 독일, 아일랜드, 중국 등에 투자된 것이다.

중국은 직접 투자를 많이 받아 크게 성장하는 나라이다. 직접 투자는 투자 대상국이 안정되어 있고, 인구가 많아 소비 규모가 커야

한국 경제 SWOT

강 점	기 회
세계 최고 교육, 우수한 인재, 대학진학80%	모바일(95%),온라인,구독 경제 ,AI
세계 최상 IT, 통신 인프라, 스마트폰 1위	반도체, SW인재 양성, 전자정부
지정학적 위치(중국, 일본)	시가총액: 미국60%,한국1.5%, 부동산90%상승
2025년 제조업 세계5위, 경제 9위, 금융35위	4차 산업혁명, IT 융합, 벤처 육성
신속한 의사결정, 정확성, 창의성	우수한 기술, 브랜드(한강 노벨상, 한류, BTS)
약 점	위 험
고임금,고물가,고환율(24~25년 1400~1,600원)	-트럼프 25% 고관세 정책 → 한국 가장 큰 타격
에너지 99%수입, 주52시간제, 강력한 노조	-미 연준 물가목표(9%→2%)
4차 산업혁명 규제(허가)→네거(불법외 허용)	외환위기, 금융위기: 한미, 한일 통화스와프
규제: 법인세26%, 소득세(45%), 상속세(60%)	중국침체, 북핵과 참전, 전쟁지속→조선방위
해외직접(FDI):유출2-5배>유입, 청년취업율45%	미중 패권전쟁, 인구 71년 105만명→23만명

한다. 앞으로도 중국, 미국 등은 안정되어 있고 지속 성장 가능성으로 인해 직접 투자 규모가 지속적으로 증가할 것이다.

2025년 삼성전자의 외국인 지분은 48%이다. 이 수치는 삼성전자에 외국인들이 48% 간접 투자했다는 것을 의미한다. 국민은행의 외국인 지분은 80%이다. 국민은행의 외국인 지분이 80%라고 국민은행이 외국계 기업인 것은 아니다. 다만 외국인들이 간접 투자

비율이 높다는 것을 의미할 뿐이다.

▍부자가 되려면 경제신문을 매일 읽자.

　부자가 되고자 한다면 〈매일경제신문〉이나 〈한국경제신문〉을 매일 읽어라. 이들 신문에는 외국인들이 많이 사는 주식 20가지와 우리나라 기관이 많이 사는 주식 20가지가 항상 공고된다. 주식 투자에 가장 손쉬운 방법은 이런 우량주를 사는 것이다. 외국인도 많이 사고 우리나라 기관 투자가들도 많이 사는 회사의 주식은 상대적으로 안전한 주식이다. 기관 투자가는 은행, 증권회사, 투신사 외국의 큰 기업은 골드만삭스, USB 증권회사 등이다.

최소한 부채 비율이 50% 이하인 기업의 주식을 사고, 우리나라에서 시가 총액이 가장 높은 주식을 사는 것도 투자의 좋은 방법이다. 현재 우리나라에서 시가 총액이 가장 높은 기업은 첫 번째 삼성전자, 두 번째 포스코, 세 번째가 현대자동차와 LG화학 등이다. 은행주 중 우량주는 신한은행, 국민은행인데 은행주는 그렇게 상승이 빠르지 않다. 외국의 큰 기업은 골드만삭스, USB 증권회사 등이다.

주식은 미래 가치이다. 앞으로 미래에 어떠한 기업이 우리나라에 돈을 벌어다줄까 항상 생각해야 한다. 주식 투자하는 주부라면, 슈퍼에서 물건을 사는 경우에도 다른 주부들이 어떤 음식을 많이 사는지, 어떤 소비재가 많이 팔리는가를 유심히 살피고 그 회사의 주식을 사면 된다.

LG생활건강의 경우, 자본금은 몇 백억 안 되지만 주식은 주당 150만 원 가까이 된다. LG는 치약, 칫솔, 비누 등 생필품을 만들기 때문에 소비가 지속될 수밖에 없다. 또, CJ제일제당도 주가가 28만 원 정도 된다. 삼성생명 주식을 가지고 있을 뿐 아니라, 우리들이 일상적으로 쓰는 햇반 등의 알짜 소비재를 생산하는 기업이기 때문이다.

주식 투자할 때는 어떤 업종이 향후 우리나라 경제를 이끌고 전망이 좋은지를 늘 염두에 두어야 한다. 아침에 일어나 현대, 또는 기아 자동차를 타고 출근하고, 삼성전자가 만든 핸드폰을 사용한다. 어딜 가든 LG 생활건강이 만든 비누와 치약을 쓴다. 이런 필수적인 기업의 주식을 사면 된다.

시가총액 세계 1위 엔비디어다. 영업이익율 60%다. 6000조원이다. 한주라도 사자.

⟨주식 투자 성공 사례⟩

1조 자산가 된 80대 개인의 투자법

김용관 자산관리부장 공개

분의 자산이 얼마일까요? 놀라지 마십시오. 이 사례를 들려준 사람의 이야기로는 1조 원이 넘는다고 합니다. 시쳇말로 '이거 실화냐'라고 의심하는 분들도 많을 텐데 실화 맞다고 합니다. 주력 종목은 삼성전자 한 종목. 2000년 11월 삼성전자를 대거 사들인 후 지금까지 보유하고 있다고 합니다. 재산 규모가 사실인지 믿기 어렵지만 대형 증권사 고위 임원이 본인이 직접 관리해온 고객의 이야기를 들려준 것이니 거짓은 아닐 것입니다. 전문 투자자도 아닌 개인이 어떻게 이렇게 많은 재산을 모았을까요. 이 교수는 30대 중반인 1970년대부터 주식 투자를 시작했다고 합니다. '월급쟁이가 돈 벌 수 있는 방법은 주식 투자밖에 없다'고 생각했다고 합니다. 그 당시만 해도 주식 투자는 투기나 도박으로 여겨지던 때입니다. 시간이 날 때면 칠판에 시세를 적던 명동으로 가 직접 매매를 하곤 했답니다. 월급의 25%를 떼어 매월 주식에 투자했다고 하네요.

인문대 출신 교수라 주식에 대해선 아무 것도 몰랐습니다.

종목 선정의 바탕이 될 수 있는 경영이나 경제에 대해서도 지식이 전무했습니다. 그래서 단순하게 접근하기로 하고 큰 원칙을 하나 세웠습니다. 그 원칙은 '우리나라에서 가장 좋은 주식 한 종목에만 투자한다'였습니다. 문제는 수천 개가 넘는 종목 중 가장 좋은 주식을 고르는 일이었습니다. 저(低)PER, 저(低)PBR, 순이익, 영업이익, 배당 등 다양한 기준이 있었겠지만 그가 선택한 방법은 아주 단순했습니다. 바로 '시가 총액 1위 종목'이었습니다. 여러 가지 변수가 있겠지만 시가 총액 1위 종목이 될 정도면 좋은 주식이 분명하다고 생각했습니다. 단순하지만 결과적으로 탁월한 안목이었던 셈입니다.

그때부터 지금까지 시가 총액 1위 종목만 투자했습니다. 매매는 시가 총액 1위 종목이 바뀌면 이뤄졌습니다. 실제 이 분이 매매한 종목을 보면 우리 경제의 발전상이 한눈에 드러납니다. 80년대 수출 관련주가 주력으로 부상하면서 현대차, 삼성전자, 유공, 금성사 등이 매매 대상에 올랐습니다. 현대건설이나 대림산업 같은 건설주도 눈길을 끕니다. 80년대 초반에는 한일은행, 제일은행, 조흥은행이 하루가 멀다 하고 시총 1위 전쟁을 벌이기도 했습니다. 90년대 들어서는 포스코나 SK텔레콤, 한국전력, 한국통신 등이 주요 매매 대상이었습니다. 80년대만 해도 1위 종목 시가 총액이 1,000억 원 안팎이었지만 89년 종합주가지수가 1000을 찍으면서 개별 종목의 시가 총액도 급격하게 오르기 시작했습니다. 그래서 한 번 이익을 낼 때 10배, 20배씩 내는 경우가 많았다고 합니다. 이 과정에서 재산은 급격하게 불어났습니다. 마지막으로 거래한 종목이 2000년 11

월21일 15만8,000원으로 시가 총액 1위에 오른 삼성전자입니다. 당시 삼성전자의 시가 총액은 23조8,956억 원. 8일 종가 기준으로 삼성전자 시가 총액은 366조 3,815억 원으로, 17년 동안 15배가량 올랐습니다.

정말 대단하지 않습니까. 그리고 단순하지 않습니까. 필요한 건 17년 동안 매도하지 않고 기다린 끈기였습니다. 말이 쉽지 실제로는 거의 불가능한 이야기입니다. 우리 같은 하수들은 이미 수십 번은 사고팔았을 기간입니다. 제레미 시겔의 '주식에 장기투자하라'에도 나타나듯이 투자 기간이 길어지면 주식은 채권보다 수익률이 높아지고 변동성도 크게 낮아집니다. 이 교수는 이 같은 원리를 실증적으로 보여주고 있습니다.

증권사 임원은 10년 전쯤 이 사례를 다른 PB 수십 명에게도 이야기해줬다고 합니다. 그중에 딱 한 명의 PB가 실행에 옮겼다고 합니다. 이 사람은 자신의 모든 자산을 다 팔아서 시가 총액 1위 종목인 삼성전자를 샀다고 합니다. 결과는 말 안 해도 아시겠지요. 오해하지 마세요. 삼성전자를 매수하라는 게 아닙니다. 핵심은 가장 좋은 종목, 즉 시가 총액 1위 종목을 매수해서 이익을 극대화했다는 것입니다. 이분이 투자한 시가 총액 1위 종목 중 증시에서 사라진 종목이 꽤 많습니다. 제일은행, 한일은행, 조흥은행, ㈜대우 등등. 17년째 시가 총액 1위인 삼성전자도 미래에 어떻게 될지 알 수 없습니다. 삼성전자가 너무 올라서 매수하기 부담스럽다는 분도 있을 겁니다. 시총 60조 원으로 2위인 SK하이닉스를 사는 것은 어떨까요? 그 분 기준으로는 가장 좋은 주식이 아니기 때문에 실패한 투자라고 했습니다. 원칙을 지키라는 말이죠.

증권사 임원은 대안으로 해외 주식을 권했습니다. 미국의 시가총액 1위 종목인 엔비디아, 일본의 토요타자동차, 중국의 텐센트, 베트남의 비나밀크, 우리나라 삼성전자 등 5개국 1위 종목으로 포트폴리오를 구성하는 것도 성장성과 안정성을 담보할 수 있다고 했습니다.

뒷말) 이 사례를 이야기해 준 임원은 어떻게 됐는지 궁금하시죠. 그도 비슷한 원칙을 세웠지만 얼마 못 가 예전대로 돌아갔다고 하네요. 너무 많은 정보와 지식이 독이 됐다고 합니다. 매일 증시를 보고 있으니 흔들릴 수밖에 없었다고 합니다.

〈출처: 더벨 -https://www.thebell.co.kr 2017-12-08〉

코스피 5000, 기업 이익과 환경이 달라져야 한다

김대종 세종대 경영학부 교수

 한국의 종합주가지수(KOSPI)가 5000을 넘기기 위해서는 단순한 기대나 낙관론이 아니라, 실질적인 기반이 필요하다. 주식시장은 기대 심리에 따라 움직이기도 하지만, 그 본질은 기업의 실적에 있다.

 주가는 기본적으로 PER(주가수익비율)과 EPS(주당순이익)의 곱으로 산출된다. 한국 증시의 평균 PER이 약 10배라는 점을 감안할 때, 주가지수 5000을 달성하려면 전체 상장기업들의 이익이 지금보다 두 배 이상 늘어나야 한다는 계산이 나온다.

주가는 항상 경기보다 빠르게 반응한다. 일반적으로 주가는 실물경제보다 6개월 정도 선행한다는 것이 정설이다. 향후 5년 안에 코스피 5000을 바라본다면, 지금부터 기업 이익이 늘어날 것이라는 기대와 근거가 형성돼야 한다. 그러나 현실은 그렇지 않다. 국내 기업들은 과도한 규제, 높은 세금, 강력한 노조, 4차 산업혁명 금지, 불확실한 정책 변화 속에서 경쟁력을 유지하는 것조차 버거운 상황이다. 기업 이익이 늘어나지 않으면, 주가가 오를 이유도 사라진다.

무엇보다도 법인세 부담이 크다. 현재 한국의 법인세 최고세율은 26%로, 세계 평균인 21%보다 높은 수준이다. 기업 활동에 대한 조세 부담이 클수록, 자금은 연구개발이나 고용이 아니라 세금 납부로 빠져나간다.

반면 아일랜드는 법인세 50%를 12%로 낮춰 구글, 애플 등 글로벌 IT 기업 1700개 이상을 유치했다. 그 결과 1인당 국민소득이 12만 달러에 육박하면서 유럽에서 가장 부국이 됐다. 영국를 포함한 다른 나라를 압도한다. 세율을 낮춰 세수를 줄이는 것이 아니라, 기업과 투자 자체의 '규모'를 키우는 것이 장기적 해법이다.

트럼프 대통령도 미국 제조업을 세계1위로 만들기 위해 법인세를 21%에서 15%로 낮추고 기업하기 좋은 환경을 만들고 있다. 2025년 7월 대규모 감세정책을 통하여 기업이익을 늘려주겠다고 선언했다. 미국 나스닥은 매해 평균 35%정도 상승한다. 미국 국민 70%는 주식투자로 노후대비를 한다.

글로벌 시가총액 비중에서 미국 60%, 일본 5%, 중국 4%, 한국 1.6%다. 한국은 금융시장을 육성하고 증권시장을 부양해야 한다.

한국은 증권거래세, 배당세, 소득세 등 각종세금을 주식시장에서 걷는다. 미국은 증권거래세가 없고 소득세만 있다. 싱가포르는 증권거래세0.2%만 있고 나머지는 모두 없다. 한국도 싱가포르 수준으로 주식관련 세금을 서서히 낮춰 향후 모두 폐지한다면 코스피 5000은 조기 달성될 것이다.

해외 자본의 흐름을 보아도 한국의 경쟁력은 약화되고 있다. 최근 수년간 외국인직접투자(FDI)유출은 유입보다 2배~5배 정도 많다.

국내 시장을 떠나는 기업과 자본은 증가하고, 외국 기업의 한국 투자는 감소하고 있다.

특히 싱가포르와 같은 나라들은 상속세, 배당소득세, 주식 양도소득세를 모두 폐지해 자본이 몰리는 환경을 만들었다. 아시아금융본부 80%를 싱가포르에 유치했다.

한국도 경쟁국과의 세제 차별성을 줄이고, 안정적이고 예측 가능한 기업 환경을 제공해야 한다.

청년 고용 문제도 주가 상승과 무관하지 않다. 현재 한국의 대학생 취업률은 45%로 OECD 평균에 한참 못 미친다. 기업이 성장해야 일자리가 생기고, 청년들이 일자리를 얻어야 소비가 늘어나며, 소비가 확대되어야 기업의 매출과 이익이 증가한다. 이 모든 연결고리가 단절되어 있는 구조에서는 주가지수 5000은 불가능하다. 기업 & 고용 & 소비 & 실적 & 주가로 이어지는 선순환의 회복이 절실하다.

결론적으로 정부와 국회는 기업하기 좋은 환경을 만드는 데 집중해야 한다. 박리다매 전략으로 세율을 낮추고, 규제는 줄이며, 법과 제도의 일관성을 유지해 신뢰를 회복해야 한다.

단기적으로 세금 수입이 줄어들 수 있지만, 장기적으로는 더 많은 기업이 활동하고, 더 많은 고용과 투자, 수출이 이뤄지며 전체 파이가 커질 것이다. 이런 구조를 만들어야만 한국 경제의 체력이 개선되고, 기업 실적이 뒷받침되며, 코스피 5000은 충분히 실현 가능한 숫자가 될 수 있다.

02
주식 발행 시장

- 대차대조표의 이해: 자산, 부채, 자본 계정
- 창업과 자본금 제도
- 권리락과 배당락
- 액면 분할
- 발행시장과 유통시장
- 어떤 주식을 사야 하는가?
- 주식은 자기 책임
- 간접 발행의 유형 및 인수/배정 방법
- 공모주 청약 방법
- 주식의 유통 시장
- 상장의 종류

주식 발행 시장

대차대조표의 이해: 자산, 부채, 자본 계정

대차대조표에서 주식은 자산, 부채와 자본으로 나뉜다. 삼성전자를 예로 들면, 자본 계정에는 9,000억의 자본금을 보유하고 있다. 자산은 삼성전자 전체의 부채와 자본을 포함한 것이다. 자본금 9,000억으로 시가 총액 600조를 만들었으니 600배 이상 가치를 늘린 것이다.

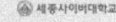

03 주식공개(상장)

IPO(Initial Public Offering)
의미 : 최초주식공모

상장을 목적으로 기업이 최초로 외부 투자자에게
주식을 공개, 매도하는 것

대주주 개인이나 가족들이 가지고 있던 주식을
일반인들에게 널리 팔아 분산을 시키고 기업경영을
공개하는 것

고정자산과 유동자산의 합이 자산 총계이다. 또, 자산은 자본과 부채의 합이다. 자산이 1조라면 그 안에는 부채도 같이 포함되어 있는 것이다. 은행에서 받은 대출도 자산이다. 내 돈이 5,000만 원이고 부채가 5,000만 원이면 '내 자산은 1억 원입니다'라고 얘기할 수 있다.

> 자산잉여금 = 자산 + 부채
>
> 자산 = 자본 + 부채

대차대조표의 왼쪽에 유동 부채, 고정 부채와 부채 총계가 드러나고, 자본금, 자본잉여금, 이익잉여금, 자본 총계가 있다. 납입 자본금은 자본금과 같다고 보면 된다. 액면가 기준으로는 보통주 자본금이라고 한다. 삼성전자 같은 경우는 액면가 100억 원, 자본금 9,000억 원 정도이다.

회사 설립 시 초기 자본금은 자본과 같다. 회사 설립 시에는 자본금

> 납입자본금 + 잉여금 = 자본금

이 곧 자본이기 때문이다. 추후에는 경영 실적에 따라 자본 증감이 생긴다. 자본 잠식을 영어로는 impaired capital이라고 표기하는데, capital은 '자본', impaired는 '잠식하다'라는 뜻을 갖는다.

자본 잠식 회사는 곧 부도가 임박하다는 것을 의미한다. 코스닥 상장 기업 중 자본 잠식 기업은 투자자의 피해를 막기 위해 곧바로 상장 폐지된다. 매년 20개 기업이 부도에 이른다.

📢 관련 뉴스

세종대 김대종·윤진희 교수
"주가 상승, 환율과 경상이익이 핵심"

머니투데이 권태혁 기자
2021.04.30 11:57

세종대학교는 최근 김대종, 윤진희, 구유영(연세대) 교수가 세종대 AI센터에서 열린 한국지능시스템학회에서 주가에 영향을 주는 변수를 퍼지이론으로 분석한 논문을 발표했다고 30일 밝혔다.

김대종 교수는 "외환 보유고, 외국인 투자액, 경상이익이 주가에 매우 긍정적인 영향을 줬다. 반면 환율과 채권 이자율 상승은 부정적인 영향을 미쳤다"면서 "주가 상승을 위해 정부는 오는 9월 한미 통화 스와프의 만기를 연장하고, 외환 보유고를 2배 증액해야 한다. 미국의 테이퍼링(달러환수)에 대비해야 한다"고 주장했다.

이어 "현재 환율이 1,100원대인 만큼 외환 보유고를 비축할 수 있는 좋은 기회"라며 "코로나19 백신 보급으로 경제가 정상화하면서 캐나다는 이달에 이미 달러 환수를 시작했다. 개인들도 환율 상승에 대비해 미국 주식과 한국 주식을 50%씩 나눠 사는 것이 바람직하다"고 덧붙였다.

지난해 3월 환율 급등은 주식시장 폭락을 야기했다. 특히 한국은 무역 의존도가 65%로 높기 때문에 환율 상승이 IMF 외환위기로 이어질 가능성이 있다.

김 교수는 "경제는 계속 성장하기 때문에 미국과 한국의 시가총액 10위 이내의 우량기업에 장기 투자하는 것이 좋다"며 "우량기업은 손절매하지 않는 것이 바람직하다. 매년 상장기업 20여 개가 부도난다는 것을 명심하라"고 강조했다.

그는 가상화폐 규제에 대한 입장도 밝혔다. 김 교수는 "가상화폐는 정부가 신속히 제도와 규정을 만들어야 한다. 미국은 엄격한 규칙 아래 약 10여 개의 가상화폐만 상장시켰다. 한국은 200개가 넘는 암호화폐가 상장돼 거래되고 있다"며 "가상화폐 투자자는 모든 암호화폐의 결제 수단인 비트코인만 투자하는 것이 상대적으로 안전하다"고 설명했다.

마지막으로 그는 "한국은 4차 산업혁명이라는 거대한 변화에 편승해야 한다"며 "가상화폐도 블록체인 기술을 응용한 것이다. 암호화폐 규정과 안전성 강화로 투자자를 보호해야 한다"고 지적했다.

〈출처: https://news.mt.co.kr/mtview.php?no=2021043011467410540&type=1〉

자본 잠식과 분식 회계

자본 잠식은 다음과 같은 방법으로 해소할 수 있다.

① 부채 감소
② 자산 증가
③ 회계 처리 방법 변경, 즉 자산 재평가
④ 원가와 경비 축소

부채가 감소한다는 것은, 개인으로 말한다면 대출을 줄이고 자기 자산을 늘리는 것이다. 부채 감소에는 부채 가수금을 해소하는 방법과 부채를 자본금으로 전환하는 방법, 즉 증자가 있다. 증(增)자는 자본금을 늘린다는 뜻이다. 자산 증가 방법으로는 대표이사의 재산 기증, 자본 전입 등이 있다. 회계 처리 방법을 변경하는 일은 자산을 재평가하는 것인데,

최근에 한국통신과 포스코가 자산 재평가에 나선다고 한 적이 있다. 30년 전에 1억에 산 건물이 재평가를 통해 약 100배로 올랐다고 하면, 1억이 100억이 되는 것이다. 이렇게 회계 처리 방식의 변경은 현재 시세로 기업 자산을 재평가하는 중요한 부분이다. 이를 통해 부채 비율을 감소시킬 수 있다. 원가와 경비를 축소하여 자본 잠식을 해소할 수도 있다.

재고 자산과 매출 채권 부풀리기를 통해 자본 잠식을 해소하려는 행위를 분식 회계라고 한다. 과거에 분식 회계가 횡행했었는데, 미국에서는 엔론(Enron)사의 파산 사태에서 보듯 분식 회계로 인해 파산에 이른 기업들이 있었다. 분식 회계의 '분'의 한자어는 가루 분(粉)으로 회계를 장식하여 조작한다는 의미이다. 한국에서도 분식 회계가 문제가 되어 2009년에 정부에서는 분식 회계를 먼저 고백하면 이전의 죄는 묻지 않는 대신 더 이상의 분식 회계를 금지하는 발표를 했었다.

창업과 자본금 제도

1. 창업과 자본금

회사 설립 시 자본금을 정하는 방법에는 확정 자본 제도와 수권 자본 제도 두 가지 방식이 있다. 확정 자본금 제도는 회사 설립 시 자본금을 미리 정해, 그 자본금에 맞게 주식을 발행하고 추후 증자 시에는 주주총회의 특별 결의로만 자본금을 늘릴 수 있게 하는 제도

① **AI 세계 3대 강국 도약**
- AI 예산 선진국 수준으로 증액, AI 투자 100조 원 시대 개막
- 고성능 GPU 5만 개 확보와 국가 AI데이터 집적 클러스터 조성
- 누구나 사용가능한 '모두의 AI' 프로젝트 추진
- AI 단과대학 신설, AI 병역특례 확대 등 AI 인재 양성

② **경제성장의 대동맥, 에너지고속도로 구축**
- 2030년까지 서해안, 2040년까지 한반도 에너지고속도로 건설 추진
- RE100 산업단지 조성, 에너지저장장치(ESS) 보급 확대
- 재생에너지 지능형 전력망 구축
- 햇빛·바람 연금 확대로 소멸위기지역 경제 활성화

③ **주가지수 5,000시대 개막, '코리아 프리미엄' 실현**
- 중장기 산업·경제성장 전략 수립, 글로벌 선진국 지수(MSCI) 편입 추진
- 주가조작 '원스트라이크 아웃제' 도입
- 주주충실의무 도입과 집중투표제로 소액주주 보호 강화

④ **ABCDEF 글로벌 첨단기업 육성**
  A: 人工지능I, B: 바이오, C: 콘텐츠·문화, D: 방위산업·우주항공, E: 에너지, F: 제조업
- 첨단산업 국내 생산 지원 확대

⑤ **과학기술 국가연구개발(R&D) 예산 확대 및 과학기술 강국 실현**

⑥ **벤처투자시장 육성으로 벤처 강국 실현**

⑦ **북극항로 시대 국가대응체계 구축**
- 북극항로 전용선박 개발 지원 및 동남권 교통 트라이포트 체계 구축

목표 및 우선순위: 경제 강국 실현 / 최우선 과제
이행절차 및 이행기간: 관련 법령 개정 및 사업 추진 / 임기 내
재원조달 방안: 국비 및 지방비, 공공기관 자체사업, 민간투자 참여 및 재정지출 조정 등

이다. 과거 우리나라 회사법인 설립 자본금 기준은 다음과 같았다.

① 일반기업의 최저 설립 자본금은 2천만 원

② 벤처기업의 자본금은 천만 원 이상

2025년 기준으로 자본금 제도는 없어졌다. 회사 설립에 드는 수천만 원의 자본금 기준은 부담이 되기 때문에 벤처기업의 경우 자본

금 기준을 낮추었다. 예를 들어, 5천만 원으로 일반회사를 설립하였다면, 액면가 5,000원에 총 1만 주의 주식을 발행할 수 있다. 액면가를 500원으로 한다면, 총 10만 주의 주식을 발행할 수 있다.

수권 자본 제도는 회사 설립 시 자본금을 정하지만, 초기에는 그 자본금의 일부를 주식으로 발행해 자본금을 동원하고, 추후 그 나머지 지분에 대해 경영자의 판단으로 '이사회의 결의'만으로 증자 등을 통해 자본을 늘릴 수 있게 해준 제도이다. 이 제도는 처음 시작할 때는 적은 금액으로 하고 차후 증자를 통해 자본금을 늘릴 수 있으므로 경영에 융통성을 발휘할 수 있다. 그렇기 때문에 일반적으로 수권 자본 제도를 활용해 회사를 설립한다. 현재 우리나라는 확정 자본 제도와 수권 자본 제도 두 가지 방식을 병행하고 있다.

2. 벤처 창업하여 재벌 되기

과거에는 자본금이 무조건 5천만 원 이상이어야 기업을 설립할 수 있었지만, 2025년 이후부터는 벤처기업과 같이 기술력만 있다면 누구나 회사를 만들 수 있다. 앞으로 회사를 설립해 훌륭한 CEO가 되고자 하는 마음이 있다면 벤처기업 같은 경우는 제약 없이 만들 수 있다. 애플의 스티브 잡스나 마이크로소프트의 빌 게이츠도 창고에서 벤처기업으로 시작했다. 꿈이 있다면, 창고에서 시작해도 세계적인 기업이 만들 수 있다.

신문에서 앞으로 우리나라에서 재벌이 되는 방법에 어떤 것이 있을까 하는 기사를 본 적이 있다. 누구나 돈을 많이 벌고 싶어 하며, 지금 쓰고 있는 이 책 또한 돈 이다. 과거 우리나라 회사법인 설립 자본금 기준은 다음과 같았다.

① 일반기업의 최저 설립 자본금은 2천만 원

② 벤처기업의 자본금은 천만 원 이상

2025년 기준으로 자본금 제도는 없어졌다. 회사 설립에 드는 수천만 원의 자본금 기준은 부담이 되기 때문에 벤처기업의 경우 자본금 기준을 낮추었다. 예를 들어, 5천만 원으로 일반회사를 설립하였다면, 액면가 5,000원에 총 1만 주의 주식을 발행할 수 있다. 액면가를 500원으로 한다면, 총 10만 주의 주식을 발행할 수 있다.

수권 자본 제도는 회사 설립 시 자본금을 정하지만, 초기에는 그

부동산, 금리, 주가, 주요변수 상관관계 분석

	전국집값	종합주가	cd금리	서울집값	외환보유액	경기동행	대출총액	물가지수	평균환율	경상수지
전국집값	1									
종합주가지수	0.9280711	1								
cd금리	-0.8242313	-0.7762525	1							
서울집값	0.97955623	0.90597575	-0.773966	1						
외환보유액	0.9628501	0.95528262	-0.8618177	0.92352384	1					
경기동행지수	0.97417035	0.92697273	-0.8687678	0.93443925	0.98420481	1				
대출총액	0.98249073	0.91163933	-0.850487	0.95994236	0.9615612	0.98688233	1			
물가지수	0.96974961	0.92913134	-0.8633725	0.92785206	0.98406822	0.98743887	0.96700605	1		
평균환율	0.05085425	-0.1721922	-0.1164479	0.05449762	-0.1047102	0.03451835	0.1068888	0.02990595	1	
경상수지	0.57818089	0.58940438	-0.7211307	0.4822515	0.659504	0.64805224	0.61122388	0.64744803	0.02468483	1

자본금의 일부를 주식으로 발행해 자본금을 동원하고, 추후 그 나머지 지분에 대해 경영자의 판단으로 '이사회의 결의'만으로 증자 등을 통해 자본을 늘릴 수 있게 해준 제도이다. 이 제도는 처음 시작할 때는 적은 금액으로 하고 차후 증자를 통해 자본금을 늘릴 수 있으므로 경영에 융통성을 발휘할 수 있다. 그렇기 때문에 일반적

으로 수권 자본 제도를 활용해 회사를 설립한다. 현재 우리나라는 확정 자본 제도와 수권 자본 제도 두 가지 방식을 병행하고 있다.

2. 벤처 창업하여 재벌 되기

과거에는 자본금이 무조건 5천만 원 이상이어야 기업을 설립할 수 있었지만, 2025년 이후부터는 벤처기업과 같이 기술력만 있다면 누구나 회사를 만들 수 있다. 앞으로 회사를 설립해 훌륭한 CEO가 되고자 하는 마음이 있다면 벤처기업 같은 경우는 제약 없이 만들 수 있다. 애플의 스티브 잡스나 마이크로소프트의 빌 게이츠도 창고에서 벤처기업으로 시작했다. 꿈이 있다면, 창고에서 시작해도 세계적인 기업이 만들 수 있다.

신문에서 앞으로 우리나라에서 재벌이 되는 방법에 어떤 것이 있을까 하는 기사를 본 적이 있다. 누구나 돈을 많이 벌고 싶어 하며, 지금 쓰고 있는 이 책 또한 돈 버는 방법에 대한 책이다. 어떤 방법으로 돈을 벌 수 있을까 고민한 결과, 두 가지 결론을 얻었다.

첫 번째, 중국 시장을 개척하는 것이다. 중국의 인구는 14억이 넘으니 신발 한 켤레씩만 판다 해도 14억 켤레를 팔 수 있다.

두 번째, IT 벤처기업을 만드는 것이다. 세계적 기업 엔비디아나 마이크로소프트도 사업을 시작하여 불과 10~20년 사이에 세계적 기업으로 발돋움했다. 앞으로도 인터넷은 무궁무진 발전할 것이고, 전 세계 인구가 쓸 수밖에 없으므로 앞으로도 이 분야에 관련된 산업은 계속 발전하게 될 것이다. 한편, 모바일 인터넷 보편화에 따라 모바일 관련 사업에 창업한다면 우리에게도 세계적 기업이 나올 수 있다.

현재 우리나라에도 세계적 기업은 많다. 질 좋고 저렴한 세계 최고의 철강을 생산하는 포스코가 있고, 세계 최고의 전자 제품을 만드는 삼성전자가 있다. 세계에서 가장 저렴하게 화학제품을 만드는 LG화학과 SK에너지가 있다. 조선, 철강, 화학 그리고 전자 분야는 전 세계에서 우리가 1등을 차지하는 분야이다. 삼성전자, LG전자는 가전 시장에서 점유율 세계 1~2위를 차지하고 있다. 한국은 인구가 5천만 명밖에 안 되지만, 일본을 능가할 수 있는 경제력을 가지고 있다. 일본에도 소니 등 좋은 회사들이 많지만, 삼성전자의 매출은 이미 일본의 모든 전자회사들의 매출과 순이익을 넘어섰다. 일본 전자회사 10개의 수익을 전부 합해도 삼성의 순이익 40조 원을 못 넘는다.

3. 증자와 감자

증자를 영어로는 ncrease of capital이라고 하는데, 자본금을 늘린다는 뜻이다. 신주 발행을 통해 자본금을 증가시키는 과정을 의미한다. 유상 증자를 영어로는 rights issue로 표현하는데, 여기서 issue는 '발행한다'는 의미를 갖는다. 무상 증자는 주주들의 출자 없이 주식을 발행하여 재무제표상 자본금만 늘리는 방식으로, 자기 자본의 재배치나 자본 중 준비금(기업 이익 부분)의 자본 전입 경우가 많다. 과거 새롬 캐피탈, 한글과 컴퓨터 등의 벤처기업들이 무상 증자 방식을 많이 시행했었다.

유상 증자는 실질적 주주 숫자의 증가로 자본금을 늘리는 것으로 주주 배정, 제3자 배정과 공모의 세 가지 방식으로 진행된다. 유상 증자는 활황일 때에는 기업에 이익이 많이 돌아간다. 불황기에 유상 증자를 하면 어떻게 될까? 주식 수가 늘어나고 주당 배분되는 이익이 감소하므로 전체 시장이 불황인 경우 주주에 매우 불리하다. 유상 증자는 출자로 자본금을 늘리는 방식이고, 무상은 출자 없이 자본금을 늘리는 방식이다. 출자 유무에 따라 유상 증자와 무상 증자로 분류할 수 있다.

감자를 영어로는 reduction of capital이라고 표현하는데, 결손을 메우기 위해 자본금을 감소시키는 것으로 무상 감자와 유상 감자가 있다.

자기 자본은 자본금, 자본 잉여금, 이익 잉여금의 합이다. 자본 잉여금은 회사의 자본금에서 나오는 이자 등의 이익을 말한다. 이익 잉여금은 순이익으로 남는 부분을 의미하는데, 삼성전자의 순이익은 10조 정도이다. 현금으로 몇 조 원을 보유한다는 것은 이 순이익으로 계산되는 규모를 의미한다.

무상 증자 개념도에 자기 자본은 자본금과 준비금을 포함한다. 유보율은 회사에 얼마의 준비금이 있는지를 나타내는 지표로서 준비금을 자본금으로 나눈 비율이다. 삼성전자 유보율은 약 1,000~2,000% 정도이다. 삼성전자 자본금은 8,000억 원인데, 약 1조원으로 가정하고 회사에 10조 원의 현금을 보유한다고 하면 유보율은 1,000%가 된다.

포털의 주식 사이트에서 무상 증자 개념도와 유보율을 확인할 수 있는데, 삼성전자 유보율은 8,000%가 넘는 것을 확인할 수 있다.

우리나라의 우량 기업들은 유보율이 거의 1,000%가 넘는데, 이는 자본금 대비 10배 이상의 준비금을 가지고 있음을 의미한다.

주식 투자는 이처럼 유보율이 높은 우량 기업에 하는 것이 바람직하다.

권리락과 배당락

권리락을 영어로 ex-right, right-off라고 하는데, 유무상 증자 시 신주 배정 기준 일이 지나 신주를 받을 권리가 소멸된 상태를 의미한다. 권리부는 신주를 받을 수 있는 상태를 말하는데, 그러므로 권리락은 신주를 받을 수 있는 권리가 소멸된 상태이다.

주가 그래프에서 주가가 떨어지는 시점에 권리락이라는 말이 등장한다. 권리락은 유·무상 증자 기준으로 권리가 없어졌다는 뜻이다. 증자를 할 때 모든 기업들은 한두 달 전에 공고해야 한다. 예컨대 "9월 10일에 유상(무상)증자를 한다"는 발표가 있었다면, 9월 10일 이후에는 권리가 소멸되는 것이다. 앞선 설명에서 주식 결제 기간은 3일이라고 했는데, 10일이 기준이므로 8일까지 주식을 산 사람은 주식을 가질 수 있는 권리가 있다. 9월 10일을 기준으로 유무상 증자가 이루어져 주가가 10,000원에서 9,000원이 되었다면, '권리락으로 주가가 1,000원 빠졌다'고 할 수 있다. 배당락 역시 배당 기준일이 10일이라고 하면 8일까지 주식을 매수한 사람은 배당을 받을 수 있지만 그 이후의 매수자는 배당을 받을 수 없다. 삼성전자는 매년 현금 배당을 실시하는데, 배당 시 8월 10일까지 주식을 보유한 사람은 배당을 받지만, 8월 11일이 지나 매수한 주식에 대해서는 배당을 못 받는다. 이처럼 권리가 소멸되는 것을 권리락, 배당이 소멸되는 것을 배당락이라고 한다.

액면 분할

액면 분할은 5,000원짜리 액면가를 500원이나 100원으로 분할해 주식 수를 늘리는 것으로 활황 국면에서 많이 시행한다. 액면 분할 이유는 유통을 증가시키기 위한 목적이다. 코스닥 기업들 중에는 액면가 500원 주식이 많은데, 거의 액면 분할에 따른 것이다. 액면 분할을 하면 유통 물량이 증가하고 저평가되므로 투자자들의 투자가 상대적으로 쉬워진다.

액면 분할의 가장 좋은 예는 2010년에 상장한 삼성생명의 사례이다. 삼성생명은 액면가를 5,000원으로 했을 때 주당 주가가 110만 원이어서 한 주를 사는 데에도 부담이 되었다. 그래서 액면 분할로 액면가를 500원으로 만들어, 주당 판매 가격이 11만 원이 되게 만들었다.

일반적으로 경제신문 주식 면은 액면가를 A, B, C, D로 나눈다. A가 100원, B가 200원 이렇게 구분하는 것이다.

무상 증자와 액면 분할의 공통점은 주가에 대한 저평가, 심리 효과, 착시 현상을 이용하며 주식 물량을 늘린다는 데 있다. 무상 증자와 액면 분할의 차이점은 무상 증자가 권리락 후 무상 신주의 상장까지는 기존 주식만 거래되고, 액면 분할은 한동안 거래가 중지된 후 다시 거래가 재개된다는 데 있다.

발행시장과 유통시장

1. 공모주 청약

주식시장은 '발행 시장'과 '유통 시장' 두 시장으로 분류된다. 발행 시장은 주식을 발행하는 시장으로 IPO라고도 한다. 회사를 상장(上場)하면 추가로 주식을 발행하거나 기존 대주주의 주식이 소액 주주로 분산된다. 기업의 상장 요건은 소액 주주 1,000명 이상에게 분산되어야 한다.

삼성생명은 2010년에 상장되었다. 이미 2000년에는 포털 사이트 Daum 주식이 상장되었고, 2011년에는 골프존, 하이마트 등이 상장 과정에서 많이 알려졌듯, 이러한 방식을 '공모주 청약'이라고 한다.

주식을 사고파는 거래소 시장이 유통 시장이다. 일반적으로 매일같이 뉴스에서 보는 주식 동향이 바로 유통 시장 동향이다. 앞에 예를 든 삼성생명의 경우 2010년에 11만 원에 공모를 했고 상장 직후 12만 원까지 올랐다가, 2011년에는 발행 가격 11만 원으로 돌아왔다. 삼성생명의 예와 같이 신규 상장사의 주식은 발행 시장을 거쳐 유통 시장으로 들어온다. 모든 주식은 발행 시장을 통해 유통 시장으로 넘어온다. 2021년에는 카카오뱅크, 카카오페이 등이 상장되었는데, 매년 100개 기업이 상장된다.

1,00만 원으로 회사를 만들어 상장하자

앞서 100만 원만 있어도 회사를 설립할 수 있다고 했다. 벤처기업도 만들 수 있고, 일반회사도 만들 수 있다. 벤처 인증을 받는 방법에는 여러 가지가 있는데, 특허청에 특허가 있으면 바로 벤처 인정을 해주기도 한다.

결론은 발행 시장에서 주식을 매수하거나 직접 회사를 만들어 상장함으로써 돈을 버는 방법이 있다. 말하자면 주식 투자로 돈을 버는 대신 역발상으로 주식을 직접 발행하는 방법이다. 최근에는 블루클럽과 같은 헤어 디자인 회사 등에 이르기까지 거의 전 업종에서 상장으로 나아가는 추세이다. 앞으로 커피 전문점과 〈김밥천국〉 같은 프랜차이즈 기업들도 상장에 나설 것이다. 만약 현재 자영업을 운영하고 있다면 이것을 프랜차이즈로 키우거나, 매출을 확대하여 회사를 성장시켜 상장하는 것도 바람직한 방법이다.

어떤 주식을 사야 하는가?

어떤 주식을 매수할 것인지에 대한 개인적 의견은 다음을 기준으로 추천한다.

첫째, 외국인과 기관 투자가들이 매수하는 종목을 사라!

한국경제신문과 매일경제신문, 다음과 네이버 등에서 외국인들이 가장 많이 사는 종목을 동시에 따라 사라고 권한다. 최근에 외국인들이 많이 사는 회사는 삼성전자, LG화학이다. LG화학이 주력하는 것은 중국의 화학제품, 에프탈렌, 나프탈렌 등인데 일반인들이 이런 화학제품을 잘 이해하기는 쉽지 않은 일이다. 하지만 LG화학의 2021년 순이익은 약 2조에 이르며, 전 세계 최고의 전기 자동차 배터리를 양산하고 있다. 전기 자동차는 배터리가 전체 규모의 반을 차지하는데, 전기 자동차에 관한 한 LG화학이 전 세계 유일 양산 체제를 갖추고 있다. 세계적 초우량기업 골드만삭스 등이 이 회사의 주식을 계속 사고 있다. 주식에 관심이 있다면 LG화학, 현대자동차 등을 한 주씩 산 뒤 가격 변동을 지켜보라. 한 주조차 투자하기 싫다면 주가가 어떻게 움직이는지 한번 지켜보는 것도 방법이다.

둘째, 미래가치에 투자하라.

'미래에 어떤 기업이 나에게, 우리나라에 돈을 벌어다 줄 것인가?'를 항상 생각해야 한다. 개인도 앞으로 어떻게 하면 잘살 수 있는지를 고민하지만, 기업들도 항상 앞으로 어떻게 더 돈을 벌 것인지 고민한다. 2010 이건희 회장이 삼성그룹 회장으로 복귀하면서 "새로운 사업을 하겠다. 바이오산업, 생명산업을 하겠다"며 신수종 사업을 발표했다. 이후 삼성은 메디슨이라는 의료기기 회사를 매입했다. 삼성그룹조차 "현재에 머물러서는 안 된다"며 직원들을 지속적으로 독려한다. 삼성그룹은 이건희 회장 취임 뒤 "새벽 7시에 출근하고, 마누라와 자식 빼고 다 바꾸라"는, 신경영체제 도입 뒤 폭발적으로 성장해 삼성전자와 삼성그룹을 세계 최고의 기업으로 키웠다. 2025년 이재용의 삼성전자의 순이익은 50조가 넘는다. 이와 같이 우리는 앞으로 어떤 기업이 미래에 계속 발전할 수 있는지 항상 연구해야 한다.

1. 전망과 선택 방법

주식 투자로 돈을 버는 사람은 1%밖에 안 된다고 한다. 백 명 중 한 명이 겨우 주식으로 돈을 버는 것이다. 내가 아는 지인은 대학 임학과 출신으로 주식과는 전혀 관련도 없고 재무제표조차 볼 줄 모르는데 돈을 벌었다. 그는 처음에 주식으로 2억 원을 잃고 난 뒤 망연자실 죽음까지 생각했다고 한다. 그러나 처음 공부한다는 마음으로 상장기업 분석 책을 얻어 통째로 외웠다고 한다. 상장기업 분석 책은 증권 계좌가 개설된 증권사에 요청하면 그냥 얻을 수 있다. 꼭 필요한 책이므로 한 권씩 준비하고 수시로 보아야 한다. 상장기업 분석 책을 외울 수 있을 정도로 공부해야 주식 투자로 성공할 수 있다.

주식으로 성공한 지인의 추천 종목은 현대자동차와 현대차 우선주, 현대차 3우선주였다. 그는 이미 2009년 1월에 현대자동차 우선주를 1만 원에 샀다고 했다. 자동차는 철강, 전자, 그리고 화학 세 가지 분야의 조합으로 만들어진다. 철강은 전 세계에서 포스코가 가장 저렴하게 잘 만들고, 전자제품은 삼성전자가 전 세계에서 가장 뛰어나며, 타이어는 한국타이어 같은 화학회사가 만든다. 우리나라가 이 세 가지를 가장 잘 만들기에 앞으로 자동차도 우리나라가 전 세계 최고 자리를 차지할 것이라는 논리로 추천하였다.

2011년이 되어 이 전망은 맞아 떨어졌다. 2009년 당시 5만 원이었던 현대차는 2025년 25만 원, 기아차는 10만 원까지 상승했다. 우리나라에서 제일 잘 만드는 것들이 모인 산업이 자동차 산업이다. 현대자동차의 세계 시장 점유율은 꾸준히 증가하고 있으며 주가는 꾸준히 오르고 있다.

2. 현대자동차 우선주와 본주

2025 현대자동차 주가는 24만 원이다. 우선주는 앞서 설명한 것과 같이 우선하여 배당을 주는 주식이다. 그 대신 M&A 때 의결권은 없다. 현대자동차에는 세 가지 우선주가 있는데, 1우선주, 2우선주, 3우선주가 그것이다. 이 세 가지 우선주 모두 가격이 저렴하기에 추천한다. 우선주는 본주의 50~60% 대가 적정 가격이다. 삼성전자의 경우 우선주는 60만 원, 본주는 90만 원이다. 현대자동차는 본주가 24만 원이니 우선주 가격은 12만 원이 적정한데, 현재 현대자동차의 우선주는 8만 원이다. 적정가에 비해 현재 주가는 아직 저평가가 되어 있다. 2009년에 1만 원에 산 현대자동차 주식은 벌써 6배 수익이 난 상태이고, 앞으로 30만 원까지는 도달할 것으로 예상되므로 투자 가치가 있다.

앞서 말했던 것과 같이, 포스코와 현대제철에서 만든 철강, 현대모비스의 부품, 삼성전자의 전자 부품, 그리고 화학회사의 타이어 기술 등에 힘입어 현대차는 앞으로 세계적 기업이 될 것이다. 현대자동차 본주가 30만 원이 되면 우선주도 10만 원까지 오를 것으로 예상할 수 있다.

주식은 자기 책임

추천 종목을 이야기한 것은 해당 주식을 사라는 말이 절대 아니다. 참고하라 얘기로, 시세는 항상 변하므로 매수 매도 시기가 매우 중요하다. 이런 이유로 현대차와 기아차를 눈여겨보라는 이야기이다. 주식 투자에 있어 가장 어리석은 일은 누가 어떤 얘기를 하면 그것을 그대로 믿고 사는 것이다. 주식은 자기 책임이다. 절대로 남이 사라는 얘기에 현혹돼 사서도 안 되고, 남이 팔란다고 팔아서도 안 된다. 스스로 판단했을 때 여유 있는 자금, 향후 1년 동안 없어도 될 정도의 자금으로 부담 없이 주식에 투자해야 한다.

과거 모 대학 경영학과에서 투자론 강의로 유명한 어느 교수가 데이콤과 현대중공업 주식을 추천했던 일이 있었다. 당시 데이콤은 50만 원, 현대중공업은 8만 원이었다.

그 교수는 추가 상승 요인을 언급하며 추천했는데 정반대의 결과를 낳았다. 데이콤은 현재 LG텔레콤으로 바뀌었다. 다행히 현대중공업은 30만 원을 넘으니 교수의 전망이 50%는 맞춘 것이다. 이와 같이 주식 추천 종목은 이 세상 그 누구의 말도 믿어서는 안 되고 다만 참고하여 스스로 판단해야 한다.

간접 발행의 유형 및 인수/배정 방법

1. 간접 발행의 유형

① **모집 주선**: 발행 기관이 단순히 발행에 관한 업무와 모집하는 일을 대행하는 방식

② **잔액 인수**: 모집 주선 후 공모되지 못하고 유통 시장에 남아 있는 주식, 잔액을 발행 기관이 인수하는 방식

③ **총액 인수**: 처음부터 물량 전체를 인수하는 방식

2. 간접 발행의 인수/배정 방법

① **주주 배정**: 기존의 주주에게 보유 주식 수에 비례해 배정

② **제3자 배정**: 연고자 배정으로 특정 제3자, 정부, 합작 투자, 거래 회사 등에게 신수 인수권을 배정

③ **공모**

2010년에 정부가 우리은행 매각을 발표했었다. 우리은행은 자산 규모로 국민은행, 신한은행 다음으로 3~4등정도 된다. 우리은행을 인수하는 은행이 대형은행이 될 것이다. 은행도 합병과 인수를 계속한다. 2010년에 포스코 그룹이 해외 자원을 개발하는 기업인 대우인터내셔널을 인수했다. 인수 이유는 해당 기업이 해외 자원 개발 경험과 에너지, 광산 등 자산이 굉장히 많다는 데 있었다. 2025년 포스코는 철강 이외에도 수익의 다각화를 위해 여러 기업을 인수 합병할 계획이라고 한다. 약 50% 이상의 수익을 철강 이외에서 벌어들이겠다는 것이다. 이와 같이 모든 기업들이 생존을

위해 사업을 다각화하고 있다고 알아야 한다. 기아자동차는 IMF 때 망했는데, 한 개 업종을 하면 망한다는 이야기가 이때 나왔다. 기아차는 우리나라뿐 아니라 세계적으로도 굉장히 우량한 기업이었다. 봉고라는 자동차를 만들었다.

문어발이라는 얘기를 듣는 우리나라 기업 현실에서 기아자동차만큼은 오로지 자동차 한 분야에만 집중했다. 하지만 결론은 단일 업종만 하면 망한다는 얘기를 들어야 했다. 삼성, 현대, LG, SK를 자세히 살펴보면, 삼성은 전자, 전기, 화학, 그리고 조선 등 70여 개의 계열사를 가지고 있다. 현대도 현대자동차, 현대모비스, 기아차, 그리고 글로비스, 등 약 70여 개의 계열사를 포함한다. LG 역시 화학, 전자, 그리고 생활 건강 분야를 포함한 많은 계열사를 가지고 있다. SK 역시 SK텔레콤, SK에너지 등 계열사를 거느리기는 마찬가지이다. 이처럼 재벌들은 생존을 위해 여러 업종을 아우른다. 많은 사람들이 "대그룹이 왜 문어발식 운영을 하느냐?"며 전문화된 단일 업종만 하라고 하지만, 재벌기업들은 기아자동차를 예로 들며 한 가지 업종에 주력해서는 망하기 십상이라고 이야기한다. 문어발처럼 사업을 다각화해야만 살아남을 수 있다고 말한다. 개인적 생각으로도 우리나라 산업 구조의 특성상 하나의 산업에 집중하면 그 산업이 사양 산업에 들어서는 순간 기업 자체가 망할 수 있다. 기아자동차가 봉고를 만들어 세계적 기업으로 섰지만, 매각 당시 부채가 많았고 재무제표 또한 우량하지 못했기에 IMF 당시 직격탄을 맞았다. 우리나라에서 대기업만이 살아남는 이유는 바로 사업 다각화에 있다고 생한다.

공모주 청약 방법

Daum이 주식을 상장했던 방식이 공모주 청약 방식이었다. 2010년 6월에 상장한 삼성생명도 일반 공모를 했었다. 따라서 이와 같은 일반 공모주 청약 방식을 잘 이해할 때 수익 기회를 붙잡을 수 있다. 일반 공모 방식은 다음과 같다.

1. 증권회사에 계좌를 개설한다.

우량 증권회사라면 거의 모두 일반 공모를 한다. 미래에셋과 삼성증권, 현대증권 그리고 미래에셋증권 등이 있다. 한국에 50개 정도의 증권사가 있는데, 상위 우량 10개 사에 계좌를 만들어 놓아야 한다. 우량 증권사에서 일반 공모를 주선할 때 참여할 수 있기 때문이다.

2. 매일같이 경제신문을 살펴라.

경제신문에는 주식, 부동산 등 모든 정보가 다 들어 있다. 부자가 되기 위해서는 무조건 경제신문을 구독하거나 매일 살펴보아야 한다.

주식의 유통 시장

상장과 등록을 위한 첫 번째 단계가 상장이다. 주식 공개(상장)를 영어로 IPO(Initial Public Offering)라고 하는데 최초로 대중에게 공개한다는 의미이다. 주식이 유통되도록 거래 대상으로 인정하는 행위를 상장이라고 한다. 최초의 주식을 상장을 목적으로 공모해 기업이 외부 투자자에게 공개 매도하는 것이다. 예전에는 코스닥 업체는 등록이라고 했었는데, 지금은 상장으로 용어가 바뀌었다. 증권거래소에서 유가 증권을 거래 대상으로 인정하는 행위를 일컫기도 한다. '상장(上場)'은 '명패를 내건다', '시세표의 명단에 올린다'는 의미를 갖는다.

앞서 제안했듯이 1,000만 원으로 벤처기업을 설립해 상장하는 경우, 어떤 조건이 있는지 살펴보자.

거래소 상장 요건은 다음과 같다.

① 규모 요건으로 자본금 50억 원, 자기 자본 100억 원, 매출액은 최근 연도 300억 원, 3년 연평균 200억 원이다. 재무 요건은 부채 비율이 업종 평균과 전체 평균 중 큰 값의 2배 미만, 유보율 50% 이상 되어야 한다. 부채 비율은 대출 비율을 말하는데 이 비율이 낮아야 한다. 삼성전자 부채 비율은 약 30~35%이다. 삼성전자의 자본금이 약 1조 원 정도이니 일부 금액은 대출금으로 이해할 수 있다. 유보율은 1천%가 넘는다.

② 실제로 시장에서 유통되도록 주식을 분산시켜야 한다. 소액 주주 지분율을 30% 이상, 소액 주주 수를 1,000명 이상 만들어놓아야 한다. 일반 공모에서 주식을 일반인들에게 분배하는 이유는 소액 주주가 천명 이상 되어야 상장 요건을 맞출 수 있기 때문이다. 발행 시장을 통해 천 명 이상에게 주식을 분산시켜야 상장 가능하

다. 주식회사를 상장하려 해도 나 혼자 전체 지분을 가지고 있다면 상장 요건에 부합하지 않는다.

③ 안전성과 건전성의 요건으로 설립 경과 연수가 3년이 되어야 되고, 감사 의견이 적정해야 한다. 많은 회계사들로부터 감사 의견을 받아야 하는데, 감사 의견이 거절, 한정인 회사는 상장할 수 없다. 감사 의견 거절은 회계 법인이 '이 회사를 감사를 할 수 없다, 분식 회계가 너무 많아 부도내는 것이 맞다'고 판단한 의견이다. 기타 요건으로 경영의 계속성, 투명성, 기업 공시 등이 있다. 기업 운영도 투명하게 공개하고 계속해서 지속될 수 있어야 한다.

대주주 개인이나 가족들이 가지고 있던 주식들을 일반인에게 파는 경우도 많다. 공모 방법에는 신주 공모, 구주 매출, 그리고 두 가지를 동시에 병행하는 방법이 있다. 상장이라는 제도를 통해 Daum이나 새롬 같은 회사의 주식이 천 배가 올랐다. 앞으로 5~10년 안에 그런 기업은 또 나올 것이다.

스티브 잡스가 창의 경영을 했던 애플의 강점은 소프트웨어에 있고, 삼성전자와 LG전자의 강점은 하드웨어에 있다. 핸드폰은 한국이 잘 만들지만 그 안에 탑재되는 소프트웨어가 부족하고, 애플사는 소프트웨어는 많지만 핸드폰이 끊긴다거나 통화 품질이 떨어지는 약점이 있다. 제품을 이루는 것이 하드웨어고 제품 안에 들어가는 프로그램이 소프트웨어이다. 삼성전자와 애플 두 기업은 현재 특허 전쟁을 벌이고 있다. 시장에서는 두 기업이 소송을 취하하고 화해할 것으로 예측하고 있다. 두 회사는 서로 구매자와 판매자 역할을 맡고 있기도 하다. 애플은 삼성전자의 최대 구매자이다. 2년 정도 걸리는 특허 소송에서 보듯 두 거대 기업은 시장에서 치열하게 경쟁하고 있다.

상장의 종류

상장에는 신규 상장, 신주 상장, 변경 상장, 재상장 4가지 방식이 있다. 가장 많이 이루어지는 것이 신규 상장이다. 신주 상장은 유/무상 증자, 기업 합병, 전환 사채, 주식 배당 등의 방식으로 많이 시행된다. 변경 상장은 가끔 시행되는데, 우선주를 보통주로 바꿔주는 방식이다. 재상장은 상장 폐지된 법인이 회생하여 다시 상장하는 것을 말한다.

전환 사채로 투자하는 경우도 있다. 2009년 2월에 6,000원에 발행한 기아자동차의 전환 사채는 지금 7만 원이다. 불과 1년 반 사이에 10배 오른 셈이다. 기업들은 일상적으로 전환 사채를 발행하므로 관심을 가져야 한다. 전환 사채도 발행 시장에 들어간다. 주식이 불황이고 사람들이 투자를 안 할 때 전환 사채를 포함한 발행 시장을 잘 살펴야 한다. 발행 시장을 잘 파악하고 있을 때 비로소 주식시장에서 강자가 될 수 있다.

그 동안 주식을 사고팔기만 했다면 발행 시장을 눈여겨볼 필요가 있다. 앞으로 어떤 기업이 우리나라에 돈을 벌어다 줄 것인지를 늘 생각하며 주가와 발행 시장에 관심을 가져야 한다. 일반적으로 가장 비싼 주식을 사면 계속 올라갈 것이라고 말한다. 삼성전자, 삼성생명, 포스코, 현대차, 기아차. LG화학 등 시가 총액 상위 기업의 주식이 여기에 해당된다.

직접 주식 투자에 나서지 않는다 하더라도 배워둘 필요가 있다. 창업을 하더라도 상장을 통해 세계적 기업으로 성장할 수도 있고, 더 많은 돈을 벌 수 있다.

[경제 칼럼]
공모주 청약 성공하는 방법은

김대종 세종대 경영학부 교수
2021.04.11 18:14

공모주 청약 열풍이 불고 있다. 투자의 3대 원칙은 수익성, 안전성, 환금성이다. 이 중에서 제일 중요한 것이 안전성이다. 본인의 원금을 지키는 것이다. 국민은행의 적금 금리인 연 2% 이상의 금리를 주는 금융 상품은 모두 위험하다고 보면 된다. 따라서 안전성에 관한 한 자기가 잘 모르는 분야에 대해서는 절대로 투자해서는 안 된다. 파생 금융 상품에 대한 투자는 하지 않는 것이 좋다.

공모주 청약은 수익성, 안전성, 환금성을 모두 가지고 있는 매우 좋은 투자 방법이다. 연이율 약 100% 정도의 수익성이 있다. 증거금으로 3일만 묶이기 때문에 3일 뒤에는 환불된다. 환금성은 주식시장의 가장 큰 장점이다. 주식은 3일 결제이므로 매도 일로부터 이틀 뒤에는 현금을 받을 수 있다. 이와 같이 공모주 청약은 투자의 3대 원칙에 아주 적합한 방법이다. 과거에는 1억 원이나 되는 큰돈을 증거금으로 내야 받을 수 있는 주식을 현재는 10주만 넣어도 1~3주를 받을 수 있다. 2025년 하반기 이후에는 중복 청약이 어려울 것으로 예상된다. 정부가 중복 청약을 금지하기 전에 여러 증권사에 계좌를 개설해 주식을 청약한다면 큰 수익을 얻을 수 있다. 주식은 매우 위험한 투자이지만, 공모주 청약만큼은 투자의 3대 요소를 모두 갖추고 있는 좋은 투자 방식이다.

주린이(주식하는 어린이)나 주식을 처음 투자하는 사람에게 공모주 청약을 권한다. 물론 대부분의 공모주 청약은 수익이 나지만 약 10% 미만의 일부 종목은 공모가 이하로 내려가는 경우도 있다. 따라서 38커뮤니케이션에 들어가 현재 거래되고 있는 장외 가격과 공모주 가격을 비교해야 한다. 공모 가격과 현재 가격을 비교해 차이가 많이 나는 종목이 좋다. 공모주 청약을 통해 주식을 배울 것을 권유한다.

주식시장은 발행 시장과 유통 시장으로 나눌 수 있다. 발행 시장은 앞에서 이야기한 것처럼 공모주 청약과 실권주 청약 등 주식을 상장하는 시장이다. 이러한 공모주 청약은 시세보다 30% 정도 할인해 배정하므로 이익을 남길 수 있다. 2021년 4월 28일에는 SK아이이테크놀로지가 상장한다. 2025년 2월부터 균등 배분과 비례 배정을 혼합한 방식으로 주식을 배정한다. 상장 주식의 반은 계좌를 만든 모든 사람에게 안분 배정하므로 10주만 신청해도 이익을 남길 수 있다.

2021년에는 11번가, 카카오뱅크, 카카오페이, LG에너지 솔루션, 크래프톤 등 매우 큰 기업이 상장한다. 우리나라는 매년 100개 이상의 기업이 상장을 한다. 따라서 공모주 청약을 통해 이익을 올리는 것이 가장 안전하고 수익성도 좋다. 주식을 처음 시작하는 사람이라면 공모주 청약에 관심을 갖고 투자하길 권한다.

2025년은 권하지 않는다

전 세계 주식시장의 시가 총액은 약 12경 달러이다. 이 중 50%는 미국, 25%는 유럽, 나머지 25%는 중국, 일본, 한국 등이 차지한다. 2025년 우리나라의 시가 총액은 2,700조 원으로 전 세계 주식시장의 2%를 차지한다.

주식 투자로 1조 원을 벌었다는 투자가의 기사가 관심을 모았다. 이분은 30대부터 자기 월급의 25%를 시가 총액 1등 기업에만 투자를 했다. 1970년대부터 시가 총액 1위는 은행주, 건설주, 화학주 등이었다. 2000년도부터는 삼성전자가 시가 총액 1위이다. 단순하게 시가 총액 1등만 투자해 1조 원이 넘는 돈을 모았다. 정말 좋은 투자 방법이라고 생각한다. 한국에는 현재 2,500개의 기업이 상장돼 있으며 매년 20개 정도 기업이 부도가 난다. 2020년에 옵티머스와 라임펀드 사기 사건이 큰 뉴스가 됐다. 펀드보다는 기초 자산인 삼성전자나 국내 우량 기업에 투자하는 것이 좋다.

주식은 장기 투자를 해야 한다. 1조를 모았다는 투자자는 40년에 걸쳐 꾸준히 투자를 했다. 주식 투자에서 단기간에 수익을 얻으려 하면 안 된다. 60세 이후 노후 자금을 위해 투자한다는 생각을 가져야 한다. 통계에 따르면 미국 국민의 70%가 주식 투자를 한다. 삼성전자 주식은 1997년 IMF 때 3만 원까지 하락을 했지만, 지금은 액면가를 5,000원으로 환산했을 때 400만 원에 이른다. 약 330배 정도 상승한 것이다. 주식은 이처럼 20년 이상 장기 투자를 했을 때 큰 이익을 얻는다. 미국의 시가총액 1위 기업 엔비디어와 국내 1위 삼성전자를 동시에 투자하는 것도 좋은 방법이다.

코로나19처럼 주식은 두려움과 공포심을 가질 때 가장 크게 하락한다. 남들이 두려워하고 공포심을 가질 때가 바로 매수 시점이다. 공포와 두려움으로 손절매나 매도하는 일은 절대 안 된다. 주식은 결혼 등 아주 긴급한 자금이 필요할 때만 매도해야 한다. 부자가 되려면 베푸는 마음으로 살아야 된다. 결론은 주식 투자는 우량 기업을 은퇴 이후 노후 대비용으로 10년 이상 장기 투자할 때 비로소 성공할 수 있다. 주식 투자와 공모주 청약을 병행한다면 좋은 수익을 얻을 것이다.

이재명 대통령에게 바란다.

김대종 세종대 경영학부 교수

이재명 정부는 공정한 자원 배분과 대외 전략으로 안보를 튼튼히 하고, 경제를 살려야 한다.

정치학의 원뜻은 올바른 자원의 분배다. 자원을 누구에게, 언제, 얼마나, 어떤 방식으로 배분하느냐에 따라 한 국가의 미래가 결정된다.

따라서 정치의 본질은 정직한 자원 배분이며, 그 최종 목적은 경제학의 목적인 공정성과 효율성의 조화를 이루는 데 있다.

이재명 대통령이 새로운 시대의 문을 연 지금, 국민 모두는 대통령이 공정하고 유능한 리더십으로 대한민국을 안정적이고, 지속 가능한 성장의 길로 이끌어주기를 바란다.

첫째 국가의 보위다. 대통령은 국가 운명의 90% 정도 영향을 준다.

대통령의 가장 중요한 의무는 국가를 보호하고, 잘 지키는 것이다. 대한민국은 주한 미군 4000명 철수 계획, 중국 서해 진출 확대, 북한 핵무기 증산 등으로 안보가 매우 위중하다.

한국은 강력한 군사력을 유지하고 미국과 긴밀한 협조로서 국방에

만전을 기해야 한다.

이 땅에 다시는 전쟁이 없도록 강력한 국방력으로 안보를 철저하게 해야 한다.

북한은 100여개 핵무기가 있는 것으로 알려 지고 있다. 한국의 재래식 무기가 아무리 많더라도 핵무기를 이길 수 없다. 한국은 미국과의 긴밀한 한미 동맹을 통하여 안보를 지켜야 한다.

최근 중국은 서해에 많은 부표를 설치하고 있다. 또한 일본은 7광구 지역 한일공동구역을 해제 할 가능성도 있다. 한국은 미국, 일본과 협력하고, 안보를 강화하는 것이 가장 중요하다.

둘째 한국 경제를 살려야 한다.

우리나라는 세계에서 두 번째로 무역의존도가 높은 나라다. 전체 GDP의 75%가 무역에 의존하고 있으며, 이는 대외 환경에 대한 민감도를 높이는 원인이다. 특히 최근 트럼프 미국 대통령의 25% 고관세 정책과 미국 우선주의가 전 세계 경제에 큰 타격을 주고 있다.

그의 보호무역적 성향은 한국 경제에 큰 부담이다. 트럼프 대통령은 한국에 25% 관세 인상, 50% 철강 관세, 환율관찰국 지정 등을 통해 한국을 압박하고 있다.

이에 대응하기 위해 이재명 정부는 보다 정교한 통상 외교 전략을 수립해야 한다. 미국, 중국, EU 등 주요 교역국과의 관계를 다변화하면서도, 경제적 이익을 극대화할 수 있는 실용적 접근이 필요하다.

특히 외교 전략은 감정이 아니라 계산으로 움직여야 한다. 국익을 중심으로 통상 환경을 안정화하고, 수출 시장을 다변화하여 한국 경제의 외풍을 최소화하는 데 집중해야 한다.

셋째 국내 경제를 살리기 위한 과감한 재정정책이 요구된다.

현재 내수 경기 부진, 청년층 취업률45%, 중소기업 자금난 등 복합적인 경제 위기가 누적되고 있다. 이러한 상황에서 정부의 역할은 뚜렷하다.

20조 원 이상의 추경을 편성하여 경기 부양의 불씨를 다시 살려야 한다. 단순한 일회성 지원이 아니라, 일자리 창출, 녹색 전환, 인공지능 산업 육성 등 미래 성장 동력에 대한 투자로 이어져야 한다. 이재명 대통령은 그동안 '재정은 국민을 위해 쓰는 것'이라 강조해 왔으며, 지금이야말로 그 원칙을 실천할 최적의 시점이다.

또한 예산 집행의 공정성과 효율성은 반드시 함께 고려되어야 한다. 재정 투입은 국민 누구에게나 공정하게 돌아가야 하며, 그 과정에서 낭비 없이 최대의 효과를 거두도록 설계되어야 한다.

 이재명 정부가 성공하기 위해선 정치적 수사보다 실질적 성과가 중요하다. 경제는 말로 움직이지 않는다. 계획하고, 실행하며, 평가하고, 수정하는 치밀한 과정이 필요하다. 그 과정에서 공정한 자원 배분 원칙이 흔들리지 않아야 한다.

지금 대한민국은 안팎으로 중대한 갈림길에 서 있다. 세계 정치경제 질서는 빠르게 재편되고 있고, 국내 사회는 불평등과 양극화의 고통을 겪고 있다. 이 모든 문제의 해법은 결국 '국민의 삶을 중심에 두는 정치'에서 출발한다.

공정하고 효율적인 자원 배분, 정교하고 실용적인 외교 전략, 과감하고 책임 있는 재정정책이 삼위일체가 되어야 한다. 이재명 대통령이 이 비전을 흔들림 없이 실현해 나간다면, 국민은 그를 신뢰하고 대한민국의 미래를 맡길 것이다.

한국 국민은 튼튼한 국가안보와 경제를 살리는 것을 가장 바란다.

03 주식 유통 시장

- 한국의 유통 시장
- 진정한 부자는 발행 시장 참여자와 창업자
- 주식은 미래 가치에 대한 투자
- 공매도
- 매수 종목 고르는 법
- 존 템플턴과 최부잣집
- 손절매
- 주식 매매
- 주가지수
- 주가 분석
- 기본적 분석: PER과 PBR
- 기술적 분석 – 캔들(봉) 차트
- 기술적 분석 – 엘리어트 파동이론
- 이동 평균선
- 그랜빌의 8법칙
- 골든 크로스와 데드 크로스
- 산업 분석
- 기업 분석
- 금융 뉴스 분석
- 미국의 유명한 펀드 매니저와 구두닦기
- 주식은 언제 사야 하는가?

주식 유통 시장

한국의 유통 시장

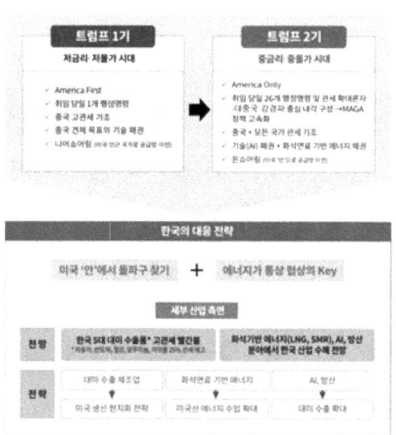

주식은 발행 시장과 유통 시장이 있다. "주식 시가가 얼마다"라고 하는 건 바로 유통 시장에서의 가격을 의미하는데, 한국증권거래소, 코스닥 시장이 바로 그 유통 시장이다. 코스닥 시장은 애초에 증권협회에서 운영했었는데, 지금은 ㈜한국거래소(KRX)로 합병되었다.

발행 시장은 일반적으로 공모주 시장, 실권주 시장이라 부르는 시장을 말한다. 실권주는 유상 청약을 포기한 주식이다. 유상 청약은 돈을 주고 주식을 사는 것을 말하고, 무상 청약은 공짜로 주식을 주는 것이다. 주식이라고 말할 때는 대부분 유통 시장을 의미한다.

일반적으로 주식 시장이라고 하면 유가 증권 시장을 의미한다. 우량의 주식은 유가 증권 시장에 있다. 주식 매수 방식에는 환매수와 공매수가 있다. 자금을 빌려 주식을 매수하는 것이 공매수로서 말하자면, 주식을 미수로 사는 것이다. 돈이 없는데 주식을 사는 방법에 2가지가 있는데, 신용 매수와 미수 매수가 그것이다. 미수는 2~3일 정도 빌리는 것이고, 신용은 3개월 정도 빌리는 것을 의미한다.

가능한 한 절대로 미수나 신용으로 주식을 매수하지 말라. 주식 투자는 반드시 여윳돈으로 해야 한다. 또한 주식에 직접 투자하는 것은 많은 주의가 필요하므로 펀드와 같은 간접 투자를 이용하고, 직접 투자의 경우 상위 랭킹 30위 안에 드는 주식에 투자하는 것이 안전하다. 작은 코스닥 종목은 절대 투자하지 말아야 한다.

실제로 60만 원까지 갔던 포스코 주식은 2008년 6월에 미국에서 리먼브러더스 사태가 벌어진 이후, 2008년 8월에 20만 원으로 떨어졌다. 한국 대표 우량 주식의 가치가 1/3 하락한 것이다. 주식 직접 투자를 권장하지 않는 이유는 바로 이러한 위험성 때문이다.

주권이란

회사의 출자 자본금을 100원에서 5,000원까지 다양한 액면가로 분류하여, 자본금을 액면가로 나눈 수량만큼의 권리 증서로 투자자는 투자 금액만큼의 주권을 갖는다. 즉 주권이란 출자에 대한 주주의 권리를 나타내는 증서이다.

주권 예탁

투자자가 기업의 주식을 매입하면, 주권을 투자자에게 직접 지급하는 것이 아니라 증권회사 계좌에 매수량과 매수 가격을 표시해주고, 실제의 주권은 증권예탁원에 모두 보관된다. 이것을 집중 보관이라고 한다. 물론 투자자가 실제로 주권을 인출하고자 한다면, 증권회사에 인출을 요청하여 직접 보관할 수도 있다.

주주

1. 주주의 책임

자본의 출자 의무를 지며, 출자한 자본액을 한도로 회사에 대하여 유한 책임을 진다.

2. 주주의 권리

a. 이익 배당 청구권: 기업 활동의 성과로 발생하는 이윤의 일부를 배분받을 수 있는 권리

b. 참가권: 원칙적으로 1주당 1개의 의결권을 가지며 주주 총회를 통해 이를 행사한다.

c. 잔여 재산 분배 청구권: 회사가 해산할 경우 회사의 재산 총액에서 부채 총액을 차감한 잔여 재산을 소유 주식 수에 비례하여 분배받을 수 있는 권리

주권의 종류

가장 일반적인 주권의 분류는 배당 및 잔여 재산 청구 우선권에 따라 보통주, 우선주, 후배주로 나뉜다. 보통주는 가장 일반적 주권의 형태로 현재 거래소에 상장된 주식의 대부분이 보통주로서 의결권과 배당권 및 회사 파산 시 잔여 재산 분배권을 가진다. 우선주는 의결권이 없는 대신 보통주보다 더 많은 배당 및 잔여 재산 분배를 받을 수 있는 주식을 말한다. 후배주는 배당 또는 잔여 재산 분배에 있어 보통주에 비해 후순위에 있는 주식이다.

증권 시장의 이해

증권거래소 시장은 증권 거래를 위한 구체 설비를 갖춘 조직적이고 체계화된 시장으로 정형화된 법규와 규정을 통해 증권거래소가 관리하며, 유통 시장의 중추 역할을 수행한다. 장외 시장은 증권의 매매를 위한 일정한 장소나 시설 없이 어디서나 거래가 가능한 비조직적인 시장을 통칭하며, 주로 증권회사의 창구에서 거래가 이루어지므로 점두시장(OTC:over-the- counter market)이라고도 한다.

1. 증권 시장이란? 증권 시장은 좁은 의미에서의 유가 증권인 자본 증권(주식,채권)을 매개로 운영되는 자금 중개 시장을 말

하며, 수요와 공급이 이루어지는 경제, 사회적 관계를 총칭한다. 증권 시장은 증권의 발행, 유통을 통해 산업 자금의 안정적 조달과 국민 저축 증대의 일익을 담당하는 자본시장이다. 증권 시장은 그 기능 면에서 유통 시장과 발행 시장으로 나뉜다.

2. 증권 시장의 기능

a. 기업에 장기 안정적 산업 자금 공급 역할

b. 증권 시장을 통한 자금의 효율적 배분

c. 재정 금융 정책 수단 제공

d. 자산 운용 수단 제공

e. 소득의 재분배 촉진

3. 발행 시장

자금의 수요자(일반 기업, 금융기관, 정부투자기관 등)가 자금을 조달할 목적으로 주식이나 채권을 발행하고, 이러한 주식이나 채권을 투자자(일반인, 기관 투자가 등)가 청약하여 취득할 수 있는 추상적 시장으로 보통 1차 시장이라고도 한다.

4. 유통 시장

발행 시장을 통해 발행된 주식이나 채권을 투자자간에 원활하게 사고 팔 수 있도록 연결해 주는 시장으로 2차시장 이라고 합니다. 유통 시장은 그 조직 및 형태에 따라 증권거래소 시장과 장외 시장으로 분류 됩니다.

증권거래소시장 구체적인 설비를 갖춘 조직적이고 체계화된 시장으로 정형화된 법규와 규정으로 증권거래소가 관리하며, 유통 시장의 중추적인 역할을 수행

장외시장 증권의 매매를 위한 일정한 장소나 시설이 없이 어디서나 거래가 가능한 비조직적인 시장을 통칭하며, 주로 증권회사의 창구에서 거래가 이루어져 점두시장(OTC:over-the-counter market)이라고도 함

주식시장

보통 주식을 사고파는 시장으로 우리나라에서는 일반인들이 증권회사를 통해 주문을 내고 이러한 주문들이 증권거래소에 모여 체결이 이루어진다. 현재 주식 거래는 월요일부터 금요일까지 열리며 거래 시간은 오전 9시부터 오후 3시까지이다. 이러한 주식시장에서 주식이 거래될 수 있도록 자격을 갖추는 절차를 상장이라 하며, 이를 위해 일반인이나 기관 투자자를 대상으로 기업 공개를 하게 된다. 일반 투자자 및 기관 투자자는 회사가 상장 및 기업 공개 시 청약이라는 행위를 통해 주식을 매입할 수 있다.

증권회사가 하는 일

증권회사는 발행 시장에서 주식과 채권의 발행자와 수요자 및 유통 시장에서의 매매상대방을 연결시켜주는 중개 역할을 담당

하는 곳이며, 특히 현재 증권거래법상 발행자와 투자자는 반드시 증권회사를 통해 발행, 청약, 매매해야 된다.

1. **기본 업무**: 재경부장관의 허가를 받은 증권회사의 고유 업무

- 자기 매매 업무: 상품 유가 증권을 보유하여 자기의 계산에 의해 이를 매매하고 매매 차익을 수입으로 삼는 업무

- 위탁 매매 업무: 고객의 주문을 받아 고객의 계산에 의해 증권을 매매하고 그 대가로 수수료를 받는 업무

- 인수·주선 업무: 유가 증권의 인수, 매출과 유가 증권의 모집 또는 매출을 주선해 주는 업무

2. **부수 업무**: 기본 업무를 영위하면서 그 업무와 관련하여 부수적으로 영위하는 업무

→ 신용 공여 업무, 증권 저축 업무, 통화 채권 펀드 발매 업무 등

3. **겸업 업무**

4. **재경부장관의 별도 허가를 받아 영위하는 업무**

→ 회사채 지급 보증 업무, 양도성 정기예금 증서(CD)업무, 사채 모집의 수탁 업무, 주식 지분 평가 업무, M&A 중개 및 주선 업무 등

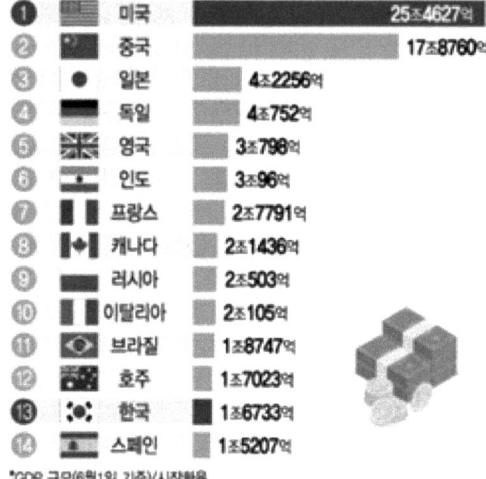

우리나라 경제 규모가 세계 10위권 밖으로 밀려났다. /사진=이지혜 디자인기자

▍진정한 부자는 발행 시장 참여자와 창업자

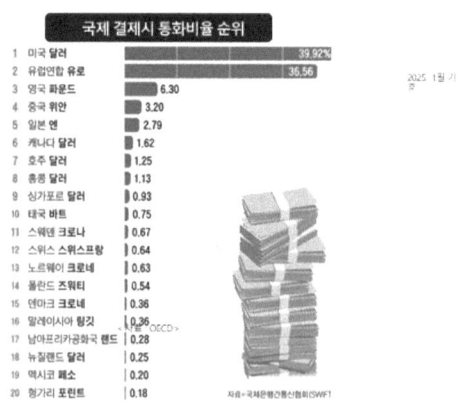

128 한국이라면 꼭 알아야 하는 부자되는 법

우리나라는 자영업 숫자 기준 전 세계 1위라고 한다. 나는 창업을 많이 장려하는데, 어떻게 창업해야 할지 잘 모르면 주식시장을 이해함으로써 도움을 얻을 수 있을 것이다. 정말 큰 부자가 되려면, 주식을 거래하는 것만으로는 안 되고 주식을 발행할 수 있어야 한다. 그래서 창업을 장려하는 것이다. 벤처기업은 1,000만 원이면 창업할 수 있고, 일반 기업은 5,000만 원이면 창업할 수 있다. 5,000만 원은 액면가 5,000원인 주식 1만 주를 발행할 수 있는 규모이다.

여러분들도 아이디어를 내라. 1,000만 원을 투자해 무엇을 하면 돈을 많이 벌 수 있을까? 동네에서 치킨 집을 열거나 또는 프랜차이즈 피자집을 할 수도 있다. 이러한 점포도 위치에 따라 다르다. 내가 과연 무엇을 좋아하고 무엇을 잘하는지 항상 궁리하라. 현재 직업을 가지고 있다면 주말이나 여유 시간에 더 잘할 수 있는 무엇이 있는지 생각해보라.

주식은 미래 가치에 대한 투자

주식은 미래 가치에 대한 투자이다. 그러므로 어떤 산업이 더 발전할 것인지에 대한 전망이 중요한 요인이다. 지금은 중국 시장을 겨냥해 자동차 시장이 발전할 것이라고 예상한다. 왜 자동차 시장이 전망이 좋겠는가? 우리나라도 1960~70년대부터 살펴보면, 가정에 가장 먼저 늘어난 것은 TV, 전화기, PC, 자동차 순서였다. 중국도 이러한 방식으로 발전하고 있고, 자본력을 가진 중산층이 늘면 자동차 수요가 폭발적으로 늘 것이기 때문이다.

주식 가격은 미래 가치다. 즉, 미래 현금 흐름을 현재 가치화한 것이 주가이다. 삼성전자가 미래에 돈을 벌어들일까 그렇지 못할까 예측할 때, 많이 벌어들일 것이라고 전망하므로 삼성전자 주가가 오르는 것이다. 삼성전자의 2009년 순이익은 10조 원이었고, 2010년에는 더 증가할 것이다. 12조, 13조, …. 2026년에는 더 증가할 것이다.

이처럼 앞으로 계속 발전 가능성이 전망되는 기업의 주식을 사면 된다. 제일 좋은 방법 중 하나는 시가 총액 1~30등 내의 기업에 투자하는 것이다. 1등은 삼성전자, 2등은 하이닉스, 3등은 계속 바뀌고 있다.

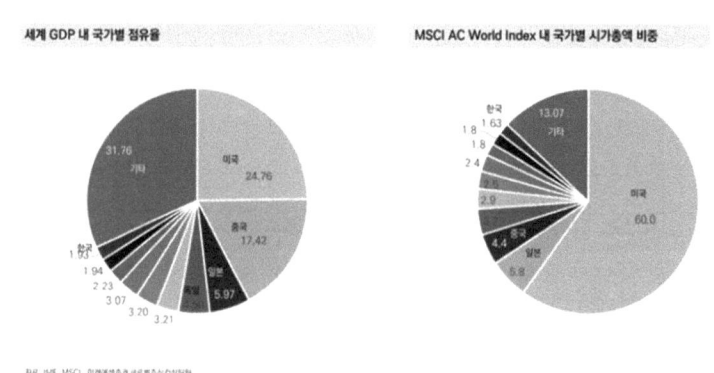

공매도

(유로존 위기) 이탈리아, 주식 공매도 규제

한경

이탈리아 정부가 최근 재정 위기 확산에 따른 주가 하락을 노리는 공매도(Short selling)를 규제하고 나섰다. 공매도란 주가가 떨어질 것으로 예상될 때, 그 주식을 사지 않고 빌려 두었다가 후에 주가가 떨어졌을 때 싼 값에 되사서 차익을 얻는 매매 방법이다.

11일(현지시간) 블룸버그 통신에 따르면, 이탈리아 주식시장감독위원회(Consob)는 FTSE 이탈리아 종합 주가지수가 최근 2년래 최저치로 하락하면서 투자자들이 주가 하락에 투기하는 것을 막기 위해 공매도를 제한하기로 했다.

규제안은 12일부터 시작돼 오는 9월9일까지 지속된다. 규제안이 발표된 후 이탈리아 은행의 주가는 큰 폭으로 떨어졌다. 인테사 상파울로와 유니크레딧 주가는 전날보다 각각 8%와 6% 하락했다.

한편, 유로존 재무장관들은 이탈리아의 재정 위기가 유로존으로 더 이상 퍼지는 것을 막기 위해 이탈리아에 긴축안을 촉구하고 있다. 앙겔라 메르켈 독일 총리는 이탈리아 의회에 40억 유로 규모의 재정 긴축안을 조속히 승인할 것을 촉구한 것으로 전해지고 있다.

공매도는 주식을 보유하고 있는 것처럼 매도하는 행위로 주가가 떨어질 것이라고 예측될 때 주식을 팔아서 돈을 버는 것이다. 선매도 후매수 한다. 만약 어떤 주식이 현재 60만 원인데 이후 떨어질 것으로 예측되면, 그 주식을 증권예탁원, 국민연금에서 빌려와 팔고, 주가가 20만원으로 떨어지면 되사서 증권예탁원, 국민연금에 다시 되갚는 것이다. 대주는 주식을 기관 투자자에게 빌려 파는 것이다. 공매도와 대주는 똑같은 것이다.

공매도는 보통 개인 투자자가 하지 않고, 기관 투자자가 한다. 기관 투자자들은 은행, 증권회사, 국민연금 등의 공공기관으로 대규모 투자 금액을 운용한다. 공매도의 90% 정도를 외국 자본 투자가 차지하고 있다.

주요국(외환보유액/ GDP) 비중 .(2025.5월) 한국은행, 통계청

국가명	GDP(억달러)	외환보유액(억달러)	외환보유액/GDP 비중
스위스	8,129	9,173	113%
홍콩	3,681	4,215	115%
대만	7,749	5,776	75%
사우디	8,335	4,343	52%
러시아	17,758	6,208	35%
한국	18,102	4,092	23%
인도	31,734	6,306	20%
브라질	16,090	3,397	21%

매수 종목 고르는 법

분야별 대표 종목을 선택하라!

안전하게 대표 종목을 선택하라. 전자 부문은 삼성전자, 철강은 포스코, 자동차는 현대와 기아 그리고 현대모비스이다. 현대모비스는 현대자동차에 부품을 공급해주는 회사로서 현재 주가도 상당히 비싸다. 2010년과 2011년에 LG화학 주식이 가장 많이 상승했다. 외국인과 기관 투자가가 집중적으로 매수했기 때문이다. LG화학은 전기 자동차의 배터리를 만드는 회사이다.

2025년은 방위산업주식이 호재다. 수주고는 100조원이다.

LG화학 제공

외국인 매수와 기관 투자가 매수 겹치는 종목을 선택하라!

가장 쉬운 방법은 신문의 증권 면에서 외국인 순매수와 바로 옆에 기관 투자가 순매수를 보고 두 곳 모두 매수하는 곳을 사면 된다. 반대로 똑같이 매도하는 곳은 팔아야 한다. 우리나라 기관 투자자들은 계속 팔고 있고, 외국인 투자가들은 계속 사고 있을 경우는 투자를 결정하기 어렵다. 이런 경우는 쉬면서 기회를 기다린다.

존 템플턴과 최부잣집

존 템플턴

월가의 전설 존 템플턴 경이 2008년 95세로 별세하였다. 템플턴 경은 지난 1912년 미국 테네시주 태생으로 예일대 경제학과를 수석으로 졸업하고, 로즈 장학생으로 선발돼 영국 옥스퍼드대학에서 법학 석사학위를 받았다. 옥스퍼드대학 재학 당시 세계 일주 여행을 떠나 7개월 동안 35개국을 돌며 탁월한 글로벌 투자가로 성장할 수 있는 밑거름을 쌓았다는 일화는 유명하다.

그는 1937년 월가에 첫 발을 들여놓은 이후 1954년 미국 최초의 글로벌 뮤추얼 펀드중 하나인 '템플턴 그로스 펀드'를 설립했다. 이 펀드는 연 평균 13.5%의 수익률을 기록할 정도로 성과가 탁월했고, 이 같은 명성은 미국은 물론 전 세계 뮤추얼 펀드 업계의 신화로 남았다. 1992년 4억4,000만 달러에 프랭클린 그룹으로 매각될 당시 템플턴 펀드의 규모는 220억 달러에 달했다. 특히 그가 1939년 유럽에서 전쟁이 발발했다는 소식을 듣고 뉴욕 주식시장에서 1달러 미만에 거래되고 있던 104개 종목을 1만 달러에 사들여 막대한 투자 수익을 거뒀다는 일화는 아직도 인구에 회자되고 있다. 템플턴 경은 투자가로서의 명성 이외에도 박애주의자로도 존경을 받았으며, 1973년 종교계의 노벨상으로 비유되는 '템플턴상'을 제정했다. 이를 통해 인류애와 종교적 성취가 뛰어난 인물을 선정해왔다. 지금까지 대표적으로 테레사 수녀, 빌리 그레이엄 목사 등이 이 상을 수상했다. 템플턴 경은 이 같은 공로를 인정받아 1987년 엘리자베스 2세 영국 여왕으로부터 작위를 받았다. 템플턴 경과 같은 위대한 투자가의 교훈을 익혀야 한다.

존 템플턴
(John Templeton, 1912년 11월 29일, 미국)

2008년 7월 8일 한경

글로벌 투자의 효시 존 템플턴은 1912년 미국 윈체스터의 시골 마을에서 출생하여, 예일대 경제학과를 수석으로 졸업하고, 1954년 템플턴 펀드를 출범시켰다. 당시 10만 달러를 투자했다면, 2004년에는 6천만 달러가 되었을 것이다. 역발상을 하는 투자자였기에 1939년 유럽에서 2차 세계대전이 발발했다는 소식에 1만 달러로 1달러 미만 주식 104개에 투자하였는데,

그 뒤 37개 주식은 파산했고, 67개 주식은 대박을 기록했다. 1997년 12월 한국의 IMF 구제 금융 신청 시 한국 주식 시장에 투자하면서 국내에서도 유명해진 투자자이다.

"강세장은 비관 속에서 태어나 회의 속에서 자라며, 낙관 속에서 성숙해 행복 속에서 죽는다. 기억하라. 최고로 비관적일 때가 가장 좋은 매수 시점이며, 최고로 낙관적일 때가 가장 좋은 매도 시점이다." _1994년 발언 중

존 템플턴의 3대 생활 철칙

1. 근검절약하고 수입의 50%를 반드시 저축하라. (어렸을 적 아버지의 낭비에 따른 실패에서의 교훈)

2. 비관론이 극에 달할 때 싸게 매수하라. (남들과 같아서는 돈을 벌 수 없다는 생각)

3. 이자를 받는 사람이 되기 위해 절대 빚지지 말라.(아버지의 실패에서의 교훈)

존 템플턴의 투자 철학

1. 가장 싸게 사기 위해 부단히 노력하라-주식, 가구, 주택, 음식, 채권 등 분야와 통상 80%대 바겐세일이 저가의 기준

2. 남을 이롭게 해주고 성공하라-벤자민 플랭클린의 성공철학과도 같음

3. 가장 비관적 전망의 주식에 투자하라. 유망주를 묻지 말고

최대 비관주를 물어라(이것은 기업에 대해 정말 통달하지 않으면 할 수 없음). 군중과 다르게 생각하고 행동하라(개인적으로 좋아하는 철학임).

4. 숫자의 개념에 대한 냉정한 판단력을 길러라. 모든 것을 잃었을 때 머리를 똑바로 들 수 있다면 현명한 투자를 할 수 있다.

5. 어떤 상황에서도 흔들리지 않는 강인한 정신력을 길러라. 다른 투자자가 실망 속에 매도할 때 매수하고 탐욕스럽게 매수할 때 매도하라.

6. 절대 감정이 개입된 투자 결정을 내리지 말고 감정적 군중들이 제공하는 기회를 최대한 잡아라-레모네이드 매점의 바겐세일 사례.

7. 확률을 철저히 따지고 반드시 분산 투자하라.

8. 과도한 부채가 있는 기업은 반드시 피하라.

9. 스스로 가장 성공적이라고 확신이 들 때는 즉시 매도하라.

10. 떠오르는 태양을 가장 먼저 발견하라. 모두 부정적 견해를 보일 때 투자 기회를 찾아라. (그의 투자 철학의 요지는 가능한 한 싸게 사고, 그렇게 하기 위해 부단히 노력하여 자신의 매매 판단력을 믿어야 한다는 것)

존 템플턴의 투자 전략

1. 증시의 역사는 반복된다. 역사의 흐름을 읽어라.

2. 스스로 공부하라. 그것이 어렵다면 전문가 멘토의 도움을 받아라.

3. 공황이 닥쳤을 때 투자할 수 있는 배짱이 있어야 훌륭한 투자의 대가가 될 자격이 있다.

4. 리틀 치킨들의 '하늘이 무너지니 빨리 주식을 팔라'는 선전선동에 절대 넘어가지 마라.

5. 낙관적 전망의 견해가 일치하거나 흥분하면 주식을 몽땅 팔고 쉬어라.

6. 최고 인기주는 절대 건드리지 마라(고점대에서 물릴 가능성 때문에 이러한 견해를 가지고 있지만, 개인적으로 최고 인기주의 소폭 조정 이후 상승 시 매수해도 좋다고 생각한다. 단, 손절의 기준은 반드시 지키면 수익은 크게 할 수 있고, 손실은 작게 가져갈 수 있다).

존 템플턴의 최적 매수 타이밍

1. 매수하기에 가장 적절한 때는 바로 거리에 피가 낭자할 때다. 그 피의 일부가 비록 당신 것일지라도 마찬가지이다(군중의 투매가 최고의 매수 타이밍).

2. 위기는 곧 기회이다(1939년 제2차 세계대전 발발, 87년 블랙 먼데이, 98년 IMF하의 한국, 2001년 9·11테러, 2008년 글로벌 금융 위기 등).

3. 급락 시 자신에 대한 강한 용기와 확신이 필요하다.

4. 약세장에서 승부를 걸어라.

5. 위기를 이기는 방법은 자신을 믿고 자신의 행동이 옳다고 확신하는 것이다(개인적으로 좋아하는 이유가 뭐든 자신의 판단을 믿어야 한다).

6. 바겐세일 사냥꾼이 되어라.

존 템플턴의 종목 선정 기준

1. 향후 10년간의 EPS를 예측

2. 해당 기업의 미래 경쟁적 위치 예측

3. 독점적 위치에 있는 기업(경제적 해자: 가치 투자의 기본 정석)

4. 장기적으로 수익의 증가 속도가 빠른 주식-사례: 중국의 차이나 모바일(기왕이면 투자해서 수익을 극대화하기 좋은 종목)

경주 최부잣집 가훈을 생각해보자. 최부잣집 가훈 중 하나로 '흉년에 땅을 늘리지 말라'가 있다. 이 가훈의 의미는 가난한 사람들을 지켜주라는 것이다. 이를 주식시장에 맞추어 현대적으로 해석하면 '파장까지 기다려 물건을 사지 마라'가 될 것이다.

최부잣집의 가훈

1. 과거를 보되 진사 이상 벼슬을 하지 말라.

2. 만 석 이상의 재산은 사회에 환원하라.

3. 흉년기에는 땅을 늘리지 말라.

4. 과객을 후하게 대접하라.

> 5. 주변 100리 안에 굶어 죽는 사람이 없게 하라.
>
> 6. 시집 온 며느리들은 3년간 무명옷을 입게 하라.

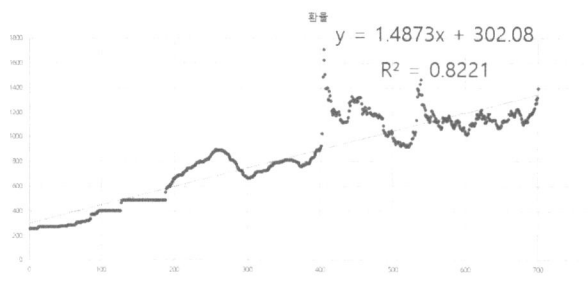

원-달러 회귀분석, 82% 상승 (1964~2025)

손절매

증권 회사에 다니며 손절매를 배웠다. 1994년에 현대증권에서 배웠다. 당시에 주가가 10%를 내려가면 손절매하라고 가르쳤다.

결론은 미국 우량한 주식을 손절매해서는 안 된다. 한국은 손절매가 필요하다.

어차피 우리가 주식을 투자하는 이유는 60세 이후의 노후 자금을 위한 것이다.

그렇게 본다면 주가의 등락에 상관없이 매달 급여의 20% 이상을 주식에 투자하는 것이 좋다.

삼성전자 미국 엔비디어와 같은 주식은 2020년 코로나로 50%까지 최고 하락 했지만 두 달 안에 다시 100%가 상승했다. 결국 손절매는 우량하지 못한 주식을 매도하는 것이다.

그러나 삼성전자나 미국의 엔비디어, 마이크로소프트 등 FAMANG 주식은 계속 보유하는 것이 좋다.

 손절매해서는 안 된다. 우량하지 않은 주식은 손절매하고, 우량주식으로 교체 매매하는 것이 제일 좋다.

주식 거래할 때 가장 많이 하는 행위 중 하나가 손절매이다. 손절매는 앞으로 주가가 상승하기 힘들거나 추가 하락이 예상될 때 보유 주식을 매입 가격보다 낮은 상황에서 매도하는 것을 의미한다.

단기 투자 시 2~3% 하락하거나 장기 투자 시 약 10% 하락 시 매도하는 행위가 바로 손절매이다. 기관 투자가는 약 20% 하락 시 매도한다.

다시 포스코 주식을 예로 들어 설명하면, 60만 원에 이르던 주가가 20만 원으로 내려갔을 때 개인들의 손절매 기준은 10~15%이다. 자신이 매수한 주식이 10~15% 내리면 팔아야 한다는 것이다. 하지만 결정을 내리는 일이 쉽지 않다. 그리고 이 가격에서 반등하는 경우도 많이 생긴다. 60만 원이었던 포스코 주식을 손절매한다고 가정하면, 10% 하락한 54만 원에 손절매했어야 하는데 20만 원까지 추락해버린 것이다. 기관 투자자의 경우에는 20~30% 하락하는 경우 손절매한다. 그렇게 본다면, 기관 투자가들은 포스코 주가가 42~48만 원일 때 손절매한다. 손절매는 큰 손실을 방지하는 한 가지 방법이다.

다만, 우량주를 샀다면 3년 정도 기다리다 보면 원가로 회복되기도 한다. 현재 포스코 주가는 50만 원 정도까지 회복되어 있다. 따라서 이러한 우량주는 손절매하지 않는 것이 좋다. 우량 종목은 굳이 손절매할 필요 없다. 수년 내에 다시 상승하기 때문이다.

 다만 기다리는 시간이 너무 길어 힘들다. 보통 1년을 기다려야 매수 가격까지 오르는 경우가 많다. 포스코의 경우 3년 정도 걸렸다. 주가가 하락할 때, 계속 주식을 사들이는 일을 '물타기'라고 한다. 우량주는 물타기로 구입 단가를 낮추는 것도 좋은 방법이다.

손절매, 포기가 아니라 전략이다

[머니위크] 이건희의 행복 투자

2011.05.10

주가 하락으로 현재 손실이 나 있지만 앞으로 주가가 더욱 하락하리라는 예상이 들 때 손실임에도 불구하고 파는 것이 손절매다. "손절매를 못 하면 주식 투자를 하지 마라"는 말이 있듯 투자에서의 손절매는 필수 수단 중 하나로 여겨진다. "손절매를 잘해야 주식 투자 9단"이라는 격언도 손절매의 중요성을 말해주는 격언이다.

유럽의 전설적 투자가 앙드레 코스톨라니는 "손절매는 개인 투자자를 위한 거의 유일한 보험"이라고 했으며, 무용가로서 낮에는 공연을 하는 생활 속에서도 주식 투자로 크게 돈을 벌어 성공한 니콜라스 디바스는 그의 4대 투자 기법에 손절매를 포함시켰다. 그의 투자 경험은 『나는 주식 투자로 250만불을 벌었다』는 책으로 출간되었다. 1964년부터 1995년까지 31년 동안 뱅가드 윈저 펀드를 운영하여 무려 5,546%의 수익률을 올린 펀드매니저 존 네프도 손절매를 필수 전략으로 삼았다.

개인 투자자들도 투자를 오래 하다 보면 손절매의 필요성을 체험적으로 느끼게 된다. 손절매가 없으면 작은 손실이 결국은 큰 손실로 확대되고, 심지어는 회복 불능 상태가 될 수도 있다. 투자한 회사가 적자 누적으로 재무 상태가 악화일로에 있음에도 손실을 내며 팔기 싫다고 버티다 그 회사가 상장 폐지되어 주식이 아예 휴지가 된 경우들도 적지 않다.

한편 주가가 하락할 때 매도하지 못했던 주식이 먼 훗날 다시 주가가 크게 올랐지만 이미 1/10 토막까지 떨어졌다 최저점 대비 2배로 오른 경우도 있다. 그러면 오랜 세월의 기다림 뒤에 남은 것은 여전히 50%나 되는 상당한 손실률이다. 같은 종목을 일찌감치 손절매하고 다른 투자를 한 사람은 그 세월에 상당한 수익률을 얻은 것과 비교가 된다.

손절매는 미래 기회비용

손절매는 현재 상태에서의 손실을 확정시키면서 미래에 손실이 더욱 확대될지도 모르는 불확실성을 차단해주는 역할을 한다. 또한 비록 손절매는 했지만 회수 자금으로 그보다 더 나은 투자를 할 수 있는 기회를 마련해주는 역할도 한다. 주식 투자만이 아니라 부동산 투자, 사업에 대한 투자, 외환 투자 등 어떤 투자에서건 손절매는 필수 전략에 포함되어야 한다.

아파트 브랜드 '수자인'으로 알려진 중견 건설사 한양은 지난해 LH(한국토지주택공사)로부터 사들인 공공 택지인 광교 신도시와 영종 하늘도시의 택지를 330억 원 가량의 손실을 보면서 최근에 LH에 반납하였다. 광교 신도시 택지는 임대주택 용지로서 토지 가격 대비 사업성에 대한 확신이 줄어들었고, 인근에 고속도로 우회도로가 생기면서 사업 면적이 줄어 사업 진행이 불리해졌다. 영종 하늘도시는 전용 85㎡ 초과 중대형 필지로 근래 시장 분위기에서는 사업성을 얻기 힘들다고 보았던 것 같다. 택지에서 분양 사업을 빨리 추진할 때 미분양 발생 우려와 사업성이 생겨나기를 기다리면서 오래 보유하는 경우 지출되는 금융비용을 감안하여 차라리 지금이라도 손절매하는 것이 낫다고 판단했을 것이다.

필자가 자주 지나가는 길에 브랜드 슈퍼마켓이 아닌 개인 슈퍼로는 상당 규모의 슈퍼마켓이 몇 달 전에 생겼었다. 해당 지역을 잘 아는 필자로서는 그 슈퍼가 생길 때부터 그 자리에 개인 슈퍼가 들어서서 영업이 잘되기는 힘들 것이라고 생각했었다. 특별히 싸게 파는 품목이 있어 가끔 가는 편이었는데 며칠 전에 들러보니 매장이 텅 비어 있었다. 판단이 잘못되었음을 주인이 깨닫고 손절매하여 영업을 중단하고 퇴거했다는 생각에 가슴 아팠다. 그러나 일부 건진 돈으로나마 다른 곳에서 보다 현명한 판단으로 다시 시작하기를 마음속으로 기원하였다.

인생살이에 더 필요한 손절매

투자만이 아니라 인생에서도 손절매가 필요할 때가 있다. 인생에서 어떤 선택을 하던지 누구나 잘 되리라는 믿음과 기대를 가지고 선택을 한다. 그러나 예상치 못했던 상황에 부닥쳐 좋지 않은 결과가 나타나면 괴로워진다. 투자할 때 누구나 수익을 내리라는 기대감으로 하지만 예상과 달리 손실이 발생할 수 있듯, 결혼할 때 누구나 행복하게 살아가리라는 부푼 기대를 하지만 결혼생활이 이어지면서 불행의 늪으로 빠지기도 한다. 노력으로 부부관계를 회복하는 것이 바람직하지만 도저히 불가능하다면 때로는 손절매, 즉 이혼하여 새로운 삶을 살아가는 것이 차라리 나을 수 있다.

주가가 크게 하락하였다가 다시 회복할 수도 있지만 그러지 못할 수도 있다. 사회생활과 직장생활에서도 힘든 고비에 처했을 때, 이후 다시 삶이 잘 풀릴 수도 있지만 그러지 못할 수도 있다. 만약에 도저히 회복이 힘들 것이라 판단되면 손절매를 고려해야 한다. 그러나 투자에서 심리적으로 도저히 손실을 보면서 청산하지 못하듯이, 인생에서도 현재 상황에 별 희망도 없이 견디기 힘들어 하면서도 심리적으로 도저히 남 보기 창피하여 기존의 자리를 털고 나오지 못하는 경우도 많다. 그러한 심리가 결국 스스로 목숨을 끊는 행위로 이어지기도 한다.

삼성전자에서 반도체 분야 핵심 인물로 플래시 메모리 반도체 공정 혁신에 기여했던 모 부사장이 지난해 아파트에서 투신자살한 보도가 있었다. 서울대 공대 출신으로 미국 스탠포드대학에서 박사 학위를 받고 삼성전자에 입사하였으며, 삼성전자에서도 지난 2006년 최고의 명예인 '삼성 펠로'에 선정된 경력을 보더라도 상승가도를 달려온 블루칩 성장주에 해당하는 인물이었다.

그의 정확한 자살 동기는 알려지지 않았으나 과중한 업무와 조직 내 갈등에 대한 추측이 있었고, 연구 개발 부문에서 공장장으로 밀려난 인사 발령이 있었던 것으로 보아 회사 내 위치가 과거에 비해 추락한 것에 자괴감을 느꼈으리라는 추측도 있었다. 그러나 주가가 과거 고점 대비 하락으로 전환한 후에는 고점 대비 손절매하듯이, 스스로 삼성전자라는 직장에 대해 손절매, 즉 회사를 미리 떠났다면 죽음에까지 이르지는 않았을 것이다.

기존 주식을 손절매하면 손실 본 속상한 마음을 달래며 한동안 쉬다가 다시 새로운 종목에 투자하거나 주식이 아닌 다른 것에 투자하면 된다. 마찬가지로 다니던 회사를 그만두고 속상한 마음을 달래며 한동안 쉬다가 새로운 직장을 찾거나 개인적으로 좋아하는 다른 일을 하면 된다.

경쟁에서 지는 것이 인생의 패배는 아니다

최근 언론에 가장 많이 나온 기사 중에 카이스트에서 학생 4명이 스스로 목숨을 끊은 보도가 있다. 죽음의 원인은 복합적이긴 하지만 지배적 요소는 흔히 존재한다. 그 지배적 요소가 무엇이었는지 정확히 알 수 없지만, 만약에 카이스트 시스템 속에서 심리적으로 견디기 힘든 상태였던 게 지배적 요소였다면 죽음을 택하느니 차라리 카이스트를 떠나 다른 상위권 대학으로 편입하는 길을 택하면 되었다. 비록 카이스트보다는 마음에 덜 들더라도 죽음과는 비할 수도 없으며, 혹시 전화위복으로 먼 미래에 카이스트 졸업보다 오히려 더 잘 될지도 모르는 일이다.

이와 같은 생각을 하지 못하는 이유는 경쟁에서 항상 이겨야만 하는 것으로 사고방식이 익숙해졌기 때문이다. 그들의 불행은 경쟁에서 뒤쳐진 것이 아니라, 경쟁에서 뒤쳐질 때 어떻게 해야 하는지를 학교와 사회에서 가르쳐주지 않은 탓이다. 투자에서 수익을 내는 방법만 배울 게 아니라 투자에서 손실이 날 때 어떻게 대처해야하는지, 손절매 필요성도 알아야 하듯이, 경쟁에서도 이기는 것만 배울 게 아니라, 경쟁에서 질 때 어떻게 대처해야 하는지도 배워야 한다.

미래는 융합 과학, 융합 기술, 융합 문화, 융합 서비스, 융합 비즈니스의 시대로 발전해간다. 다양한 능력을 가진 사람이 협동하여 큰일을 해내는 시대에서는 개인 능력이 뛰어난 사람만 필요로 하는 것은 아니다. 때로는 개개인의 능력에 앞서 협동력이 중요하다. 능력이 6이며 다른 사람과의 협력으로 9의 성과를 내는 사람도 있지만, 능력이 5이면서 다른 사람과의 협력으로 10의 성과를 내는 사람도 있다.

특정 경쟁이나 특정 인간관계에서 힘들어하다 심지어 죽고 싶을 만큼 고통스러워하는 사람이 주변에 있다면 기존에 하던 일을 중단하거나 기존 관계를 청산하거나 기존에 있던 곳을 떠나는 손절매하도록 도와주는 것이 그 사람을 위하는 길이 될 수도 있다. 스스로 목숨을 끊는 행위는 인생 전체를 손절매하는 행위이다. 차라리 인생의 일부분을 포기하고 다른 부분을 얻어내는 방식의 손절매도 있음을 생각해야 한다. 손절매는 끝이 아니라 새로운 출발을 의미한다.

주식 매매

주식은 오전 9:00~오후 3:30, 월요일~금요일까지 사고팔 수 있으며, 시간 외 거래는 오후 3:30분~16시까지이다. 이것은 거래소만 가능하다. 동시 호가 시간은 오전 8:00~9:00, 오후 3:20~3:30이다.

동시 호가는 아침 시작하기 전과 같이 일정 시점까지 주문을 받아 가격을 정하는 것을 의미하는데, 주식의 가격은 정해져 있지 않다. 이때 주식을 사고자 하는 사람과 팔고자 하는 사람이 있는데, 시작할 때의 가격이 동시 호가로서 장을 마칠 때의 가격. 즉, 종가를 동시 호가로 정한다. 주식은 월요일~금요일까지만 사고팔 수 있다.

주식의 매매 수량과 호가 단위는 일반적으로 증권거래소에서는 10주 단위, 코스닥은 1주 단위이다. 단, 10만 원 이상 가격대는 1주 단위로 살 수 있다. 삼성전자 주식의 경우 1주당 8만 원 정도이다.

주식 매매의 원칙은 가격 우선, 시간 우선, 수량 우선, 위탁 매매의 원칙이 적용된다.

서킷 브레이커는 종합 주가지수가 전날의 종가 지수 대비 10% 이상 급락하여 1분간 지속되는 경우 전 종목의 매매 거래를 일시 중단시키는 제도이다. 20분간 거래 중단 후 10분간 주문을 받아 동시 호가로 거래를 재개한다. 이러한 서킷 브레이커는 1일 1회로 제한되어 있다. 우리나라에서는 2000년 4월 17일 9시 4분 31초에 최초의 서킷 브레이커가 발동되었다. 서킷 브레이커는 1987년 10월 주가가 엄청 폭락했던 블랙 먼데이 이후 생겨난 제도이다. 사이드카는 10년에 한 두 번씩 나오는 것으로 주식이 너무 상승하거나 폭락했을 때 주식 거래를 일시 정지하는 제도이다.

주식 매매 수수료는 굉장히 비싸다. 온라인 투자가 아니라 직접 투자하는 경우, 주식 매매 수수료는 아주 높다. 매수할 때 수수료 0.05%, 매도할 때도 0.5%이다. 여기에 세금이 0.3%이다. 모두 합하여 1.3%이므로 1억 원을 전화로 주문 매수하여 주식 투자 한다면 130만 원을 수수료와 세금으로 내야 한다. 요즈음은 사이버 거래가 활성화되어 매수, 매도 시 수수료는 각 0.01%이다.

주식 투자에는 간접 투자와 직접 투자가 있다고 앞서 얘기했다. 직접 투자는 자신이 직접 계좌를 개설하여 직접 사고파는 투자 방식이고, 간접 투자는 일반적으로 펀드를 얘기한다. 펀드 투자의 수수료는 1~2% 정도이다.

주가지수

종합 주가지수는 1980년도 1월 4일 지수를 기준으로 한다. 2025년 시가 총액은 2,700조 원으로 30년 전 시가 총액을 100조라고 하면 약 40년 동안 겨우 30배 정도 오른 것이다.

주가지수 산출 방법에는 다우존스식과 시가 총액식 두 가지가 있다. 다우존스식은 고가 주에 영향을 많이 받고, 시가 총액식은 시가 총액이 큰 주식의 영향을 많이 받는다. 현재 KOSPI는 시가 총액식을 채택하고 있다. 주요 지표로는 거래량(천 주), 거래 대금(천만 원), KOSPI200, 배당지수를 반영한다. 우리나라 주식 시가 총액은 3,000조 원 정도이며, 그중 삼성전자 시가 총액이 600조 원 정도 차지한다.

KOSPI200은 우리나라의 우량 기업 200개만을 추려 반영한 지수이며, 상한가는 주가가 30% 오른 것을, 하한가는 30% 내린 것을 의미한다. 보합은 어제와 오늘의 주식가가 똑같다는 것을 말한다.

신문을 보면 매수, 매도, 순매수라는 용어가 나온다. -는 매각, +는 매수를 뜻한다. 감리는 주가가 급격하게 오를 때 금융감독원이 감독을 한다는 의미이다. 권리락은 유상 증자나 무상 증자 시(배당락은 배당 시) 떨어졌을 때를 말한다. 시가는 시작할 때의 가격, 60고는 60일 중 제일 높은 가격, 60저는 60일 중 제일 낮은 가격을 의미한다. 조정은 하락을 의미하는 것으로, 조정 시라 하면 '하락한다'는 뜻이다. 하락이라는 표현보다 조정 시라고 표현한다. 주가가 내릴 때(조정 시) 매수 기회로 삼아야 한다.

금융감독원은 다음과 같은 요건일 때 감리에 나선다.

① 최근 5일간 주가 상승률이 75% 이상일 때

② 이 같은 현상이 2일 연속 계속될 때

③ 최근 6일간 주가 상승률이 동업종 지수 상승률의 4배 이상일 때

감리 지정일로부터 3일 이후의 날로 당일 종가가 3일 전날의 종가 미만인 경우에 감리 해제된다.

주식시장에는 침체기, 회복기, 활황기, 후퇴기가 있다. 시장은 침체와 상승을 반복한다. 주식은 6개월 정도 경기지수를 선행한다. 주가가 경기를 앞서간다는 의미이다. 주식을 배우면 우리나라 경기를 6개월 먼저 이해할 수 있다. 부동산 지표, 부동산 시세는 경기 동행 지수로서 일반적 경기와 같이 흐르거나 경기에 후행한다. 부동산 경기는 일반 경기보다 6개월 후행한다.

주가 분석

  주가 분석은 과거의 주가나 거래량 같은 자료를 이용하여 주가 변화의 추세를 발견하여 미래의 주가를 예측하는 방법이다. 일반적으로 과거 자료를 도표 등의 수단으로 정리하여 주가 변화 추세를 찾아내고 이를 이용하여 미래의 주가를 예측한다. 주가 분석에는 기본적 분석과 기술적 분석이 있다. 기본적 분석은 재무제표로 하는 경제 분석이고, 기술적 분석은 그래프로 하는 분석이다. 기술적 분석에는 기본인 캔들 분석과 엘리어트 파동이론이 있다.

기본적 분석: PER과 PBR

　기본적 분석에서 중요한 개념이 PER과 PBR이다. PBR은 주식의 순자산을 의미한다. 예컨대 삼성전자 주식을 청산한다고 할 때 건물과 특허를 다 팔아 주식 수로 나눠줄 때 1:1이 되는지를 계산하는 것이다. 만약, 삼성전자 주가가 8만원인데, 삼성 소유의 건물, 땅, 기계 등 자산을 다 팔아 주당 8만 원이 나오면 1 즉, 본전이 된다.

　PBR이 1보다 낮으면 주가가 저평가된 것이고, 1보다 높으면 고평가된 것이다. 우리나라의 평균 PER은 12 정도 된다. PER은 주당 순이익의 배수이다.

기술적 분석 – 캔들(봉) 차트

캔들은 봉이라고도 하는데, 일본식과 미국식 두 가지가 크게 쓰이지만, 우리나라는 일본식 캔들을 챠트로 활용한다. 이 방식은 일본에서 과거의 쌀 가격으로 미래의 쌀 가격 움직임을 예측하던 매매 기법으로 17세기 홈마라는 인물이 자신의 경험을 바탕으로 기록한 매매 사항이 캔들 챠트의 기초가 되었다. 챠트의 모양이 양초(Candle)와 심지(Wick)를 닮아 캔들 차트라 불린다.

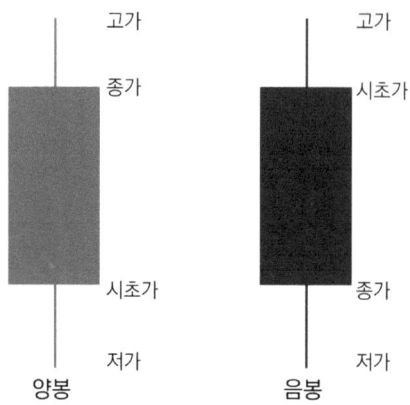

 캔들을 그릴 때 4개의 가격이 기준점으로 시가, 고가, 저가, 종가 기준이 된다. 저가와 고가를 당일 캔들의 꼬리로, 시가와 종가를 몸통으로 만들어 그린다. 꼬리가 안 나올 수도 있고 몸통만 생길 수도 있다.

 양봉은 당일 종가가 시가보다 높게 끝난 그림으로서 빨간색으로 표시하고, 음봉은 반대의 경우로서 파란색 표시를 한다. 위쪽 그림에서 종가가 시가보다 높으면 캔들은 양봉이 되어 빨간색으로 표시된다. 반대로 종가가 시가보다 낮으면 음봉으로 파란색으로 표시된다. 캔들의 형태로는 십자형, 비석형, 유성형, 역망치형 등이 있다. 캔들 차트를 이용해 주가를 예상할 수 있다.

기술적 분석 – 엘리어트 파동이론

 엘리어트 파동이론은 엘리어트가 개발한 것으로 파동이 올랐다 내려갔다 다시 올라가는데, 이렇게 첫 번째 올랐을 때와 세 번째 올랐을 때 비율은 1:1.618이다. 이것은 황금 비율이다. 엘리어트 파동이론에서 주식은 5파동으로 오르고, 3파동으로 내린다. 엘리어트는 1939년 주가는 상승 5파와 하락 3파에 의해 끝없이 순환한다는 가격 순환 법칙을 주장하였다.

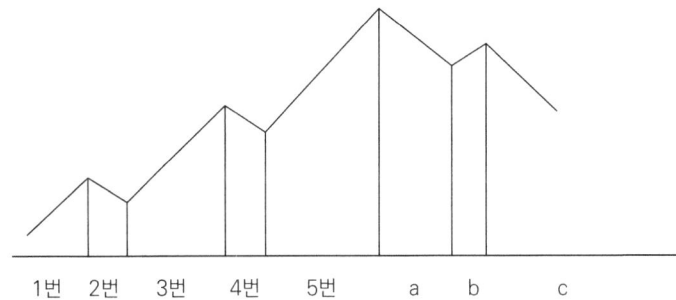

주가 변동은 상승 5파와 하락 3파로 움직이면서 끝없이 순환하는 과정이다.

주가는 연속 파동에 의해 상승하고 다시 하락함으로써 상승 5파와 하락 3파의 8개 파동으로 구성된 하나의 사이클을 형성하며 이후에 다시 새로운 상승 5파와 하락 3파에 의해 또 다른 사이클을 형성한다는 것이다.

구성

1) 대파동: 소파동의 상승 5파와 하락 3파로 구성

2) 소파동: 더욱 작은 파동의 상승 5파와 하락 3파로 구성

3) 충격 파동: 전체 시장의 움직임과 같은 방향으로 형성되는 파동
(1, 3, 5번 파동과 a, c번 파동)

4) 조정 파동: 전체 시장의 움직임과 반대 방향으로 형성되는 파동
(2, 4번 파동과 b번 파동)

특징

1) 1번 파동: 새로운 추세가 시작되는 추세 전환점으로 5개의 파동 중 가장 짧으며 충격 파동이므로 5개의 파동으로 구성된다.

2) 2번 파동: 1번 파동과 반대로 움직이는 조정 파동으로 1번 파동을 38.2%나 61.8%의 비율만큼 되돌리는 경향이 있으며 3개의 파동으로 구성된다.

3) 3번 파동: 5개의 파동 중 가장 강력한 상승 추세를 가진 파동으로 거래량도 증가하고 갭도 커지게 되며 파동의 길이가 가장 길다. 5개의 파동으로 구성되고, 이때 나타나는 갭은 돌파 갭이나 계속 갭이며 소멸 갭은 나타나지 않는다.

4) 4번 파동: 3번 파동에 대한 추세 반전의 성격이 강한 조정 파동이므로 3개의 파동으로 구성된다.

5) 5번 파동: 추세의 마지막 파동이며 5개의 파동으로 구성된다.

6) a번 파동: 1번 파동에서 5번 파동까지의 상상 추세와 반대 방향의 새로운 추세가 시작되는 파동으로 본격적으로 하향 장세로 반전되는 파동이다. 매도 전략이 유효하며 5개의 파동으로 구성된

다.

7) b번 파동: 하락 국면에 대한 일시적 반등 현상으로 나타나는 장세로 조정 파동이므로 3개의 파동으로 구성된다. 이 파동은 조정기 a 파동으로 거친 이후 다시 상승을 재개하는 것처럼 보이기 쉽지만 b 파동이야말로 매입 포지션을 정리할 마지막 기회다.

8) c번 파동: 하락 국면의 마지막 단계로 일반 투자자들의 실망 매물이 대거 출회된다. 5개의 파동으로 구성된다.

법칙

1) 절대 불가침의 법칙2번 파동의 저점이 1번 파동의 저점보다 높아야 한다.3번 파동이 1,3,5번 파동중 제일 짧은 파동이 될 수 없다.4번 파동의 저점은 1번 파동의 고점과 겹칠 수 없다.

2) 4번 파동의 법칙4번 파동은 3번 파동을 5개의 하부 파동으로 나누었을 때 그 4번째 파동만큼 돌아가거나 3번 파동을 38.2%만큼 되돌리는 경향이 있다.

3) 파동 변화의 법칙2번과 4번 파동은 서로 다른 모양을 형성한다.a 파동과 b 파동이 지그재그나 플랫 중 교대로 올 가능성이 크다.2번과 4번 파동은 복잡과 단순의 다른 구성을 보인다.1번 파동이나 3번 파동이 연장되지 않으면 5번 파동이 연장될 가능성이 높고 1번이나 3번 중 하나가 연장되면 5번은 연장되지 않는다.파동 균등의 법칙: 3번 파동이 연장될 경우 5번 파동은 1번 파동과 같거나 1번의 61.8%를 형성한다.

응용

패턴 비율 시간을 엘리어트 파동이론의 3요소라고 한다.

(1) 패턴: 상승 5파와 하락 3파의 기본 파동의 형태를 의미한다.

(2) 비율(피보나치의 수열 적용)

a. 2번 파동: 1번 파동을 38.2% 또는 61.8%만큼 되돌리는 경향이 많다.

b. 3번 파동: 1번 파동의 1.618배로 형성되는 경우가 많다.

c. 4번 파동: 3번 파동을 38.2%만큼 되돌리는 경우가 많으며 3번 파동의 4번 파동과 일치한다.

d. 5번 파동: 1번 파동과 길이가 같거나 1번 파동과 3번 파동까지 길이의 61.8%로 형성되는 경우가 많다. 시간은 패턴이나 비율에 비해 중요성이 떨어지나 패턴 분석과 비율 분석의 정확성을 확인하는 데 사용된다.

(3) 한계

a. 파동의 개념이 불명확하고 유동성이 너무 많다.

b. 각 단계의 전환점 확인이 어렵다.

c. 한 파동이 어디서 끝나고 어디서 시작하는지에 대한 언급이 없다.

엘리어트 파동이론을 언급하지만 투자 결정을 위한 절대적 이론은 아무것도 없다. 다만 이론을 정립한 공로는 인정하되 투자의 참고용으로 보아야 한다.

이동 평균선

주 5일 근무제가 실시되면서 5일 이동 평균선이 생겼다. 단기선인 5일 이동 평균선의 경우 5일간 주가의 이동 평균을, 60일 이동 평균선은 60일간 주가의 이동 평균선을 나타낸다. 일반적으로 5, 20, 60, 120, 240일을 두고 많이 하는데, 각 증권사 주식 홈페이지에서 설정하기 나름이고, 매매 기간에 따라 다르게, 일봉, 주봉에 따라 다르게 적용한다.

이동 평균선이 중요한 이유는 주가가 이동 평균선 위에 있느냐, 밑에 있느냐에 따라 추세가 다르고, 정배열이냐 역배열이냐에 따라 다르기 때문이다. 강세장의 경우 당연히 주가는 이동 평균선(이평선) 위에서 움직이는 편이고, 약세장은 당연히 밑에서 움직인다.

그리고 보통 매매는 20일 이평선을 중요하게 판단하여, 20일 이평선 위에 있을 때 매매하는 것이 쉽다고들 한다. 아래의 코스피 차트를 보면 20일 위에 있을 때만 매매를 한다고 가정할 때, 실제 매매 일수는 많지 않을 것 같다.

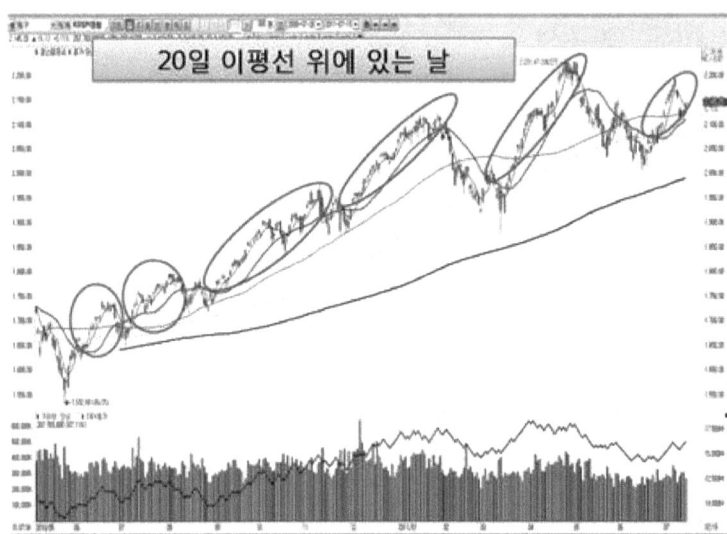

 물론 지나간 과거의 차트이지만 우리나라는 강세장이고, 한 가지 교훈은 20일 이평선 위에 있을 때만 매매해도 충분히 수익을 볼 수 있다는 점이다. 참고로 가장 좋은 시스템 트레이딩은 주가가 20일 이평선이 60일 이평선을 돌파할 때 매수하여 보유하다 60일 이평선을 하향할 때 매도하는 것이라는 의견도 있다.

그랜빌의 8법칙

그랜빌의 법칙은 이동 평균선을 분석해 매매 시점을 포착하는 방법으로 그랜빌이라는 주식 투자자가 연구한 방식이다. 주가가 올라갈 때는 매수 신호, 내려갈 때는 매도 신호이다. 크게는 매수 신호 4가지, 매도 신호 4가지로 구분되는데 따로 외울 필요 없이 간단한 설명과 함께 그림을 보면 이해할 수 있다.

>> 사례 ①

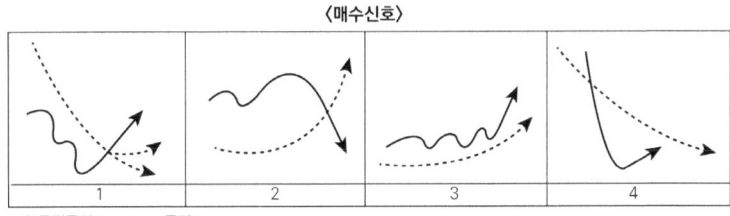

〈매수신호〉
이동평균선 : ····· 주가 : ─────

1번의 경우 이동 평균선이 하락하다 횡보 구간이나 상승 추세로 진입할 경우, 이때 주가가 이평선을 상향 돌파하는 시점을 매수 신호로 보는데 이건 누가 보아도 당연한 모양새다. 여기에 매수 시 거래량과 장대 양봉이 나온다면 더없이 좋은 상승 추세 신호이다. 2번은 좀 의아한 점이 있다. 이동 평균선이 상승하는 시점에 주가가 이평선을 뚫고 하락하는데 어떻게 매수 신호가 되느냐 하는 점이다. 주 추세가 상승 추세일 때에는 어차피 다시 추세로 복귀하므로 매수 신호로 보는 듯하다. 3번의 경우도 이평선은 상승 추세에 있는데 주가는 이평선으로 하락하다 이평선 부근에서 반등하므로 매수 신호로 보는 것이다. 4번은 좀 위험성이 있다. 이건 이격도와 같이 봐야 한다. 이평선과 주가는 붙으면 떨어지고, 떨어지면 다시

>> 사례 ②

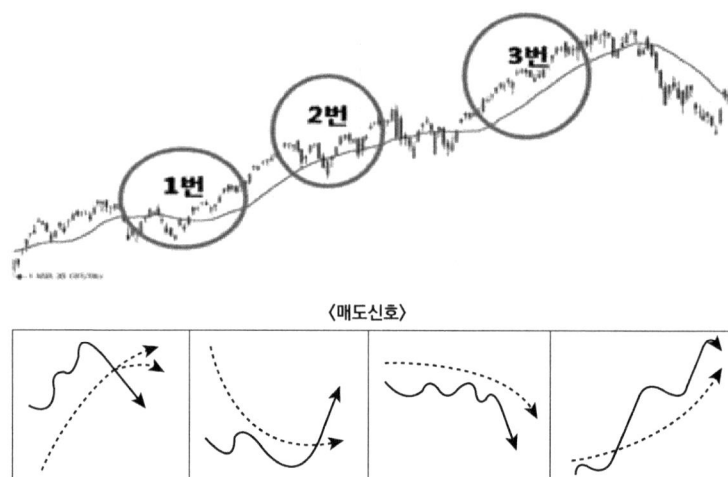

〈매도신호〉

이동평균선 : ····· 주가 : ──

붙는 성질을 갖는다. 이를 지표화한 것이 이격도이다. 즉 낙폭이 크므로 기술적 반등이 나온다고 생각할 수 있다.

1번은 상승하고 있는 이평선이 횡보 또는 하락할 때 주가가 이평선을 하향 돌파 시 매도하는 신호이다. 2번은 지금처럼 하락 추세에 있을 때 주가의 단기 낙폭에 의한 기술적 반등으로, 반등 주일 때는 매도가 낫다는 의견이다. 3번의 경우는 주가가 이평선 돌파를 시도하다 미끄러진 모습이다. 4번은 이평선이 상승 추세이지만, 단기 급상승 후 이격도 벌어졌으니 주가가 다시 이평선으로 회귀할 것이기 때문에 매도하라는 얘기인데, 역시 이격도와 함께 보아야 한다.

이격도는 주가가 이동 평균선과 떨어진 정도를 말하는 것으로, 주가가 이동 평균선과 일정 관계를 유지하면서 이동하는 현상을 수

치환한 지표이다. 간단하게 현재의 주가를 이동 평균선으로 나눈 주가에 100일 곱한 값으로 본인의 경험에 따라 설정하면 된다. 보통은 20일, 60일 이격도를 사용하는데, 이는 투자 기간에 따라 설정하면 된다. 일반적으로 95~97정도는 침체, 107 이상을 과열로 본다. 그림은 금융 위기 당시의 차트인데, 과장된 부분이 있다.

>> 사례 ③

보조 지표를 보면, 적색은 매수 관점, 파란색은 매도 관점이다. 이평선 매매와 차이난다. 그리고 관점이라고 이야기를 한 건 매수/매도 신호라기보다는 관점으로 보아야 한다. 그래도 이평선 매매 시 이격도는 어느 정도 도움이 될 것이다.

이평선의 수렴과 확산

이평선은 그냥 움직이는 것이 아니라 촘촘히 모였다 벌어졌다를 반복한다. 이평선과 캔들이 밀집되어 있는 걸 '수렴', 넓게 흩어진 것을 '확산'이라고 하는데 주가가 급등/급락하면 당연히 이평선과 주가가 멀어지므로 이평선과의 간격은 커지게 된다. 급등/급락한 주가는 이후 이평선으로 회귀하므로 모여 수렴한다. 수렴하는 차트를 유심히 보면 바닥권에서는 의외로 급등을 하는 차트들이 많이 만들어진다.

골든 크로스와 데드 크로스

단기 선이 중기 선을 밑에서 위로 돌파하는 것을 골든 크로스라 한다. 이때 주가는 상승한다. 반대로 중기 선이 단기 선을 위에서 하락하는 것을 데드 크로스라고 하며 주가는 하락한다.

장기 이동 평균선과 단기 이동 평균선은 서로 멀어지면 다시 가까워진다. MACD(Moving Average Convergence & Divergence) 지표는 이동 평균선으로 오를지 내릴지 판단하는 지표이다.

한국 SWOT 대응방안
1. 고금리인하 → 자산가치 상승, 주식, 부동산 다시 오른다
2. 은행 대출이자: 7-8%이하 → 자산상승, 2025년 한국 2.5%
3. 중소기업: 구독경제, 4차 산업혁명 (AI, IOT, 빅데이터 등)
4. 개인: 미국주식(환율상승대비), 금리 하락(2025년 금리 인하)
5. 미 연준(물가 9% → 2% 목표)
6. 기술혁신(FAMANGT), 카카오, 네이버 등 모바일 협업
7. 사업 포트폴리오 재편 (IT, SW, Health 등), 정부자금, 구매 조달
8. 코로나19: 바이오, 건강확대. → 강원도, 제주도 등
9. 환경 영역 (깨끗한 공기, 물), 정부조달과 미국 조달청
10. 정부: RCEP, CPTTP, 무역확대, 경제협력 강화

산업 분석

산업 분석은 어떤 산업이 성장할 것인지, 중국 시장은 어떻게 발전할 것인지 등을 분석하는 것이다. 요즈음 태평양화학 즉, 아모레화

장품의 주가는 30만 원 정도이다. 명동에 가면 일본 관광객과 중국 관광객을 많이 볼 수 있다. 대부분 한국 화장품을 사러 온 관광객이다. 드라마 〈대장금〉과 한류 붐으로 중국과 일본에서 온 관광객들이 한국 화장품을 사려고 줄을 선 것이다. 어떤 이들은 20세트 30세트씩 사기도 한다. 한편, 조류 독감이 유행하면 닭고기 대신 다른 먹거리를 찾는데, 이에 따른 산업에서의 변동 분석을 테마 분석이라고 한다.

기업 분석

　기업 분석은 각 기업의 동향을 분석하는 것으로, 이마트에 장보러 가서 어떤 물건을 많이 사는지, 일반적으로 어떤 차를 많이 사용하는지, 이런 동향들을 고려하여 내가 주로 사고 다른 사람도 많이 사는 기업의 주식을 사면 된다. 그것이 주식 투자를 잘하는 방법이다. 실생활에 어느 기업 제품을 선호하는지는 당연히 투자를 위한 분석의 기초이다. 우리나라 인구의 70~80%가 현대와 기아자동차를 탄다. 그러니 현대와 기아자동차 주식은 당연히 가격이 오를 것이므로 해당 주식을 사야 한다. 상장기업 분석 책에 있는 재무제표뿐 아니라 실생활 속에서 투자 기업을 찾을 수 있어야 한다.

금융 뉴스 분석

최근 들어 글로벌 유동성이 풍부하다고 한다. 이는 달러가 많이 유통되고 있음을 의미한다. 유동성은 현금, 글로벌 유동성은 미국 달러를 의미한다. 리먼브러더스 사태 이후 미국은 1, 2차에 걸쳐 자국 달러를 대량으로 풀었는데, 2차 양적 완화 시 미국이 시장에 푼 금액은 약 6,000조 원이 넘는다.

과거 2010년 5월 이건희 회장이 경영에 복귀하면서 제일 먼저 이야기한 것이 반도체만으로는 삼성그룹이 성장할 수 없다면서 신수종이 중요하다고 했다. 그 신수종이 바이오와 헬스(건강) 분야이다. 2010년 10월, 삼성이 인수를 발표한 메디슨은 바이오 기업이다. 2025년 삼성바이오 등은 시가 총액이 60조 원에 이른다.

이러한 금융 뉴스들을 분석하여 주식 투자에 활용하여야 한다.

9.11 직후 주식 투자했더니‥900% 이상 수익

2011.05.06 [아시아경제]

2011년 9월11일 테러 발생 이후 지금까지 10년이 흐르는 동안 미국 주식시장에서 수익률이 900%를 넘어선 9개 종목이 화제가 되고 있다.

S&P500지수가 8% 상승에 그치고 월마트, 시스코 같은 블루칩들이 10년째 제자리걸음 중이며 마이크로소프트(MS), 제너럴 일렉트릭(GE), 뱅크오브아메리카(BOA) 등 되레 주가가 하락한

종목이 있는 상황에서 900%가 넘는 수익률을 기록한 종목은 무엇일까. 마켓워치는 지난 10년 동안 애플, 아마존, CNOOC 등 9개 종목의 수익률이 900%를 넘어섰다고 5일(현지시간) 소개했다.

◆애플 3,930%=애플은 2001년 9·11 테러 발생 당시 주가가 9달러 수준이었지만 '가치 투자' 종목으로 투자자들에게 신뢰를 얻으면서 현재 주가는 350달러를 향하고 있다. 2001년 당시 애플의 매출액은 53억 달러에 불과했지만 올해에는 회사 역사상 처음으로 1,000억 달러를 넘어설 것이라는 전망이 우세하다.

주식시장에서는 애플이 현재 개인 정보 유출 사태로 위기를 맞고 있지만 주가가 1,000달러를 돌파할 수 있다는 핑크빛 전망도 나오고 있다. 투자 기관 포퓰러캐피탈의 제임스 앨루처 애널리스트는 애플의 스마트폰, 태블릿 PC 등 첨단 제품의 시장 장악력과 650억 달러에 달하는 보유 현금 등을 고려했을 때 주가가 1,000달러까지 올라가는 것은 시간문제라고 주장했다.

◆아마존 2,120%=세계 최대 전자 상거래 업체 아마존닷컴은 e북 리더 '킨들'로 전자책 시장에서 독보적 위치를 차지하고 있다. 올해 말까지 '킨들'의 컬러판을 출시할 예정인 아마존의 예상 매출액은 500억 달러이다. 하지만 1994년 설립된 아마존은 2001년 전까지는 흑자를 기록하지도 못한 작은 기업이었다. 2001년 4분기에 아마존이 남긴 사상 첫 흑자 기록은 500만 달러(주당 1센트) 순익에 불과했다.

◆CNOOC 1,140%=중국 국유 석유개발사인 중국해양석유총공사(CNOOC)는 미국 주식시장에 성공적으로 안착한 몇 안 되는 중국 기업 중 하나다. 공격적인 에너지 탐사와 꾸준한 성장으로 CNOOC 주가는 2011년 당시 20달러 선에서 현재 235달러 수준으로 급등했다.

CNOOC의 2001년 매출액은 25억 달러에 불과했지만, 회사는 올해 원유와 가솔린 가격 상승세로 예상 매출액 370억 달러를 무난히 달성할 수 있을 것으로 예상하고 있다.

◆그린마운틴커피 2,840%=지난 10년간 미국 주식시장에서 두각을 나타낸 기업 대부분이 에너지 또는 기술 관련 기업이라는 점에서 커피 회사의 주가 상승세는 더 투자자들의 눈길을 끌고 있다. 그린마운틴커피는 집이나 회사에서도 간단하게 원두커피를 즐길 수 있도록 컵(Cup) 형태의 1회용 커피를 출시하면서 급성장했다. 그린마운틴커피가 10년 전 세계에 공급한 커피 규모는 1억 달러가 조금 안 되지만 지난해 기준 회사의 매출액은 13억 달러를 돌파했다.

◆HMS홀딩스 4,670%=HMS홀딩스는 의료 서비스 비용 관리 업체다. 특히 정부 지원 의료 서비스에 다양한 비용 관리 서비스를 제공하고 있다. 미국 정부가 의료 서비스 지원에 대한 중요성을 인식하고 있지만 심각한 재정난을 겪게 되면서 의료 서비스에 대한 비용 관리 컨설팅 수요는 증가하고 있다. 2001년 9월 1.7달러대에 불과하던 주가는 현재 75달러에 거래되고 있다.

◆아이맥스 코프 3,390%=아이맥스의 성장은 3D 영화를 통해 최근 들어 급격히 가팔라졌다. 아이맥스의 연간 매출은 4년 전보다 3배나 증가했다. 특히 영화 '아바타'의 개봉은 헐리우드 영화 산업에 3D 열풍을 불러일으키면서 아이맥스 성장에 기름을 붓는 역할을 했다.

◆인튜티브 서지컬 1,830%=미국 의료기기 업체 인튜티브 서지컬 주가는 최근 주당 350달러 전후에서 거래되며 미국에서 가장 비싼 종목 가운데 하나로 손꼽히고 있다. 인튜티브 서지컬의 성장에 가장 큰 공을 세운 것은 의료용 로봇이다. 인튜티브 서지컬에서 독점 생산하는 '다빈치(da Vinci)'라는 획기적인 수술 시스템은 4개의 로봇 팔과 3차원 입체 영상을 이용한 것으로 심장 수술에 적용되고 있다.

2011년 9·11 테러 때 미국 주가는 사상 최고 폭락했다. 이처럼 뉴스는 주가에 큰 영향을 미친다. 우리나라 종합 주가지수는 2001년도에 500, 2011년 7월 기준으로 2,100이었다. 미국은 워터게이트 사건 때 주가가 20% 폭락했고, 박정희 대통령 사망 당시 한국 주가는 10% 하락했다. 금융실명제를 발표할 때도 4.4% 하락했고, 9·11 테러 때는 전 세계 주가가 하루에 12% 하락했다. 이 하락폭은 은행 금리를 2%로 가정했을 때 6년치 이자로 엄청난 규모이다. 미국의 모기지 금융회사 리먼브라더스가 부도나면서 전 세계 금융 위기를 불러 일으켰다. 2007년 12월 2,065였던 종합 주가지수는 2008년 12월까지 크게 폭락했다. 2025년 한국 종합 주가지수는 3,200이다. 미국 애플은 1980년 상장 이후 3,500배 올랐다. 20년 기준으로 1,200배이다. 2001년 9·11사태 당시 1.5달러였던 아마존 주가는 2025년 3,200달러로 1,500배 상승했다.

폰지 사기의 원조와 진실.

미국의 유명한 펀드 매니저와 구두닦기

증권사에 애기 업은 엄마들이 나타나면 제일 두렵다고 한다. 애기 업은 엄마들까지 주식을 사려고 하면 앞으로 더 이상 주식을 살 사람은 없다는 뜻으로 해석되기 때문이다. 증권사로서는 엄마들이 애기를 안고 오면 주가가 꼭짓점을 찍었거나 혹은 과열되었다고 판단한다. 경매 시장 역시 마찬가지로 엄마들이 아기를 데리고 오면 과열되었다는 뜻으로 해석된다.

미국의 유명 펀드 매니저가 회사 앞에서 구두를 닦는데 구두닦기가 펀드 매니저의 구두를 닦으면서 "펀드 매니저님 요즘 ○○주식을 샀는데 어떤가요?"라고 물어보자 이 펀드 매니저는 '와, 구두닦는 사람도 주식을 사는구나. 주식을 살 사람이 이제는 더 이상 없겠구나' 생각하고 자신이 보유한 모든 주식을 팔았다고 한다. 그 이후 거짓말처럼 주식이 폭락했다고 한다.

주식은 언제 사야 하는가?

연일 '금융시장 대폭락!' 이런 기사가 나올 때가 주식 매수 시기이다. 많은 사건사고가 생기거나 지점장 해외 도피 등, 주식 비관 사건이 많을 때 주식을 사야 한다. 이런 기회는 몇 년에 한 번씩 온다. 과거의 경험을 보면 2001년 9·11사태와 2008년 8월 주가가 폭락했던 2009년 1월이 주식을 살 수 있는 좋은 기회였다. 당시 종합 주가지수는 1,000이었다. 기다리면 좋은 기회는 온다. 2020년 3월 코로나로 주가지수는 1,600까지 하락했다. 2025년 9월의 주가지수가 3,200이므로 100% 올랐다.

주가는 순환한다. 현재 사놓은 주식의 가격이 떨어져 고민한다면, 우량주라면 기다려라. 비우량주라면 분할 매도하라.

4차 산업혁명 인재 1,500만 명을 양성하자.

김대종 세종대 경영학부 교수

4차 산업혁명 인재 양성에 한국의 생존이 걸려 있다. 정부가 해야 할 가장 중요한 일은 4차 산업혁명 인재 육성이다. 한국은 1876년 개화기 때 세상의 큰 흐름을 따라가지 못했다. 일본은 조기에 문호를 개방하고, 서구 문물을 받아들여 과학을 발전시켰다. 그러나 한국은 쇄국으로 세계사의 큰 흐름에 편승하지 못했기에 일본의 지배를 받았다.

2025년 한국은 지난 70년간 피나는 노력으로 1인당 구매력 지수가 일본보다 높다. 한국은 탁월한 전산 능력, 스마트폰 보급률 95%, 그리고 전자 정부 세계 1위 등 4차 산업혁명 인프라가 가장 잘 구축되어 있다. 이제는 한국인이라는 자부심을 가져도 된다. 국가는 4차 산업혁명이라는 거대한 물결에 편승하여 SW 고급 인재 1,500만 명을 키워야 한다. 대안은 다음과 같다.

첫째 정부는 영어와 함께 초등학교 1학년부터 코딩 교육을 해야 한다. 4차 산업혁명의 선두를 차지하기 위하여 영국은 초등학생부터 의무적으로 코딩을 가르치고 있다. 교육부는 총 400여 개 대학 중 약 30여 개 대학만을 소프트웨어 중심 대학으로 선정하여 지원하고 있다. 서울대학교 컴퓨터공학과 졸업생은

30년 전과 마찬가지로 2025년에도 50명이다. 정부 규제로 정원을 확대하지 못했기 때문이다. 그러나 미국 등 선진국은 모든 학생들에게 코딩 교육을 의무적으로 가르치고 있다. 코로나 이후 한국의 생존 전략은 SW 인재 양성에 달려 있다.

4차 산업혁명 관련 산업은 매년 30% 이상 높은 성장을 한다. 생산의 4대 요소는 토지, 노동, 자본, 그리고 모바일이다. 이제는 생산, 유통, 판매 등 모든 분야에서 인공지능, 빅데이터, 그리고 IoT 등 4차 산업 활용이 가장 중요한 요소가 되었다. 정부와 기업은 핵심 역량을 SW 인재 양성에 집중해야 한다. 인공지능, 빅데이터, 사물인터넷 등 4차 산업 혁명에 대비하여 인재를 얼마나 키워냈는가에 국가 운명이 달려 있다.

미국의 FAMANG 기업들은 자율 주행, 인공지능, 그리고 사물인터넷 등 4차 산업혁명을 주도하기 위한 핵심 인재를 집중 양성하고 있다. 이들 기업들은 제조업보다 서비스로 이익을 내고 있다. 코로나19로 배달 서비스가 최고 100% 증가했다. 온라인 구매의 70%는 스마트폰을 포함한 모바일로 이루어진다. 애플은 매출액의 30%가 애플 TV 등 구독 경제와 서비스에서 발생한다. 아마존, MS, 넷플릭스, 구글 등 빅테크 기업들은 SW 인재가 핵심인 플랫폼 기업이다. 위 기업들은 매월 구독 경제로 안정적인 수익을 창출한다.

둘째, 정부는 4차 산업 인재 양성으로 카카오와 네이버 등 언택트 산업과 서비스 산업을 육성해야 한다. 온라인 쇼핑 산업은 2025년에 전년 대비 30% 증가하여 230조 원에 이른다. 2025년에는 전년 동기 대비 음식 서비스(83%), 농축산물(69%), 음식료품(43%)이 증가했다. 한국의 백신 접종률은 2025년 10월까지 70%로 예측되지만, 전 세계 코로나 종식 예측은 2023년에나 이루어질 전망이다.

제조업, 건설, 서비스, 교육 등 모든 산업은 핸드폰과 연계된 모바일을 중심으로 혁신해야 한다. 2025년 한국의 소매 판매액은 550조 원이며, 그중 35%가 온라인 구매이다. 향후 전체 매출액의 60%가 온라인 구매로 이루어질 전망이다. 국가는 소프트웨어 인재 양성에 심혈을 기울여야 한다. 온라인 산업은 임대료, 인건비, 그리고 거래비용을 큰 폭으로 낮춘다. 온라인 회원 한명의 가치는 10만 원쯤 된다.

일자리 창출에서 제조업이 평균 10억 원 매출로 5.8명을 고용하며, 건설업이 약 10명을 고용한다. 4차 산업은 SW 개발자와 배달 근로자 증가로 10억 원 매출 시 20명 이상을 고용한다. 한국이 4차 산업혁명을 주도하게 되면 SW 인재 수요 증가와 해외 진출 등으로 일자리도 해결된다.

셋째, 자율 주행과 인공지능 등 4차 산업혁명 기업을 키워야 한다. 애플의 시가 총액은 3,000조 원이고, 삼성전자는 600조 원이다. 한국의 모든 상장기업 시가 총액은 2,700조 원이다. 애플은 2025년 100조원이 넘는 순이익을 보일 것이다. 한국 경제가 성장하려면 기업하기 좋은 나라를 만들어 삼성전자와 같은 기업을 10개 이상 키워야 한다. 우리나라는 제조업 기준 세계 5위이고, GDP 기준으로는 세계 10위이다.

한국은 제조업에 탁월한 능력이 있으므로, 소프트웨어 등 4차 산업혁명 인재를 육성한다면 세계 경제를 주도할 수 있다. 골드만삭스는 2015년 한국의 교육열이 세계 1위이므로 2050년 한국 1인당 국민소득이 세계 2위가 될 것이라 예측했다.

우리나라는 교육에 대한 높은 열정이 있다. 국가에서 강력한 추진력만 발휘한다면 세계 최고가 될 수 있다. 초등학교 교사부터 4차 산업혁명에 필요한 SW 교육을 가르쳐야 한다. 정부가 4차 산업혁명으로 혁신한다면 대한민국은 세계 경제를 주도할 수 있다.

한국 청년 취업률 45%, 기업하기 좋은 나라를 만들어야 할 때다

김대종 세종대 경영학부 교수

2024년 한국 청년 취업률(15~29세)이 45%에 불과하다. 이는 절반 이상의 청년들이 졸업 후에도 일자리를 찾지 못하고 있다는 것을 의미하며, 단순한 개인의 문제가 아니라 국가 경제의 구조적 위기임을 드러낸다.

취업난 속에서도 한국 기업들은 국내를 떠나 미국, 베트남 등 해외로 이전하고 있다. 이러한 현실은 무엇을 말해주는가? 국회와 정부는 더 이상 안일하게 상황을 바라봐서는 안 된다. 지금이야말로 대한민국을 '기업하기 좋은 나라'로 탈바꿈시켜야 할 때다.

첫째 4차 산업혁명 수용하고 우버·에어비앤비·타다를 허용하자

현재 세계는 4차 산업혁명의 소용돌이 속에 있다. 인공지능, 빅데이터, 사물인터넷(IoT), 공유경제 등 새로운 산업이 국가의 미래를 좌우하고 있다. 그러나 한국은 신산업을 규제의 틀 안에 가두고 있다. 우버, 에어비앤비, 타다와 같은 혁신적 모델이 세계 시장을 지배하는 동안, 한국에서는 기존 산업 보호를 이유로 혁신이 차단

됐다.

4차 산업혁명의 핵심은 '기존 규칙을 넘어서는 창조'다. 우버는 기존 택시 산업을 넘어섰고, 에어비앤비는 기존 호텔업계를 혁신했다. 타다는 공유 모빌리티의 새로운 기준을 제시했다. 한국이 이들을 규제하는 동안, 해외에서는 이 기업들이 경제 성장을 이끌었다. 한국도 더 이상 과거의 이해관계에 얽매이지 말고, 혁신을 포용하는 나라로 거듭나야 한다.

둘째 법인세를 26%에서 21%로 인하해야 한다.

한국의 법인세율은 현재 26%로, 주요 선진국 대비 높다. 미국과 OECD 평균이 21%다.

싱가포르17%, 아일랜드 12%다. 높은 법인세는 국내 기업들의 경쟁력을 약화시키고 해외 이전을 부추긴다. 법인세를 21%로 인하하면, 기업들은 자본을 국내에 투자할 여력이 생기고, 일자리가 늘어나며, 장기적으로 세수 역시 증가할 수 있다.

이미 미국은 2017년 대대적인 세제 개편을 통해 법인세를 인하한 뒤 경제 활력을 되찾았다. 한국도 과감한 법인세 인하를 통해 기업 친화적 환경을 조성해야 한다.

아일랜드가 법인세를 50%에서 12%로 인하해 다국적 기업의 유럽 본사 1700개를 유치했다. 1인당 국민소득 12만 달러로 유럽에서 가장 부국이 됐다.

셋째 외국인 직접투자를 유치해야 한다. 2024년 외국인직접투자(FDI) 동향을 보면, 한국은 유입보다 유출이 두 배 이상 많다. 이는 외국 기업들이 한국을 매력적인 투자처로 보지 않는다는 뜻이다. 복잡한 규제, 높은 세율, 경직된 노동시장 등이 주요 원인이다. 기업 환경이 개선되지 않는다면 한국은 글로벌 투자 시장에서 점점 고립될 것이다.

외국인직접투자는 단순히 자본을 끌어오는 것 이상의 의미를 가진다. 첨단 기술, 글로벌 경영 노하우, 고급 일자리가 함께 들어온다. 따라서 한국은 규제를 대폭 완화하고 투자 친화적 제도를 마련해, 외국인 투자를 적극 유치해야 한다.

넷째 기업의 탈(脫)한국, 심각한 위기다. 이미 많은 한국 기업들이 생산기지와 본사를 미국, 베트남 등으로 옮기고 있다. 삼성, LG, 현대 등 대기업뿐 아니라 수많은 중견·중소기업들도 국내 경영 환경의 한계를 체감하며 떠나고 있다. 이들은 단순히 저임금을 찾아 떠나는 것이 아니다. 규제가 덜하고, 세금이 낮고, 정부 지원이 강력한 나라를 선택하고 있는 것이다.

기업이 떠나면 일자리가 사라지고, 기술과 자본이 빠져나가며, 경제는 쇠퇴한다. 결국 그 피해는 고스란히 국민에게 돌아온다. 국회와 정부는 기업을 억압하는 것이 아니라, 기업이 뿌리를 내리고 성장할 수 있도록 적극 뒷받침해야 한다.

결론은 '반기업' 프레임을 넘어서야 한다. 일자리 90%는 기업이 만든다.

한국 사회에는 여전히 '기업=탐욕'이라는 부정적 인식이 존재한다. 그러나 기업이 있어야 일자리가 있고, 경제 성장이 있다. 특히 4차 산업혁명 시대에는 빠르게 변하는 글로벌 환경에 발맞춰 기업을 지원하는 것이 필수다.

 국회와 정부는 기업을 규제 대상으로만 보지 말고, 함께 성장하는 파트너로 인식해야 한다. 법과 제도를 과감히 개혁하고, 규제는 혁신을 저해하지 않는 방향으로 재설계해야 한다. 대학생들의 취업률을 높이고, 한국 경제에 다시 생기를 불어넣기 위해, 우리는 '기업하기 좋은 나라'를 반드시 만들어야 한다.

04 채권이란 무엇인가?

- 채권이란?
- 더블딥: 금융 위기 재발
- 미국 국채 금리: 0%
- 미국 달러: 기축통화
- 채권 가격과 채권
- 수익률, 채권 금리
- 국민주택채권이란?
- 2025년 8월 우리나라 기준 금리는 2.5%
- 금융 정책은 한국은행
- 재정 정책은 기획재정부
- 콜 금리
- 양도성 예금증서(CD) 금리: 2%
- 채권의 거래
- 한국의 채권사
- 주식과 채권의 차이
- 채권의 분류
- 회사채의 분류
- 채권의 만기수익률 계산
- 미래 소득의 현재 가치
- 채권의 기간 구조
- 채권의 3특성
- 그린스펀: 자산 90%
- 채권에 투자
- 화폐전쟁- 쑹훙빈
- 외환 보유고 2025년 4,100억 불
- 전 세계 금융 전쟁

채권이란 무엇인가?

채권이란?

채권은 다음 두 가지 의미를 갖는다.

① 발행 주체가 자금을 조달하기 위해 발행한 일종의 차용증서

② 만기 시 원금과 약정 일에 약정 이자를 지급하기로 한 유가 증권

채권(bonds)은 차용증서로서 법적으로 유형화된 권리이면서 또한 유통 가능한 권리로서 채무 증권의 줄임말이다. 차용증서와 유가 증권의 교집합이 채권으로 차용증서의 개념을 가지면서, 동시

에 유가 증권의 개념을 가지는 것이 채권이다. 채권 개념은 법적으로 연관된다. 국채는 정부가 보증하는 국가 채권이다. 대한민국 국채는 대한민국 정부가 보증한다. 2025년 7월 기준 대한민국 국채 금리는 2.5% 정도이다.

[강남부자는 지금]

원자재 투자 '기웃', CP '시들', 지출 '군살빼기'

에너지·자원 관련 펀드 인기
주가 변동 연계된 VIX·ELF 관심

강남에 사는 대기업 여성 임원 A씨. 남편과 합해 연간 2억 4,000만 원가량 버는 고소득자지만 돈 문제로 남모를 고민을 하고 있다. 우선 은행 빚이 문제다. 대출을 끼고 산 주택 원리금을 매달 갚아야 하고, 남편 명의의 대출금도 꽤 된다. 아이들 사교육비도 만만찮은 부담이다. 여기저기 돈이 빠져나가고 나면 막상 쓸 수 있는 돈은 생각보다 적었다. 잦은 외식과 해외여행, 명품 쇼핑을 즐기는 소비 패턴도 A씨의 현금 흐름을 빡빡하게 만들었다. 고민하던 A씨는 얼마 전 재무 설계사를 찾았다.

불필요한 지출을 줄여라

재무 설계사가 준 해법은 의외로 간단했다. 고정 지출 외에 불필요한 지출은 최대한 줄이라는 것이었다. A씨는 아파트 관리비와 세금, 대출 원리금, 보험료 등을 뺀 나머지 지출에 대해 '군살빼기'에 돌입했다. 남편의 주말 골프 횟수를 줄이고, 아이들 사교육비에도 손을 댔다. 임계희 포도재무설계 대표 컨설턴트는 "강남 부자들은 전체 수입의 30~40%를 자녀 사교육비로 쓰는 사례가 많다"고 말했다.

소비를 줄이자 여윳돈이 생겼다. A씨는 소득 공제 혜택을 받을 수 있는 주식형 펀드와 노후 대비 연금에 돈을 넣었다. 이정걸 국민은행 웰스매니지먼트(WM)사업부 재테크 팀장도 "요즘처럼 물가가 많이 오를 땐 부자들도 1차적으로 변동 지출을 줄이고, 상황에 따라서는 고정 지출도 줄이도록 조언하고 있다"고 말했다. 부자들의 재테크도 기본은 불필요한 소비 줄이기라는 것이다.

에너지 펀드 인기

최근 물가가 뜀박질을 하고 있다. 올 들어 소비자 물가 상승률(전년 동월 대비)은 1월 4.1%, 2월 4.5%, 3월 4.7%로 고공 행진하고 있다. 물가에 미치는 파급력이 큰 국제 유가의 상승세가 꺾이지 않고 있어 상당 기간 고물가가 지속될 전망이다.

강남 부자들은 물가 상승에 따른 자산 가치 하락을 막을 수 있는 투자 상품에도 눈을 돌리고 있다. 이자에서 물가 상승률을 뺀 실질 금리가 마이너스인 상황에서 은행 예금만으로는 '자산 가치 방어'가 쉽지 않기 때문이다.

원자재 펀드는 대표적 투자 인기 상품이다. 한상언 신한은행 프라이빗뱅킹(PB)고객부 팀장은 "물가 급등에 따라 원자재 투자에 대한 거액 자산가들의 관심이 커지고 있다"며 "부자들은 원자재 값에 따라 손실을 볼 수 있는 상품보다 원금이 보장되는 상품을 선호한다"고 분위기를 전했다. 원자재 상품 중에선 농산물 펀드보다 에너지 펀드가 더 인기다. 국민은행 이 팀장은 "지난해부터 이미 가격이 많이 오른 농산물보다 각국의 경기 회복으로 점차 수요가 늘고 있는 에너지 관련 펀드나 자원 관련 펀드의 인기가 높아지고 있다"고 말했다.

물가가 오르면 이자도 따라 오르는 물가 연동 채권도 부자들 사이에선 적잖은 인기몰이를 하고 있는 것으로 알려졌다.

기업어음(CP)은 인기 시들

코스피지수가 최근 사상 최고치를 경신했지만 주식 시장에 대한 관심은 여전히 식지 않고 있다. 이 팀장은 "원화 강세에 따른 외국인 자금 유입과 미국의 경기 회복 기대로 증시에 대한 기대감이 여전하다"며 "PB 고객들이 예금,기업어음(CP),부동산 신탁 등보다 최근엔 증시 전망을 더 궁금해한다"고 소개했다.

CP에 대한 관심은 최근 LIG건설, 삼부토건, 동양종합건설 등 건설사의 잇단 법정 관리로 시들해지는 분위기다. 신용 등급이 좋은 건설사의 부동산 신탁 상품도 덩달아 외면받고 있다.

코스피지수 등락에 따라 수익률이 달라지는 상품도 인기를 끌고 있다. 신한은행 한 팀장은 "미국 경기 회복 속도, 중국 긴축 강도, 유럽발 악재, 일본 원자력 발전소 사고 등 대외 변수에 따라 주가가 출렁거릴 가능성이 높다"며 "주가 변동 때마다 수익이 커지는 변동성지수(VIX),주가가 덜 올라도 수익을 낼 수 있는 주가연계증권(ELF), 헤지펀드가 상당한 인기"라고 말했다.

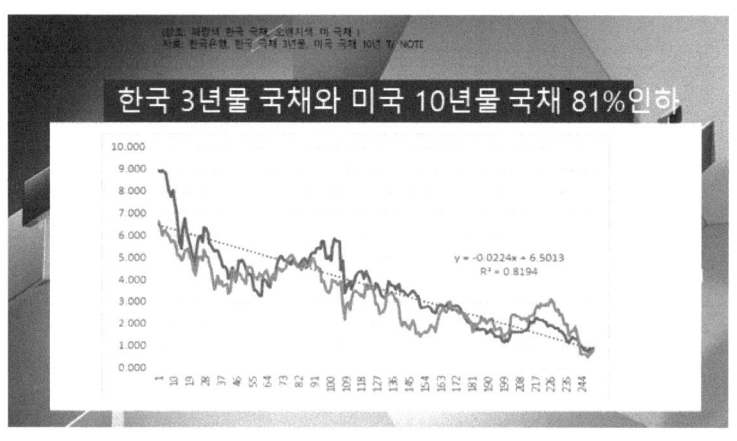

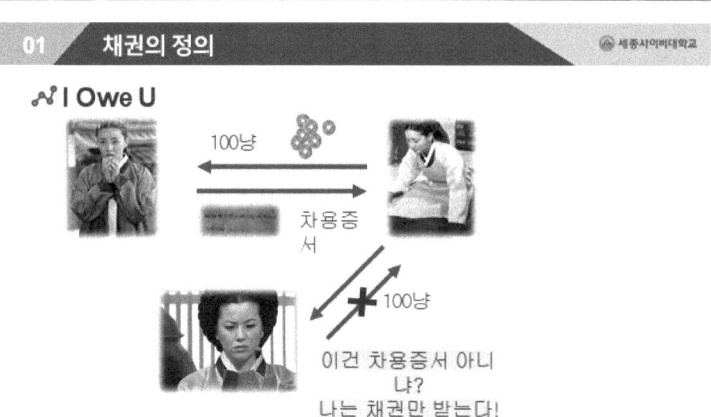

위 기사는 국민주택채권 등 금리가 급변했을 때의 기사이다. 금리가 급변했을 때를 잘 보여주는 기사이기 때문에 참고한다. 금융시장이 흔들릴 때에는 채권 금리가 상승한다. 그러나 최근에는 정부가 금융시장이 불안해지면 시장에 돈을 풀고 금리를 낮춘다. 이러한 방법이 미국의 위기 타개 해법이었다. 우리나라는 1997년 금융 위기 당시 고금리 정책, 즉 금리를 28% 정도 올리면서 부실기업들을 모두 망하게 하는 정책을 사용했다.

그러나 미국은 저금리 정책으로 금융 위기를 극복했다. 이것은 미국이 전 세계 기축통화인 달러를 발행할 수 있는 발권력을 가지기 때문에 가능한 방식이었다. 1997년 취해졌던 우리나라의 고금리 정책이 적절하지 않았다는 논문이 많이 발표되고 있다.

2008년처럼 금융시장이 불안해지면 주식시장은 폭락하고, 채권 금리는 상승한다.

2025년에 미국 주택시장은 상승중이다.

그러나 미국은 저금리 정책으로 금융 위기를 극복했다. 이것은 미국이 전 세계 기축통화인 달러를 발행할 수 있는 발권력을 가지기 때문에 가능한 방식이었다.

1997년 취해졌던 우리나라의 고금리 정책이 적절하지 않았다는 논문이 많이 발표되고 있다.

2008년처럼 금융시장이 불안해지면 주식시장은 폭락하고, 채권 금리는 상승한다.

2025년에 미국 주택시장은 상승중이다.그러나 오늘날은 정부가 개입해 채권 금리를 낮게 유지하기도 한다.

더블딥: 금융 위기 재발

더블딥이란 다시 한 번 금융 위기가 재현되는 것을 말한다. 2011년에 발생할 것이라 예상했으나 위기를 잘 넘겼다. 유럽 그리스 위기 등으로 더블딥이 우려되었으나 잘 극복되고 있다. 영국도 IMF 지원을 두 번 받았다.

우리나라도 다시 한 번 1997년 IMF와 같은 사태가 발생할 수 있다. 그래서 정부는 항상 외환 보유고를 충분히 유지하려 한다. 2025년 7월 기준 약 4,100억 불 정도의 외환 보유고를 유지하고 있다.
채권은 순수하게 돈을 빌려주고 받는 차용증서와 달리 강제성이 한층 더 높은 권리이다. 차용증서가 단순히 돈만 빌려준 것을 증빙하는 것이라면, 채권은 법률적 개념을 포함하는 권리라고 할 수 있다.

미국 국채 금리

미국 국채 금리는 몇 %일까? 미국 국채 금리는 4%대이다. 그런데도 왜 사람들은 미국 채권을 좋아할까? 해답은 안정성에 있다. 대한민국은 외국인이 보기에 북한의 천안함 폭침과 연평도 사건 등의 사태 당시에 보듯이 불안한 시장으로 여기지만, 미국은 세계 최고의 강대국이니 절대로 망할 일이 없다고 생각하는 것이다.

그래서 미국의 국채 금리는 기준금리 수준으로 유지될 수 있는 것이다. 그럼에도 사람들은 서로 미국 국채를 사려고 한다.

왜냐하면, 전 세계에서 현금 유동성이 가장 많으므로 가장 안전한 자산을 기준으로 판단했을 때 미국보다 더 안전한 나라는 없다고 판단하기 때문이다. 그렇기 때문에 미국 국채 금리가 0%임에도 최고 인기를 유지하는 것이다.

중국은 지금 미국 채권을 가장 많이 가지고 있는데, 3조 달러 상당 규모다. 우리나라는 달러 보유고는 4,100억 달러 규모이다.

미국 달러: 기축통화

미국의 달러가 왜 중요한가? 전 세계 기준 통화이기 때문이다. 이것을 기축통화라고 한다. 현재는 달러가 유일무이한 기축통화이다. 유로화가 기축통화의 역할을 대체하려 했지만 되지 않았다.

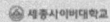

01 채권의 정의

♪ 채권의 정의

발행 주체가 자금을 조달 위해 발행한 일종의 차용증서로서, 만기 시 원금과 약정일에 약정이자를 지급하기로 약속한 유가증권

앞면
원금 = 액면가

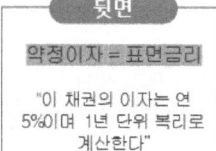
뒷면
약정이자 = 표면금리
"이 채권의 이자는 연 5%이며 1년 단위 복리로 계산한다"

2008년 이후 국제금융시장 불안의 원인으로 신문에 많이 등장하는 피그스(PIIGS)는 포르투갈(P), 이탈리아(I), 아일랜드(I), 그리스(G), 스페인(S)의 머리글자를 따 이르는 말이다.

01 채권의 정의

♪ 채권가격과 채권수익률(채권금리)

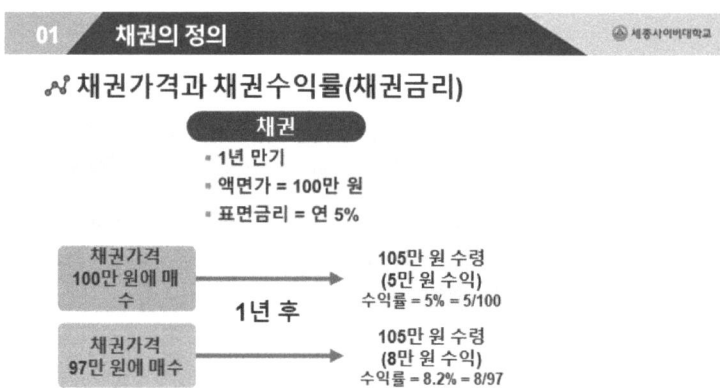

채권
- 1년 만기
- 액면가 = 100만 원
- 표면금리 = 연 5%

채권가격 100만 원에 매수 → 1년 후 → 105만 원 수령 (5만 원 수익) 수익률 = 5% = 5/100

채권가격 97만 원에 매수 → 105만 원 수령 (8만 원 수익) 수익률 = 8.2% = 8/97

채권 가격과 채권 수익률, 채권 금리

채권 사진에서 원금은 채권의 앞면에 표기된 액면가이고, 약정 이자는 채권 뒷면에 표기된 표면 금리이다. 사진은 재정경제원 장관이 발행한 제1종 국민주택채권이다.

대한민국에서 주택을 사는 모든 사람은 반드시 국민주택채권을 사야 한다. 주택을 구매하여 등기 후 채권을 할인 매각하면 돈을 회수할 수 있다. 대한민국 정부는 누구든 집을 등기할 때 의무적으로 국민주택채권을 구입하게 제도를 만들었다.

국민주택채권이란?

매입 대상	시가 표준액	매입 금액	
		특별·광역시	기타 지역
주택	가) 2천만 원 이상~5천만 원 미만 나) 5천만 원 이상~1억 원 미만 다) 1억 원 이상~1억6천만 원 미만 라) 1억6천만 원 이상~2억6천만 원 미만 마) 2억6천만 원 이상~6억 원 미만 바) 6억 원 이상	1.3% 1.9% 2.1% 2.3% 2.6% 3.1%	1.3% 1.4% 1.6% 1.8% 2.1% 2.6%
토지	가) 5백만 원 이상~5천만 원 미만 나) 5천만 원 이상~1억 원 미만 다) 1억 원 이상	2.5% 4.0% 5.0%	2.0% 3.5% 4.5%
주택과 토지 외 부동산	가) 1천만 원 이상~1억3천만 원 미만 나) 1억3천만 원 이상~2억5천만 원 미만 다) 2억5천만 원 이상	1.0% 1.6% 2.0%	0.8% 1.4% 1.8%
상속 (증여 그 밖의 무상으로 취득하는 경우를 포함한다)	가) 1천만 원~5천만 원 나) 5천만 원~1억5천만 원 미만 다) 1억5천만 원 이상	1.8% 2.8% 4.2%	1.4% 2.5% 3.9%

국민주택채권이 뭔가요?

주택을 구입할 때 접하게 되는 국민주택채권은 1종과 2종으로 나뉘는데 1종 채권은 주택 소유권을 보존 또는 이전할 때 매입한다. 또 2종 채권은 공공 택지에 공급되는 전용 면적 85㎡를 초과하는 분양가 상한제 주택을 공급받을 때 매입한다.

국민주택채권은 현재 우리은행, 농협, 신한은행, 하나은행, 기업은행 등 5개 시중은행에서 취급하며, 채권을 즉시 매도할 때 본인 부담금 산정 내역은 각 은행 홈페이지에서 확인할 수 있다. 단, 매일 매일의 채권 수익률에 따라 본인 부담금도 달라진다.

한편, 안정성과 투자성을 모두 갖춘 국민주택채권이 목돈 투자의 틈새시장으로 떠오르고 있다. 국민주택채권 중 2종 채권의 경우 이자소득세(15.4%)가 없어 절세를 원하는 투자자들에게 큰 호응을 얻고 있는 것이다.

01 채권의 정의

삼각관계?

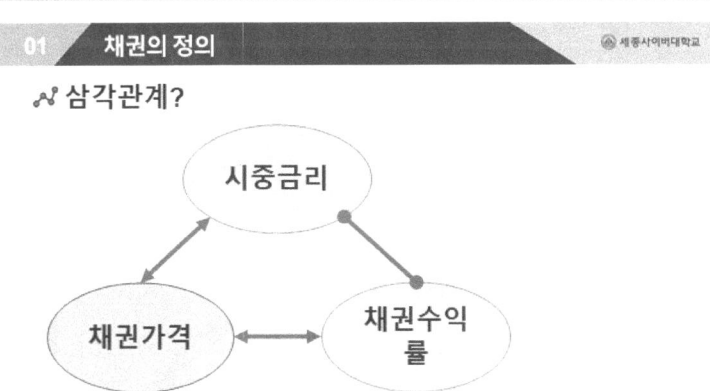

1년 만기, 액면가 100만 원, 표면 금리 연 5%의 채권을 100만 원에 매수하면 만기 시 105만 원을 받는다. 수익률이 5%이기 때문이다. 이 채권을 97만 원에 매수하면 만기에 105만 원을 수령하고, 수익률은 8.2%이다. 채권 가격이 100만 원이면 수익률은 5%로 낮고, 채권 가격이 97만 원으로 낮아지면 수익률은 8%로 상승한다. 이처럼 채권 가격과 채권 수익률은 반대이다. 두 경우 모두 수령 금액은 105만 원으로 똑같지만 채권 구입 가격에 따라 수익률이 달라지는 것이다.

채권 가격이 오르는 이유는 금융시장과 주식시장의 불안 및 부동산 시장의 불안 때문이다. 가장 안정된 채권이 국민주택채권과 같은 국가 발행 국채이다. 2025년 7월 기준으로 채권 가격이 급등했다.

시중 금리, 채권 가격, 채권 수익률은 서로 물고 물리는 삼각관계에 있다. 채권 가격과 시중 금리는 역의 관계에 있다. 시중 금리를 실세 금리라고도 한다. 보통 3년 만기 국고채 수익률, CD 유통수익률, 콜금리 등을 시중 금리라고 한다.

2025년 8월 우리나라 기준 금리는 2.5%

2025년 8월 우리나라의 콜 금리는 2%이다. CD 금리는 약 1.5%이다. 국고채 수익률은 현재 2.0%이다. 콜금리는 은행이 자금이 모자랄 때 은행 간 서로 빌려주는 자금의 금리이다. 우리나라는 한국은행이 금리를 정할 때 콜금리를 기준으로 한다. 금리 설정은 한국은행 총재가 한국은행에 설치된 금융통화위원회(금통위)를 소집해 논의하여 결정한다.

01 채권의 정의

시중금리와 채권가격 : 역관계

- 시중금리(실세금리)
  - 보통 3년 만기 국고채수익률, CD(91일) 유통수익률, 콜금리(1일) 등
- 예금금리
  - 일정 기간까지의 확정금리
- 시중금리
  - 매일매일 자금시장의 수요와 공급에 의하여 변동되는 금리

만약에 시중에 통화량이 너무 많거나 돈이 너무 많이 풀렸다면 물가가 많이 오른다. 2025년 6월 기준으로 물가는 4% 상승했다. 그러므로 금융통화위원회에서 금리를 올려 물가를 잡으려는 결정이 이루어지는 것이다. 예금 금리는 일정 기간까지의 확정 금리지만 시중 금리는 매일매일 자금시장의 수요와 공급에 따라 변동되는 금리이다.

"시장에서 물건을 싸게 사려는 것은 기대 수익을 극대화하려는 노력이다."

물건과 채권, 기대 수익률과 채권 수익률은 동일한 개념이라 생각할 수 있다. 채권에서 얻을 수 있는 기대수익률을 채권수익률이라고 한다. 시중 금리와 채권 가격은 역의 관계에 있다. 시중 금리 움직임은 통화 정책, 시장의 수급, 채권 가격 등에 관련된다.

금융 정책은 한국은행

〈출처: 리치옥션〉

통화량은 M으로 표시한다. 시중에 돈이 많다면, 금리를 조정하여 통화량을 조절하는데, 많은 통화량은 물가 상승을 유발한다. 따라서 물가를 잡기 위해 통화량을 조절한다. 금리를 통해 시장을 조절하는 것이 통화정책이다. 경기가 안 좋고 시중의 자금 사정이 어려우면 한국은행은 돈을 풀어 금리를 낮춘다. 돈이 많이 남아돌 때는 금리가 하락하고, 1997년의 IMF 사태처럼 돈이 귀할 때는 금리가 연 20%까지 올랐었다.

2025년 7월 은행 담보 대출 등 금리는 연 3.5% 정도이지만 IMF 사태를 맞았던 1997년에는 시중 금리가 회사채 3년 만기 기준 28%였다. 그만큼 1997년에는 시중에 돈이 귀했었고 2025년에는 통화량이 많다는 사실을 확인할 수 있다. 시중에 돈이 굉장히 많이 풀려 서로 빌려주려고 하니 금리가 싸고, 1997년 IMF 당시는 반대로 높아진 것이다. 이처럼 정부가 금리를 통해 인위적으로 시장을 조절하는 것을 통화정책이라고 한다. 그러므로 시중 금리와 채권 가격은 서로 역의 관계를 취한다. 채권 가격이 높을 때 금리가 낮고, 채권 가격이 낮을 때 금리가 높다.

재정 정책은 기획재정부

재정 정책은 국가 예산 600조 원을 어떻게 운용할 것인지를 만드는 정책이다. 금융 정책(통화 정책)은 한국은행이 하고, 재정정책은 기획재정부의 역할이다.

많은 나라에서 우리의 한국은행과 같은 중앙은행을 독립 기관으로 두고 통화 정책을 운용하게 하고 있다. 우리나라도 한국은행을 독립 기관으로 보장하고 있다. 한국은행은 발권 은행으로 우리나라 화폐를 발행한다.

콜 금리

콜 금리는 금융 기관 간 단기 거래에 적용되는 금리를 말한다. 바로 앞에서 설명한 바와 같이 우리나라의 현재 기준 금리는 0.5%, 콜 금리는 약 1%이다. 이 콜 금리로 은행 간 자금 흐름이 이뤄진다. 하루짜리 단기 거래도 있다. 예컨대 KB은행에서 갑자기 돈이 필요한 경우 신한은행에서 하루 동안 돈을 빌리는 것이다.

양도성 예금증서(CD) 금리: 2%

양도성 예금증서(CD) 금리는 양도 가능한 무기명 정기 예금 형식으로 할인 발행된 단기 상품인 양도성 예금증서의 할인율이다. CD는 양도성 예금증서(Certificate of Deposit)의 약자로, 양도할 수 있는 예금증서라는 뜻이다. 2025년 현재 CD 금리는 2% 정도이고, 국고채 금리는 기관마다 조금 다르지만 1.5% 정도로 유지되고 있다.

2021년에 상당한 어려움에 처한 금호그룹 회사채의 금리가 폭등했다. 금호산업과 금호그룹이 어려움에 처하면서 아시아나항공이 대한항공에 매각되었다. 금호그룹 회사채 금리는 시중 국고채의 2~3배까지 올랐는데, 이는 금호그룹의 채권 가격이 하락에 따라 금리가 올랐음을 나타내는 것이다.

채권의 거래

채권 유통 시장은 상장 종목 채권을 대상으로 다수의 매도, 매수 주문이 집중되어 경쟁 매매를 통해 거래가 이루어지는 장내 시장, 즉 거래소 시장과는 달리 증권사 창구에서 증권사 상호 간에 이루어지는 상대 매매이다. 상대 매매는 서로 '내가 팔 테니 네가 좀 사줘'하는 방식으로 상대를 정해 매매하는 방식을 말한다.

채권 거래는 거래 규모가 커서 개인이 투자하기엔 쉽지 않다. 금융 기관이나 법인, 그리고 은행, 증권사, 투신사, 국민연금 등 기관 투자자들이 상대 매매 방식으로 대량 매매가 이루어지기 때문에 채권 시장은 일반적으로 장외 시장이다.

주식과 채권의 차이

영어로 주식은 Stock, Securities, 채권은 Bonds라고 한다. 주식은 주식회사가 발행하고, 채권은 정부나 서울시 혹은 성남시 같은 지방자치단체, 특수법인, 주식회사들이 발행한다. 주식회사가 발행하는 주식에는 원금 상환 의무가 없고, 채권은 무조건 만기 상환 의무를 진다. 지방자치단체가 발행하는 채권조차 불안하다고 말하지만, 정부 및 지방자치단체 외에도 특수법인, 주식회사 모두 채권을 발행할 수 있다. 많은 기업들이 안정적 자금 조달을 위해 채권을 발행한다. 주식은 매각하면 돈을 받아 자기 자본이 될 수 있지만, 채권은 외부에서 돈을 빌린 것이므로 만기 시 갚아야 하는 자금이므로 타인 자본이다.

01 채권의 정의

시중금리(실세금리)

- 콜금리
  - 금융기관 사이의 하루 또는 며칠간 단기거래에서 적용되는 금리
- 양도성 예금증서(CD)금리
  - 양도 가능한 무기명 정기예금형식으로 할인 발행된 단기상품인 CD(Certificate of Deposit)의 할인율
- 국고채 또는 회사채 할인율

주식 소유자의 권리에는 의결권, 배당금 및 잔여 재산 분배 청구권이 있다. 예컨대 삼성전자가 기업을 청산한다면 기업 청산금의 일부를 주주들에게 돌려줘야 하는데, 그때 보유주당 받을 수 있는 권리를 잔여재산분배권이라 한다. 배당은 기업 수익을 주주에게 나

누는 것으로 우량 기업인 포스코, 삼성전자 등은 일 년에 4번씩 주당 10,000원 정도의 배당을 한다. 의결권은 기업의 인사 또는 회사의 중요 사항 결정에 참여할 수 있는 주주의 권리이다. 채권 소유자에 따른 권리에는 채권단 참여가 있다.

일반적으로 주식 투자는 많이 해도 채권 투자는 잘 하지 않는다. 채권을 사서 돈을 벌었다는 사람들은 거의 없다. 과거 전두환 정권 시절 무기명 증권, 즉 무기명 CD를 수백 억, 수천 억 샀다는 말이 시중에 떠돌곤 했었는데, 사실 여부는 확인할 수 없지만 무기명 채권은 채권 보유자가 누구이건 돈을 받을 수 있는 권리를 보장한다.

가장 은닉하기 좋으면서 상속세 부담 없이 자식에게 물려줄 수 있는 가장 좋은 방법이라 이런 무기명 채권이나 CD가 상속 수단으로 많이 활용되면서 국민들의 많은 불신을 불러일으켰다.

금융을 사람의 인체에 비유하면 피에 비유할 수 있다. 사람에게 10~20% 이상의 피가 부족하면 사망하게 되듯, 기업들에게도 자금이 필요한 시점에 필요한 만큼의 지원을 받는 일이 매우 중요하다. 사람은 동맥경화로 죽지만, 기업은 '돈맥경화'로 죽는다는 말이 있다. 기업들에게 금융은 피와 같아 금융이 막히면 기업도 망한다.

SK의 위기

주주는 주식회사 경영에 참가할 수 있다. 하지만, 채권 소유자는 경영에 참가할 수 없다. 2002년 외국의 헤지펀드가 미국 기업에 SK에너지의 모기업인 SK를 적대적 M&A를 시도했었다. 그 당시에 SK 주가는 1만 원이었는데, 2021년 현재 SK그룹 주가는 25만 원에 이른다.

SK 계열 증권사인 SKS가 파생상품에 투자했는데 해당 투자가 잘못돼 수조 원의 빚을 지고 SK네트웍스의 분식회계가 불거지며 SK그룹이 어렵다는 설이 돌았다. 그때 SK 지분의 15~20% 가량을 매수해 적대적 M&A에 나섰던 헤지펀드가 SK에 경영권 참가를 요구하며 SK그룹에 이사를 파견했고 SK는 이를 받아들여야 했다. 그들은 SK 주식에서 엄청나게 많은 돈을 벌고 나갔다. 이른바 먹튀 논란이다. 그들이 다음 목표로 삼았던 기업이 KT&G였다. KT&G는 과거 한국담배인삼공사로 우리나라의 담배와 인삼을 독점하고 있는 회사이니 외국 헤지펀드로서는 매우 좋은 먹잇감이었다. 절대로 망하지 않는 기업이기 때문이다.

결과적으로 KT&G 주가도 폭등했다. 적대적 M&A에 나서기 시작하면 주가가 먼저 뛴다. 그 후 적대적 M&A를 요구하는 주체는 경영 참가 요구를 펼친다. 이 과정에서 이사를 파견하여 경영에 간섭하거나 보다 많은 배당 요구가 이어지는 것이다.

주식은 회사가 망하지 않는 한 영구적으로 보유할 수 있다. 반면 채권은 일반적으로 연 단위 기한부이다. 채권은 원금 상환의 의무를 지지만 주식은 그러한 의무가 없다.

채권의 분류

채권은 만기와 발행 주체에 따라 다음과 같이 분류된다.

> **기간별 1.**
> 단기채: 1년 미만
> 2. 중기채: 1~5년 사이
> 3. 장기채: 5년 이상
>
> **발행 주체별**
> 1. 국공채: 국채, 지방채, 특수채, 금융채
> 2. 사채: 회사채

국채에는 국고채, 국민주택채권 등이 있고, 원화/외화 표시된 외평채가 있다. 외평채는 달러와 원화의 수급을 조절하는 외환 평형기금을 위해 발행한다. 국공채의 종류에는 재정채권과 지방채가 있다. 서울시나 성남시 같은 지방정부가 발행하는 채권이 지방채이다. 수자원공사, 인천공항, 가스공사 등과 같은 특수 기관이 발행하는 채권이 특수채이다. 이밖에도 금융채, 통화안정채권, 산업금융채권 등이 있다.

회사채는 국공채와는 구별되는 사채(社債)인데, 우리가 일상에서 개인적으로 빌려 쓰는 사채(私債)와는 다른 개념이므로 구분해야 한다. 사채(社債)는 기업이 자금을 조달하기 위해 발행하는 채권이다.

한편, 이자 지급 방식에 따라 채권은 다음과 같이 분류된다.

> **이자 지급 방법에 따른 채권의 분류**
> 1. 무표이채

2. 이표채

3. 복리채

4. 영구채

이표채(coupon bearing bond)는 이자를 일정 기간마다 지급하며 만기에 원금을 상환하는 채권이다. 3년 이하 국고채가 이표채에 속하고 우리나라 대부분의 회사채가 이표채에 속한다.

무이표채(zero coupon bond)는 만기일까지의 선이자를 할인해 발행하는 채권이다. 예컨대 액면가 1만 원짜리 채권을 9천원에 할인하여 발행는 것이다. 복리채는 복리를 계속 투자하는 것으로 이자에 다시 이자가 붙는다. 영구채(consol bond, 혹은 perpetual bond)는 원금을 상환하지 않고 일정한 쿠폰 이자만을 영구히 지급하는 채권으로 프리티시 콘솔(영국) TVA 공채(미국) 하이브리드채권(한국) 등이 있다. 초대형 프로젝트를 위해 국가 간 장기 자금 조달을 위해 발행하는 것이 영구채이다. 일정률의 이자를 지급하지만 상환 기간이 없고 발행 주체의 해산이나 채무 불이행 등 특수한 경우 상환되지 않으므로 불상환 채권라고도 한다.

지급 이자의 변동성에 따라 채권은 다음과 같이 분류한다.

지급 이자의 변동성에 따른 채권의 분류

1. 고정 금리부 채권

2. 변동 금리부 채권

고정 금리부 채권은 이자율이 고정된 채권이고, 변동 금리부 채권은 이자율이 변동한다. 대부분의 국공채와 확정부 회사채는 고정 금리부 채권에 해당하며, 변동 금리부 채권은 시중 금리에 연동되어 이자가 재조정된다.

채권자의 권리에 따른 채권의 분류는 다음과 같다.

> **사채권자의 권리에 따른 채권의 분류**
>
> 1. 무이표채
>
> 2. 신주 인수권부 사채(BW, Bond with Warrant): 미리 정해진 가격에 신주를 살 수 있는 권리가 있는 사채
>
> 3. 이익 참가부 사채(PB, Participating Bond): 발행사의 이익이 일정 이상일 경우 확정이자 외의 추가 이익에 참가할 수 있는 사채
>
> 4. 전환 사채(convertible bond): 일정 기간 경과 후 만기 3개월 전에 발행사의 주식으로 전환 가능한 사채
>
> 5. 교환 사채(Exchangeable Bond): 일정 시점에 발행사가 보유하는 타사 주식과 교환할 수 있는 사채

회사채의 분류

담보와 보증의 유무에 따라 회사채는 담보부 사채, 보증 사채, 일반 사채로 나뉜다. 담보부 사채(mortgage bond)는 신탁법에 의해 신탁회사에 위탁된 물건 담보가 붙은 사채이다. 보증사채(guaranteed

03 채권의 분류

발행주체별 분류

- **국채**: 국고채, 국민주택채권, 외평채(원화/외화표시), 재정채권 등
- **지방채**: 도시철도채권, 도로공채, 상수도공채, 지역개발채권 등
- **특수채**: 토지개발채권, 기술개발채권, 전력공사채권, 가스공사채권, 전기통신공사채권, 수자원공사채권, 신항공건설공단채권 등
- **금융채**: 통안채, 산업금융채권, 장기신용채권, 중소기업금융채권, 주택금융채권, 원화표시외국환금융채권 등
- **회사채**: 각 회사별 채권

bond) 제3자가 이자 지불과 원금 상환을 보증(guaranteed)하는 사채이다. 국가나 지방자치단체가 보증하는 채권은 훨씬 안전하다. 일반 사채 혹은 부보증 사채는 담보나 보증 없이 발행된 사채를 의미한다. 제1금융은 은행, 제2금융은 새마을금고나 신용금고을 의미하고 사금융은 사채업자나 사업자등록을 한 사채업자를 의미한다. 사채(私債)는 개인, 대부업, 일수 등에서 돈을 빌리는 것을 의미한다. 이런 사채는 가능한 한 이용해선 안 된다. 신용 등급이 낮아 제1, 2금융에서 더 이상 돈을 빌릴 수 없는 경우 마지막으로 이용하는 게 사채이다

> 은행 대출 금리= 기준 금리(0.5%)+ 가산 금리(3%)=3.5%

지급 이자율은 기준 금리에 가산 금리를 더한 것이다. 가산 금리는 은행의 이익을 남기기 위해 붙이는 자체 금리인데, 보통 3% 정도이다. 따라서 가산 금리는 은행 마진이라 생각할 수 있다. 일반적으로 기준 금리를 LIBOR 금리, 혹은 TB라 한다. 기준 금리에 가산 금리 3%를 더한 선에서 지급 금리가 결정된다.

기아자동차 전환 사채 10배 폭등

2009년 1월에 기아자동차가 전환 사채를 발행했다. 기아자동차의 2025년 주가는 17만 원인데, 2009년 1월에 6,000원에 전환 사채를 발행했던 것이다. 이 당시 기아자동차 전환 사채를 산 사람은 떼돈을 벌었다. 우량 기업의 전환 사채는 투자 가치가 높다.

꼭 주식이나 채권에만 투자할 게 아니라, 이런 우량 기업의 전환 사채에 투자하는 것도 매우 괜찮은 방법이다. 기아자동차는 현대기아그룹 계열로 최근 들어 K5, K7 등 K 시리즈 신차를 출시하여 인기를 얻고 있다.

채권의 만기수익률 계산

채권 투자에 따른 3가지 이익 범주

1. 표면 이자(coupon income)

2. 표면 이자의 재투자(interest-on-interest),

3. 시세 차익(capital gains)

채권은 잔존 기간, 만기 수익률, 원리금 상환 기간이 정해진 기한부 증권이다. 채권 소유로부터 얻는 미래 소득의 현재 가치를 유통 가격과 일치시키는 할인율이 만기 수익률이다. 앞서 살펴봤듯 주식 역시 미래 현금 흐름을 현재 가치화한 것이다. 미래 소득의 현재 가치를 유통 가격과 일치시키는 방식이 할인율이다. 주식 투자에 있어 이러한 미래 가치 판단이 중요한데, 미래에 어떤 기업이 더 나아질까, 미래에 어떤 기업이 우리나라 경제를 이끌어갈 수 있을지를 생각해야 하는 것이다. 예컨대 LG화학, 삼성전자 같은 기업이 앞으로 미래에 더 많은 돈을 벌어들일 것이고, 현금흐름은 점점 더 좋아질 것이다. 중요한 것은 앞으로 미래에 어떤 회사가 유망업종이냐 하는 것이다.

애플과 창의성 교육

미국에서 대표적 투자 유망업종으로 스티브 잡스가 이끌었던 애플사를 들 수 있다. 애플을 창업한 스티브 잡스는 매우 특이한 사람이다. 건강이 안 좋아 장기 이식을 했는가 하며, 부모가 입양을 했었고, 애플사를 만들었지만 도중에[주주들에 의해 밀려난 경험도 있다. 잡스는 애플의 경영진에서 밀려난 동안 인도 기행을 했었다. 인도 기행 동안 여행뿐 아니라 많은 사상적 연구를 하였다. 그 후 다시 미국으로 돌아와 콘텐츠 시장, 음악시장의 가능성을 보고서 iTunes라는 콘텐츠 시장을 만들고, M&A를 거쳐 다시 애플사 회장으로 복귀했다.

잡스는 이제 전 세계 사람들이 아는 것처럼 기발한 아이디어와 디자인으로 제품들을 만들어냈다. 스티브 잡스를 일컬어 가장 창의적 사고의 창의적 사람이라 한다. 미국 교육 방식의 핵심은 창의성(Creative) 키우기에 있다. 창의성이 제일 중요한 교육 목표 의 하나이다. 우리나라에서 문제되고 있는 입시 위주의 암기식 교육은 개인의 창의성을 결코 키울 수 없다. 일반인들이 하지 못하는 상상을 하고, 그런 상상으로 새롭고 획기적인 제품을 만들어내는 바탕이 창의성이다. 그런 창의적 인재를 키워야 하고, 교육 시스템이 그러한 창의적 인재 육성 교육으로 변화되어야 한다.

미래 소득의 현재 가치

t년 후 미래 소득의 현재 가치는 E/(1+r)t로 계산된다. 국민주택 채권을 예로 들어 미래 소득의 현재 가치를 따져보자. 일반적으로 주택 구입 시 국민주택 1종 채권을 사면 등기 후 할인하여 현금화한다. 국민주택채권의 만기는 일반적으로 10년인데, 10년간 보유할 필요를 느끼지 않기 때문이다. 그래서 대부분의 경우 채권을 할인하여 현금화하는데, 이러한 할인을 discount라고 한다.

$$\text{미래소득의 현재가치} = \frac{E}{(1+r)^t}$$

미래 = t년 후(기본 단위는 1년)

미래 소득 = E

(연)수익율 = r

채권의 기간 구조

채권의 기간 구조는 일정 시점에서 채권의 다른 조건(발행 조건, 위험 등)은 모두 동일하고 만기만 다른 채권들의 수익률과 만기의 관계 구조를 의미한다. 따라서 기간 구조를 만기 구조라고도 하며, 이 관계를 그림으로 나타낸 것이 수익률 곡선이다.

01 채권의 정의

시중금리와 채권가격 : 역관계

- 시중금리(실세금리)
  - 보통 3년 만기 국고채수익률, CD(91일) 유통수익률, 콜금리(1일) 등
- 예금금리
  - 일정 기간까지의 확정금리
- 시중금리
  - 매일매일 자금시장의 수요와 공급에 의하여 변동되는 금리

 채권의 수익률 곡선은 만기까지의 잔존 기간을 가로축에, 채권의 시장 수익률을 세로축에 대응시켜 잔존 기간과 수익률의 관계를 나타낸 것으로 상승형, 하강형, 수평형, 낙타형 네 가지 형태로 구분된다. 한편 채권 수익률 기간 구조를 설명하는 이론으로는 기대이론, 유동성 프리미엄 이론, 시장 분할 이론 등이 있는데, 이 세 가지 이론에 대한 실증적 검증은 많이 행해지고 있으나 아직까지 뚜렷한 결론이 드러나지는 않았다.

01 채권의 정의

시중금리와 채권가격 : 역관계

"시장에서 물건을 싸게 사려는 것은 기대수익을 극대화하려는 노력이다."

물건 = 채권

기대수익률 = 채권수익률

오일러 방정식을 이용해 100만 원 채권을 구입하여 만기까지 보유한다면, 연이율이 4.22%일 때 수익률은 e0.0422이다.

> **기간 구조에 대한 가설의 분류**
> 1. 순수 기대 가설
> 2. 유동성 프리미엄 가설
> 3. 시장 분할 가설
> 4. 사전 선호 기간 가설

유동성 프리미엄 가설에서는 만기가 길수록 채권 수익률이 높아지고, 순수 기대 가설에서는 금리 인하가 예상되면 수익률 곡선은 낮아진다.

〈트럼프의 주요 이슈별 공약 비교〉

구분	주요 공약
경제	- 불필요한 정부 지출 감축 - 물가 안정(석유 생산 확대로 유가 하락, 생산비 감소) - 대규모 감세 정책 : 2017년 트럼프 감세 연장, 상속세 비과세 강화, 개인소득세 감면 - 법인세율 21%에서 15% 인하 - 인프라 투자로 일자리 창출 - 재무부 · 백악관 금리 결정 권한 개입
무역/통상	- 양자협상, 무역 수지 균형 및 상호성(Reciprocity) 원칙 - 미국 우선주의, 보호무역 지향 - 불공정 무역 협상 철회 등 기존 무역 재협상 - 상호주의 관세, 일관적 10%~20% 보편 관세

채권의 신용 등급은 채권 발행자의 원금 상환/이자 지급 능력에 대한 평가를 등급화한 것으로 A, B, C, D 4등급으로 나뉜다. AAA부터 A까지는 투자 적격, B는 투자 부적격, D는 채무불이행 가능성을 의미한다. 신용도와 할인율, 채권 할인율을 기준으로 국민주택채권은 국채로서 가장 안전한 채권이다. 국가가 망하지 않는 한 대한민국 국채는 살아 있다. 그다음 금융 채권, 서울시 채권, 회사채 순서로 등급이 분류된다. 국채는 가장 안전한 채권이다.

우리나라의 신용 평가 기관은 한국신용평가(한신평)와 한국신용정보, 한국기술평가 세 곳이 있다. 세계 3대 신용 평가 기관은 Moody's와 S&P사, Fitch사이다. 이 세계 3대 평가 기관은 2025년 8월 기준으로 미국, 일본, 영국의 국채 신용 등급을 하향 조정하겠다고 발표했다.

이들 나라의 재정 건전성이 불안하고 심하고 국가 부채가 높은 미국과 일본 같은 나라들은 국채를 디스카운트하겠다는 경고성 발표였다. Moody's등 신용평가사들은 언제든 우리의 기획재정부를 방문하곤 하는데, 이는 우리나라의 재정 건전성을 조사하여 신용등급에 반영하기 위한 과정이다.

이럴 때마다 우리 정부는 대한민국 국채에 대한 평가와 국가 재정의 건전성에 대한 좋은 평가를 기대하는데, 결정적으로 우리나라가 미국 등 외국으로부터 돈을 빌려올 때의 기준이 이들 기관의 평가에 따라 달라지기 때문이다.

채권의 3특성

채권의 세 가지 특성은 환금성, 안정성, 수익성이다. 환금성은 언제나 현금화할 수 있으며 언제든 매매 거래가 가능함을 의미한다.

과거에는 아파트를 환금성이 제일 좋은 투자 대상으로 여겼지만 부동산 경기가 얼어붙어 매매가 잘 이루어지지 않으면서 환금성이 떨어졌다. 그런 면에서 주식은 환금성이 가장 낫다고 여길 수 있는데 3일 만에 돈을 찾을 수 있으므로 현금이나 마찬가지이다.

안정성은 절대 망하지 않는, 기대 수익률이 보상된 특성을 의미한다. 그만큼 안정적이라는 의미이다. 수익성은 채권 가격 변화에 따른 시세 차익으로 이익을 얻을 수 있음을 의미한다. 일반적으로 우리나라의 물가 상승률은 일 년에 3~5%정도이다.

그렇게 본다면 최소 5~8% 이상의 수익성은 유지되어야 할 것이다. 은행에 적금을 넣는 경우, 금리는 최대 5% 정도이다. 그러므로 물가 상승률을 뛰어넘는 최소 5% 이상의 수익을 거둬야 한다. 물가 상승률이 5%인데 채권 수익률이 5%라면 본전이다.

채권형 펀드로 시중 돈 몰린다
금리인하로 수익률 높아지자 2주새 9,491억 순유입

한경 2009-01-06

● 국내 채권형펀드 수익률 현황

펀드명	3개월	6개월	1년	2년
ABF Korea인덱스종류형채권CLASS A	8.10	10.35	12.34	14.15
삼성장기주택마련채권 1	7.44	9.51	11.60	12.15
교보악사Tomorrow장기우량채권K-1 ClassA	7.69	9.06	10.68	12.17
PCA스탠다드플러스채권-34ClassC-F	5.46	7.20	9.74	13.46
그랑프리국공채 1 C클래스	4.76	6.27	9.32	12.89
그랑프리국공채 1 A클래스	4.75	6.25	9.26	12.78
KB장기주택마련채권 1	7.14	8.78	8.90	11.50
푸르덴셜정통액티브채권 1B	4.45	5.57	8.85	13.51
Tops국공채중기채권 1	3.59	4.84	8.72	11.86
신한국공채장기채권SH-1	4.60	6.09	8.58	12.57
삼성우량채권종류형 1-C	4.08	5.39	8.13	11.78
안심국공채KM 1 B	3.59	4.94	7.83	12.76
한국퇴직연금국공채증권자 1	3.68	4.81	7.82	12.45
아이테일러채권 3C-1	2.38	3.76	7.73	14.25
국내채권형 유형평균(대상펀드수: 92개)	5.08	5.80	8.25	11.91

※자료:제로인

증시 활황기 '미운 오리새끼' 신세였던 채권형 펀드로 시중 자금이 급속하게 몰리고 있다. 기준 금리 하락으로 은행 정기예금과 머니마켓펀드(MMF) 금리가 내려간데다 경기 둔화 전망 속

에 채권 수익률이 호조를 보이면서 채권형 펀드의 수익률 역시 높아지고 있기 때문이다.

6일 자산운용협회에 따르면 채권형 펀드는 지난 2일까지 최근 2주간 무려 9,491억 원이 순유입됐다. 지난해 연간 총 11조 원 넘게 빠지고 지난해 11월에만 1조1,000억 원 이상 순유출된 점을 감안하면 불과 두 달 만에 정반대 현상이 벌어지고 있는 것이다.

채권형 펀드는 최근 수년간 금리 상승에 따른 수익률 부진으로 자금이 꾸준히 빠져나갔지만 최근 경기 부양을 위한 공격적 기준 금리 인하로 채권 투자 수익률이 개선되면서 주목받고 있다.

조중재 굿모닝신한증권 연구원은 "양도성예금증서(CD) 금리와 채권형 펀드 수익률이 다시 역전되고 있고 향후에도 정책 금리 인하가 지속돼 예금 금리의 추가 하락이 예상된다"며 채권형 펀드의 수익률은 한동안 상승폭을 키울 것으로 전망했다.

김휘곤 삼성증권 연구원은 "2004년 정책 금리 하락과 시장 지표 금리의 하락으로 채권형 펀드가 높은 성과를 달성했다는 점을 상기해볼 필요가 있다"며 "1년 이내 중·단기 전략으로 국공채 펀드를 활용하는 한편 장기적으로는 고금리 회사채 만기 매칭 전략을 구사하는 방안을 고려해볼 수 있을 것"이라고 조언했다.

그림을 보면 채권형 펀드에 몰린 돈은 조 단위이다. 이처럼 채권은 거래 규모가 크다.

1997년도 IMF 직후의 채권 수익률이 연 30%였고, 지금은 국채 수익률이 연 4.5%, 회사채는 연 8%이니 IMF 때 기업이 얼마나 어려웠는지 알 수 있다. 금리가 30%였으니 당시 돈 있던 사람들은 채권만 샀어도 연 30%의 수익을 보는 것이다. 지금은 은행 예금 이자가 4.5% 밖에 되지 않고 물가는 5% 오른다. 게다가 은행 예금 이자는 16.5%의 세금을 원천징수를 하여 지급한다.

채권은 주식과 다르게 굉장히 안정되고 튼튼하지만, 고금리의 수익을 남길 수 없다는 단점이 채권 투자의 가장 아쉬운 부분이다.

그림을 보면 채권형 펀드에 몰린 돈은 조 단위이다. 이처럼 채권은 거래 규모가 크다.

1997년도 IMF 직후의 채권 수익률이 연 30%였고, 지금은 국채 수익률이 연 4.5%, 회사채는 연 8%이니 IMF 때 기업이 얼마나 어려웠는지 알 수 있다. 금리가 30%였으니 당시 돈 있던 사람들은 채권만 샀어도 연 30%의 수익을 보는 것이다. 지금은 은행 예금 이자가 4.5% 밖에 되지 않고 물가는 5% 오른다. 게다가 은행 예금 이자는 16.5%의 세금을 원천징수를 하여 지급한다.

채권은 주식과 다르게 굉장히 안정되고 튼튼하지만, 고금리의 수익을 남길 수 없다는 단점이 채권 투자의 가장 아쉬운 부분이다.

그린스펀: 자산 90% 채권에 투자

그린스펀은 한때 미국 연방준비은행 총재를 역임했던 인물이다. 그는 주식에 투자하지 않고 자기 자산의 90%를 채권에 투자했다. 채권은 큰 일만 없다면 절대 손해볼 일이 없기 때문이다. 미국 국채는 이자율 0%로 이자가 없지만 사람들이 선호하는 이유는 절대로 망하지 않기 때문이다. 전 세계에서 가장 중요한 기축통화로 달러가 존재하는 한 절대로 미국은 망하지 않을 것이다. 그린스펀의 자서전을 읽어보면 항상 이러한 채권에 투자하여 돈을 벌었다고 한다.

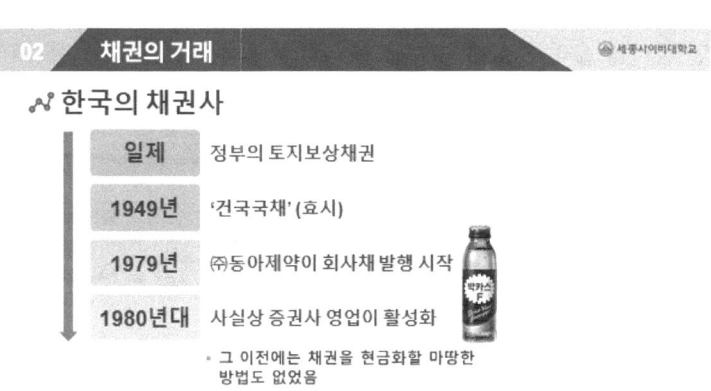

화폐전쟁- 쑹훙빈

최근 우리나라에서 인기가 있었던 책 중에 『화폐전쟁』이라는 책이 있었다. 2010년에 출간된 이 책의 저자는 중국인이다. 1968년도에 태어나 미국 유학 후 '프레디맥'이라는 모기지 투자사를 보며 이 책을 썼다고 한다.

책의 내용을 요약하면 다음과 같다. 거대 금융기관들이 금융 통화량을 늘리는데, 금융시장 통화량이 늘어나면 사람들이 아파트나 부동산을 많이 사면서 자산 가치가 상승한다. 자산가치가 급등하면 금리를 올려 통화량을 갑자기 흡수하게 되는데, 그러면 통화량이 급격히 하락하면서 부동산 가격이 똑같이 폭락한다는 것이다. 우리나라에서의 부동산 가격도 최고 30% 하락한 적이 있었다. 쑹훙빈은 거대 금융기관이나 기업들이 전 세계 금융시장을 모르고서는 절대로 세상을 읽을 수 없다고 얘기하며 '화폐전쟁'을 일으켜야 한다고 주장했다.

"淸나라 멸망 원인은 화폐 시스템 붕괴 때문"

한경 2011-07-21

청나라의 생사와 찻잎 가격은 1878년부터 출하 때만 되면 뚝뚝 떨어졌다. 희한하게도 시중 자금 경색 시기와 맞물렸다. 시중 자금 경색 배경에는 홍콩 상하이은행이 있었다. 당시 상하이의 상업 활동이 원활히 돌아가는 데는 300만 냥의 돈이 필요했다. 그런데 홍콩 상하이은행이 생사 출하기에 맞춰 자금을 회수하여 시중 자금이 100만 냥을 밑돌도록 한 것이다. 돈이 없는 상인들은 구매력을 잃었고 재배 농가는 헐값으로 생사와 찻잎을 팔 수밖에 없었다. 홍콩 상하이은행의 지원을 받았던 외국 기업인 양행들은 이 틈에 생사와 찻잎을 매점해 폭리를 취하며 중국의 부를 빨아들였다. 홍콩 상하이은행은 영국 식민지 양행들의 중앙은행 격이었다.

쑹훙빙의 『화폐전쟁』시리즈 세 번째 책인 『화폐전쟁3』에 나오는 내용이다. 인류 사회에서 가장 중요한 권력은 화폐 발행권이란 저자의 생각을 함축해 읽을 수 있는 사례다. 저자는 이 책을 통해 지난 100년간 아시아 지역의 화폐 변화와 국가의 흥망성쇠를 들여다본다. 미국의 화폐 역사를 분석한 1편과 유럽 금융의 변화 과정을 회고한 2편과 다른 점이다.

[대한경제 기고문]
IMF 외환위기에 선제적으로 대비하자

김대종 세종대 경영학부 교수

한국은 한미 통화 스와프 만기와 미국의 달러 환수에 대비하여 외환 보유고를 두 배 증액해야 한다. 2020년 3월 코로나로 한국은 수출이 급감하면서 환율이 1,300원까지 상승했다. 한국은 외환위기를 예방하기 위해 현재 외환 보유고 4,500억 달러를 두 배인 9,000억 달러까지 늘려야 한다. 미국은 2020년 코로나 위기에 대응하기 위하여 기준금리를 0%로 낮추고 양적 완화라고 하는 달러 공급을 시작했다.

미국의 재정 확대와 달러 공급으로 6월 미국 재무부 10년물 채권 금리는 1.6%까지 상승했다. 미국은 코로나로 전 세계에 풀린 달러를 2022년 상반기부터 환수할 예정이다. 이것을 테이퍼링(Tapering)이라고 한다. 달러를 환수하기 시작하면 한국을 비롯한 신흥국들은 달러 부족을 겪게 된다. 정부가 철저히 대비하지 않으면 외환위기가 다시 온다. 현재 한국의 단기 외채 비율은 약 30%로 매우 높은 수준이다.

1997년 IMF 외환위기도 단기 외채 비율이 올라가면서 발생했다. 아르헨티나는 2025년 6번째 IMF 구제 금융을 이미 받고 있다. 미국의 달러 환수 시 외환 부족 국가는 한국, 터키, 인도, 인도네시아, 브라질, 파키스탄, 이란, 그리고 남아공이다.

2025년 6월 24일 한국은행 총재는 하반기에 한국의 기준 금리를 0.5%에서 소폭 상승할 것을 예고했다. 한국은 미국이 기준 금리를 올리면 한국의 달러가 급속하게 유출되기에 선제적으로 올리겠다는 것이다. 이미 러시아, 터키, 브라질 등은 미국의 달러 환수에 대비하여 기준 금리를 올렸다. 6월 미국의 앨런 재무 부장관은 인플레이션이 3%넘게 올라가자, 달러 통화 환수를 조기에 시행하겠다고 얘기했다. 캐나다는 4월에 달러를 환수하는 테이퍼링을 이미 실시하고 있다.

2021년 12월 한미 통화 스와프가 만기다. 한국의 높은 단기 외채 비율, 65%의 세계 2위 무역 의존도, 신흥국 국가 부도 등 국제 금융시장의 불확실성이 증가하고 있다. 환율이 1,130원으로 안정되어 있는 지금이 외환 보유고를 두 배로 증액할 수 있는 좋은 시기이다.

적정 외환 보유고에 대한 이론은 네 가지가 있다.

첫째, IMF는 적정 외환 보유액을 3개월 치 경상 지급액으로 권한다. 한국의 1개월 경상지급액은 약 500억 달러이므로, 3개월 치는 1,500억 달러이다. 아르헨티나는 IMF 권고대로 3개월 치 경상 지급액을 652억 달러를 비축했지만 국가 부도를 맞았다. 둘째, IMF가 새로이 제안한 외환 보유고는 외국인 주식 자금 15% 등을 포함하여 약 6,810억 달러이다.

셋째, 그린스펀과 기도티는 〈3개월 경상지급액 + 유동외채(단기 외채의 100%와 1년 안에 만기가 돌아오는 장기채)〉를 외환 보유고로 제시했다. 기도티 기준 한국 적정 외환보유고는 4,500억 달러이다.

넷째, 2004년 국제결제은행(BIS)의 권고사항이다. BIS는 〈3개월 경상 지급액 + 유동외채 +외국인 주식 투자자금 1/3 + 거주자 외화 예금 잔액 + 현지 금융 잔액〉을 제시했다. 우리나라의 주식 시가 총액은 2,700조 원이다. 이 중 35%인 1,000조 원이 외국인 투자액이다. BIS가 권고하는 한국 적정 외환 보유고는 9,000억 달러이다. 한국의 외환 보유고는 BIS 권고액보다 두 배 부족하다. 한국 GDP 1.6조 달러 대비 외환 보유고 비중은 25%로 세계 최하위권이다.

1997년 아시아 외환위기 때 대만은 외환위기를 겪지 않았다. 그 이유는 대만은 GDP의 약 83%를 외환 보유고로 비축했기 때문이다. 국가별 GDP 대비 외환 보유고 비중을 보면 홍콩 124%, 스위스 120%, 대만 83%, 사우디아라비아 65%이다. 한국은행은 외환 보유고 세계 9위라고 국민을 안심시킨다. 그러나 부동산 가격이 안정되었다는 말처럼 절대로 정부를 믿어서는 안 된다. 우리나라는 세계 5위의 제조업 강국이다.

한국은 매년 경상수지 흑자가 발생할 때 1조 달러 이상 충분히 비축해야 한다. 국방과 마찬가지로 국제 금융시장에서 우리가 자력으로 경제를 지킬 수 있도록 대만처럼 외환 보유고를 충분히 쌓아야 한다. 1997년 IMF 위기 때 미국은 한국을 전혀 돕지 않았다. 1997년과 2008년 국제 금융위기를 두 번 겪고도 정부는 외환 보유고를 충분히 비축하지 않고 있다.

한국은행의 외환 보유고 구성을 보면 현금 5%와 유가 증권 95%이다. 위기 때 인출이 가능하도록 현금과 국채 중심으로 운용해야 한다. 투자 3대 원리는 안전성, 수익성, 환금성이다. 외환 보유고의 현금 비중을 30%로 올려야 한다. 또한 BIS 권고대로 외환 보유고를 9,000억 달러로 두 배 확대해야 한다. 정부는 국민이 IMF 외환위기를 두 번 다시 겪지 않도록 철저하게 대비해야 한다.

02 채권의 거래

주식과 채권의 차이

구분	주식	채권
발행자	주식회사	정부,지자체,특수법인,주식회사
조달자금성격	자기자본	타인자본
소유자권리	의결권, 배당금, 잔여재산분배	채권단 참여, 확정이자, 잔여재산분배
경영권	참가(株主)	비참가
존속기간	영구	기한부
원금상환	없음	만기상환

"환율 급등, IMF 외환위기, 테이퍼링 대비하자"

한국은행 기준금리 1.25%까지 올릴 것.

기사 입력 2021-08-27

표 1-1 ERP와 BCP 비교표

국가명	GDP (억달러)	외환보유액	외환보유액/GDP
스위스	7,480	10,846	145%
홍콩	3,470	4,916	142%
싱가포르	3,400	3,984	117%
대만	6,026	5,433	90%
사우디아라비아	7,698	4,459	58%
러시아	14,800	5,917	40%
한국	16,300	4,586	28%
인도	26,899	5,880	22%
브라질	19,093	3,565	19%

※출처: 세계은행, IMF 각국 중앙은행 홈페이지, 한국은행 (2021.7월 기준)

세종대학교(총장 배덕효)는 "김대종 경영학부 교수가 8월 26일 제주도에서 열린 한국무역학회에서 '포스트 코로나와 한국의 신 통상전략' 논문을 온라인으로 발표했다"고 밝혔다. 김 교수는 "2021년 하반기에 예정된 미국의 테이퍼링에 대비하여 12월 31일 만료되는 한미 통화 스와프 연장과 외환 보유고 9,300억 달러 확대가 필요하다"고 주장했다.

코로나 델타 변이에도 불구하고 미국은 물가가 5.4%로 상승하고, 고용이 크게 늘었다. 미국은 테이퍼링을 2021년 하반기에 실시하고, 내년부터는 기준 금리도 올릴 예정이다. 브라질 기준 금리는 5.5%이고, 터키는 19%이다. 한국도 미국의 달러 환수에 대비하여 26일 기준 금리를 0.25% 올렸다. 가계 부채 1,700조 원, 집값 급등, 물가 인상을 막기 위한 대책이다. 한국은행은 내년까지 코로나 이전 수준인 1.5%까지 기준 금리를 올릴 것이다.

환율도 1,176원으로 급등하면서 제2의 IMF 외환위기 우려가 증가하고 있다. 2008년에도 미국 테이퍼링으로 환율은 1,600원까지 상승했다.세종대학교(총장 배덕효)는 "김대종 경영학부 교수가 8월 26일 제주도에서 열린 한국무역학회에서 '포스트 코로나와 한국의 신 통상전략' 논문을 온라인으로 발표했다"고 밝혔다. 김 교수는 "2021년 하반기에 예정된 미국의 테이퍼링에 대비하여 12월 31일 만료되는 한미 통화 스와프 연장과 외환 보유고 9,300억 달러 확대가 필요하다"고 주장했다.

코로나 델타 변이에도 불구하고 미국은 물가가 5.4%로 상승하고, 고용이 크게 늘었다. 미국은 테이퍼링을 2021년 하반기에 실시하고, 내년부터는 기준 금리도 올릴 예정이다. 브라질 기준 금리는 5.5%이고, 터키는 19%이다. 한국도 미국의 달러 환수에 대비하여 26일 기준 금리를 0.25% 올렸다. 가계 부채 1,700조 원, 집값 급등, 물가 인상을 막기 위한 대책이다. 한국은행은 내년까지 코로나 이전 수준인 1.5%까지 기준 금리를 올릴 것이다.

환율도 1,176원으로 급등하면서 제2의 IMF 외환위기 우려가 증가하고 있다. 2008년에도 미국 테이퍼링으로 환율은 1,600원까지 상승했다.

〈적정 외환 보유고 이론〉

발표기관	내용	적정 외환보유액
IMF	3개월 경상지급액	1,500억 달러
IMF 신 제안	유동외채 30%+ 외국인주식자금 15%+ M2 5% + 상품수출 5% (100~150%)	6,810억 달러
기도티, 그린스펀	3개월 경상지급액+ 유동외채(3000억$)	4,500억 달러
BIS (국제결제은행)	3개월 경상지급액+ 유동외채+ 외국인주식 투자액1/3 + 거주자 외화예금(700억$)+ 현지 금융잔액	9,300억 달러

한국의 국제금융 현황도 심각하다. 한국의 단기 외채 비율은 약 30%로 높다. 아르헨티나는 6번째 IMF 구제 금융을 받고 있다. 2025년 환율이 급등하고 달러가 부족한 국가는 한국을 포함 터키, 인도, 인도네시아, 브라질, 그리고 남아공이다.

김 교수는 "한미 통화 스와프 만료, 한일 통화 스와프 거부, 단기 외채 비율 상승, 65%의 세계 2위 무역 의존도, 신흥국 국가 부도 등 국제 금융시장 불확실성이 증가하고 있다"고 말했다. 한국의 외환 보유고는 경제 규모에 비하여 매우 부족하다. 한국 GDP 1.6조 달러의 28%에 그친다. 외환 보유고/GDP 비중은 스위스 145%, 홍콩 140%, 싱가포르 117%, 대만90%, 사우디 아라비아 58%이다. 김 교수는 "한국을 포함하여 외환 보유고/GDP 비중이 30% 이하인 국가는 매우 위험하다. 환율 급등이 가장 좋은 신호이다"라고 지적했다.

일본은 한국이 요청한 한일 통화 스와프 체결을 거부했다. 강대국과는 실리 외교를 해야 한다. 국방처럼 국제 금융시장에서도 우리가 자력으로 경제를 지킬 수 있도록, 제1방어막인 외환 보

> 유고를 비축해야 한다.
> 한국은 IMF 위기와 2008년 국제 금융위기를 겪고도 대비하지 않았다. 김 교수는 "개인은 환율 상승에 대비하여 달러를 보유하기보다는 애플 등 미국 우량주를 매입하는 것이 좋다. 애플은 지난 20년 기준으로 1,200배 상승했다"고 말했다.
> BIS가 권고한 한국 외환 보유고는 9,300억 달러이다. 7월 기준 외환 보유고 4,586억 달러는 BIS 제안보다 4,000억 달러 부족하다.
> 김 교수는 "정부는 미국의 달러 회수와 기준 금리 인상에 선제적으로 대비해야 한다. 금년 말 만료되는 한미 통화 스와프를 연장하고, 외환 보유고를 확대해야 한다. 다시는 IMF 외환위기를 겪지 않도록 철저하게 대비하자"고 말했다.
>
> 한경닷컴 뉴스팀 newsinfo@hankyung.com

외환 보유고 2025년 4,100억 불

우리나라는 1997년도에 IMF를 겪었었는데, 1997년 그 당시 외환 보유고는 30억 불이었고, 2025년 4,100억 불이다. 대만은 외환 보유고가 4,500억 불이고, 중국은 홍콩을 포함하게 되면서 3조 달러를 넘어섰다.

외환 보유고 때문에 국가가 부도나는 이런 지경이 되어서는 절대로 안 된다는 것이다.

우리나라의 외환 보유고는 현재 4,000억 불인데, 우리나라 최고 엘리트들이 모여 있는 국제금융공사 KIC에서 2008~2009년도에 아주 엄청나게 큰 실수를 벌인 적이 있었다.

메릴린치라는 미국의 투자은행에 투자해 우리나라의 소중한 외환 보유고를 손해 본 것이다. 1억 불이 1,000억 원인데 수억 불을 투자했다. 모기지 사태가 나고 메릴린치 주식도 똑같이 급락했다.

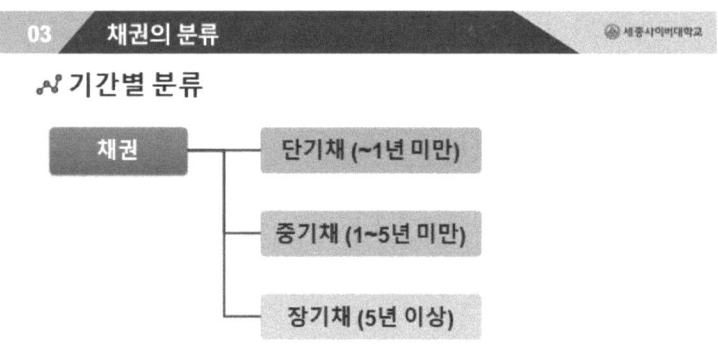

모기지 사태로 미국에서의 집값은 40~50% 하락했다. 뉴욕을 제외하고 LA 주변, 자동차의 본거지인 디트로이트 등 거의 대부분 부동산 가격이 폭락했다. 한편 자동차 시장의 1등이 포드, 2등이 GM, 3등이 크라이슬러였는데 자동차 시장의 폭락으로 크라이슬러는 아예 부도가 나 망했다. 미국의 가장 큰 산업 중 하나가 자동차 산업이다. 물론 미국 경제를 이끌어가는 산업은 무기를 생산하는 보잉사 등 군산 복합 업체가 가장 큰 산업이고, 그 다음이 자동차 산업이다. 자동차 산업은 전방 산업이라고 한다. 전방 산업은 자동차 산업처럼 한 산업이 다른 많은 산업을 이끌어내는 산업을 의미한다. 자동차는 수만 가지의 부품으로 이뤄지기 때문에 철강,

타이어, 화학, 전자 제품 등 수많은 관련 회사의 발전을 이끈다.

디트로이트는 크라이슬러가 자리한 자동차 도시였는데, 크라이슬러가 망하면서 이곳 집값은 80~90%까지 하락했다. 최근 들어 도요타가 다시 어려워지고 부정 리콜 등의 문제가 있으면서도 감추려하면서 더 문제가 되었던 일이 있었다.

〈한국의 對美 수출 상위 20위 품목〉

순위	품목	수출비중(%)	순위	품목	수출비중(%)
1	자동차	27.8	11	냉장고	1.8
2	자동차부품	7.0	12	기타기계류	1.7
3	석유제품	4.9	13	플라스틱 제품	1.7
4	반도체	4.3	14	컴퓨터	1.7
5	건전지 및 축전지	4.2	15	산업용 전기기기	1.6
6	전력용기기	2.3	16	철강관 및 철강선	1.4
7	건설광산기계	2.2	17	합성수지	1.3
8	원동기 및 펌프	2.0	18	철강판	1.2
9	무선통신기기	1.9	19	기타화학공업제품	1.2
10	정밀화학원료	1.8	20	기초유분	1.1

〈한국의 對中 수출 상위 20위 품목〉

순위	품목	수출비중(%)	순위	품목	수출비중(%)
1	반도체	29.0	11	비누 치약 및 화장품	2.2
2	합성수지	5.7	12	동제품	2.1
3	무선통신기기	5.6	13	플라스틱 제품	2.0
4	정밀화학원료	5.0	14	컴퓨터	1.6
5	석유화학중간원료	3.4	15	철강판	1.5
6	평판디스플레이센서	3.4	16	기구부품	1.5
7	기초유분	3.3	17	동광	1.2
8	석유제품	2.9	18	광학기기	1.2
9	반도체제조용장비	2.4	19	자동차부품	1.0

전 세계 금융 전쟁

채권을 배우면서 전 세계 금융 시장이 전쟁같이 치열하다는 것을 알고, 금융시장을 이해해야 산업에서 역할을 할 수가 있다는 것을 알아야 한다. 우리나라의 조선 산업이 아무리 발달했지만, 조선업으로 먹고 사는 나라들은 오히려 네덜란드, 벨기에, 룩셈부르크 같은 선박 금융업을 하는 회사들로, 이런 회사들이 돈을 더 많이 번다고 한다. 우리나라의 선박 제조 기술은 가장 뛰어나지만 선박 금융에 약해 더 많은 돈을 벌지 못한다. 우리나라도 금융시장을 허브화해야 한다.

중국, 일본, 미국을 연계한 중계지로서 동북아 금융 중심 국가를 만들겠다고 말하고는데 아직은 쉽지 않은 일이다. 영어를 배우고 영어를 자유자재로 해야 한다. 홍콩 같은 경우도 영어를 공용어로 사용하다 보니 금융시장이 그렇게 발전한 것이다.

03 채권의 분류

이자 지급 방법별 분류

- **영구채(Consol Bond, Perpetual Bond)**
  - 원금을 상환하지 않고 일정한 쿠폰이자만을 영구히 지급하는 채권
  - 브리티시 콘솔(영국), TVA 공채(미국), 하이브리드 채권(한국) 등
  - 주로 국가기관이나 대형 사업체에서 초대형 프로젝트를 위해 장기적인 자금 조달이 필요할 경우에 발행
  - 일정률의 이자 지급은 있으나 상환기간이 없고 발행회사의 해산이나 중요한 채무불이행 등의 특수한 경우 이외에는 상환되지 않으므로 '불상환사채'라고도 함

우리나라도 영어를 아주 잘하고, 금융시장에 인재가 많이 모여들어야 한다. 우리나라는 우수한 교육 인프라가 있고 우수한 인재가 많으므로 그렇게 전망이 나쁜 것은 아니다. 이 책은 금융시장을 이해할 수 있게 하자는 취지이다.

거창고등학교 직업선택 10계명

1. 월급이 적은 쪽을 택하라.

2. 내가 원하는 곳이 아니라 나를 필요로 하는 곳을 택하라.

3. 승진의 기회가 거의 없는 곳을 택하라.

4. 모든 조건이 갖추어진 곳을 피하고 처음부터 시작해야 하는 황무지를 택하라.

5. 앞을 다투어 모여드는 곳을 절대 가지 마라. 아무도 가지 않는 곳을 가라.

6. 장래성이 없다고 생각되는 곳으로 가라.

7. 사회적 존경을 바랄 수 없는 곳으로 가라.

8. 한가운데가 아니라 가장자리로 가라.

9. 부모나 아내가 결사반대를 하는 곳이면 틀림없다. 의심치 말고 가라.

10. 왕관이 아니라 단두대가 기다리고 있는 곳으로 가라

05
선물이란?

- 선물이란?
- 밭떼기
- 선물(先物, Future)의 정의
- 만기 보유 전략
- 예약 증서의 가치 변화
- 선물 거래의 목적
- 선물의 특징
- 청산(liquidation) 방법
- 선물 거래 절차
- 선물 계약의 특징
- 신규 매수/매도,
- 반대 매매 (전매/환매)
- 선물의 다른 특징

- 선도와 선물의 차이
- 선물의 역사
- 선물·거래개시와 정산
- 거래 동기별 선물 거래의 유형
- 햇징(hedging)이란?
- 투기 거래란?
- 프로그램 매매
- 베이시스(Basis)
- 스프레이드 거래란?
- KOSPI200
- KOSPI200 지수 선물
- 파생 금융 상품

선물이란?

선물이란?

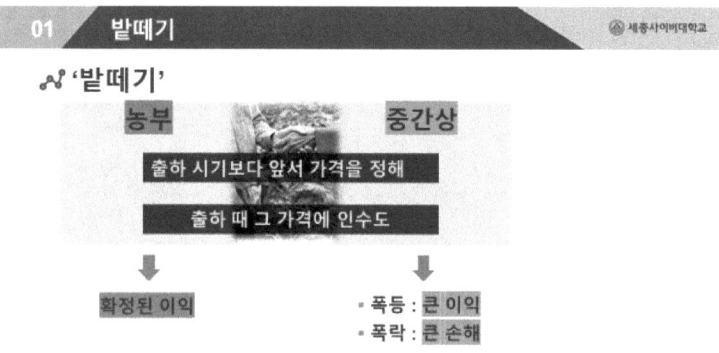

주가지수 선물[Stock Index Futures]

선물 거래 중 증권 시장에서 매매되는 전체 또는 일부 주식의 가격 수준인 주가지수를 매매 대상으로 하는 것을 선물이라고 한다. 즉, 주가지수 선물 거래는 미래의 주식 가격을 예측하여 일정한 날에 매매를 행할 것을 정해두는 것이다. 보통 3개월 또는 6개월 후의 주가지수를 예상하여 그 주가지수를 사고파는 거래를 말한다. 우리나라는 1996년 5월에 주가지수 선물시장이 개설되었다. 주가지수 선물 거래의 대상이 되는 지수는 증권거래소가 선정한 KOSPI 200 지수가 사용된다.

선물 거래는 미래에 발생할 수 있는 가격 변동의 위험을 회피(Hedging)할 수 있다는 것이 가장 큰 특징이며, 또 미래의 주가를 예측할 수 있는 기준이 된다. 주가지수 선물 거래는 개인이나 기업, 기관 투자가 누구나 할 수 있다. 3,000만 원의 개시 증거금을 증권사에 예치하면 원하는 종목의 주가지수 선물을 사고 팔 수 있고, 투신사를 통해 간접 투자할 수도 있다.

01 밭떼기

밭떼기의 손익

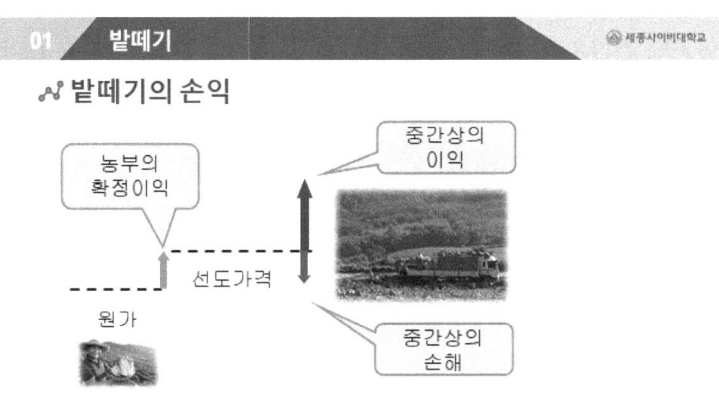

· 거래 대상 지수: KOSPI 200 지수,

· 결제 기일: 3, 6, 9, 12월의 제2목요일,

· 1계약의 크기: 1point = 500,000원,

· 호가 단위: 0.05 point,

· 가격 제한폭: 10%,

· 포인트당 가격: KOSPI 200을 50만 배 한 금액이 선물 1계약(주식 1매에 해당)의 가격이다. 즉, 현재 KOSPI 200이 105라고 하면 105×50만=5,250만 원이 된다.

선물은 선물 거래, 코스피200 주가지수의 순서로 구성되어 있다. 선물의 특징은 주식과 비교하는 표를 통해서 쉽게 알 수 있다.

주식은 팔았을 때만 돈으로 회수할 수 있기에 주가가 올라야만 돈을 벌 수 있다. 하지만 선물은 가격이 하락하더라도 매도를 통해 돈을 벌 수 있다. 즉 주식은 주식을 통해서만 돈을 벌지만 하락장에선 손해를 보게 된다. 선물은 사고파는 것을 통해 돈을 벌 수도 있기에 하락장에서도 돈을 벌수 있다는 차이가 있다. 선물에 대해서 자세히 알아보도록 하자.

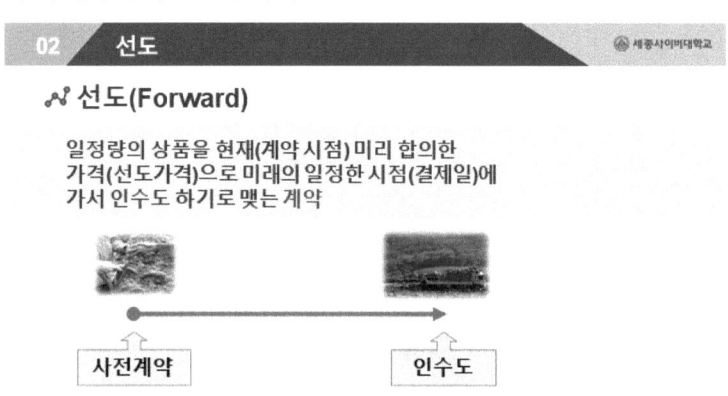

밭떼기

밭떼기는 과거 김장 배추 중간 상인이 사용했던 용어로 중간 상인이 출하 시기보다 앞선 여름이나 봄에 농부가 정한 가격에 배추를 계약하는 것이다. 배추 가격의 향후 변동을 모르는 상황에서 현재 시중 가격으로 거래함으로써 농부는 자신이 원하는 만큼의 안정적인 이익을 받을 수 있다. 중간 상인은 배추 가격의 폭등과 폭락에 따라 큰 이익이나 큰 손해를 보게 된다. 이러한 거래 방식은 중간 상인들이 폭등을 활용해 큰 이익을 볼 수 있으므로 나쁜 의미를 지니기도 한다. 그러나 농부의 입장에서는 안정 가격을 보장함으로써 손해를 피할 수 있다는 긍정적 의미도 갖는다.

이러한 밭떼기 거래를 일종의 선물 거래로 이해할 수 있다. 밭떼기 거래를 예로 들어 손익을 살펴보자. 원가가 1,000원인 배추를 농부가 2,000원에 팔면 농부는 1,000원의 확정 이익을 얻게 된다. 2,000원에 배추를 매입한 중간 상인은 출하 시기 배추 값이 5,000원으로 상승하면 3,000원의 이익을, 배추 값이 1,000원으로 하락하면 1,000원의 손해를 보게 된다. 현재는 거의 모든 작물이 이와 같은 방식의 거래가 이루어지므로 이런 상황은 흔히 볼 수 있다.

03 선물의 정의

선물(先物, Future)

일정량의 상품을, 미리 정한 가격(인도가격)으로, 조직화된 거래소에서, 표준화된 인수도 조건으로, 미래의 일정 시점(결제일)에 가서 매수/매도하기로 약속하는 사전 계약(증서)

"배추 값이 미쳤는갑소…김장철에도 5,000원 넘을 것"

한경

최대 재배 단지 해남 가보니

10월 중순 지나야 물량공백 해소

파종 늦어 추위 빨리 오면 큰일…김장 12월 말로 늦추면 저렴

"다음 달 돼야 출하" 김장 배추 최대 주산지인 전남 해남에서 배추 농사를 짓고 있는 최재문씨가 배추를 살펴보고 있다. 그는 "올해 산지 배추 값이 작년의 3배 수준으로 뛸 것"이라고 말했다.
/해남=최성국 기자 skchoi@hankyung.com

"미쳤는 갑소. 올해처럼 배추값이 뛴 건 난생 처음이요."

전남 해남에서 김장 배추 농사를 짓고 있는 최재문씨(53, 해남군 화원면 마산리)는 배추 값이 급등한 데 대해 이렇게 말했다. 배추 값이 치솟으면서 김장·월동 배추의 밭떼기 가격도 작년보다 3배 넘게 급등하고 있다고 그는 전했다.

해남의 작황은 나쁘지 않다. 파종도 지난달 중순 정상적으로 이뤄져 오는 11월 말부터 출하될 예정이다. 해남 화원농협의 박대도 구매팀장은 "현재 날씨가 썩 좋지는 않지만 배추 키우기에 나쁘진 않다"며 "앞으로 날씨가 좋으면 작황은 괜찮을 것"이라고 설명했다.

배추 값이 오르면서 10월 말 출하 예정으로 한창 밭에서 자라고 있는 배추 가격도 급등하고 있다. 해남은 물론 충남·전북 지역의 김장 배추 밭떼기 가격도 1,000평당 1,200만~1,300만 원 수준이다. 이 배추가 소비자에게 팔릴 때는 산지유통인과 도매시장, 중도매인, 소매상 등 통상 4단계를 거치며 작업비, 물류비, 마진 등이 포함돼 5,000원 선에 팔릴 것이란 관측도 나온다. 충남 서산의 운산농협 판매계 이재형 대리는 "밭떼기 가격이 지난해의 3배 수준으로 올랐다"며 "수확 물량도 더 줄 것 같고 물류비 등을 감안하면 서울에선 포기당 5,000원 정도에 팔릴 것"으로 내다봤다.

밭떼기 물량은 전국 소비량의 대부분을 차지한다. 농수산물유통공사 관계자는 "전국 배추의 70~80%가 산지 유통인이 밭떼기 거래를 통해 도매시장 등으로 넘어가고 20%가량은 생산자 단체를 통해 대형 유통업체와 대량 수요처 등에 판매된다"고 설명했다.

김장 배추의 출하량을 아직 예단하기는 이르다. 충남 지역의 가을배추 파종은 잦은 비로 예년보다 열흘가량 늦춰져 지난달 중순 마감됐다. 운산농협의 이 대리는 "파종이 늦은 만큼 추위가 좀 늦게 와야 작황이 좋을 텐데 지난달 말부터 갑자기 날씨가 쌀쌀해지고 있어 작황이 악화될 수 있다"고 우려했다.

농협 하나로클럽 서울 양재점의 배추 한 포기 가격은 지난달 하순 1만3,600원까지 치솟았다가 현재 7,700원으로 떨어졌지만 여전히 높은 수준이다.

최근 배추 값 급등세는 7월 말~10월 중순까지 배추 공급을 담당해온 강원도 지역(고랭지·준고랭지)이 잦은 비 등 이상기후로 피해를 입은 데 따른 것이다. 매년 9월 하순까지 출하해온 고랭지 배추는 작황 부진으로 추석 전에 조기 출하됐고, 예년이면 지난달 중순부터 출하돼야 할 준고랭지 배추는 열흘~보름 정도 출하가 늦춰져 시장에 물량 공백이 생겼다.

이런 물량 공백은 충남,전북의 가을배추(김장배추)와 전남 해남의 겨울배추(월동배추)가 나와야 해소될 수 있다는 지적이다. 농협은 이달 중순부터 강원도 준고랭지 배추와 충남,전북의 가을배추가 함께 출하되면 가격이 다소 안정될 것으로 관측했다. 강호성 농협중앙회 채소팀장은 "겨울배추 작황은 향후 날씨에 달렸다"며 "현재 김장철을 지나 나오는 물량은 상당할 것으로 집계되는 만큼 김장철에 배추 값이 오를 경우 김장 시기를 12월 말로 늦추면 좀 더 싸게 살 수 있을 것이다"라고 말했다.

밭떼기는 선물 거래 과정에서 선도 거래로 불린다. 선도 거래는 일정량의 상품을 현재(계약시점)에 합의한 가격(선도 가격)으로 미래의 일정한 시점(결제일)에 가서 인수도하기로 맺는 계약을 뜻한다. 배추의 경우 이 과정이 보여주는 것처럼 5월에 미리 인수 계약을 하고 배추가 나오는 10월에 실재로 인수하게 되는 것이다.

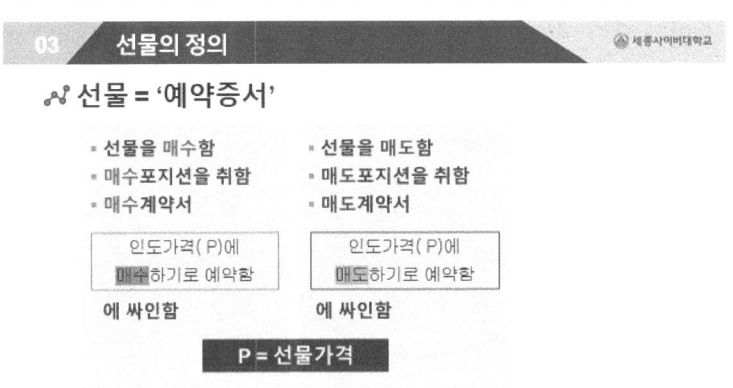

선물(先物, Future)의 정의

선물은 일정량의 상품을, 미리 정한 가격(인도가격)으로 조직화된 거래소에서, 표준화된 인수도 조건으로, 미래의 일정 시점(결제일)에 매수/매도하기로 약속하는 사전 계약(증서)을 뜻한다. 선물은 현재 위와 같은 과정을 통해 주식시장에서 거래가 이뤄지고 있다. 선물 계약은 선도 계약이 표준화, 조직화된 것으로 파악할 수 있다. 배추와 같이 표준화가 불가능한 상품은 선도 계약으로만 거래되며 금과 달러처럼 표준화가 가능한 상품들은 선물 거래가 가능하다고 생각하면 이해가 쉽다.

선물은 예약 증서라고 부르기도 한다. 선물을 매수할 경우 매수 포지션을 취하게 되며 매수 계약서에 사인한다. 선물을 매도할 경우 매도 포지션을 취하는 것이며 매도 계약서를 작성하게 된다. 선물은 이와 같이 매도와 매수가 가능하다.

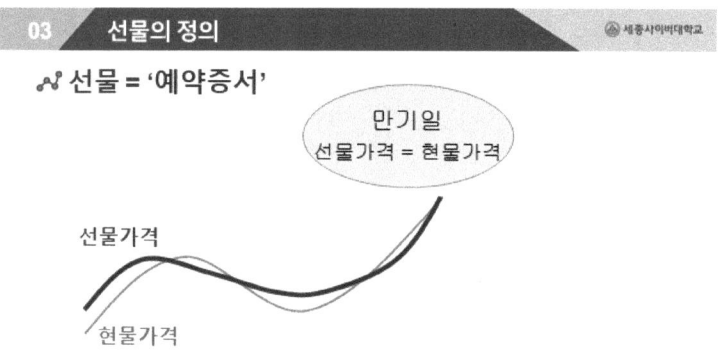

주가지수 선물

금융 분야에 있어서, 주가지수 선물은 파생 상품 중 하나로 장래의 주가지수를 대상으로 한다. 주가지수를 대상으로 하는 선물 거래는 주가지수를 직접 인수도할 수 없기 때문에 주가지수에 상당하는 현금의 차액을 주고받는다. 주가지수 구성 종목, 즉 주식을 인수도하는 방법으로 거래를 종결한다. 통상 주식시장의 증거금보다 선물시장의 증거금 비율이 크게 낮아 투기적 성향이 강하다.

역사

1980년대 미국 캔자스 상품거래소에서 Value-Line 지수를 대상으로 하는 상품을 시작으로, 같은 해 시카고 상품거래소에 S&P500지수 선물이 상장되어 본격적으로 거래가 시작되었다.

07 선물거래의 목적

위험 회피
- 상품의 가격변동에 의해 입을 수도 있는 큰 손실을 예방

시세 차익
- 상품 인도를 하지 않은 상태에서 되팔거나(전매도) 되사들여(환매수) 매매 차액을 획득

거래 참여자

주가지수 선물은 개별 주식이 아니라 주식시장 자체를 거래한다고 할 수 있다. 따라서 법적으로 수많은 종목을 편입해야만 하는 기관 투자자들이 전체 시장의 흐름에 따라 포트폴리오 가치가 변동할 수 있어 위험 회피 거래를 주로 행한다.

한편 투기 거래자들은 개별 기업보다는 거시 경제에 영향을 받기 때문에 주가지수의 방향 예측이 쉽다고 판단하여 주가지수 선물 거래를 하는 경향이 있다. 주가지수 선물도 현물과 선물의 가격차(베이시스)가 존재하므로 이 차이를 이익으로 확보하려는 차익 거래자들이 존재한다. 다만, 주가지수 자체를 현물로 보유할 수는 없으므로 주식 포트폴리오를 현물로 설정하게 된다. 그런데 이는 주가지수를 정확하게 추정할 수 없을 가능성(추적 오차)이 많으므로 상대적으로 다른 상품들보다 차익 거래에 참여하는 기관 투자자의 비중을 높이는 요인으로 지적되고 있다.

한국에서는 만기일 현물지수(코스피200지수, 스타지수)의 종가로 거래를 청산할 뿐이라 차익 거래 시 추적 오차만 관리하면 된다. 한국 주식시장에서 프로그램 매매의 영향력이 날이 갈수록 커지는 것은 이런 이유도 있는 것으로 지적되고 있다.

증거금

주가지수 선물 거래도 다른 선물 거래와 마찬가지로 증거금을 징수한다. 전 세계에서 개시 증거금은 계약 금액(선물지수×포인트당 가격×수량)의 3%에서 15% 수준이다. 또 유지 증거금은 개시 증거금의 3분의 2 수준이다.

거래 중단 제도

많은 주식 시장에 서킷브레이커 제도가 있으므로 주가지수 선물시장 역시 서킷브레이커 제도가 존재한다. 현물 시장에 서킷브레이커가 발동되어 거래가 중단되면 주가지수 선물시장도 거래를 중단한다. 그리고 주가지수 선물시장의 독자적 서킷브레이커 제도를 채택하는 경우도 있다. 한편 한국의 주가지수 선물시장에서는 현물 지수가 10% 이상 상승하거나 하락한 수준이 1분간 지속될 때 선물시장 거래를 5분간 중단한다.

10 증거금(Margin)

위탁증거금(투자자 → 중개회사)

- 개시증거금(Initial Margin)
  - 주문체결 위한 계약금의 일정율
  - 현금 + 유가증권으로 예치
- 유지증거금(Maintenance Margin)
  - 일일정산에 의한 손실발생 대비 유지해야 할 최소금액
  - 마진콜 → 현금으로 추가 적립(변동증거금)
    - 예 : KOSPI200지수선물(15%,10%), USD선물(3%,2%)

매매증거금(중개회사 → 청산소)

또 전일 거래량이 가장 많은 종목(일반적으로 최근월물이다)이 10% 이상 급등락한 상태가 1분간 지속될 때 해당 종목은 10분 동안 거래가 중단된다. 또 프로그램 매매의 영향력이 너무 커 전일 거래량이 가장 많았던 종목이 코스피200선물 5%, 스타 선물 6% 이상 급등락한 상태가 1분간 지속되거나, 이론 가격과 현재 가격이 3% 이상 차이가 나면 사이드카가 발동되고 1분간 프로그램 매매가 정지된다.

가격 변동

가격폭 제한은 현물 주식시장에 가격폭 제한이 존재하는지에 따라 선물시장 존재 여부가 결정된다.

미 석유 선물 값 폭락…투자자 '패닉'
널뛰는 원자재 값

원자재 가격 변동이 심상치 않다. 최근 원유를 비롯해 금과 은 등 귀금속의 상품 가격이 급등락을 거듭하며 하락세를 그리고 있다. 지난 5월 6일 뉴욕상업거래소(NYMEX)에서 서부 텍사스산 원유(WTI) 6월물은 2009년 4월 이후 하루 최대 낙폭인 8.6% 떨어지면서 한 달 반 만에 배럴당 100달러 선 아래로 추락했다.

5월 11일 유가 급락으로 휘발유와 원유, 난방유 등 선물 거래가 5분간 정지되는 '서킷브레이커'가 발동된 미국 뉴욕상업거래소(NYMEX).

5월 11일 유가 급락으로 휘발유와 원유, 난방유 등 선물 거래가 5분간 정지되는 '서킷브레이커'가 발동된 미국 뉴욕상업거래소(NYMEX).

주간 신규 실업 신청자 수가 늘어났다는 소식이 낙폭을 부추겼다. 그러나 다음날인 5월 7일 신규 일자리 수가 11개월 만에 최대라는 정반대 지표가 나오자 5월 9일 WTI는 단번에 5.5% 급반등했다가 이틀 뒤인 11일에는 다시 5.5% 폭락했다.

이날 유가 하락은 수급 문제가 직접적인 요인으로 작용했다. 미국 에너지정보국(EIA)이 발표한 5월 첫째 주 원유 재고 증가량이 380만 배럴로 시장 예상치인 160만 배럴을 크게 웃돌았다.

아무튼 5월 들어 8일(거래일 기준) 중 사흘간 등락 폭이 5%를 넘어설 정도로 급등락을 반복한 것이다. 휘발유 가격이 급락하면서 일시 거래 중단 조치(서킷브레이커)가 발동됐다. NYMEX에서 휘발유·원유·난방유의 거래가 5분간 중단되자 투매 심리는 더 확산됐다.

이 같은 현상은 원유뿐 아니라 귀금속과 곡물 시장에서도 나타났다. 5월 11일 NYMEX에서 금 6월물 가격은 온스당 1501.40달러로 전일 대비 1.0% 떨어졌다. 은 7월물 가격도 7.7% 급락해 35.52달러로 추락했다. 구리 가격은 최대 구리 소비국인 중국에서 수요가 감소할 것이란 우려에 5개월 만에 최저 수준으로 떨어졌다.

이처럼 원자재 가격이 급락하고 있는 원인은 뭘까. 우선 미국의 2차 양적 완화가 예정대로 오는 6월로 끝나는데다 중국의 긴축

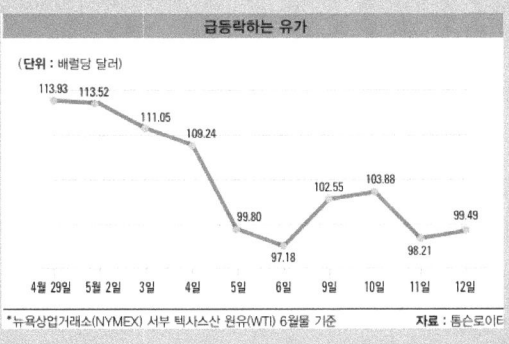

정책과 유럽의 재정 위기가 지속되면서 세계 경제 성장이 둔화돼 상품 수요가 줄어들 것이란 우려가 작용했다는 게 전문가들의 분석이다.

유로화 대비 달러화의 강세도 영향을 끼쳤다는 지적이다. 달러화는 5월 4일 유로당 1.4821달러에서 1주일 만인 11일 1.4202달러로 하락 폭이 4.2%에 이른다. 안전 자산인 달러가 강세를 나타내면서 상대적으로 위험한 원유 등 원자재 가격이 큰 폭으로 떨어졌다는 것이다. 전문가들은 최근 상품 시장에 투매가 나타나면서 투자자들이 악재에 민감해져 변동성이 커진 것도 한몫했다는 분석이다.

그러면 미 원유 등 상품 시장의 하락세가 대세 하락일까, 일시 조정일까. 의견은 엇갈린다. 세계 경기 둔화의 영향으로 상품 가격이 본격적인 하락장에 들어섰다는 '대세 하락론'이 나오는 반면 일시적인 조정일 뿐이라는 의견도 적지 않다.

월가의 대표적 비관론자 마크 파버 '글룸 붐&둠' 발행인은 "중국의 통화 공급량이 미국을 넘어설 정도로 증가한 것은 중국의 금리 상승으로 이어질 것이고, 이는 상품 가격의 추가 하락을 예견하는 신호"라고 지적했다.

반면 '상품 투자의 대가'로 불리는 짐 로저스는 "조정은 언제든 일어날 수 있다"며 "석유나 귀금속 등 희소성이 있는 상품 가격은 지속적으로 상승할 것"이라고 주장했다.

권오준 기자 jun@hankyung.com
한경 2011-05-19

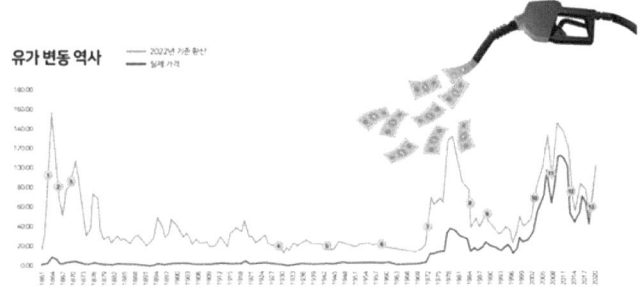

위 기사는 휘발유 수급 불균형에 따른 우려로 석유의 가격이 폭락했음을 보여준다.

이는 선물이 시장 상황의 변동을 반영한다는 것을 말해준다. 선물 가격은 시작 지점에선 현물 가격과 차이를 보이지만 만기일에 가서는 동일해진다.

석유가격은 10배 급등락한다. 은행직원을 믿지마라.

만기 보유 전략

선물을 계약하여 매수(도)를 할 경우 만기일이 되면 인수(도) 가격에 따라 결제를 해야 한다. 즉 과거 현물 가격 a에 계약한 물건을 만기일 현물 가격 b로 되사(팔)게 됨으로써 a 가격에 따른 계약은 종료된다. 이때 인수도 가격에 따라 결제하게 되는데 계약자로부터 실제로 a에 사서 b에 되팖으로써 손익은 당시 계약 가격인 a와 b의 차이로 결정된다.

양호한 스프레드에 기대

2025.06.15 18:00

지난주 후반 국내 증시는 강력한 V자 반등을 보여줬다. 외국인은 지난 주말을 앞두고 현물에 이어 선물시장에서도 강력한 매수를 통해 반등을 주도했다. 오는 10일 올해 첫 번째 선물·옵션 동시 만기를 앞두고 그동안 쏟아졌던 프로그램 매도 물량이 매수로 유입될 것이라는 기대감을 갖게 했다.

하지만 여전히 상승일로인 유가가 변수다. 주말 유가가 재차 급등하면서 뉴욕증시는 다시 약세로 돌아섰다. 이에 따라 지난 주말 매수 유입됐던 외국인 선물이 다시 매도로 출회될 가능성도 배제할 수 없게 됐다.

외국인이 선물 매수 기조를 유지한다면 베이시스는 물론 스프레드 상승에 의한 긍정적인 만기 효과를 기대할 수 있을 전망이다.

지난주 코스피200 지수 선물은 전주 대비 6.30포인트(2.44%) 오른 264.95로 거래를 마쳤다. 주 중반까지 약세를 보이며 연저점을 253.80까지 낮췄지만 후반 이틀간 10포인트 넘게 오르며 강한 반등 흐름을 전개했다.

차익 잔고를 고려했을 때 베이시스 급락만 없다면 프로그램 매도 가능성은 크지 않을 것으로 예상된다. 매도 차익 잔고(현물 매도+선물 매수)는 역사상 최고치 수준에 있는 반면 매수 차익 잔고(현물 매수+선물 매도)의 수위는 크게 낮아져 있기 때문이다. 차익 잔고상으로는 매도 차익 잔고의 청산을 통한 프로그램 매수를 기대해볼 수 있는 상황이다.

관건은 매도 차익 잔고의 청산을 유발할 수 있는 스프레드의 상승이 이뤄질 수 있느냐이다. 차근원물인 6월물과 만기를 맞이하는 3월물 간의 가격차를 뜻하는 스프레드가 오르면 매도 차익 잔고 보유자들은 포지션 롤오버보다 청산에 나서면서 프로그램 매수를 유발하게 된다.

스프레드 상승은 곧 차근원물인 6월물이 비싸진다는 의미로써 선물 매수를 유지해야 하는 매도 차익 잔고 보유자들에게는 불리한 상황이 되기 때문이다.

2월 이후 하락세를 보이고 있는 스프레드는 지난주 1.15까지 주저앉았다. 전균 삼성증권 연구원은 "이론 베이시스가 1.65 정도임을 감안하면 저평가 상태지만 통상 만기를 앞두고 늘상 스프레드를 저평가를 보였던 상황을 감안하면 현재 스프레드는 양호한 것으로 보인다"고 설명했다.

외국인은 헤지 및 전략 포지션상 일정 부분의 선물 매도분을 보유하고 있으며, 따라서 동시 만기 때 스프레드 매도에 나서게 된다. 스프레드 가격의 하락 요인인 셈이다. 하지만 전 연구원은 "이번 만기의 경우 스프레드 매수 수요도 많아 스프레드가 급락할 가능성은 크지 않을 것으로 예상된다"고 설명했다.

거듭된 베이시스 급락으로 국내 기관의 인덱스 자금이 현물 비중을 낮추고 선물 비중을 늘려놓은 상태이며 이들의 경우

스프레드 가격이 하락할 경우 스프레드 매수에 나설 것으로 예상되기 때문이다.

전 연구원은 "스프레드가 1 이하로 하락하지는 않을 것으로 예상된다"며 "스프레드가 급락하지 않는다면 긍정적 만기도 기대해볼 수 있을 것"이라고 말했다.

외국인이 지난주 선물시장에서 순매수로 전환한 것은 긍정적 요인이다. 매도 물량이 줄었기 때문에 스프레드 매도를 통해 롤오버할 수 있는 여력도 줄었고 그만큼 스프레드 하락 압력은 낮아졌다고 볼 수 있기 때문이다.

이승재 대신증권 연구원은 "외국인의 선물 매수가 본격화되면 지난 12월 동시 만기처럼 만기 주간 진입 후 스프레드가 연일 상승하며 프로그램 매수를 불러올 수도 있다"고 전망했다. 다만 주말 유가 급등과 이에 따른 뉴욕증시 하락에 대한 외국인의 반응이 관건이다.

예약 증서의 가치 변화

인도 가격 P(a)로 매수나 매도하기로 할 경우 선물 가격이 오르면 b에서 a를 뺀 만큼의 이득을 보게 된다. 선물 가격이 내릴 경우 매도한 이는 이득을 보지만 매수한 사람은 손해를 본다. 선물 가격이 등락에 따라 손익이 결정된다.

선물 거래의 목적

- **위험 회피**: 상품의 가격변동에 의해 입을 수도 있는 큰손실을 예방한다.
- **시세 차익**: 상품 인도를 하지 않은 상태에서 되팔거나(전매도) 되사들여(환매수)매매 차액을 획득한다.

주식 투자의 목적은 시세 차익에 있다. 선물도 마찬가지이다. 하지만, 선물은 종합 주가지수가 내릴 경우에도 파는 행위를 통해 돈을 벌 수 있다. 선물 역시 주식처럼 가격이 오르거나 내릴 수 있기에 위험을 피하기 위해 선물을 파는 전략을 사용할 수 있다.

08 표준화

인수도 되는 상품의 품질, 수량, 인도일 등의 기준을 일정하게...

>>> 계약조건을 단순화, 명료화

>>> 선물거래 활성화

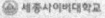
예 : **KOSPI200 지수선물: 200종목**
1계약 = 지수 포인트 * 50만 원, 결제일: 3, 6, 9, 12 둘째 (목)

선물의 특징

1) 표준화

표준화는 선물의 특징으로서 인수도되는 상품의 품질, 수량, 인도일 등의 기준을 일정하게 한 것이다. 이 표준화는 단순화, 명료화 작업이며 선물 거래의 활성화를 위해 존재한다.(KOSPI200 지수 선물: 200종목, 1계약=지수포인트*50만 원 결제일: 3,6,9,12 둘째(목)) 코스피 주가지수 선물을 예로 들어 본다면 주식과 달리 선물은 한 포인트가 50만 원으로 고정되어 있음을 알고 있다. 또한 결제일이 3, 6, 9, 12월 둘째 주(목요일)에 결산하는 것으로 정해져 있다.

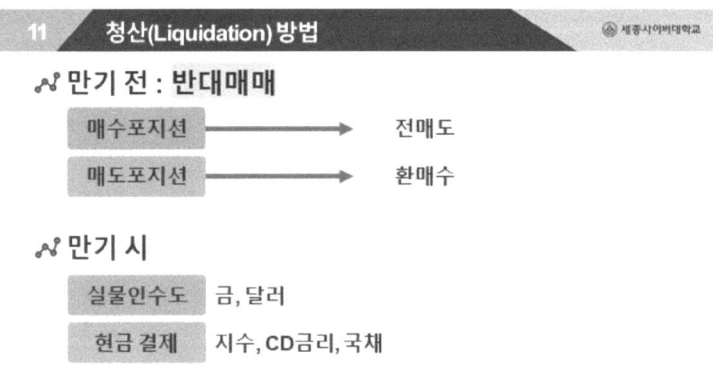

2) 일일 정산

선물 가격의 변화에 따른 손실 금액이 증거금을 초과할 수도 있다. 계약자의 거래 청산 이전 매일매일 선물을 종가 기준으로 손익을 계산하여 증거금에서 차감/가산하는 것을 일일 정산이라

한다. 매일매일의 손익을 계산하기에 선물 거래는 매매가 없더라도 가격 변동에 따른 현금흐름이 발생한다. 증권회사는 선물 계좌가 개설되면 매일매일 이렇게 정산을 하게 된다.

예) 시뮬레이션 일일 정산김비판씨는 주가가 내리니 선물 종합지수도 내릴 것이라 예측하고 선물 5계약을 2,500원에 5를 매도했다. 주식이 오름에 따라 선물 종합지수도 오를 것이라 낙관한 김낙관씨는 오를 것이라 생각하여 매수하였다. 선물 종가는 당일 2,200원에 끝났기에 매수한 김낙관씨는 −300원 × 5 = −1,500원의 손해를 보았고 2,500원에 매도한 김비판씨는 300 × 5 = 1,500원의 이득을 보게 되었다. 그 다음날 선물 종가가 2,300원으로 올랐다. 이에 김낙관씨는 500원을 벌었고 김비판씨는 500원을 손해 보았다. 이렇듯 매일매일 정산하는 것이 일일 정산이다. 24일 김비판씨는 이비판씨에게 2,100원에 환매수하였을 경우 2,200원으로 끝났기에 김낙관씨는 −500원을 손해를 보았고, 김비판씨는 전일에 비해 500원의 이득을 보았다. 이와 같이 일일 정산은 소득과 손해를 매일매일 정산하는 것을 뜻한다.

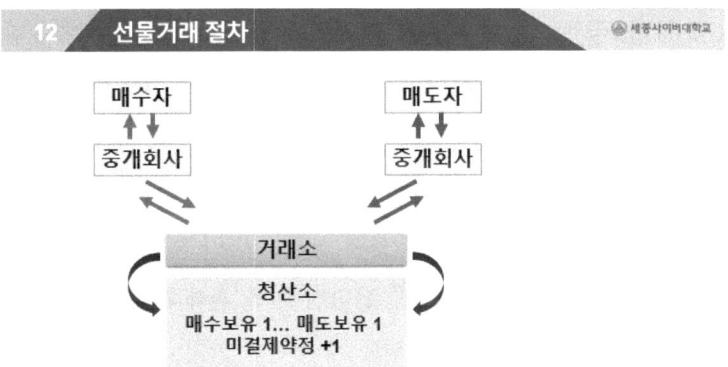

3) 증거금(margin)

위탁 증거금은 투자자가 선물 투자를 하겠다고 중계회사에 위탁하는 돈을 말한다. 이 위탁 증거금은 주문 체결을 위한 계약금의 일정률 개시 증거금과 일일 정산에 의한 손실의 발생을 대비하여 유지해야 할 최소 금액인 유지 증거금이 있다. 마진콜(변동 증거금)은 현금으로 추가 적립하는 것을 말한다. KOSPI200 선물지수는 개시 증거금 15%, 유지 증거금은 10%를 유지해야 한다. UMD는 각각 3%, 2%이다. 중계회사에서 투자자의 돈을 받아 증권거래소(청산소)에 주는 돈을 매매 증거금이라 한다.

청산(liquidation) 방법

청산은 쉽게 말해 결재를 말한다. 만기 시 청산할 경우 인수도하기로 한 금, 달러와 같은 실물을 거래하면 된다. 만약 주가지수, CD 금리, 국채로 거래했을 경우, 차익을 현금으로 결제로 해야 한다. 만기 전 반대 매매를 할 경우 매수 포지션은 전매도가 되고 매도 포지션은 환매수가 된다. 처음에는 오를 줄 알고 매수를 했는데 내릴 경우 얼른 팔아야 하는데, 이를 전매도라 할 수 있다. 반대로 선물이 내리고 있어 매도했는데 선물 가격이 오르고 있어 만기 100을 팔기로 함에 따라 사게 된다면 이를 환매수라 할 수 있겠다. 이와 같이 청산의 방법은 만기 시 정산과 만기 전 청산이 있다.

13. 선물계약의 특징

- 인수도조건이 표준화된 계약이며, 특정 선물거래소에서만 거래
- 매일 매일의 선물 종가로 포지션을 평가
  - 증거금 유지 위해 매일 매일 결제를 행함(일일정산)
- 계약이행이 결제기관에 의해 보증
- 계약 건수의 대부분이 만기 이전 반대매매(전매, 환매)에 의하여 거래가 청산(소멸)
- (투기성이 아주 짙은 경우) 정부 또는 거래소의 강력한 규제를 받을 수 있음

선물 거래 절차

 매수자가 증권회사(중계회사)에 가서 계좌를 개설하고 증계회사는 거래소에 돈을 맡긴다. 거래소(청산소)는 매수 보유인지 매도 보유인지 정산한다. 매도자가 증권회사(중계회사)를 통해 주식(선물)을 팔고 매수자가 다시 매도하면 증권사를 통해 매도자에게 가게 된다. 이와 같이 선물 거래 참여자는 매수자, 매도자, 증권사, 거래소가 있다. 청산소의 경우 따로 존재하고 있지 않고 거래소가 청산소의 역할을 한다.

선물 계약의 특징

 선물은 인수도 조건이 표준화된 계약이며, 특정 선물 거래소에서만 거래된다.
- 매일매일의 선물 종가로 포지션을 평가한다. 증거금 유지를 위해 매일매일 결제를 행한다(일일정산)
- 계약 이행이 결제 기관을 통해 보증된다.
- 계약 건수의 대부분이 만기 이전 반대 매매(전매, 환매)에 의하여 거래가 청산(소멸)된다.
- (투기성이 아주 짙은 경우) 정부 또는 거래소의 강력한 규제를 받을 수 있다.

신규 매수/매도, 반대 매매 (전매/환매)

 반대 매매는 매매 계약 상품을 다시 사거나 파는 것으로 상품거래소에서 행한 선물 거래 또는 증권거래소에서 행한 신용 거래를 결제하기 위하여 공매도한 경우에는 환매하고, 공매수한 경우에는 전매하여 전과 반대로 매매하는 것을 말한다.
신규 매수 후 전매도하면 청산된다. 이후 신규 매도하여 환매수한 것도 청산되며, 이후 다시 신규 매수하고 중간에 되팔면 청산된다. 선물 거래를 하는 사람은 가격이 올라 이득을 볼 경우 매도하고, 가격이 내릴 때는 매도와 환매를 통해 이득을 볼 수 있다. 선물은 자신이 예측만 잘하면 주식과는 달리 오를 때는 사고 내릴 때는 팔아서 돈을 벌 수 있다.

선물의 다른 특징

- 대세 하락기에도 매도 행위를 통해 수익을 올릴 수 있다.
- **높은 레버리지 효과**: 전체 금액이 100만 원일 경우 15만 원이면 선물을 살 수 있다. 주식은 100% 금액이 필요하지만 선물 계약은 15%만 있으면 된다.
- **풍부한 유동성**: 선물은 현금 흐름, 여러 가지 사고팔 수 있는 흐름이 많이 존재한다. 현금화하고자 하는 마음만 있다면 언제든지 현금화할 수 있다.

주식은 100% 자기 돈이 있어야 한다. 신용 투자한다 해도 2.5배밖에 투자를 못하지만 선물은 15%만 있으면 100%를 살 수 있다. 요점은 선물 증권과 달리 증거금이 낮기 때문에 높은 레버리지가 있다는 것이다. 때문에 선물은 잘하면 큰돈을 벌 수 있지만 잘못할 경우 순식간에 큰돈을 잃을 수 있다.

선물은 위험성이 매우 높다. 전문 지식 없이 선물에 투자하는 일은 매우 위험하며 돈을 버는 개인들은 1~2% 정도에 지나지 않는다. 증권사의 경우에도 이익을 보는 경우도 있지만 손해를 보는 경우도 많다. 아무리 펀드나 운용을 잘하더라도 종합 주가지수가 2007~2009년 2000P가 2010년 1000P로 폭락하였다가 상승 중이다. 이와 같이 주식 선물은 굉장히 위험한 주식 상품이다.

선도와 선물의 차이

선도는 배추의 밭떼기 거래 방식이고 선물은 주가지수 선물을 말한다. 선도는 거래 시간에 제한이 없다. 밭떼기는 상대방과 선물 거래소가 있지만 거래 시간 제한은 없다. 그렇지만 선물은 정해진 시간에만 가능하다. 오전 9시부터 오후 3시까지라는 정해진 시간만 거래가 가능하다.

선도와 선물의 차이

구분	선도(forward)	선물(future)
거래 상대방	상대방 사람	선물거래소
거래 시간	제한 없음	정해진 시간
거래 조건	사적 합의, 신용	표준화, 증거금
가격 결정	사적 합의	경쟁 호가 방식 (→ 일일정산)
중도 청산	쌍방 합의	반대매매 (전매, 환매)

거래 조건의 경우 선도는 개인들의 사적 합의를 통한 신용으로 이뤄진다. 선물은 표준화되어 있는 단위와 증거금을 바탕으로 이뤄진다. 가격 결정 역시 선도는 사적 합의, 즉 개인들 간의 합의로 가격을 정한다. 선물은 일일 정산하는 경쟁 호가 방식이다. 또한 선도는 쌍방 합의를 통해 중도 청산 가능하다.

16 선물의 역사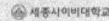

미국의 선물

1848년	농산물 - 시카고(상품)거래소(CBOT)
1972년	엔화, 파운드화 - 시카고상업거래소(CME)
1975년	금리-CBOT
1982년	Value Line 지수선물 - 캔사스시티상품거래소(KCBT)
1982.4	S&P500 지수선물 – CME
1992.6	GLOBEX(S&P500, 나스닥100 지수선물) 작동 - CME

그렇지만 선물은 반대 매매(전매,환매)가 있어야 청산된다.

거래 대상에 따른 분류로 상품 선물과 금융 선물이 있다. 상품 선물은 밀이나 소와 같은 농축산물, 금, 은을 포함한 광물, 석유와 같은 에너지, 귀금속 등이 속하고, 금융 선물은 주가지수, 증권(주식), 금리, 외환(환율) 선물이 있다.

16 선물의 역사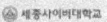

세계의 대표적인 주가지수선물

- S&P 500 (미)
- NASDAQ 100 (미)
- DJIA (미)
- NIKKEI 225 (일)
- CAC (프)
- DAX (독)
- FT-SE100 (영)
- Hang Seng Index (홍)

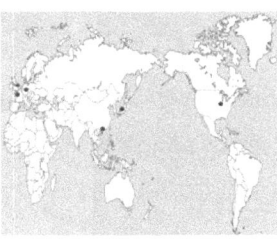

선물의 역사

16 선물의 역사 — 세종사이버대학교

한국의 선물

96.05.03	KOSPI 200 지수선물
99.04.23	한국선물거래소(KOFEX) 개장
99.09	• CD금리선물, 금선물(GOLD), 달러선물(USD) 국채선물(KTB)
01.01.03	KOSDAQ 50 지수선물(KQ)
기타	통안증권금리선물(MSB)

거래 & 청산 ⇒ 한국선물거래소
단, KOSPI200지수선물은 한국증권거래소

1848년 농산물-시카고(상품)거래소(CBOT)가 생겼다. 시카고가 상품거래소의 중심이 된 이유는 근접한 캐나다와 미국의 곡창지대에서 생산된 상품을 오대호의 배로 모아 거래할 수 있었기 때문이다. 1972년에는 시카고상업거래소(CME)에서 엔화, 파운드화 선물이 만들어졌다. 1975년 CBOT(시카고 상품거래소)는 금리를 거래하였다. 1982년 캔사스시티상품거래소(KCBT) Value Line 지수 선물이 생겨났다. 1982년 4월 S&P500주가지수 선물이 CME에서 생겼고 1992년 6월에는 GLOBEX(S&P500, 나스닥100 지수 선물)이 등장했다. 선물은 세계의 대표적 주가지수이다. 미국은 S&P 500과 NASDAQ 100, DJIA선물이 있다. 이중 NASDAQ 100은 미국의 벤처기업 위주 시장이며 DJIA는 우리나라의 증권거래소와 같은 것이다. 이외에도 일본의 NIKKEI 225, 프랑스의 CAC, 독일의 DAX, 영국의 FT-SE100, 홍콩의 Hang Seng Index가 있다.

한국에서는 1996년 5월 6일 KOSPI 200 주가지수 성분을 기본으로 한국 선물 거래소(KOFEX)가 개장하면서 선물의 역사가 시작되었는데 부산에 본사가 있다(CD금리 선물과 금 선물, 달러 선물이 상정되어 있고 2001년 1월 3일 KOSDAQ 50지수 선물이 상정되어 있다). 거래와 청산은 한국의 선물 거래소에서 진행한다.

시카고거래소 [—去來所, Chicago Board of Trade]

〈시카고 선물 거래소〉

- 구분: 상품거래소
- 설립일: 1848년
- 설립 목적: 농산물 선물 거래
- 주요 활동/업무: 농산물 거래 및 증권 옵션
- 소재지: 미국 시카고,
- 규모: 회원 수 3,600명

시카고는 오바마 대통령의 정치적 고향이다. 오바마는 시카고 상원의원이었다가 바로 대통령에 당선되었다. 시카고는 5대호 연안에 있기에 비옥한 곡창지대를 바탕으로 크게 성공할 수 있었다. 현재 전 세계 상품시장의 최고 거래소인 시카고 선물 거래소가 있다. 거래소는 회원 조직의 비영리 특수법인으로 1848년에 창립된 미국에서 가장 오래되고, 거래량이 많은 선물 거래소이다. 시카고는 거대한 호수를 끼고 있는 지리적 여건으로 광활한 중서부 농경지에서 산출되는 곡물의 집산지이다. 그러나 가을의 수확기에는 입하가 집중되어 농민들은 제값을 받지 못했고, 봄에서 여름에 이르는 단경기(端境期)에는 곡물 부족으로 값이 터무니없이 상승했다.

곡물 매매자들은 이 같은 가격의 변동을 극복하기 위해 선도 계약(先渡契約:先物去來)을 고안했으며, 이로써 농민은 사전 계약으로 안심하고 생산에 임할 수 있었고, 상인은 계획된 상업 활동을 할 수 있게 되었다. 선도 계약은 시카고의 상인들에 의해 제도화되었는데, 이를 바탕으로 시카고의 상인 82명이 사우스 워터 스트리트에 거래소를 설치한 것이 오늘날 세계 제일의 규모를 갖추게 된 시카고거래소의 기원이다.

이곳에서 형성되는 옥수수·보리·콩 등 미국을 대표하는 농산물 가격은 국제적 지표가 된다. 처음에는 신용을 바탕으로 거래되었으나 1965년 선도 계약의 담보로서 증거금제도(證據金制度)를 채택함으로써 근대적 상품거래소로 발전했다. 1922년 곡물 선물 거래법의 제정·공포에 따라 법률에 의한 지정 상품의 선물 거래시장으로 지정되었는데, 동법은 1936년 현행 상품거래소법으로 확대·강화되었다.

초창기에는 곡물 거래가 주였으나, 1970년대 후반부터는 곡물 중심 거래소에서 종합 상품 거래소로 변모했다. 1973년 CBOT 회원들에 의해 CBOE(Chicago Board Option Exchange:시카고옵션거래소)가 설립되었다. 현재 상품거래소법에 의한 지정 상품인 밀·귀리·쌀보리·옥수수·콩·콩기름·

콩가루·목화·정선수소[精選牡牛] 등과 비(非)지정 상품인 은·합판 등 48개 종목이 상장되어 선물과 옵션 거래된다. 또한 2000년부터는 전자상거래를 시작했다. 회원은 거래소에 상장된 품목의 전부 또는 일부 거래 유형에 따라 분류되며, 현재 3,600여 회원이 있고, 1999년의 총 거래량은 25억 달러 이상이었다.

CBOT의 건물은 북관·남관·서관으로 나누어져 있는데, 그 규모와 건축 디자인으로도 유명하다. 1930년에 건축된 북관은 44층이며, 남관은 1982년에 22층으로 건축되었다. 1997년에 4층으로 건축된 서관은 일반 건축의 10층에 상당하는 높이이다. 건물은 서관을 제외한 많은 부분이 임대되고 있다. 시카고 거래소는 본사 외에 워싱턴 디시에 지방 거래소를, 그리고 국제적인 투자자들을 위해 오스트레일리아 시드니와 영국 런던에 각각 지사를 두고 있다. 본사 소재지는 미국 시카고이다.

02 선물거래의 유형

거래동기별

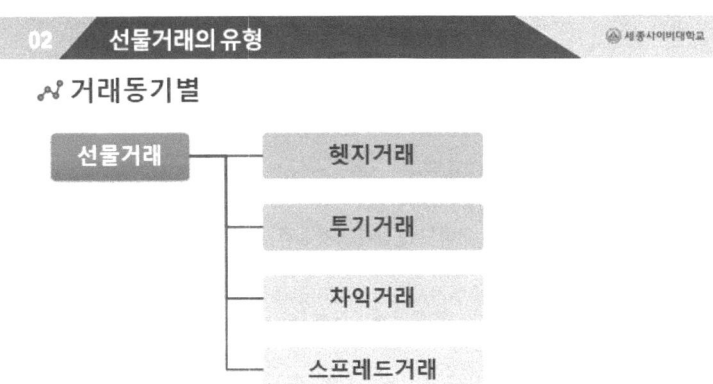

선물 · 거래개시와 정산

 선물하는 법은 주식과 같다. 증권회사(중계회사)에 돈과 주민등록증만 가져가면 계좌를 개설해준다. 이후 개시 증거금을 청산소에 예치하고 주가지수가 오르면 선물을 매수하여 돈을 벌고 주가지수가 내릴 것 같으면 선물을 매도하여 돈을 벌 수 있다. 이처럼 선물은 매수와 매도를 통해 돈을 벌 수 있다. 어떤 상황에서 적절하게 매수할 것인지 매도할 것인지 결정하여 계약을 체결하면 된다. 모든 거래는 일일 청산되고 유지 증거금을 넣어야 유지된다. 청산소는 거래 이행을 보증하고 일일 청산과, 청산, 현물의 인수도를 담당한다.

선물 가격이 오를 것이라 생각하면 매수 포지션(Rong Position)을 취하게 된다. 만약 가격이 내릴 것이라 생각하면 매도 포지션(Shot Position)을 취한다.

02 선물거래의 유형

♪ 헷지거래(Hedging)

미래에 가격변동이 발생하더라도
어느 정도 그 가치를 그대로 보존하고자 할 때

- 현물을 **매수(매도)** 한 투자자가 현물의 시장가격이 **폭락(폭등)** 할 경우를 염려하여 해당 선물을 **매도(매수)**...
    - 이때 예상 밖으로 현물의 가격이 올라(내려)갔다면, 그 이익이 선물매도(매수)포지션에 의한 손실과 서로 상쇄

거래 동기별 선물 거래의 유형

· 햇지 거래(hedging)
· 투기 거래(spec`ulation)
· 차익 거래(arbitrage)
· 스프레드 거래

햇징(hedging)이란?

　햇징은 위험을 회피한다는 뜻이다. 농부가 출하 시기의 배추 값이 오를지 내릴지 잘 모르기 때문에 위험을 피하기 위해 밭떼기로 거래하는 것과 같은 방식이 햇징이다. 사전적 의미는 울타리를 막아 외부로부터의 위험을 막는다는 뜻인데, 자본 거래에서는 자신의 이익을 가격 변동 위험으로부터 보호하고자 이미 보유하고 있거나 보유할 예정인 현물 포지션에 대응하여 동일한 수량의 반대 포지션을 선물시장에서 취하는 것으로 정의할 수 있다. 다시 말하면 장래에 현물로 취해질 포지션을 미리 또는 임시로 취하는 것이다.

미래에 가격 변동이 발생하더라도 어느 정도 그 가치를 그대로 보존하고자 할 때 발생되는 거래로, 배추 값을 2,000원에 되팔고 싶은데, 10월 배추 값이 오를지 내릴지 모르기에 그 가치를 보존코자 의하는 경우 하는 거래 방식이다. 농사꾼은 현물 시장 가격이 하락할 경우를 염려하여 해당 선물을 매도한다. 중간 상인은 현물 시장 가격이 상승할 경우를 염려하여 해당 선물을 매수한다. 참고로 예상과 다르게 현물(배추)의 가격이 올라간다면 선물 매도 포지션에 의한 손실로 상쇄한다. 반대로 현물(배추)의 가격이 내려갔다면 그 이익이 선물 매수에 의한 손실로 상쇄된다. 다시 말해 시장에서 발생하는 또는 발생할 가격 변동으로부터 야기되는 위험에 노출되는 정도를 감소시키기 위해 선택된 시장 참가자의 자구적 행위라고 할 수 있다.

현물의 수입 변동은 마이너스가 될 수도 있고 플러스가 될 수도 있다. 현물은 주식을 말하는 것이다. 주식시장에서 마이너스가 된다고 하면 선물은 반대로 플러스가 된다. 이 반대도 동일하다. 이와 같이 선물과 현물을 반대로 투자하며 위험을 줄이는 것을 헷징이라 한다.

하락을 잊은 뉴욕증시…다우·S&P500 또 '사상최고치'

2021-08-14

뉴욕증시는 기업들의 분기 실적이 긍정적으로 나온 가운데, 경제 지표가 둔화하면서 금리가 하락해 최고치 흐름을 이어갔다.

13일(미 동부시간) 뉴욕증권거래소(NYSE)에서 다우존스 30 산업 평균 지수는 전장보다 15.53포인트(0.04%) 오른 35,515.38로 장을 마감했다.

스탠더드앤드푸어스(S&P)500지수는 전장보다 7.17포인트(0.16%) 상승한 4,468.00을 기록했으며, 기술주 중심의 나스닥지수는 전장보다 6.64포인트(0.04%) 오른 14,822.90으로 거래를 마쳤다. 다우지수와 S&P500지수는 4거래일 연속 사상 최고치를 경신했으며, S&P500지수는 올해 들어 이날까지 48번째 사상 최고치를 다시 썼다. 나스닥 지수는 금리 하락세에 상승했다. 하지만, 최근 들어 여름휴가로 자리를 비운 트레이더들이 많아지면서 거래량도 크게 줄어 시장은 좁은 범위에서 움직이고 있다. 월스트리트저널에 따르면 전날 기준 NYSE 거래량은 하루 34억 주를 밑돌아 올해 평균 거래량인 하루 47억 주에 크게 못 미쳤다.

투자자들은 코로나19 관련 소식, 기업 실적, 경제 지표 등을 주시했다. 미국 식품의약국(FDA)은 코로나19 고위험군을 상대로 백신 3차 접종을 허용했다. FDA는 전날 늦게 보도자료를 통해 "긴급 사용 승인(EUA)을 수정해 장기 이식을 받았거나 면역 결핍과 비슷한 상황이라고 진단받은 고위험군에 화이자, 모더나 코로나19 백신 추가 접종을 허용한다"고 밝혔다.

앞서 앤서니 파우치 미국 국립알레르기·전염병연구소(NIAID) 소장은 어느 시점에는 결국 모든 사람이 부스터샷(추가 접종)을 맞아야 할 수 있다고 언급했으나 현재로선 면역력이 약화한 사람을 제외하고는 당장 부스터샷을 줄 필요는 없다고 말했다. 샌프란시스코는 오는 20일부터 식당과 체육관을 포함한 실내 장소에서 백신 접종 증명 의무화 제도를 시행하기로 했다. 주요 도시 중에서 백신 접종 증명을 요구하기로 한 것은 뉴욕에 이어 샌프란시스코가 두 번째다. 뉴욕타임스(NYT) 집계에 따르면 전날 기준 미국의 최근 7일간 하루 평균 코로나19 확진자 수는 12만 5천894명으로 2주 전보다 76% 증가했다.

〈사진: 연합뉴스〉

이는 올해 2월 초 이후 6개월 만에 가장 높은 수치이다. 플로리다·텍사스주(州) 2곳이 전국 입원 환자의 거의 40%를 차지할 정도로 남부 지역에서 코로나 확진자가 폭발적으로 증가하고 있다.기업들의 실적은 여전히 기대를 웃돌고 있다. 팬데믹에 가장 타격을 받았던 월트 디즈니의 분기 매출은 지난해 같은 기간보다 45% 증가했다. 순이익은 1년 전 적자에서 흑자로 돌아섰고, 디즈니플러스의 구독자 증가 수 등이 월가의 예상을 웃돌았다. 월트 디즈니 주가는 1% 이상 올랐다.

리피니티브 자료에 따르면 S&P500지수에서 실적을 발표한 기업 중에서 88%의 기업이 애널리스트들의 기대를 웃도는 실적을 발표했다. 전년 대비 순익 증가율은 92.9%에 달할 것으로 추정된다. 이날 발표된 실적을 대체로 부진했다. 특히 8월 미시간대 소비자 태도 지수 예비치가 70.2로 2011년 12월 이후 최저치를 기록하면서 달러화 가치가 하락하고, 국채 금리도 큰 폭으로 내렸다. 미시간대의 소비자 태도 지수는 미국 소비자들의 경제 신뢰도를 보여주는 지표로 전월 확정치인 81.2와 월스트리트저널(WSJ)이 예상한 81.3을 모두 크게 밑돌았다. 특히 팬데믹이 한창이던 지난해 4월 기록한 저점 71.8도 밑돌며 10년래 최저치를 경신했다.

미국의 7월 수입 물가는 예상치를 밑도는 오름세를 보였다. 미 노동부는 7월 수입 물가가 전월 대비 0.3% 상승했다고 발표했다. 월스트리트저널(WSJ)이 집계한 전문가 예상치 0.6% 상승을 밑돌았다. 5월과 6월 수치는 각각 1.3%와 1.1%로 수정됐다. 수입 물가는 5월 이후 둔화하는 모습을 보이고 있다.

앞서 발표된 소비자물가지수(CPI)가 예상치를 밑돌거나 예상 수준에 부합하면서 물가 상승세가 고점에 이르렀을 수 있다는 전망이 강화됐다. 업종별로 에너지와 금융, 산업 관련주가 하락하고 필수 소비재, 부동산, 헬스, 유틸리티 관련주가 올랐다.

뉴욕증시 전문가들은 증시의 분위기가 여전히 긍정적이라고 진단했다. 제누스 핸더슨 인베스터스의 폴 오`코너 멀티에셋 담당 대표는 월스트리트저널에 "매우 조용한 시장이지만 (코로나19와 같은) 상황에도 불구하고 기본적인 톤은 여전히 상당히 긍정적이다"라고 말했다. 그는 위험이라면 중국의 기술 및 금융 기업에 대한 규제가 중국 이외 시장까지 흘러드는 것이며, 또 다른 위험은 연방준비제도(연준·Fed)가 예상보다 일찍 경기 부양책을 거둬들이는 것이라고 말했다.

시카고상품거래소(CME) 페드워치에 따르면 연방기금(FF) 금리 선물 시장은 내년 3월 25bp 기준 금리 인상 가능성을 3.6%로 반영했다. 시카고옵션거래소(CBOE)에서 변동성 지수(VIX)는 전장보다 0.14포인트(0.90%) 하락한 15.45를 기록했다.

장진아 기자 janga3@wowtv.co.kr

원유 선물 ETF 투자 증가…롤오버 비용 부담12월물 시세, 5월물보다 62% 높아

뉴스토마토

2008년 7월 8일 한경

[뉴스토마토 김창경 재테크 전문기자] 국제 유가 약세가 깊어지고 있다. 유가가 배럴당 10달러 밑으로 떨어질 수도 있다는 전망에 더해 미국 일부 지역에서 생산된 원유 가격이 마이너스를 기록했다는 소식까지 전해졌다.

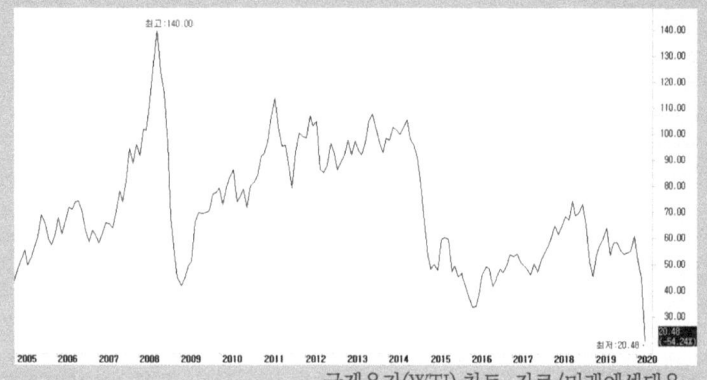

국제유가(WTI) 차트. 자료/미래에셋대우

유가가 마이너스를 찍었다는 것은 기름을 팔면서 돈을 더 얹어준다는 뜻이다. 원유를 생산해서 저장하는 데 드는 비용이 더 크기 때문에 나타난 현상으로 풀이된다. 당시 다른 지역의 거래 가격이 10달러를 오갔던 것을 감안하면 일시적으로 벌어진 일로 보이지만 마이너스 가격이 출현했다는 사실만으로도 전 세계 경제를 공포에 몰아넣기에 충분했다.

사우디를 비롯한 OPEC 회원국과 러시아, 미국 등 주요 산유국들이 원유 생산량 감산을 두고 갈등을 빚고 있어 감산 합의는 쉽게 이뤄질 기미가 보이지 않는다. 31일(현지 시각) 도널드 트럼프 대통령은 푸틴 러시아 대통령과 전화로 에너지 이슈에 관해 논의하겠다고 밝히는 등 대화 가능성은 열려 있는 상태지만 상식적인 수준의 감산으로 해결될 문제는 아니어서 저유가 상황은 장기화될 전망이다.

이런 와중에도 적지 않은 투자자들은 유가가 낮을 때 관련 상품을 사두어 나중에 유가가 올랐을 때 차익을 얻겠다며, 정유기업 주식과 유가 연동 상장지수펀드(ETF), 상장지수증권(ETN) 등을 매수하고 있다. 일부 투자자들은 공격적으로 레버리지 상품을 매입 중이다.

이런 전략은 유효한 접근법이 될 수 있을까? 일단 원유 선물 거래 가격만 보면 이런 기대는 다들 품고 있는 것으로 보인다.

〈표〉는 미국 선물 거래소인 CME에서 거래 중인 크루드오일(WTI) 선물 시세다. 국제 유가는 원유 현물보다는 금융 상품으로 만들어진 선물로 거래되는 것이 일반적이며, 선물의 만기 기간에 따라 월별로 상품이 거래되고 있다.

크루드오일(WTI) 월별 선물 시세(단위: 달러/배럴)

5월물	6월물	7월물	8월물	9월물	10월물	11월물	12월물
20.65	24.60	27.71	29.74	31.02	32.01	32.85	33.60

*CME 선물 가격 참조(오전 9시35분 현재)

〈표〉를 보면 당장 다음 달에 만기가 돌아올 5월물은 배럴당 20.65달러지만 뒤로 갈수록, 즉 만기가 오래 남아 있을수록 높은 가격에 시세가 형성돼 있는 것을 알 수 있다. 12월물은 5월물보다 무려 62.7% 높은 가격이다. 6월이 되면, 7월이 되면 그리고 12월이 되면 유가가 저기까지 오를 거라 기대하며 지금 현물 가격보다 비싼 값을 주면서 매매가 이뤄지는 것이다.

투자자들도 이와 같은 기대를 하고 있다면 해당 선물을 매수하면 되겠지만 직접 참여할 수는 없어 선물 가격을 추종하는 ETF 등을 매수하고 있다. 'WTI선물'이란 이름이 붙은 파생 펀드나 ETF, ETN 등으로 주식처럼 소액으로 매수 매도가 가능해 편리하다.

문제는 이런 상품의 경우 ETF 등에서 편입한 선물의 만기가 도래했을 때 선물을 갈아타는 롤오버(Roll-Over) 비용이 발생한다는 점이다. 지금처럼 미래 자산 가격이 오를 것으로 예상해 현물 가격보다 선물 가격이 더 높게 형성되는 것을 콘탱코(Contango)라고 부른다.(반대 상황은 백워데이션(Backwardation)) 이럴 때 매수한 ETF 등이 편입한 선물이 만기가 돼 다음 월물로 갈아탈 때 더 비싼 가격만큼의 차액을 치러야 하는 비용이 발생하는데, 이를 롤오버 비용이라고 한다. 투자자가 따로 돈을 내야 하는 것은 아니지만 그만큼 보유 종목의 평가액이 줄어들게 되는 것이다. 이런 상황이 장기간 계속되면 누적되는 롤오버 비용도 늘어날 수밖에 없어 투자자로선 부담이다. 그렇다고 거액 자산가들처럼 따로 저유소나 유조선을 빌려 현물을 사서 보관할 수도 없는 노릇이니 감수해야 하는 부분이기도 하다.

김창경 재테크전문기자 ckkim@etomato.com

국제 유가 초유의 마이너스 사태
…이제 웃돈 얹어 기름 판다

[중앙일보] 입력 2020.04.21 06:54 수정 2020.04.21 11:12

WTI 5월물 -37.63달러, 사상 첫 '마이너스'

코로나19로 수요 급감, 저장할 곳 없어

봉쇄 해제 기대, 6월물 가격은 20달러선

"4월 수요 감소, OPEC 감산 규모의 3배

추락을 거듭하던 국제 유가가 결국 마이너스로 떨어졌다. 원유 생산업체가 웃돈을 얹어주며 원유를 판매해야 한다는 의미다.

국제 유가 선물 거래 가격이 마이너스로 떨어진 것은 사상 처음이다. 신종 코로나바이러스 감염증(코로나19)으로 경제가 멈춰 서다시피 하면서 원유 수요가 급감했기 때문이다.

20일(현지시간) 뉴욕상업거래소(NYMEX)에서 5월 인도분 서부 텍사스산 원유(WTI)는 배럴당 -37.63달러에 거래를 마쳤다. 장중 한때 -40.32달러까지 내려갔다. 전 거래일인 17일

종가 18.27달러에서 55.90달러(305%) 급락했다.

마이너스 유가는 코로나19로 세계 원유 수요가 얼마나 쪼그라들었는지 여실히 보여준다. 미국과 유럽 국가들이 자택 대기 명

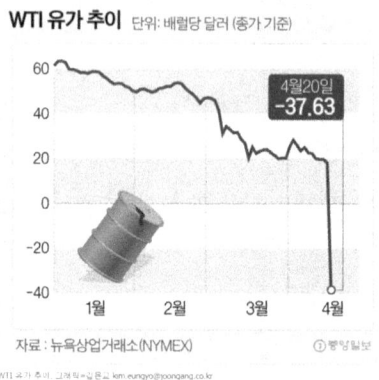

령을 내리면서 항공과 자동차 이동이 줄고 공장 가동 중단으로 원유 수요가 확 줄었다. 수요 감소는 저장 능력 부족으로 이어졌다. 생산된 원유가 정유공장과 저장고, 바다 위 유조선까지 꽉 차서 더는 미국 내 저장 공간을 찾을 수 없을 정도라고 뉴욕타임스가 전했다. 5월 인도분은 미국의 봉쇄 조치가 풀리기 전에 공급되는 물량이어서 가격이 큰 폭으로 하락했다. 도널드 트럼프 미국 대통령은 5월 1일 경제 활동 재개를 희망했지만, 뉴욕과 캘리포니아 등 주요 주지사들은 코로나19가 확실히 통제되지 않았다는 판단에 따라 자택 대기 명령을 연장했다.

상품 선물 계약은 만기가 지나면 실물을 인수해야 한다. 원유를 인도받으면 저장할 곳이 없으니 WTI 5월 인도분 선물 계약 만기일(21일)을 하루 앞두고 투자자들이 6월물 계약으로 갈아타는 '롤오버'를 선택하면서 마이너스 유가가 나타났다. '마이너스 국제 유가'는 코로나19로 수요가 실종된 영향이 크지만, 선물 거래 만기일을 하루 앞두고 투자자들이 한꺼번에 움직이면서 장부상의 마이너스가 만들어졌다고 CNBC가 전했다.

당장 6월 인도분 WTI는 20.43달러, 7월 인도분은 26.18에 거래됐다. 10월 인도분은 32달러, 11월 인도분은 33달러 선이다. 미국산 원유

미국 서부텍사스산 원유 5월 인도분 가격이 20일(현지시간) 37.63달러선 밑어떨어다. 국제유가가 마이너스를 기록한 것은 사상 처음이다. [로이터=연합뉴스]

수요가 올해 하반기에 어느정도 회복될 것이라는 기대가 반영됐다. CNBC는 "5월물보다 거래량이 많은 6월과 7월물 가격이 원유 시세를 더 정확히 반영한다"고 전했다.

하지만 단기적으로는 유가 하락세가 이어질 것이라는 관측이 우세하다. 블룸버그통신은 전문가를 인용해 "정유사들은 원유 인도를 거부하고 있고, 미국 내 저장 능력은 한계에 도달하고 있다"면서 "유가가 바닥을 치거나 코로나19가 사라져야 해결될 텐데, 유가가 먼저 바닥을 칠 가능성이 더 있어 보인다"고 전했다.

이달 초 석유수출국기구(OPEC)와 러시아 등이 합의한 감산 규모가 수요 감소분을 충분히 반영하지 못하고 있다고 우려하기도 한다. 이달 초 OEPC과 비회원 산유국들은 5월 1일부터 원유 생산을 하루 970만 배럴 줄이기로 했다. 전문가들은 4월 원유 수요가 감산 물량의 3배에 달할 것으로 전망하고 있다.

워싱턴=박현영 특파원 hypark@joongang.co.kr

'고유가 시대' 산업계 경영 전략 '새판 짜기'

한경 2011-03-27

업체들 상황 주시하며 장기 전략 마련

항공·해운·식품업계는 단기 대책 수립

산업팀 = 치솟은 국제 유가가 중동 정세 불안으로 한동안은 고공 행진을 이어갈 것으로 보여 기업들이 상황을 예의주시하며 고유가 시대에 맞는 새로운 전략 마련에 고심하고 있다.

27일 산업계에 따르면 많은 기업이 고유가 장기화에 따른 대책을 세워 경영 전략에 반영하고 있고, 유가 변동에 상대적으로 덜 민감한 업종도 사태 추이를 지켜보며 장기적인 관점에서 대비책을 준비하고 있다.

SK이노베이션은 애초 올해 유가 전망치를 배럴당 85달러(두바이유 기준), 원달러 환율은 1천115원으로 잡고 경영계획을 세웠다. 그러나 국제유가전문가협의회가 올해 국제유가(두바이유 기준) 전망치를 지난달 배럴당 90달러에서 최근 100달러 내외로 상향 조정함에 따라 경영전략의 '새판 짜기'에 들어갔다.

SK이노베이션은 유가 상승 등 외부 불확실성이 커지는 상황을 반영해 분기 또는 반기 단위로 계획을 재조정하는 시나리오 경영을 통한 전략을 탄력적으로 운영한다는 계획이다. SK이노베이션 관계자는 "당장 경영 계획을 수정하기보다는 경영에 크게 영향을 미치는 유가와 환율의 급격한 변화에 대한 모니터링을 강화하면서 탄력적으로 대처할 것"이라고 말했다.

전자업계도 당장의 경영 전략 수정보다는 장기적인 관점에서 상황에 맞는 대응책을 마련한다는 분위기다. 삼성전자는 환율과 유가 등 외부 환경 변화에 어느 정도 경영 목표를 연동시키는 것이 불가피하지만, 단기 대응보다는 장기적으로 대외 변수에 흔들리지 않는 근본 경쟁력을 강화하는 데 주력한다는 방침이다. 이를 위해서는 그간 추진해 온 원가 절감, 물류 효율화, 구매 합리화, 재고·채권 등의 미세 관리, 고부가가치 판매 비중 제고 등 경영 효율화 활동을 가속화할 계획이다.

LG전자도 현재의 유가나 환율 수준에 대해 비상대책을 수립할 단계는 아니지만, 지난해 4분기 이후 외부 변수의 흐름을 예의주시하고 있으며 매출 채권, 매입 채무 등의 운전 자본 변동도 하루 단위로 점검하고 있다고 설명했다. LG전자 관계자는 "유가 상승보다 철강 등 원자재 가격 상승이 더 부담스럽지만 유가 상승이 해상 운임, 항공료 등 물류비 상승에 영향을 줄 수 있어 국제 원유 시장을 주시하고 있다"고 말했다.

현대기아차는 유가와 원자재 가격 상승이 장기화하고 환율마저 하락할 경우에 대비해 사업계획 수정 가능성을 열어둔 상태다. 하지만 이와는 별도로 고연비 차량 기술 개발, 경쟁력 있는 소형차 및 친환경차 출시로 고유가를 돌파한다는 전략이다. 연비를 개선한 직분사 GDi 엔진을 신차에 확대 적용하고 쏘나타와 K5의 하이브리드 버전을 서둘러 출시하려는 것도 같은 맥락이다.

유가 상승에 영향을 상대적으로 덜 받는 업종들 역시 고유가와 환율 상승이 산업계 전반에 미칠 영향을 주시하며 전략을 짜고 있다. 철강업체인 포스코는 대외 경제 환경이 녹록지 않다고 판단하고 출자사를 포함해 올해 원가 절감 목표치를 연초 2조 원에서 2조4천억 원으로 대폭 확대했다. 현대제철은 당장 경영 계획을 수정하지는 않았지만, 국제 유가가 110~150달러에 이를 경우 4단계로 경영 환경 악화 상황을 설정하고서 단계에 맞는 경영 안정화 대책을 추진하기로 했다.

조선 및 중공업계는 유가의 민감도가 다른 업계에 비해 낮은 편이어서 최근 고유가 행진에도 특별한 대책은 마련하고 있지 않다. 오히려 유가 상승에 따라 올해 오일 메이저사들의 원유 개발이 활기를 띨 것으로 예상돼 대우조선해양과 삼성중공업 등은 해양 사업을 보다 강화한다는 계획이다.

고유가에 직격탄을 맞은 항공·해운업계는 단기적인 관점에서 이미 대책을 내놓았다. 대한항공과 아시아나항공 경우 유가가 배럴당 1달러 오르면 연평균 각각 347억원, 107억원의 손실이 발생한다. 2008년 유가가 배럴당 180달러까지 치솟은 초고유가 시대를 경험한 대한항공은 비상사태에 대비해 단계별 계획을 수립하고, 단축 항로 이용과 근접 교체 공항 선정, 기내 용품 경량화 등을 통해 고유가 시대에 맞는 전략을 세웠다. 아시아나항공은 과거 낮은 단가로 매입한 헷지 물량으로 평가 이익이 나고는 있지만, 최근의 환경을 타개하기 위해 연간 사용량의 30%를 목표로 헷지를 지속한다는 방침이다. 발등에 불이 떨어진 해운선사들은 컨테이너 운임의 경우 유가 상승분을 화주로부터 보전받고, 벌크선 역시 대형 화주와 장기 운송 등에 대해서는 유가 상승분을 보전받는 등 구조적인 헷징을 마련해 놓은 상태다.

원자재 수입 물량이 많은 식품업계는 국제 곡물가가 치솟은 상황에 유가가 오르고 환율도 안정되지 않으면서 울상을 짓고 있다. 이에 따라 CJ제일제당은 조금이라도 환차손이 적은 시점에 원자재를 구입할 수 있도록 비상 경영 체제를 유지하고 제조 공장에서 유가 소비량을 줄이려는 노력을 지속할 방침이다.

투기 거래란?

선물에서 말하는 스팩은 흔히 쓰이는 스팩의 의미와 달리 speculation이란 뜻으로 투기거래를 말한다. 위험을 감수하고 높은 수익을 목표로 할 때 투기 거래라 한다. 이는 부동산, 주식과 마찬가지로 이익을 위해 추구하는 거래라는 점에서 동일하다. 상품의 가격이 올라갈 것으로 예상한다면 상품을 사기로 계약하여 선물의 매수 포지션을 취한다. 이와 반대로 상품의 가격이 하락할 것으로 예상하면 상품을 팔기로 계약하여 선물의 매도 포지션을 취하여 이익을 추구한다.

매수 포지션은 선물이 오를 것으로 보이니 매수를 한 것이기에 선물 가격이 오르면 손익도 올라간다. 반대로 매도 포지션은 현물 가격의 하락이 예상될 때 선물을 매도하면 인도 가격만큼의 이득을 보게 된다. 다만 주가지수가 오를지 내릴지 예측할 필요가 있기에 어렵다.

여윳돈 10억 쥔 부자들은 이렇게 투자한다

2011.07.15. 아시아경제

"지금 집 살까? 금 살까?"

최근 유럽을 비롯한 세계 경제의 불확실성으로 증시의 변동성이 커지면서 주식형 펀드의 수익률이 불안한 모습을 보이고 있습니다. 이에 따라 전통적인 부동산이나 금에 투자하면 어떨까 하는 질문을 가끔 받고 있습니다. 그러나 국내 및 해외 주식뿐만 아니라 채권형이나 대안 투자로 여겨지던 원유 등 원자재와 금, 심지어 부동산 시장마저 전망하기 힘들어지면서 투자자들을 고민하게 만들고 있습니다.

지난해 4월쯤 10억 원 정도의 여유 자금을 어떻게 운용할지에 대해 예정에 없던 상담을 한 적이 있습니다. 특별히 목돈을 쓸 일이 없는 70세가 넘은 어르신이었는데, 강남 재건축 아파트에 투자할 것인가, 아니면 금괴를 사서 보관할 것인가를 고민하다가 의견을 듣고 싶어 오신 분이었습니다. 예금 이자로는 만족하지 못하고 수익에 대한 욕구는 강했지만 별다른 투자 경험이 없었고, 원금 손실에 대해선 극도의 거부감을 갖고 있었으나 2000년 초 주택을 구입, 크게 올라 부동산에는 상당히 호의적인 편이었습니다. 상담 시에도 강남 재건축 아파트 가격이 많이 하락했다고 판단, 구입하고자 하는 욕구가 가장 컸고, 금은 금융위기 이후 지속적으로 가격이 상승하는 안전 자산이라는 말을 많이 듣고 실물로 보관하면 안전할 것이라는 생각을 갖고 계셨습니다.

이 분의 경우 PB에게 자산 관리의 조언을 얻기보다 자신의 생각을 결정하기 위해 특별한 전망이라도 있는지 궁금해 찾은 경우였고 만약 한 쪽의 장점만을 부각시켜 권유해드렸다면 그 쪽을 당장 선택할 기세였습니다. 하지만 형식적 답변보다 당시 상황과 전망에 대해 전체적으로 말씀을 드리고 다시 선택의 주사위를 돌려 드릴 수밖에 없었습니다.

당시 손님의 두 가지 선택의 결과는 어떻게 되었을까요?

"무주택 실요자는 집 구입할 만"

비단 이 분뿐 아니라 많은 분들이 본인이 얻은 경험을 바탕으로 미래의 투자를 결정하는 성향이 있습니다. 또한 이 분이 주택 구입을 선호했던 이유는 ▲압도적인 저금리 지속 ▲주택 가격의 지속적 하락 ▲강남 지역의 주택 부족이었습니다.

이에 필자는 ▲1가구 2주택으로 인한 종부세 등 세부담 ▲경기 호조로 인한 금리 상승 기조 변화 조짐 ▲정부의 부동산 규제 정책, 보금자리 정책 등에 따른 일반 매수세 실종 ▲장기적인 인구 구조 변화 등으로 매수하지 않는 것이 좋겠다고 말씀드렸습니다.

물론 평소의 경기 상황이었으면 부동산 가격도 지난 1년간 다시 오를 가능성이 있었겠지만 최근의 불안정한 세계 부동산 가격의 조정은 우리나라도 예외는 아니었습니다. 매수를 원했던 아파트의 가격은 그림에서 보는 것처럼 1년 동안 오히려 하락세를 보였습니다.

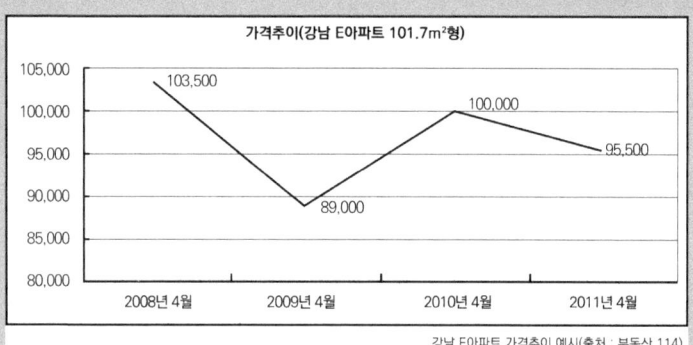

강남 E아파트 가격추이 예시(출처 : 부동산 114)

최근 부동산 경기 활성화를 위해 규제 완화책이 나오고 있지만 오늘 다시 같은 상담을 한다고 해도 크게 추천을 하고 싶지는 않습니다. 가장 큰 이유는 1가구 2주택자가 돼 굳이 누진세를 부담하며 투자할 필요는 없어 보이기 때문입니다. 하지만 무주택자가 주택을 구입할 의사가 있다면 너무 계산기를 두드리거나 두려워 할 필요는 없어 보입니다. 경제 성장이 지속되는 한, 집값이 지속적으로 하락하지는 않을 것이며 주거 환경이 뛰어난 인기 지역의 경우 폭이 크지는 않더라도 점차 상승하는 차별적인 모습이 뚜렷이 나타날 것입니다. 그러므로 앞으로의 주택 구입은 투자 가치보다 주거 가치를 세밀히 고려한다면 오히려 좋은 시기가 될 수 있을 것으로 보입니다.

단, 금리 상승이 지속되는 시기에 과도한 대출을 통해 주택을 구입하는 것은 이자 부담을 예상보다 크게 늘릴 수 있으므로 조심해야 할 필요가 있습니다.

당장 거주는 못하더라도 미래에 살고 싶은 집이 있다면, 매입 후 전월세(반전세)를 적절히 활용, 수익성을 높여보는 것도 하나의 방법일 것 같습니다.

금, 여전히 효과적인 분산 투자 대상

6월 들어 온스당 1,400불대로 내려가며 한풀 꺾이나 싶었던 금값이 최근 유로존 재정위기에 따른 안전 자산 선호 현상으로 다시 급등하며 1,600불대까지 접근하고 있습니다.

손님과 상담을 했던 지난해 4월, 국제 금값은 온스당 1,150불을 넘나들고 있었고 올해 4월 1,500불을 돌파했으니 손님이 만약 금을 매입했다면 30%의 수익이 발생했을까요? 그런데 이 시세는 달러를 기준으로 발생한 수익입니다. 만약 원화로 구입했다면 이야기는 좀 달라집니다. 금 실물을 구입해 팔았다면 수익이 약 3~4%에 불과하고 금 펀드나 통장으로 가입했다면 다행히 세후 약 17~19% 수준의 수익이 발생했습니다.

이것은 국내 금 거래의 특성상 환율의 영향을 받기 때문이고 실물 매입 시 10%의 부가세와 수수료가 포함되고 펀드의 경우 수익에 따른 세금이 발생하기 때문입니다.

금시세정보

날짜	매매 기준율 (원/1g당)	실물거래(원)		국제 금시세 (S/Oz)	기준환율 (원/달러)
		매수(부가세외)	매도가격		
2011.4.15	51,628.3	54210	49047	1,473.38	1,090.0
2010.4.15	41,121.6	43383	38860	1,153.95	1,108.5

참고: 네이버금융

상담 시에는 환율 하락세와 금 가격의 변동성, 세금 등을 고려해 전액 매입보다는 상승 가능성이 컸던 주식형 펀드 등과 더불어 금액의 10~20% 범위 내에서 분산차원에서 매입하실 것을 권유해드렸습니다. 결과로만 보면 그 기간 동안 주식형 펀드의 경우 평균 30% 이상의 성과를 보였으니 수익 면에서는 분산 투자가 효과를 본 셈입니다.

금 투자와 관련해 생각나는 것은 1년 전쯤 한 고객께서 갑자기 금을 대량으로 구입해 달라고 하신 적이 있었습니다. 원래 성향이 다소 보수적인 분이라 금을 매입해드리면서 투자 이유를 묻자, 북한의 갑작스런 붕괴로 인한 통일 이후 혼란이 걱정돼 매입한다고 해 고객을 끄덕인 적이 있습니다. 그분이 금을 산 이유도 특별했듯, 최근 시장의 금값 상승 이유도 다양한 편입니다.

금값은 금융위기 때는 '안전 자산 선호', 그 후엔 '달러 약세'라는 이유로 거기에 투기 수요까지 붙어서 고점 논란에도 불구하고 지속적인 상승을 보여 왔습니다. 최근 한 보고서에서는 금값이 5000불까지 오를 수 있다는 예측(아시아경제 11.6.15일자 기사 참조)까지 나온 것을 보면 앞으로도 무시하고 지나칠 수 없는 자산으로 보입니다.

이제는 실물 뿐 아니라 ETF나 미니 선물, 금 펀드 등 금에 투자할 수 있는 다양한 방법이 있지만 앞의 상황처럼 비용 구조와 환율도 감안해야 하니 단순한 수익만을 위해서라면 좀 더 저렴한 비용과 방향성이 예측되는 자산들에 투자를 권하고 싶습니다. 하지만 경제 전망이 불안하게 느껴지거나 위험 관리 차원에서 자산을 분산하고 싶은 분이라면 아직도 금은 효과적인 분산 투자 대상이며 수익적 측면에서도 예측하지 못한 일이 발생할 경우 기대치 않았던 추가 수익이 발생할 수도 있을 것입니다.

시장 흐름 인정…상승장 땐 3종목
내외 집중 투자로 이익 극대화

2011.07.15. 아시아경제

'평생 사부' 최승욱 대표의 추세이론 (1)

미국 뉴스 채널 CNN의 인기 앵커로 연봉 50억 원을 받았던 앤더슨 쿠퍼는 재벌가인 밴더빌트 가문의 후손이자 예일대 출신 엘리트다. 그럼에도 그는 "앵커가 높은 곳에 앉아 모든 것을 아는 체하고, 목격한 체하는 뉴스를 사람들은 더 이상 구매하지 않는다"며 전 세계 취재 현장과 오지를 누빈다. 한 인터뷰에서 "은발이 잘 어울린다"는 질문을 받자 그는 "개인적으로는 은발이 싫고 어린 시절의 갈색머리로 돌아갔으면 좋겠다. 하지만 인생이란 게 원래 그런 걸 인정하면서 사는 것 아닌가"라고 반문하기도 했다.

여기서 투자자들은 그의 "인생이란 원래 인정하면서 사는 것 아닌가"라는 말을 배워야 한다고 생각한다. 사실 많은 개인 투자자들은 추세를 인정하기보다 미래를 예측하려 한다. 섣부른 예측으로 큰돈을 날리고 문제를 시장 탓으로 돌리는 경우가 허다하다. 다음 사례는 추세를 파악하는 것이 얼마나 중요한지 말해준다.

영국 투자은행 베어링스의 파산은 1995년 닉 리슨이라는 젊은 파생 트레이더의 잘못된 판단에 따른 것이었다. 당시 그는 일본의 닛케이 평균 주가가 계속해 상승할 것이라고 주장하며 닛케이 선물을 공격적으로 매수했다. 하지만 예측과 달리 닛케이 평균 주가가 폭락해 큰 손실을 입었다. 초기에 실수를 인정하고 손을 털었으면 좋았겠지만 그는 닛케이 주가의 하락 추세를 부정하고 손실을 숨긴 뒤 더 많은 투자금을 쏟아부었다. 결국 손실은 눈덩이처럼 커졌고 해당 거래에서 22억 달러의 손실을 입은 베어링스 은행은 파산했다. 하지만 이 와중에도 승자는 있었다. 훗날 미국 프로야구팀 보스턴 레드삭스의 구단주가 된 존 헨리를 비롯해 추세를 따른 몇몇 투자자들이었다. 그들은 시장을 섣불리 예측하기보다는 추세에 편승하는 방법으로 폭락장에서도 50% 이상의 수익률을 올렸다.

성공적인 매매를 하려면 일단 시장을 인정해야 한다. 그리고 현재 시장의 이슈와 추세가 무엇인지 스스로 정의를 내릴 필요가 있다. 시장을 상승장과 하락장, 횡보장으로 구분하고 주식과 현금의 비중을 조절할 줄도 알아야 한다. 상승장이라고 여겨지면 며칠간 주식을 보유하는 전략을 취하면서 보유 기간을 최대한 길게 가져가 이익을 극대화해야 한다. 주식 비중을 투자 자산의 70% 이상으로 높이고 종목 수는 3종목 내외로 집중 투자해야 한다. 하락장에서는 단기 매매 관점에서만 접근하면서 보유보다는 거래를 한다는 생각으로 매매해야 한다. 주가가 원하는 방향으로 움직이면 들고 있다가 방향이 바뀔 경우 바로 매도하는 것이다. 횡보장에서는 박스권 전략인 저점 매수·고점 매도를 해야 한다.

매수 차익 거래는 매수로 돈을 버는 것이다. 선물을 매수해 현물과의 차이만큼 돈을 버는 것이며, 매도 차익 거래는 선물 가격이 현물 가격보다 저평가된 경우 매도해 돈을 벌 수 있다.

〈차익 거래의 예〉

(달러 선물) 3월 현재 달러 선물이 1,100원이고 6월은 1,250원이라 하였을 때 현재 달러 선물을 사면 돈을 벌 수 있다. 미국 달러 1계약당 가격이 5만 달러라 했을 때 김투자씨가 연 8%로 5,500만 원을 은행에서 빌려 투자하면 얼마의 이익을 벌 수 있을까?

풀이

은행으로부터 5,500만원을 대출받아 달러 50,000을 매입하였고(현물 매수) 동시에 미국 달러를 1계약 매도(선물 매도)하였고, 3개월 후 결재할 때 김투자씨는 1,250 × 50,000 - 55,000,000 - (55,000,000 × 0.08 × 3/12)를 통해 6,400,000을 벌게 되는 것이다. 이는 현물과 선물의 가격 차이가 날 때 돈을 버는 예시를 보여준 것이다. 이와 같이 매수 차입 거래는 어떠한 위험 없이 돈을 벌 수도 있다.

프로그램 매매

주식의 현물 가격과 선물 가격은 동일하게 움직여야 하는데, 만기 전에는 일치하지 않는 경우가 있다. 이때 주식시장에서 고평가된 것을 팔고 저평가된 것을 사는 차익 거래를 프로그램 매매라고 한다. 시장 상황에 맞추어 사전에 결정된 프로그램으로 일괄 거래하여 매수 매도 차익으로 이익을 보는 것으로 프로그램 매매로 불린다. 주가에 영향을 크게 미치므로 규정과 제약을 두는데 공시 제도와 사이드카(sidecar)가 대표적이다.

공시 제도는 코스닥50 선물에 포함된 종목을 10개 이상 또는 KOSPI200에 포함된 종목 15개 이상을 한꺼번에 매수하거나 매도할 때 거래소에 공시하도록 한 제도이다. 사이드카는 프로그램 매매 주문의 처리를 5분 동안 보류시키는 것이다. 5분이 지나면 사이드카는 자동으로 풀리고 주문 순서에 따라 프로그램 매매가 체결된다.

02 선물거래의 유형

헷지거래(Hedging)

헷징의 개념도

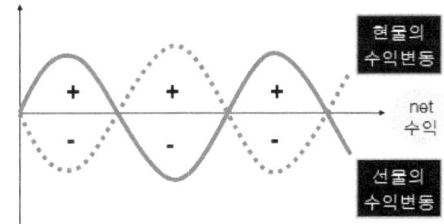

베이시스(Basis)

　베이시스(Basis)를 알기 위해선 '선물(先物)'과 '현물(現物)'에 대한 이해가 뒷받침돼야 한다. 쉽게 말해 현물이란 2025 시세로 거래계약을 체결하고 매매하는 상품을, 선물이란 2025 시세로 거래계약을 체결하되 계약 이행을 미래의 특정 시점(만기일)에 하기로 약속한 상품을 말한다. 현물을 매매하는 거래는 현물 거래, 선물을 매매하는 거래는 선물 거래가 된다.

선물과 베이시스

　이해를 돕기 위해 예를 들어 설명해보자. A가 B 소유의 아파트 (2025 시가 1억 원)를 구입한다고 할 때 다음과 같은 두 가지 경우가 있을 수 있다.

02 선물거래의 유형

📈 투기거래('Spec'ulation)

○ 투기거래 개념도

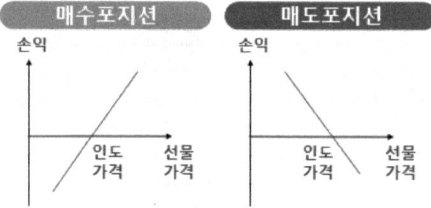

- 오늘 A가 1억 원을 주고 B 소유 아파트를 넘겨받는다.

- 1년 뒤 A가 1억 원에 B 소유의 아파트를 넘겨받기로 오늘 약속한다.

02 선물거래의 유형

여기서 잠깐! – 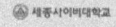Nick Leeson

○ 95년 1월 고베 지진
- Nikkei225 폭락
- 옵션전략(Short Straddle) 실패

○ 만회 전략
- 대량의 선물
- Long Position 지속
↓
- 실패
- Barings(233년) 부도
- ING에 매각

전자는 현물 거래이고, 후자가 선물 거래다. 흔히 선물 거래를 '입도선매'에 비유하는 것은 이와 같은 거래 형태 때문이다. 전자는 별 문제가 없다. 2025 시가 1억 원짜리 아파트를 A와 B가 서로 주고받았기 때문에 서로 만족한 채 계약을 끝낼 수 있다. 하지만 후자, 즉 선물 거래는 문제가 된다. 지금 1억 원인 아파트가 1

년 뒤에도 1억 원일지는 아무도 알 수 없기 때문이다. 오늘 1억 원짜리 아파트가 1년 뒤 2억 원이 됐다고 하자. 사기로 한 A는 큰 이득을 본다. 2억 원짜리 아파트를 선물 계약 덕에 1억 원이면 손에 넣을 수 있기 때문이다. 반면 아파트를 팔기로 한 B는 그만큼 손해를 보게 된다. 결국 선물 거래는 선물을 매매해놓고 선물 매매 시세를 만기일 현물 시세와 비교해 성패를 겨루는 '제로섬 게임'이다.

위의 예에서도 알 수 있듯 미래 가격인 선물 가격과 현물 가격은 서로 차이가 날 수밖에 없다. 이 경우 선물과 현물의 시세 차이를 베이시스(Basis)라고 한다. 이론적으로 선물 가격은 현물 가격보다 더 비싸야 한다. 즉 베이시스는 양(+)의 값을 띠어야 한다. 왜냐하면 선물 가격은 현물 가격에 미래 시점의 불확실성에 대한 보상이 추가된 개념이기 때문이다. 현물을 살 돈을 은행에 예금해도 기간이 늘어날수록 이자 수입이 붙는다는 점을 떠올려보면 이해가 어렵지 않을 것이다. 따라서 정상적인 시장이라면 베이시스가 양(+)의 값을 띠어야 한다.

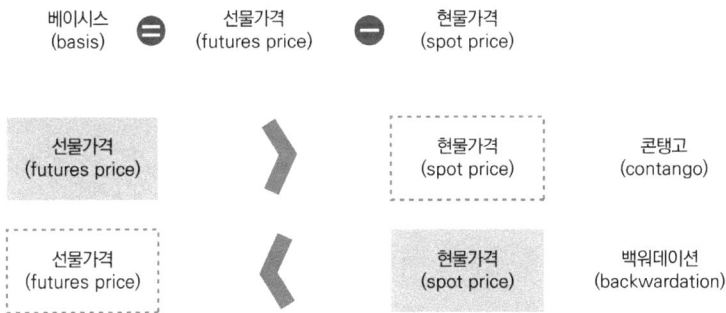

* 이론 선물가격 = 현물가격 + 보유비용(이자비용, 보관비용 등)

콘탱고와 백워데이션

이처럼 베이시스가 양(+)의 값을 띨 때, 즉 '선물 가격 > 현물 가격'

일 때를 '콘탱고(Contango, 정상시장)'라고 한다. 콘탱고는 선물 가격이 현물보다 고평가된 상태다. 반대로 베이시스가 음(-)의 값을 띨 때, '선물 가격<현물 가격'일 때를 '백워데이션(Backwardation· 역조시장)'이라고 한다. 이 경우 선물 가격이 현물보다 저평가된 것으로 본다.

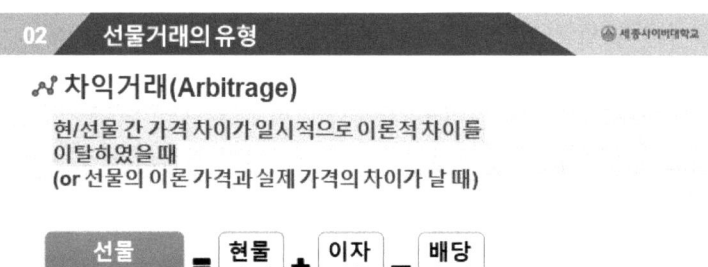

베이시스의 실제

이제 주식시장으로 들어와 베이시스가 어떻게 활용되는지 보자(이해를 돕기 위해 가장 친밀한 주가지수 선물을 언급할 뿐 실제 선물시장은 무궁무진하다. 예를 들어 전 세계 경제에 엄청난 영향을 미치는 원유 선물 시장은 1일 거래량만 20억 배럴이 넘는다).

한국 증시에서 주식 선물 거래의 중심은 '코스피(KOSPI)200 선물'로서 코스피200을 선물로 거래하기 위해 만들어진 금융 상품이다. '코스피200 선물'에는 3월물, 6월물, 9월물, 12월물 등 네 종류의 상품이 있다. 매매는 '계약' 단위로 이뤄지며, 단위당 매매 계약금은 50만 원이다.

9월 1일 2025 코스피200 시세는 100포인트이고, 9월 둘째 주 목요일 만기가 돌아오는 9월물 선물 시세는 107포인트라 하자. 베이시스(선물 가격-현물 가격)는 7포인트다. 선물이 현물보다 고평가된 '콘탱고' 상황이다. 이 경우 투자자는 상대적으로 비싼 주가지수 선물을 시장에 내다팔고, 현물을 사는 거래를 벌인다.

투자자가 선물 9월물을 2건 매도하는 계약을 체결했다고 가정하자. 투자금은 1억700만 원(=107포인트×2계약×50만 원)이 된다. 이처럼 선물을 판 경우 전문 용어로 '매도 포지션' 또는 '숏(Short) 포지션'을 택했다고 한다. 반대로 투자자는 현물 시장에서 1억 원을 들여 판 선물만큼의 현물을 사들였다. 이제 9월물 만기일에 코스피200 종가가 97포인트까지 떨어졌다. 투자자는 107포인트에 선물을 매도했기 때문에 10포인트만큼 이득을 봤다. 이익 금액은 1,000만 원(=10포인트×2계약×50만 원)이 된다. 반면 코스피200 시세가 100포인트에서 97포인트로 떨어지면서 300만 원을 잃게 된다. 따라서 투자자는 선물 거래와 현물 거래를 병행해 700만 원의 이익을 보게 된다. 반대로 베이시스가 음(-)을 띄는 백워데이션 상태일 때 저평가된 선물을 사고 고평가된 현물을 파는 경우를 '매수 포지션' 또는 '롱 포지션'이라고 한다.

또한 대부분의 경우 선물과 현물을 서로 반대 방향으로 동시에 투자해 차익을 노리는데 이를 '차익 매매(arbitrage)'라고 하며, 이 중 현물을 사고 선물을 파는 경우를 매수 차익 매매, 현물을 팔고 선물을 사는 경우를 매도 차익 매매라 한다. 베이시스는 결국 만기에는 '0'이 된다. 선물 가격이 미래 특정 시점의 현물 가격이므로 만기가 종료되면 해당 선물이 없어지면서 선물 가격과 현물 가격은 같아지게 되기 때문이다.

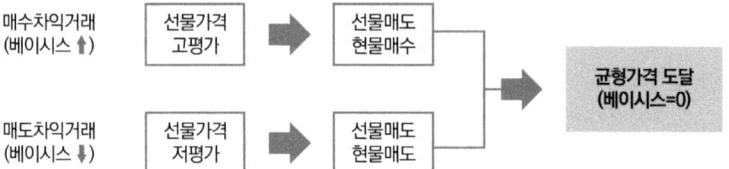

일반적으로 선물과 현물을 서로 반대 방향으로 동시에 투자해 차익을 노린다.

베이시스, 왜 중요한가?

개념상으론 단순하지만 실제 베이시스는 현물과 선물을 잇는 중개자로서 차익 거래의 방향을 결정짓는 중요한 변수이다. 하지만 베이시스가 더욱 중요성을 가지는 이유는 바로 프로그램 매매 때문이다. 베이시스를 활용하는 차익 매매는 고도의 계산을 필요로 하기 때문에 개인 투자자들이 감당하긴 쉽지 않다. 대부분은 기관 투자자들의 손에서 이뤄진다. 기관 투자자들은 베이시스를 기본 데이터로 주식 매수와 매도가 자동적으로 이뤄지도록 한 컴퓨터 프로그램을 이용한다. 이 같은 프로그램에 의해 이뤄지는 매매가 바로 '프로그램 매매'다.

장이 열리는 동안 선물과 현물의 시세 차, 즉 베이시스가 프로그램의 일정 조건에 도달하면 컴퓨터는 자동적으로 매수 또는 매도 주문을 낸다. 만약 시장에서 베이시스가 음(-)의 값, 즉 백워데이션 추세가 강해진다면 선물이 저평가됐다고 보고 선물을 사고 현물을 파는 매도 차익 거래가 발생한다. 기관 투자자에 의한 프로그램 매매는 대부분 대량으로 매매가 이뤄지다 보니 현물시장의 주가가 급락하는 결과를 가져오게 된다.

콘탱고는 베이시스가 높을 경우 매수 차액 거래를 통해 돈을 버는 경우를 말하며 백워데이션의 경우 마이너스 베이시스로 매도 차익 거래를 통해 돈을 버는 것을 말한다. 만기일인 3, 6, 9, 12월이 되면 청산을 해야 해서 선물과 현물의 가격이 0원이 되기에 만기일이 되면 베이시스는 0원이 된다.

선물 가격이 현물 가격보다 오를 경우 콘탱고이고 선물 가격이 현물 가격보다 낮을 경우 백워데이션이라 부른다.

스프레이드 거래란?

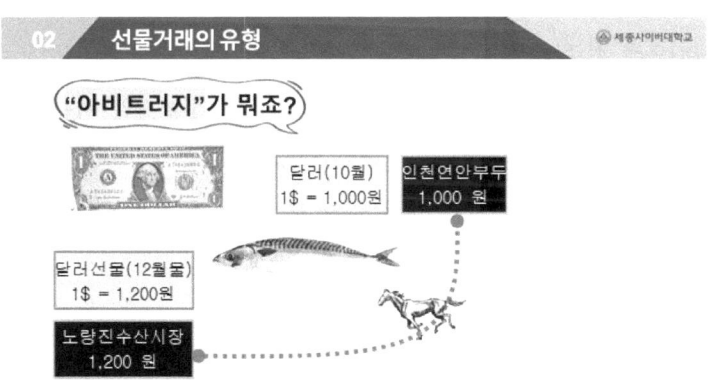

9월 물과 12월 물의 차이를 스프레이드 거래라고 한다. 이는 2가지로 나눌 수 있는데 상품은 같으면서 결제일이 다른 선물 계약 간의 가격 관계를 이용하여 손실을 최소화하면서 이익을 얻으려고 하는 것을 시간 스프레드라 한다.

선물의 결제일은 각각 3, 6, 9, 12이기에 같은 상품이지만 결제일이 다를 경우 돈을 벌 수 있다는 것이다. 이와 달리 상품은 다르나 가격 움직임이 밀접한 관계를 갖는 결제월이 같은 선물 계약을 맺는 것을 상품 스프레드라 한다. 밀과 옥수수의 경우 거의 비슷하게 결제가 될 텐데 이때 차이가 있을 때 주로 사용되는 것을 상품 스프레드라 한다.

KOSPI200

KOSPI200 주가지수 성분은 1996년 5월 한국 증권거래소에서 시작했다. 우리나라 대표 종목 200개의 비교 시점 시가 총액을 100으로 기준 시점(90년 1월 3일)의 시가 총액을 통해 100으로 환산한 것이다. 우리나라의 주식시장은 80년 1월 3일 기준이다. 2010년 1월 기준으로 시가 총액이 1,700이라 하면 17배 오른 것이다. 코스피 선물지수는 90년 1월 3일을 기준으로 하여 주식시장이 10년 빠름을 알 수 있다.

KOSPI200 지수 선물은 4가지 상품이 있다. 3월물, 6월물, 9월물, 12월물이 바로 그것이다. 수명은 1년으로 만기일은 다음해 각 결제월의 두 번째 목요일이고 청산 후 다음해 같은 결제월 상품을 상장한다. 우리나라의 주가지수 선물은 한 포인트가 50만 원이고 호가 단위는 0.05포인트이다. 개시 증거금은 15%가 있으면 되고, 유지증거금은 10%이다. 즉 100만 원을 가지고 있으면 2포인트를

02 선물거래의 유형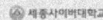

헷지거래(Hedging)

미래에 가격변동이 발생하더라도
어느 정도 그 가치를 그대로 보존하고자 할 때

- 현물을 매수(매도)한 투자자가 현물의 시장가격이
  폭락(폭등)할 경우를 염려하여 해당 선물을
  매도(매수)...

  - 이때 예상 밖으로 현물의 가격이 올라(내려)갔다면,
    그 이익이 선물매도(매수)포지션에 의한 손실과 서로
    상쇄

살 수 있다는 의미다.

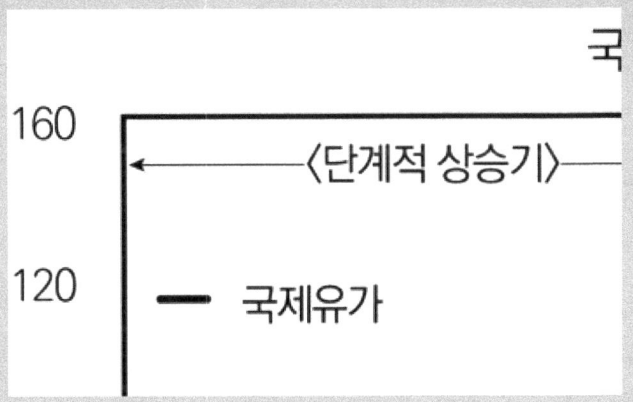

"투기 자금에 휘둘리는 원유 선물시장
…모니터링 강화해야"

2019-05-19 12:00

CBS노컷뉴스 장관순 기자

글로벌 원유 선물시장에 투기성 자금이 쏠리면서 유가 변동의 불안정성을 확대해온 것으로 조사됐다. 이에 따라 원유 선물시장 모

니터링과 분석을 강화할 필요가 있다는 지적이 나왔다.

19일 한국은행 해외경제포커스에 수록된 안시온 조사국 과장 등 연구팀의 '글로벌 원유 선물시장의 현황 및 유가와의 관계' 보고서에 따르면 2008년 글로벌 금융위기 이후 저금리 기조에 따라 투기성 자금이 원유 선물시장으로 대거 유입됐다.

연구팀에 따르면 서부 텍사스 원유(WTI)의 일평균 선물 거래량은 2000년 14만8,000계약에서 지난해 121만7,000계약으로 8배 수준으로 증가했다. 북해 브랜트 원유도 2000~2018년 중 11.6배 증가했다.

거래 주체별로 투기 목적인 비상업 거래자의 매수 포지션 확대가 선물 거래의 급증을 견인한 것으로 분석됐다. WTI 선물시장에서 비상업 순매수 포지션은 금융위기 직전인 2007년말 5만3,000계약에 불과했으나, 지난해 1월에는 79만4,000계약으로 출범 이후 최고 수준을 기록했다. 반면 원유 생산자의 매도 헤지 수요가 많은 상업 거래자의 선물 거래 규모는 상대적으로 큰 변동 없이 완만하게 증가하는 모습이었다.

투기성 자금의 유입은 저금리 탓에 국채 등의 기대 수익이 낮아진 데 따른 것으로 해석됐다. 2008년 7월 4조2,000억 달러에서 지난해 말 14조4,000억달러로 급증한 글로벌 유동성이 투기성 자금으로 작용하게 됐다. 실제로 원유 선물시장에서 투기성 자금과 유가 상승의 연관성이 나타났다. 3차례 국제 유가 상승기 평균 국제 유가가 배럴당 28달러 상승했는데, 이때 비상업 순매수 포지션은 31만 2,000계약 증가했다. 반대로 2차례 하락기 평균 유가가 49.7달러 하락할 때는 25만 3,000계약이 감소했다. 투기성 자금의 잦은 유출입은 초기 유가 변동→순매수 포지션 조정→추가 유가변동 상황을 연쇄적으로 일으켜 유가 변동 폭을 키우는 것으로 나타났다.

연구팀은 "글로벌 원유 선물시장은 유가 변동에 따른 위험 회피를 목적으로 출범·성장했으나, 성장 배경에 투기성 자금의 역할이 커지면서 유가 변동의 불안정성이 오히려 확대됐다"며 "우리 경제는 세계 5위의 원유 수입국으로 유가 변동이 거시 경제에 영향을 미칠 수 있으므로 원유 선물시장에 대한 모니터링과 분석을 강화할 필요가 있다"고 밝혔다.

이어 "세계 경제 성장률 둔화, 미중 무역 갈등 심화 등 수급 불안 요인이 잠재하는 만큼 글로벌 자금 흐름 상황을 면밀히 주시해야 한다"며 "세계 최대 석유 수입국으로 향후 빠른 성장이 예상되는 중국의 원유 선물시장이 우리 원유 수입의 약 74%를 차지하는 중동산 원유 가격에 미칠 영향에 대한 분석도 병행돼야 한다"고 지적했다.

이 기사 주소: https://www.nocutnews.co.kr/5152465

지수 선물 미결제 약정 급감하며 반등

2025.06.15 18:00

'국가 지자체 주도' 프로그램 12일 만에 순매도

코스피200 지수 선물이 3거래일 만에 반등하며 279선을 회복했다. 전날 지수 선물이 급락하면서 급증했던 미결제 약정은 지수가 반등하면서 하루 만에 다시 급감했다. 전날 지수 하락에 베팅했던 투기적 매도 세력이 상당 부분 포지션을 청산한 것으로 판단된다. 외국인은 선물 순매도를 이어갔지만 규모는 많지 않았다. 베이시스도 추가 하락했지만 차익 매도 규모는 제한적이었다. 프로그램은 12거래일 만에 순매도로 전환됐다. 다만 매도 주체는 초단기 성향의 국가 지자체로 한정됐다. 국가 지자체는 프로그램에서 1,083억 원 순매도를 기록했다. 전날 프로그램에서 19거래일 만에 순매도로 돌아섰던 외국인은 소폭이나마 다시 하루 만에 순매수로 방향을 틀었다. 최창규 우리투자증권 연구원은 "만기 주간 들어서도 계속해서 프로그램 매수를 진행한 외국인이 갑자기 돌아서지는 않을 것으로 보인다"며 "옵션 만기일 매수 우위 가능성이 있다"고 설명했다. 최동환 신한금융투자 연구원은 "국가 지자체의 매수 차익 잔고 청산으로 프로그램이 순매도를 기록했다"며 "오히려 만기 매도 완화 요인으로 해석하는 것이 바람직하다"고 설명했다.

만기 동시 호가에서 나올 수 있는 물량들이 일부 미리 출회됐다는 것이다.

심상범 대우증권 연구원도 "국가 지자체 만기일 매도하더라도 물량 부담은 크지 않다"며 "오히려 외국인 선물 매도와 함께 베이시스가 하락하고 있어 만기와 무관하게 지수 방향성이 다소 걱정스러운 상황"이라고 말했다.

13일 지수 선물은 전일 대비 2.30포인트(0.83%) 오른 279.35로 거래를 마쳤다.

뉴욕과 유럽 증시가 약세를 이어갔지만 지수 선물은 278.70으로 상승 출발했다. 차별화 장세에 대한 부담을 극복하지 못하고 지수 선물은 오전장에서 시가를 밑돌며 278 공방을 펼쳤다. 중반 들어 상승폭을 확대한 지수 선물은 오후 12시37분 279.85(고가)까지 올랐다. 이후 한 차례 되밀림 후 재차 반등하며 279선에 안착했다.

투자 주체들은 방향성보다는 변동성을 활용한 짧은 매매를 반복하는 모습이었다. 장중 최대 순매매 규모는 2000계약 정도로 제한됐다. 최종적으로 외국인은 1,379계약 순매도했다. 개인도 13계약 매도 우위였다. 기관은 291계약 순매수했고 모처럼 차익 거래에서 순매도를 주도한 국가 지자체가 선물을 956계약 순매수했다.

평균 베이시스가 7거래일 만에 이론가를 밑돌았고 프로그램은 12거래일 만에 순매도로 전환됐다. 차익 692억 원, 비차익 379억 원 등 합계 1,072억 원 순매도를 기록했다. 비차익은 12거래일 만에 순매도로 전환됐지만 전날 19거래일 만에 비차익 순매도를 기록했던 외국인은 되레 순매수로 다시 돌아섰다. 순매수 규모는 200억 원 가량으로 많지 않았다. 평균 베이시스는 전일 대비 0.33포인트 하락한 1.30을 기록했다. 이론가보다 0.28포인트 낮았다. 마감 베이시스는 1.03, 괴리율은 -0.20%를 기록했다. 33만8,739계약이 거래됐다. 미결제 약정은 7,188계약 급감해 9만8,559계약이 됐다.

미결제 약정 수량은 장 종료 이후에도 아직 청산되지 않은 계약 잔고 수를 말한다.

01 KOSPI 200

KOSPI 200(선물지수)

$$\frac{대표종목\ 200개의\ 비교\ 시점의\ 시가총액}{대표종목\ 200개의\ 기준\ 시점의\ 시가총액} 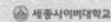 100$$

- 1996년 5월 시작 – 한국증권거래소
- 기준 시점 = 90년 1월 3일
- 대표종목 = 주식시장의 실세종목
  (시장대표성, 업종대표성, 유동성)

KOSPI200 지수 선물

> KOSPI200=선물 지수 구성 종목의 비교 시점의 시가 총액 합계/선물 지수 구성 종목의 기준 시점의 시가 총액 합계×100

만기별로는 3월물, 6월물, 9월물, 12월물의 네 가지 종류이며 거래 단위는 KOSPI 200×50만 원으로 되어 있어 선물 지수가 110포인트라면 거래 단위 승수인 50만 원을 곱하여 5,500만 원이 1계약 단위가 된다. 호가 단위는 100포인트 미만이면 0.05포인트(25,000원)이고 100포인트가 넘어서면 0.1포인트(5만 원)로 되어 있고 최소 예탁금은 신규 거래 시 위탁자는 3,000만 원 이상을 예탁하여야 한다. 위탁 증거금은 개시증거금으로 총약정 금액의 15%(현금 징수율은 5%), 유지증거금으로 10%(현금 징수율은 0%)가 규정되어 있다.

파생 금융 상품

기초 자산의 가격 변동으로 인한 손실 위험을 상쇄하거나, 위험을 최소화한 상태에서 수익을 확보할 수 있도록 고안된 금융 상품이다. 원래 기초 자산의 가치 변동에서 리스크를 회피하기 위해 고안된 상품이나 고수익을 목적으로 한 투기적 측면이 결합되어 있다.

파생 금융상품의 종류에는 선도, 선물, 옵션 스왑의 4가지가 있다.

02 KOSPI200 지수선물

4가지 상품(결제월) (수명 = 1년)

| 3월물 | 6월물 | 9월물 | 12월물 |

- 각 종목의 만기일 = 각 결제월의 두 번째 목요일
  - KOSPI200 종가 기준 마지막 일일정산
- 청산 후 다음 해 같은 결제월 상품 상장
- 기본 호가단위 = 0.05포인트 (1P=50만 원)
- 개시증거금 = 15%, 유지증거금 = 10%
  - 이하이면 마진콜

파생 상품 거래 전년比 26% 증가..1경9,000조 기록

한경 2011-07-11

주가지수 옵션 거래 규모 '세계 1위'

올해 1분기 금융회사의 파생 상품 거래 규모는 지난해 같은 기간과 비교해 26.3% 증가한 1경8872조원을 기록했다. 금융감독원은 11일 올 1분기 금융회사의 파생 상품 거래 규모를 조사한 결과 이같이 밝혔다.

거래된 파생 상품 중 장내 거래 규모는 82%(1경5,475조원), 장외 거래 규모 18%(3397조원)로 장내 거래 비중이 월등히 높은 것으로 나타났다. 실제 장내 파생 상품 중 주가지수 옵션은 계약 수 기준으로 세계 1위인 반면 장외 파생 상품 거래 규모는 세계 시장의 1%미만 수준이다.

[읽을 거리]
투자 3대 원칙: 수익성, 안전성, 환금성

김대종 세종대 경영학부 교수

 2025년 6월 은행에서 있었던 일이다. 예금 상담으로 은행 직원과 얘기를 나눌 기회가 있었다. 대화 마지막에 은행 직원이 파생 금융 상품에 대하여 이야기하면서 펀드 가입을 추천했다. 파생 상품 펀드가 만약에 50% 정도의 변동이 없다면 연 4%로 정도의 높은 수익을 준다고 가입을 권유했다. 파생 금융 상품이 위험하다는 것을 잘 알기에 가입하지 않았다.

당시 은행 직원에게 파생 금융 상품에 대하여 설명을 부탁하고, 이 상품에 가입하면 내 투자금이 어떻게 사용되는지 물어보았다. 직원은 그렇게 자세하게 모른다고 답변하면서, 미국이나 독일 등 선진국은 경제가 안정되어 있어 상하한으로 50% 이상 변동이 거의 없기에 안전하다고만 얘기했다.

필자는 신문에서 보았던 기사가 생각났다. 혹시 수년 전에 원유가 배럴당 190달러까지 상승했다가 2020년 코로나 사태로 마이너스 20달러까지 하락하면서 -100%까지 폭락 한 것을 아느냐고 물었다. 은행 직원은 그렇게 자세하게는 모른다고 답했다. 이처럼 은행직원도 파생 금융 상품을 모르면서 판매하고 있다.

최근 은행에서 DLS상품, 옵티머스 펀드, 라임펀드에 투자한 고객 수천 명이 수조 원에 이르는 소중한 돈을 100% 가까이 손실을 보았다는 뉴스를 보았다. 국민들이 금융에 대하여 너무나 모른다는 생각을 다시 하게 되었다. 은행 직원 말을 절대로 믿어서는 안 된다. 은행 투자 상품도 위험하다. 라임펀드나 옵티머스 등에 투자된 총액은 약 10조 원에 이른다. 이 소중한 돈은 우리 국민들의 소중한 노후 자금이다.

일련의 금융 사고를 겪으면서 우리 스스로가 똑똑해져야 한다. 대법원 판례에서는 부동산 사고가 발생할 때 책임의 50%는 세입자에게 지우고 있다. 그 이유는 등기부등본은 본인이 확인해야 하는 의무가 있다는 것이다. 금융에 있어서도 파생 금융 상품과 사모 펀드가 전액 손실이 발생할 수 있다는 것을 알아야 한다. 전액 손실이 두렵다면 절대 가입해서는 안 된다.

간접 투자보다는 한국과 미국의 시가 총액 10위 이내 기업에 직접 투자하는 것이 제일 좋다. 미국의 우량기업 FAMANG 기업들은 평균 매년 30% 상승한다. 애플, 아마존, Facebook, MS, 구글 등이다. 투자의 3대 원칙이 있다. 수익성, 안전성, 환금성이다. 수익성은 우리나라의 기준 금리가 0.5%이므로 은행 적금 금리 1.5% 정도가 적당한 수익률이다. 안전성은 원금이 보장되는가 여부에 달려 있다. 환금성은 언제든지 현금화 할 수 있는지 여부이다.

최근에 문제가 되고 있는 DLS(Derivative Linked Securities)는 유가 증권과 파생 금융 계약이 결합된 파생 상품이다. 투자의 3대 원칙 중 가장 중요한 것은 안전성이라고 볼 수 있다. 최소한 본인의 투자 성향을 확인한 뒤 투자하는 것이 좋다. 직장인의 투자 자금은 수년간 급여를 모은 매우 소중한 돈이다.

은행 적금 금리인 연 2%를 상회하는 더 높은 이자를 준다면 의심해야 한다. 폰지 사기(Ponzi Scheme)와 같은 돌려막기 금융 사기로 지금도 피해자가 계속 발생하고 있다. 폰지 사기는 신규 투자자의 돈으로 기존 투자자에게 이자를 지급하는 다단계 금융 사기로 1920년대 미국의 찰스 폰지(CharlesPonzi)가 벌인 사기 행각에서 유래되었다.

찰스 폰지(1882~1949)는 이탈리아인으로 1903년 미국으로 건너온 뒤 국제 우편 요금을 지불하는 쿠폰이 제1차 세계대전을 겪으면서 크게 변한 환율을 적용하지 않고 전쟁 전의 환율로 교환되는 점을 이용했다. 그는 해외에서 이를 대량으로 매입한 뒤 미국에서 유통시켜 차익을 얻는 사업을 구상했다. 폰지는 45일 후 원금의 50%, 90일 후 원금의 100%에 이르는 수익을 지급할 것을 약속하고 투자자를 모집하였다. 폰지는 몇 개월 만에 무일푼에서 갑부가 되었다. 그러나 이 사업의 실상은 뒤에 투자한 사람의 돈으로 먼저 투자한 사람의 수익을 지급하는 금융 피라미드였다. 지금도 '폰지 사기'는 다단계 금융 범죄를 가리키는 말로 통용되고 있다.

2008년 12월 미국 나스닥 증권거래소 회장을 지낸 버나드 매도프(Bernard Madoff)도 금융 사기로 체포되면서 다시 한 번 폰지 사기가 일반에 회자되었다. 매도프는 1960년 자신의 이름을 딴 증권사를 설립한 뒤 20년 가까이 신규 투자자의 돈으로 기존 투자자에게 수익금을 지급하는 방식으로, 최대 650억 달러에 이르는 미국 역사상 최대 규모의 폰지 사기 행각을 벌였다. 우리나라 시중은행도 약 1천억 원 규모의 피해를 보았을 정도로 피해가 컸다.

지금도 시중에는 적금보다 높은 월 2% 이자를 준다는 금융 다단계가 많다. 모두 위험하며 전액 손실 가능성이 높다. "세상에 공짜 점심은 없다"라는 말이 있다. 시중은행 적금보다 높은 금리를 제시하는 금융 상품은 무조건 조심해야 한다. 투자를 결정할 때는 투자의 3대 규칙을 상기하면서 신중해야 한다. 가장 좋은 투자 방법은 미국 시가 총액 1위 기업을 60세 은퇴할 때까지 매월 매수하는 것이다.

06
펀드, 옵션이란 무엇인가

- 펀드
- 보험
- 옵션
- 옵션 매매
- 옵션의 네 가지 기능
- 용산 시티파크 청약 현장
- 밭떼기 + 보험
- 선물 → 옵션 개념도
- 선물은 거래 대상이 기초 자산이다
- 증거금
- 트리플 위칭데이 triple switching day
- 옵션의 고정 가격은 black & scholes 모형
- 옵션 전략
- 옵션의 투자 형태
- 분산 투자
- 경제 고통지수

펀드, 옵션이란 무엇인가

| 펀드

주식 투자에는 직접 투자와 간접투자가 있다. 직접 투자는 본인이 직접 투자하는 것이 좋다. 펀드는 전문 운용 기관들이 운영하는 것이다. 은행들이나 증권사들이 펀드 가입을 많이 권한다. 수수료는 2% 정도이다. 간접 투자는 주로 펀드 투자를 의미하는 것으로 에셋플러스, 미래에셋 등 그 수가 굉장히 많다. 펀드는 주식 혼합 비율에 따라 주식형, 채권형, 혼합형이 있다. 주식이 60% 정도 이상이면 주식형, 60% 이상이 채권이면 채권형이다. 원금 보존과 안전성을 원하면 채권형에, 원금 손실을 감수하고 많은 돈을 벌고자 하면 주식형에 투자한다. 혼합형은 주식형과 채권을 각각 60% 미만으로 투자하는 것이다. 간접투자는 가급적 권하지 않는다. 누누히 강조하지만 펀드와 주식에 저축처럼 매월 수입의 20% 이상 투자하는 방식을 권한다.사실 월급쟁이에게 여웃돈이 많을 수 없다. 주식 투자하는 사람 100명 중 60퍼센트는 손해를 입는다. 우량주에 장기 투자해야 손해가 없다. 삼성전자 주식은 20년 동안 100배 올랐다. 단기에 손해를 입은 우량주도 2~3년 지나 언젠가는 회복되지만, 코스닥 주식은 한 번 떨어지면 회복이 쉽지 않다.

(단위 : %)

상반기 주요 투자자산 수익률

투자자산	수익률	위험
금	9.8	4.9
상품	6.8	2.6
국채	4.5	2.1
회사채	3.1	1.3
원유	2.5	9.0
주식	0.9	2.1
반도체	−3.5	2.6
금속	−4.8	3.5

자료 : 현대증권·톰슨로이터

★참고 : 금은 런던금시장(LBM), 상품은 CRB지수와 글로벌투자등급회사채지수(WIGI), 원유는 WTI, 주식은 MSCI ACWI, 반도체는 드램익스체인지의 반도체지수, 금속은 런던금속시장(LME)지수, 위험은 가격변동성(일별 표준편차)

상반기 주요 투자 자산 수익률…역시 금이 최고네

글로벌 인플레이션, 유럽 재정 위기, 일본 대지진 등 여러 가지 경제 돌발 변수가 많았던 상반기. 지난해 말부터 글로벌 경기는 다시 상승하긴 했지만 오래가지 못하고 올 상반기 동안 지지부진한 모습을 보였다.

상반기 동안 투자자들은 무엇에 투자해 짭짤한 수익을 거뒀을까. 2011년 상반기 글로벌 투자 자산시장에서 수익률이 가장 높았던 자산은 '금'으로 나타났다.

현대증권에 따르면 올해 1월부터 6월 22일까지 금의 수익률이 9.8%로 가장 높았다. 그 배경은 주요 선진국 통화에 대한 불신과 금 수요가 구조적으로 증가하고 있기 때문이다. 글로벌 인플레이션 속에서 투자자들은 실물 자산에 대한 투자 비중을 늘렸다.

강남 부자들, 원자재 상품 선호

금값의 고공 행진은 계속되고 있다. 2009년 24% 상승한 데 이어

지난해 동안 29%나 올랐다. 금값은 현재 온스당 1,500달러 선이다. 금값은 하반기에도 상승세를 지속할 것으로 보여 유망 투자 자산으로 명성을 이어갈 것으로 전망된다.

금 가격 상승 전망의 배경에는 중국과 인도의 금 수요로 수요 초과 현상이 두드러지고 있고, 미국 재정 건전성과 저성장 우려로 투자 자산으로 금의 매력이 높아지고 있기 때문이다.

남유럽 재정 위기로 안전 자산인 금의 인기는 더욱 치솟고 있다. 세계 경기 회복에 대한 불안감이 커지고 있기 때문이다. 얀첸 스탠다드차타드 애널리스트는 "앞으로 5년간 채굴을 시작하는 대규모 광산이 거의 없어 각국 중앙은행이 순매도자에서 순매수자로 포지션을 바꾸면 금값이 온스당 5,000달러까지 오를 수 있다"는 분석을 내놓기도 했다.

금 다음으로 수익률이 높았던 자산은 상품(원자재)이다. 상품은 상반기 동안 6.8%의 수익률을 남겼다. 꺾일 줄 모르고 치솟는 원자재 가격 흐름을 미리 눈치 채고 일부 강남 부자들은 지난해 광업주 펀드 등 원자재 관련 상품에 투자해 몇 개월 만에 20~30%가 넘는 수익을 거두기도 했다.

프라이빗 뱅커들은 "강남 부자들은 앞으로도 원자재 상품에 계속 투자하려는 수요가 많다"고 말하고 있다. 삼성경제연구소도 "상품 시장은 인플레이션 시대에 새로운 투자 대안일 뿐만 아니라 물가 상승 위험을 헤지할 수 있는 수단을 제공한다"고 보고서를 통해 설명했다.

그 다음으로 국채가 4.5%, 회사채가 3.1%의 수익률을 기록했다. 상반기 채권시장은 금융 위기 이후 경제 정상화에 따른 기준 금리 인상과 대외 불확실성이 팽팽히 맞선 가운데 약세로 출발했지만 2월 금융통화위원회 회의 후 발생한 중동·북아메리카(MENA) 정정 불안, 일본 대지진에 따른 글로벌 성장 둔화 우려, 그리스 문제 재부각, 미국 경기에 대한 우려 등이 시장을 지배하며 강세를 나타냈다.

하지만 하반기에는 약세 국면에 접어들 가능성이 높다고 현대증권은 판단했다. 채권시장의 강세를 이끌었던 경기 회복에 대한 의문이 3분기에 점진적으로 해소될 가능성이 높고 유럽 재정 문제도 최악의 상황으로 치닫기보다 타협점을 모색해 해결의 가닥을 잡아갈 것으로 전망되기 때문이다. 그리고 통화 당국의 금리 인상 기조도 하반기에 채권시장에 부담으로 작용할 전망이다.

상반기 글로벌 주식시장은 거의 제자리를 유지했다. 한국 주식시장은 2011년 들어 코스피가 2,063으로 시작해 희망의 2,000 시대를 여는 듯했지만 개발도상국 중심으로 인플레이션이 나타나는 가운데 정부의 긴축 움직임에 따라 연초 짧은 상승 이후 세계 주식시장의 조정과 함께 반락하는 모습이었다.

하반기에도 투자 자산으로 자금 흐름은 지속될 것으로 전망되고 있다. 최근 대내외 악재들이 점진적으로 둔화되고 있는 가운데 실질 금리가 지속적인 마이너스권에 있을 것으로 보여 시중 자금의 위험 자산 선호도가 높아지면서 은행보다 투자 자산으로 자금이 쏠릴 것이라고 현대증권은 전망했다.

한경 2011-07-11

▮ 보험

　보험은 기본적으로 생명보험과 손해보험이 있다. 보험은 급여에서 5%에서 10%만 해야지, 과도하게 할 필요가 없다. 예컨대 월급 200만 원인데 들어가는 보험이 100만 원이라면 문제가 있는 선택이다. 보험에 들 돈이 있으면 아파트 청약통장 만드는데 쓰라. 보험을 권유하는 사람들에게 아파트 청약통장은 가입했는지 물어보라. 아파트 청약통장도 모르면서 보험 가입을 권유하면 돌려보내라. 가장 기본적인 재테크는 아파트 청약통장에 가입하여 내 집을 마련하는 것이다. 돈 많은 사람들은 보험에 잘 가입하지 않고, 돈이 없거나 가난한 사람들이 보험에 많이 가입한다. 실직이나 아플 것에 대비하기 때문이다. 기왕에 보험에 가입하려면 우량 회사에 급여의 5~10% 범위 이내에서 가입하라.

한상언의 꿈을 이루는 재테크:
돈 되는 보험 재테크 행복한 투자

2011.7. 한경

물가 상승은 보험 가입에 있어서도 중요한 기준이 된다. 물가 상승으로 보장받는 금액의 실질 가치가 당초 예상에 못 미칠 수 있는 위험도 있고 반대로 물가 상승을 새로운 투자 기회로 활용할 수 있기 때문이다.

먼저 종신보험 등의 보장성 보험을 가입하는 경우라면 지속적 물가 상승 시 보장 금액의 실질 가치가 줄어들 수 있음을 고려해야 한다. 즉, 사고 위험에 대비해 일정 금액의 보험금을 받는 보장성 보험을 가입하는 경우 지속적 물가 상승으로 화폐 가치가 계속 줄어든다면 차후에 해당 보험금을 받게 되더라도 그 가치는 당초 예상 가치보다 훨씬 낮을 수 있기 때문이다. 따라서 보장 금액의 실질 가치를 계속 유지하기 위해서는 물가 상승분을 감안해 보장 금액이 늘어나는 체증형 보장 상품이나 주기적으로 필요한 보장 금액을 따져 부족한 부분을 추가로 가입하는 방법을 고려해야 한다.

연금보험 등 저축성 보험의 경우 10년 이상 가입하면 이자 소득세가 면제돼 그만큼 실질 소득이 늘어나는 효과가 있다. 다만 저축성 보험을 가입하는 경우에도 물가 상승을 고려해 금리 적용 주기나 투자 상품을 선택함에 있어 보다 꼼꼼한 전략이 필요하다. 가령 이자를 목적으로 하는 저축보험의 경우 물가 상승에

> 따른 금리 인상 가능성을 고려한다면 적용 이율이 고정된 확정 금리형 상품보다는 보험 공시 이율에 따라 주기적으로 적용 이율이 변동되는 금리 연동형 상품이 유리하다. 주기적으로 시중 금리를 반영해 공시 이율이 달라지므로 금리 상승을 상대적으로 따라잡기 쉽기 때문이다.

옵션

1997년 미국에 6개월 정도 있을 때 아르바이트를 했었는데 사장이 로또를 사오라 했다. 그 당시 한국엔 주택복권이 있었다. 로또 당첨 숫자 중 가장 많이 나온 숫자를 순서대로 배열하여 조합해 1등이 된 경우가 있었다. 무작정 로또만 하면 당첨되기 힘들다. 옵션 투자가 이런 로또와 비슷하다.

옵션은 기초 자산을 미리 정한 가격으로 미래 일정 시점에 가서 사거나 팔 수 있는 권리이다. 살 권리는 콜 옵션, 팔 권리는 풋 옵션이다. 권리의 대가로 프리미엄을 지불한다. 매수자가 매도자에게 옵션 가격을 주고 행사 권리를 준다.

현물 옵션과 선물 옵션으로 분리되고, 기초 자산별 옵션 대상에는 농산물, 금, 은, 석유 등 상품이 있다. 금융 옵션 대상에는 주가, 주가지수, 채권, 통화, 금리가 있다. 선물 옵션에는 선물을 매수할 수 있는 콜 옵션과 매도할 수 있는 권리인 풋 옵션이 있다. 또 등가격 옵션, 내가격 옵션, 외가격 옵션으로 분류할 수 있는데, 등가격 옵션은 기초 자산 가격과 행사 가격이 같은 것이고 내가격 옵션은 당장 행사하는 것이다.

권리 행사에는 유럽형과 미국형 두 가지가 있다. 유럽에서는 일정 시점에만 행사할 수 있고 미국은 만기일 이전 아무 때나 행사할 수 있다. 아시아는 계약 기간 중 해당 상품 가격의 일정 기간 평균치와 행사 가격을 비교해 옵션 행사 여부를 결정한다. 우리나라는 97년부터 옵션 거래를 시작했다.

03 파생금융상품

파생금융상품의 종류

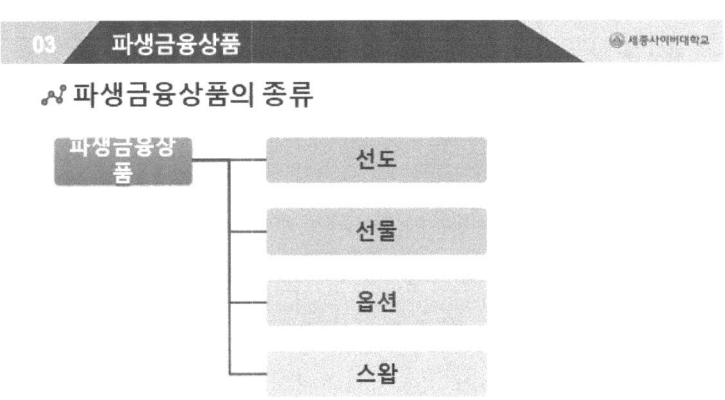

檢, 키코 판매 은행 무혐의 처분

한경 2011-07-19

"불공정 상품 아니다"…1년5개월 만에 수사 마무리

검찰이 '키코(KIKO)'를 불공정한 통화 옵션 상품으로 볼 수 없다고 결론지었다. 형사 고소·고발된 은행 임직원들에 대해 모두 범죄 혐의가 없다는 처분을 내리고 1년5개월 만에 수사를 마무리했다. 법원 민사 판결에 이어 검찰 수사까지 은행에 면죄부를 준 셈이다.

서울중앙지검 금융조세조사2부(부장검사 이성윤)는 사기 혐의를 받은 외환은행, 신한은행, SC제일은행, 한국씨티은행 등 11개 은행 임직원 90여 명을 무혐의 처분했다고 19일 발표했다. 앞서 환헤지 피해 기업 공동대책위원회와 키코 가입 중소기업들은 지난해 2월 이들 임직원을 검찰에 고소·고발했다. 2007년부터 2009년까지 수출 기업 192개 사를 상대로 기업이 얻게 될 풋 옵션(미리 정한 가격으로 팔 수 있는 권리) 가격과 콜 옵션 가격이 사실은 평균 2.5배 이상 차이가 나는데도(계약의 불공정) 차이가 없는 '제로(0) 코스트' 상품이라고 속여(기망) KIKO 상품을 판매, 1조560억 원의 불법 이익을 올렸다는 내용이었다.

검찰은 계약의 불공정성과 관련, 콜 옵션과 풋 옵션의 가치 차이가 평균 2.5배라는 점은 확인했다. 원·달러 환율이 치솟았을 때 기업이 보유한 달러를 싼 값에 은행에 매도해야 하는 콜 옵션 금액이 환율이 낮을 때 기업이 비싼 값에 달러를 팔 수 있는 풋 옵션 금액의 2.5배로 계약했다는 것이다.

그러나 이는 수수료가 없는 키코에 은행 마진을 반영하기 위해 설계된 내용이어서 사기로 볼 수 없다고 결론 내렸다. 은행이 일정 마진을 갖는 것은 당연하기 때문에 '제로 코스트'로 설명하고서는 수수료 대신 은행에 유리한 상품 구조에서 마진을 챙겨도 불법은 아니라는 얘기다. 마진도 계약 금액의 0.3~0.8% 정도로 환전 수수료와 증권 거래 수수료, 예대 마진율 등 다른 금융 거래와 비교해 과다하다고 볼 수 없다고 판단했다.

풋 옵션과 콜 옵션의 가치 차이가 평균 2.5배인데도 계약서에는 같다고 표시된 점에 대해서도 기망으로 볼 수 없다는 결론을 내렸다. 은행이 키코 계약 후 기업에 매달 콜 옵션과 풋 옵션의 이론 가격이 반영된 월말 평가서를 송부해줬다는 점에서다. 계약에서는 가치 차이가 없는 것처럼 보일 수 있지만 월말 평가서에서는 가치 차이가 드러났다는 설명이다.

중소기업 측을 대리한 김성묵 대륙아주 변호사는 "고등검찰에 항고를 검토 중"이라며 반발했다. 김 변호사는 "다른 나라에서는 은행에 책임을 물리는 추세인데 한국 검찰만 판단을 달리했다"고 주장했다.

옵션에서 사용되는 용어로는 매수자는 buyer 혹은 holder, 매도자는 writter, 만기일은 expiration date, 행사 가격은 exercise price, 반대 매매에는 전매나 환매가 있다. 거래량은 약정 수량과 미결제 약정 수량으로 구분된다. 미결제 약정 수량은 반대 매매되지 않은 총 잔고 계약 수량이다. 프리미엄은 권리의 대가이다. 반대 매매나 옵션 행사하는 것을 청산이라고 한다.

1. 콜 옵션 = 매수 권리 증서

- 콜 옵션은 살 수 있는 권리로 행사 가격에 살 수 있는 권리를 부여하는 것이다. 즉, 프리미엄을 주고 사는 것이다.
- 콜 옵션은 매도하고, 행사 가격에 매수할 수 있는 권리를 부여하고, 프리미엄을 받고 발행한다. 개인들이 매수한다. 예를 들어, 앞으로 삼성전자 주가가 70~80만 원에서 100만 원으로 오를 것 같으면 매수를 해야 한다. 앞으로 80만 원에서 100만 원 간다 하면 매수하고, 50만 원 정도로 내릴 거라고 생각하면 매도한다. 즉, 주가가 오를 것 같으면 콜 옵션을 행사해 매수하고 주가가 내릴 것 같으면 풋 옵션으로 매도하는 것이다.

2. 풋옵션 = 매도 권리 증서

풋은 '민다'는 뜻이고 콜은 '부른다'는 의미이다. 풋 옵션은 팔아서 민다는 것이다. 매도할 수 있는 권리가 풋 옵션이다. 풋 옵션을 매도하는 것도 주로 증권사이다. 금액이 워낙 크고, 사람 숫자가 많으므로 금융기관이 옵션을 매도하고, 개인들은 보통 산다.

3. 비유

배추 농사를 짓는 농부의 출하 시기(만기일)가 11월이다. 배추(기초 자산)를 미리 정한 일정 값(2,000원)으로 매도할 권리가 내재된 보험 계약을 사는 사람이 중간 상인이다. 보험 중개인은 이 계약을 파는 사람이다. 농부가 매도할 권리를 사는 대신 그 대가로 보험료를 지불해야 한다. 배추가 일정 값 이상이거나 폭등하면 보험금을 요구하지 않지만 폭락하면 보험금을 청구한다. 농부가 배추 가격 2,000원 이상만 되면 돈을 버는데, 그렇지 않으면 옵션한다는 의미다.

옵션 매매

1. 기초 자산(배추 가격)이 상승할 때

삼성전자 주가가 상승할 것이라고 예상할 경우, 삼성전자 주식을 프리미엄을 주고 매수한다. 옵션 가격이 일 때 전매한다.

2. 기초 자산(배추 가격)이 하락할 때

행사 가격이 k인 풋 옵션을 프리미엄을 주고 산다. 하락하면 프리미엄 만큼, 예컨대 선불로 배추 가격 만큼 손해를 본다. 로또 구매 금액을 손해 보는 이치와 같다. 따라서 옵션은 로또라고도 볼 수 있다.

선물이나 옵션은 1년에 딱 네 번 만기일이 있다. 3, 6, 9, 12월의 두 번째 목요일이다. 행사 가격이 k인 풋 옵션을 프리미엄을 주고 산다. 하락하면 프리미엄 만큼, 예컨대 선불로 배추 가격 만큼 손해를 본다. 로또 구매 금액을 손해 보는 이치와 같다. 따라서 옵션은 로또라고도 볼 수 있다.

선물이나 옵션은 1년에 딱 네 번 만기일이 있다. 3, 6, 9, 12월의 두 번째 목요일이다.

KIKO에 녹다운된 수출 기업들 조회

한경

수출 중소업체들이 KIKO 파생 상품으로 엄청난 손실을 보고 있다는 소식이 연일 지면을 장식하고 있습니다. 알짜 LCD업체인 태산LCD의 경우 KIKO 손실로 흑자부도까지 났습니다. 피해를 본 중소업체들이 은행을 상대로 소송까지 낸다고 하니 미국뿐 아니라 국내에서도 파생 상품 때문에 난리군요.

KIKO(Knock In, Knock out)는 선물환 거래의 일종입니다만 정확히는 선도 거래(forward exchange)가 맞습니다. 맨 처음 파생 상품의 종류를 언급할 때 선물 옵션 선도 스왑을 언급했는데 이 가운데 '밭떼기'와 유사한 선도에 해당하죠.

KIKO를 실체적으로 이해하기 위해서는 수출 기업들이 주로 쓰는 환율 밭떼기인 선물환(선도) 거래의 구조부터 알아야겠죠.

전통적 파생 상품 거래인 선물환은 수출 기업과 은행 사이의 일대일 계약입니다(이런 구조라서 피해를 본 중소업체들이 은행을 상대로 소송을 하겠다는 겁니다). A기업은 해외에 LCD 부품을 수출하는 중견기업입니다. 해외에 수출하고 대금을 달러로 받겠죠. 그런데 대금을 받게 될 때쯤의 환율이 걱정입니다. 그럴 때 선물환 거래를 하는 거죠.

A사는 중국의 한 업체와 LCD 부품 100만 달러 계약을 체결했

습니다. 수출 대금은 90일 뒤에 들어옵니다. 그런데 앞으로 3개월 뒤 환율시장이 영 불안합니다. 걱정이 된 A사의 재무 담당 임원은 은행에 전화를 걸어 선물환 거래를 하기로 결정합니다. 원 달러 환율 방향성에 대한 조언을 구한 결과, 지금 강세인 달러가 3개월 뒤에는 약세로 돌아설 가능성이 높다고 합니다.

그럼 현재 강세인 달러 가격으로 선물환 계약을 해야겠죠. 왜냐하면 달러로 대금을 받는데 달러가 약세로 돌아서면 이 수출 대금을 달러로 받아 원화로 바꿀 때 자금이 줄어들게 되거든요.

자 그럼 계약을 합니다.

1.거래 대상=달러, 2.만기=90일 후 3.거래량=100만 달러, 4.거래 가격=달러당 1,200원. 5.매수자=B은행 6.매도자=A기업

이런 선물환 계약을 해놓고 3개월을 기다려 만기 시점이 됐습니다. 그런데 정말 달러가 약세로 돌아서 달러당 환율이 1,000원으로 떨어졌습니다.

자 누가 울고 웃을까요.

A기업은 선물환 계약을 안했으면 100만 달러를 환전하면 10억 원을 받았을 텐데 선물환 계약으로 달러당 1,200원으로 계산해 환전하겠죠. 그럼 수출 대금은 12억 원으로 2억 원의 이익을 보게 됐군요. B은행은 반대로 2억 원 손해를 봅니다. 이 구조가 선물환 거래의 가정 전형적 구조입니다.

A기업이 선물환 거래를 해놓고 만기가 다가올 때까지 손 놓고 기다리기만 할 정도로 환율시장이 잠잠하고 방향성이 일정하다면 얼마나 좋을까요. B은행과 선물환 거래를 해놓고 한 달쯤 지났는데 금융위기로 외환시장에 충격이 오면서 환율시장이 예상과 정반대로 가면서 달러가 초강세를 보입니다. 달러당 1,300원까지 치솟습니다. 이렇게 가다가는 선물환거래 만기 때 손해를 볼 게 뻔하죠.

재무담당 이사 입장에서는 다시 헷징을 해야겠죠.

그래서 C은행과 동일한 수출 대금 100만 달러짜리에 대해 새로운 선도 계약을 합니다. 수출 대금 받을 날이 이제 60일 남았으니 60일짜리 선물환 매수 계약을 합니다. C은행과 달러당 1,300원에 100만 달러를 사들이는 계약을 합니다.

자 이렇게 해놓고 만기를 기다려보죠.

만기에 달러당 환율이 1,400까지 치솟았습니다.

A와B 상황을 보죠. A가 수출 대금 100만 달러를 1,200원으로 팔기로 했으니 1,400-1,200원으로 달러당 200원, 총 2억 원의 손해를 입습니다. 헷징을 하지 않았더라면 고스란히 2억 원의 손실이 발생했을 텐데 다행히 C은행과의 계약이 있군요.

C은행으로부터 달러당 1,300원에 100만 달러를 매입하기로 했는데 환율이 1,400원이니 결국 달러당 100원 싸게 사서 1억 원의 이익이 생기는군요.

> 그래서 2억의 손실을 볼 상황을 1억 원으로 줄였습니다.
>
> A의 계약 총 상황을 점검해보면 만기에 B은행에게 수출 대금 100만 달러를 주고 12억 원을 받습니다. 다시 C은행에게는 12억 원의 받은 돈과 1억 원 회사 돈을 보태 13억 원을 주고 100만 달러를 사들입니다. 현재 달러 시세가 1,400원이니 이를 다시 원화로 바꾸면 14억 원이 되겠죠.
>
> 만약 A가 아무런 선물환 계약도 안 하고 있었더라면 어찌 됐을까요. 당연히 100만 달러를 달러당 1,400원에 환전하여 14억 원을 받겠죠.

옵션의 네 가지 기능

1) 위험 회피 기능(헷지): 옵션은 만기일에 기초 자산의 가격 변동에서 오는 위험을 회피할 수 있는 기능이다.
2) 투자 위험 제한 기능: 옵션을 매수하면 이익의 폭은 제한이 없으나 손실은 프리미엄으로 제한된다. 보험 효과이다.
3) 다양한 투자 전략 기능: 기초 자산의 가격 변동과 연계하여 콜/풋, 만기일, 행사 가격 등을 선택하여 다양한 투자 전략을 구사할 수 있게 한다.
4) 레버리지 효과: 적은 투자금으로 큰 이익을 얻을 수 있는 레버

리지가 큰 투자 수단이다.

용산 시티파크 청약 현장

2004년 4월 시티파크의 분양 경쟁률은 100~500대 1이었다. 2004년도는 부동산이 상승할 때였다. 지금은 부동산이 다 미분양이고 부동산 시장이 과열되지 않았지만, 2004년 당시는 당첨만 되면, 3~4억 원을 벌 수 있었다. 그래서 분양권 전매가 로또 보다 더 나았었다.

밭떼기 + 보험

일반적으로 밭떼기 거래를 나쁜 것이라고 생각한다. 정부도 "배추 한 포기에 어떻게 13,000원이나 하는가. 중간 거래상 유통 구조를 개선해야 한다"고 말한다. 그러나 밭떼기 거래는 나쁜 것이 아니다. 농부가 5월에 밭을 갈고, 배추 농사가 끝나면 11월이다. 농부는 밭떼기 거래로 봄에 씨를 뿌린 후 목돈을 받을 수 있다. 돈이 없기 때문에 배추를 미리 파는 것이다. 배추가 2,000원인데, 추수할 때 1,000원으로 폭락할지도 모르므로 2025 2,000원에 팔고 싶은 것이다. 중간 상인은 2,000원에 사서 출하 시 배추 가격에 따라 이익 혹은 손해를 보게 된다.

농부나 중간 상인 입장에서는 서로 이익을 추구하는 것이다. 모든 자본주의 사회가 이익을 추구하므로 이러한 거래가 생기고 적정 가격이 형성되어 시장이 잘 맞물려 돌아가는 것이다.

13배 대박
'배추 펀드'를 아시나요

한경

'투자 원금 1억5,000만 원, 기간 2개월, 수익률 1,333%.' 연일 최고 기록을 경신하며 거침없이 내달리고 있는 증권 시장에서 대박을 터뜨린 펀드의 화려한 성적표가 아니다. 올해 김치 파동으로 배추 가격이 치솟는 과정에서 한 산지 배추 수집상이 '배추 투자 사모 펀드'를 조성, 2개월 만에 거둔 대박 신화다.

전국 배추 농가를 돌며 20년째 산지 배추를 수집하고 있는 A씨(49).그는 지난 8월 말께 지인들과 1억5,000만 원의 자금을 모아 호남 및 영남 지역 일대 농가에서 포기당 300원에 '밭떼기'로 배추를 사들였다.

2개월 뒤 출하 시점인 10월 중순께 중국산 김치 파동 여파로 배추 값이 4,000원 가까이 치솟자 시장에 내다 팔아 20억 원 가까운 거금을 손에 쥐었다.

김장용 배추를 파종 시점에 헐값에 한꺼번에 미리 사 가격이 오

> 를 때 처분, 수익을 남기는 '배추 투자 사모 펀드'가 암암리에 성행하고 있다.
>
> 전국 배추 산지 수집상들에 따르면 지난 10월 말 예상 밖의 배추 값 폭등으로 8월 조성된 '배추 펀드' 가운데 10배 이상의 수익을 올린 펀드들이 속출한 것으로 알려졌다. 이들 펀드는 지난해 배추 가격 폭락으로 올 배추 재배 면적이 줄어든 반면, 대형 할인점 등은 작년과 수요가 비슷할 것이라는 자체 분석을 바탕으로 조성됐다.

선물 → 옵션 개념도

투자에는 주식/채권/선물/옵션 네 개 가지가 맞물려 돌아간다. 옵션은 내가 매수했는데 올라가면 돈 버는 것이 매수 포지션이고, 내려가면 돈 버는 것이 매도 포지션이다. 앞으로 종합 주가지수가 오를 것으로 예상되면 주식이나 선물을 사고, 내릴 것 같으면 판다. 이게 옵션이다.

선물은 거래 대상이 기초 자산이다

옵션은 기초 자산을 매수/매도할 수 있는 권리를 말한다. 로또복권을 사려면 게임당 천 원이 필요하다. 이 천 원을 바로 옵션이라 이해할 수 있다. 선물은 기초 자산을 말하고, 옵션은 기초 자산을 사거나 파는 권리를 말한다.

증거금

천만 원에 해당하는 주식을 사려면 천만 원이 있어야 한다. 말하자면 현금이 100% 있어야 한다는 얘기다. 물론 신용을 이용하면 2.5배까지 살 수 있기도 하다.

선물은 총금액의 15%만 있으면 되는데 이를 선물 증거금이라고 한다. 옵션의 매도자는 대개 증권사이다. 개인들은 프리미엄을 주고 옵션을 산다. 선물에서는 계약 이행의 의무가 있다. 옵션의 매수자는 행사할 권리가 있고, 매도자는 계약 이행의 의무가 있다.

선물의 결제 방법으로 반대 매매나 실물 인수도가 있다. 이익의 폭은 선물은 무한정하다. 그러므로 매수자도 무한정 이익을 볼 수 있고 매도자는 프리미엄을 받는다. 이런 이유로 손실 폭이 무한정한 것이다. 매수자는 프리미엄만큼 손실이다. 즉 로또복권을 샀지만 당첨이 안 되면 로또를 산 가격인 1,000원이 프리미엄인 것이다.

황당한 NH증권 HTS 오류
…증거금 없이 12억 옵션 주문 체결

한경 2011-06-22

반대 매매로 1억7,100만 원 손실…피해 더 있을 수도NH
"알고도 악용…보상 못해" 투자자 "말도 안 돼"

신경훈 기자 nicepeter@hankyung.com

지난 2월28일 발생한 NH투자증권의 홈트레이딩시스템(HTS) 오류는 거래 내역이 단순히 외부에 유출된 것을 넘어 투자자에게 물질적 피해를 줬다는 점에서 심각하다는 게 중론이다. 하루에도 수조 원이 거래되는 HTS의 신뢰성에 타격을 주는 일이기 때문이다.

NH투자증권은 지난 2월과 이달 16일에도 투자자의 거래 내역이 HTS를 통해 송두리째 유출되는 사고를 낸 적이 있어 전산 시스템에 심각한 문제가 있는 것으로 드러났다.

증거금 없는데 옵션 주문 체결돼

지난 2월28일 발생한 사고는 NH투자증권의 HTS 오류에서 비롯됐다. 정상적인 HTS에서는 증거금이 부족한 상태에서 파생 상품 주문을 내면 거래가 체결되지 않는다. 그런데도 12억 5,000만 원의 증거금이 필요한 옵션 매도 거래가 이뤄졌다. 당시 피해자인 박모씨 계좌에 추가로 파생 상품을 거래할 수 있는 증거금은 한 푼도 없었다. "내 뜻과 관계없이 이뤄진 일"이라는 게 박씨의 주장이다.

NH투자증권도 오류를 인정했다. 박씨가 그만한 주문을 냈어도 거래를 금지해야 마땅했지만 전산 오류로 주문이 체결됐다는 게 NH투자증권의 설명이다. NH투자증권은 오류가 나타난 원인을 담당 직원의 잘못으로 돌렸다. 지난주 고객 거래 내역이 유출됐을 때와 똑같은 설명이다. 회사 관계자는 "선물·옵션 매매 과정에서 증거금이 시시때때로 바뀌다 보니 직원이 계산 실수를 한 것 같다"고 말했다.

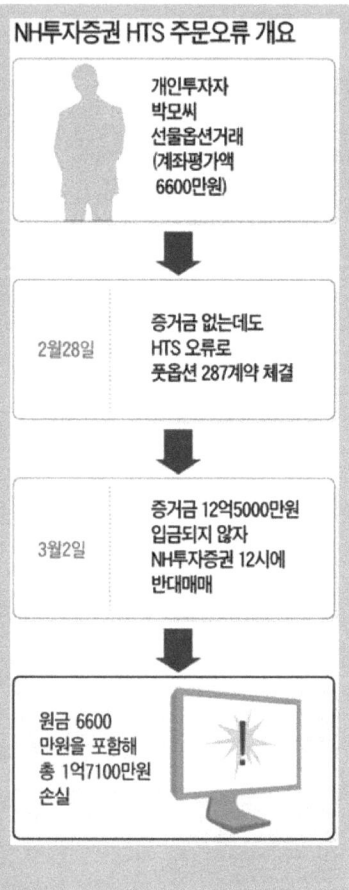

NH투자증권 HTS 주문오류 개요

개인투자자 박모씨 선물옵션거래 (계좌평가액 6600만원)

2월28일 증거금 없는데도 HTS 오류로 풋옵션 287계약 체결

3월2일 증거금 12억5000만원 입금되지 않자 NH투자증권 12시에 반대매매

원금 6600만원을 포함해 총 1억7100만원 손실

하지만 증권업계에서는 납득되지 않는 설명이라는 반응이다. A증권사 전산 담당자는 "증거금은 시스템이 알아서 산출하는 것으로 직원이 산출 과정에 개입해 오류가 발생하는 것은 불가능하다"며 "시스템 자체에 문제가 있었을 것"이라고 진단했다. B증권사 HTS총괄팀장도 "고객의 증거금을 계산해 투자 한도를 산출하는 것은 HTS의 기본"이라며 "어떻게 그 같은 오류가 발

생했는지 도무지 이해가 되지 않는다"고 지적했다.

이에 따라 비슷한 사고가 더 많이 발생했을 가능성도 배제할 수 없다는 분석이 나오고 있다.

◆손실 보상 범위 놓고 논란

박씨는 HTS 오류로 인한 거래 체결로 1억7,100만 원의 손실을 입었다. 다음날인 3월2일 반대 매매를 당해 자신의 투자금 6,600만 원과 오류로 주문이 체결된 12억5,000만 원 중 1억500만 원을 잃었다는 게 박씨의 주장이다. 박씨는 "HTS 오류에 따른 피해인 만큼 피해액을 전액 NH투자증권이 보상해야 한다"고 말했다.

NH투자증권은 HTS 오류에 대해서는 인정하면서도 투자자의 손실을 전부 보상할 수는 없다는 입장이다. HTS 오류로 증거금이 없는 상태에서 옵션 매도 계약이 체결되는 것을 확인한 박씨가 오류를 이용해 투자 금액을 최대한 부풀렸다는 이유에서다.

정봉희 NH투자증권 준법 감시인은 "해당 계좌에서는 29차례에 걸쳐 문제가 된 옵션 매도 주문이 나왔다"며 "주문 와중에 틈틈이 평가액을 조회한 기록이 남아 있는 것을 봤을 때 박씨가 오류를 악용했다고 판단된다"고 말했다. 그는 "투자자가 오류를 알고 수익을 극대화하기 위해 레버리지를 최대한 일으킨 만큼 자신의 투자 행위에 대한 책임을 져야 한다"고 덧붙였다.

> NH투자증권은 따라서 HTS 오류로 발생한 손실금 1억500만 원 중 10%만 보상해줄 수 있다는 입장이다.
>
> 박씨는 이에 대해 "일일이 호가와 주문 수량을 입력하는 주식 현물 거래와 달리 파생 상품은 클릭 한 번만으로 주문이 나간다"며 "계좌에 있던 돈으로 포지션을 설정한 뒤 이후 HTS를 확인하는 과정에서 여러 차례 클릭했을 수는 있지만 주문이 나갈 것이라고는 생각하지 못했다"고 주장했다. 박씨는 또 "그날 저녁에야 주문이 추가로 나간 것을 알았다"며 "전례 없는 HTS 오류를 주문 과정에서 알았다는 것은 말이 안 된다"고 말했다.

트리플 위칭데이 triple switching day

세 마녀에게 혼을 빼앗기듯 주가가 출렁거리는 경우가 많아 이런 이름이 생겼다. 주가지수 선물, 주가지수 옵션, 개별 주식 옵션 이 세 가지가 파생 금융 상품의 만기가 겹치는 날을 말한다. 네 마녀가 겹치는 날도 있는데 이때는 주가가 예상하지 못한 방향으로 오르거나 내릴 수 있다.

옵션의 고정 가격은 black & scholes 모형

black & scholes 모형은 블랙과 숄스가 개발한 옵션 이론으로 옵션 거래의 확대에 크게 기여했고 오늘날에도 옵션의 대표적 평가 식으로 널리 이용되고 있다.

금융시장에는 주식시장과 파생상품이 있는데, 선물과 옵션을 파생 상품이라고 한다.

> "추운 여름 뒤 따뜻한 겨울 온다
> …코스피 최고 2400"-NH
>
> 한경
>
> 반대 매매로 1억7,100만 원 손실…피해 더 있을 수도NH
> "알고도 악용…보상 못해" 투자자 "말도 안 돼"
>
> 신경훈 기자 nicepeter@hankyung.com
>
> NH투자증권은 7일 올 하반기 코스피지수가 3분기 조정을 거친 후 4분기부터 상승하는 '상저하고(上低下高)'의 흐름을 나타내 최고 2,400까지 오를 것으로 전망했다. 지수 전망치 하단은 1,900을 제시했다.
>
> 김형렬 NH투자증권 투자전략팀장은 이날 한국거래소에서 기자 간담회를 열고 "그리스 채무 조정 문제, 미국과 일본의 재정 수지 악화 등 하반기 증시는 여전히 험난한 여정에 직면해 있다"며 "증시가 여름엔 냉랭한 분위기를 이어간 후 4분기에 긍정적인 흐름을 나타낼 것"이라고 밝혔다.

기대 인플레이션 상승 패러다임이 과도한 원자재 가격 상승의 부메랑으로 돌아와 경기 둔화와 기업 마진을 압박하고 있는 시점이라고 김 팀장은 지적했다. 이에 미국 정부가 은과 원유의 선물 증거금을 높여 시장의 고민인 원자재 가격을 조절하는 변형적인 경기 부양 정책을 시행했다는 분석이다.

당분간 증시의 변동성 장세는 지속될 가능성이 높다고 전망했다. 그동안 과도하게 형성된 기업 이익에 대한 기대가 다소 걷히는 과정에서 유럽 재정 위기 이슈 등이 변동성 요인으로 작용할 것이란 관측이다. 마이너스 수준의 실질 금리 유지를 위한 각국 정책 당국의 노력이 올해 2~3분기에 이어지면서 증시의 변동성이 확대되고 이 기간 증시는 저점을 확인할 가능성이 높다고 예상했다.

그는 "2차 양적 완화 정책이 종료되며 증시 조정이 충분히 진행될 3분기부터 매수 기조로 전환하는 투자 전략이 바람직하다"며 "자동차·화학·정유업종의 시장 주도 기조는 바뀌지 않겠지만 지나친 낙관으로 조정을 받을 것이란 전망을 고려하면 실적과 업황 전망이 기대되는 조선과 건설업종에 관심을 가져볼 만하다"고 조언했다.

옵션 전략

주식이 오르는 것을 강세장이라고 하고, 주가의 변동성이 클 때 요동장이라고 한다. 박스권 장세라고 하는 것은 큰 변동 없이 박스권 내에서 움직이는 것을 말한다. 일반적으로 주식시장이나 금융시장이 박스권에서 움직이는 것은 경제 변화가 별로 없다는 의미이다.

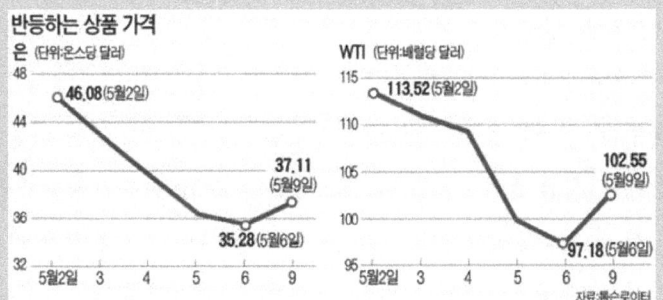

銀·유가 5% 이상 급반등…'롤러코스터' 탄 상품시장

한경

급락 따른 저가 매수세 유입, 美 일자리·獨 수출 호조 영향
WTI, 3일 만에 100弗 회복…석유 거래 증거금 25% 인상
장외 거래선 약세로 돌아서

원유와 금 은 등 상품 가격이 요동치고 있다. 지난주 은을 시작으로 가격이 동반 급락했던 국제 상품시장은 9개월간 지속된 고공 행진이 멈추는가 싶었지만 이번 주 첫 거래에서 일제히 상승세로 돌아섰다. 그러나 은에 이어 원유 선물에 대한 거래 증거금도 올린다는 조치가 발표되자 유가는 장외 거래에서 다시 약세로 돌아서는 등 방향성을 예측하기 힘든 모습이다.

9일(현지시간) 뉴욕상업거래소(NYMEX)에서 6월 인도분 서부

텍사스 원유(WTI)는 5.6% 오른 배럴당 102.55달러에 거래를 마쳤다. 3거래일 만에 100달러 선을 회복했다. CNN머니는 지난주 유가가 15% 가까이 하락, 2008년 이후 가장 큰 폭으로 떨어지자 반발 매수세가 유입된 데 따른 것이라고 분석했다.

미국의 지난달 신규 일자리 수가 24만4,000개로 작년 5월 이후 가장 많은 것으로 나타나고 이날 독일의 3월 수출이 사상 최고를 기록했다는 소식이 글로벌 경기 회복 기대감을 높인 것도 유가 반등 원인으로 작용했다.

JP모건체이스는 최근 브렌트유 올해 평균 가격 전망치를 당초 110달러에서 120달러로 상향 조정했다. 공급 부족으로 유가가 내년까지 상승할 것이라는 게 JP모건의 전망이다. 제임스 코디어 리버티트레이딩그룹 사장은 CNN머니와의 인터뷰에서 "지난주 유가 하락은 건전한 조정으로 볼 수 있다"며 "다른 상품시장에서 자금이 빠져나오더라도 원유는 수요가 증가하고 있어 가격이 지속적으로 상승할 것"으로 내다봤다. 그는 유가가 짧은 기간 내에 105달러를 돌파한 후 횡보를 보이며 수개월에 걸쳐 115달러 수준에 이를 것으로 예상했다.

지난주 28% 급락하며 상품시장의 급락세를 이끌었던 은값도 반등했다. NYMEX에서 7월 인도분 선물 가격이 5.2% 급등한 온스당 37.11달러에 거래를 마쳤다. 지난주 은값은 NYMEX를 소유한 시카고상업거래소(CME)가 선물 거래 증거금을 잇따라 인상함에 따라 28% 떨어지며 1975년 이후 주간 기준 최대 하락폭을 기록했다. 금도 상승세로 돌아서 1,500달러 선을 3거래일 만에 회복했다. 6월 인도분 금 선물 종가는 0.8% 상승한 온스당 1,503.20달러였다.

원유뿐 아니라 다른 상품도 지난주 가격이 크게 떨어진 게 저가 매수 기회를 높임으로써 가격 반등을 이끌었다는 분석이다. 골드만삭스가 "상품시장에서 빠져나와야 한다"는 기존 입장을 수정한 것도 같은 맥락이다. 골드만삭스 상품 분석 책임자인 제프리 커리는 이날 블룸버그통신과의 인터뷰에서 "최근 큰 폭의 조정과 수요 증가로 2분기 상품시장은 추가 상승이 가능할 것"으로 전망했다. 이날 달러 가치가 떨어진 것도 상품 가격 동반 상승에 기여했다는 지적이다. 달러는 이날 외환시장에서 파운드화, 호주달러, 캐나다달러 등 주요국 통화에 대해 약세를 보였다.

하지만 상품 가격 급락을 촉발했던 거래 규제와 유럽의 재정 위기 우려가 여전해 상품시장이 추세적인 상승세로 돌아섰다고 보기엔 이르다는 분석이다. 실제 이날 정규 거래가 끝난 후 CME가 석유 선물 거래 증거금을 25% 올린다고 발표하자 유가는 전자 거래에서 1% 이상 빠지는 약세로 돌아섰다. 은에서 시작된 투기거래 규제가 원유 등 다른 상품시장으로 확산될 것이라는 우려가 부각될 수 있다는 지적이다.

옵션의 투자 형태

· 강세장- 1〈콜 옵션 매수〉: 콜 옵션은 살 수 있는 권리이다.

· 강세장- 2〈풋 옵션 매도 〉: 기초 자산 가격 3만 원 이상 얻으면 최소한 3만 원 보장해준다는 것이다.

금호그룹이 한때 대우건설을 인수했을 때 재계 순위가 7위까지 올랐고 이때 금호그룹 자산은 자체 3조 원과 대출 3조 원이었다. 금호그룹은 재무적 투자자에게는 풋백 옵션 (팔 수 있는 권리)을 주었었다. 대우건설 인수 후 2008년에 리먼브러더스 사태가 발생하여 대우건설 주가 폭락했다. 금호그룹의 재무적 투자자들이 대우건설 풋백 옵션을 행사하자 이를 해결할 자금이 없어서 그룹 전체가 위험했다. 그때 승자의 저주라는 말이 생겼다. M&A에서 승리한 기업이 그 M&A로 위험하게 되는 것을 의미한다. 치열하게 경쟁업체에 승리하여 M&A를 했지만 그것이 오히려 독이 되었다. 결국 채권자의 협조를 받아 금호는 대우건설을 다시 산업은행에 되팔았다.

· 강세장-3. 〈불스프레드〉: k가 행사 가격이다. k1도 있고 k2도 있다. 낮은 k를 풋 매수하고 높은 k에서는 풋 매도 하는 것이다. 즉, 강세장에서는 혼합해 살 수 있다.

분산 투자

계란을 한 바구니에 담지 말라는 말대로 주식에 전 재산을 다 투자해서는 안 된다. 또, 한 종목에만 투자해서도 안 된다. 주식과 채권을 적절하게 혼합해 투자해야 한다. 주식, 부동산, 채권, 현금 등으로 분산해 놓아야 한다.

승자의 저주 & 경제고통지수

한경

무리한 M&A 후유증 '승자의 저주' 경계령

☞ 기업은 살아 있는 생물과 같다. 그래서 끊임없이 성장하고 발전을 추구한다. 인수·합병(M&A)은 기업들이 성장을 추구하면서 자주 활용되는 전략이다. M&A는 다른 회사의 경영권을 직간접  적으로 취득하는 광범위한 거래를 의미한다. 쉽게 말해 다른 회사의 경영권을 사는 것이다. M&A의 목적은 크게 3가지다. 먼저 시장 지배력을 확대하기 위해서다. 비슷한 업종 간에 M&A가 이뤄지는 경우가 여기에 해당한다.

LG전자가 디지털TV 기술력을 확보하기 위해 1995년 미국 제니스를 인수한 것이나, 롯데백화점을 운영하는 롯데쇼핑이 GS백화점과 편의점 바이더웨이를 사들인 게 그 사례다.

경영 다각화를 겨냥한 것도 있다. KT가 비씨카드 지분을 인수하고 SK텔레콤이 하나카드 경영에 참여한 것은 모바일 금융 시장에 새롭게 참여하기 위해서다. 마지막으로 경영엔 관심이 없고 순전히 투자 이익만을 겨냥한 M&A가 있다. 사모 펀드나 M&A만을 전문으로 하는 회사인 SPAC(기업 인수 목적 회사) 등은 M&A 후 가치가 오르면 매각해 이익을 실현하는 게 목적이다.

M&A는 두 가지 형태로 나뉜다. 하나는 우호적 M&A로, 인수 대상 기업의 경영진과 주주가 M&A에 호의를 보여 별다른 문제 없이 계약을 체결하는 것이다.

또 하나는 적대적 M&A로 인수 대상 기업이 M&A에 반대하는 경우다. 인수하려는 기업과 인수 대상 기업은 다양한 경영권 공격과 방어 수단을 동원, 치열한 전쟁을 벌이게 된다.

이때 공격하는 기업(M&A를 선언한 기업)이 인수하려는 기업의 가치보다 더 비싸게 사는 경우가 생기기도 한다. 이게 바로 '승자의 저주'(Winner's Curse)의 원인이다.

승자의 저주는 M&A전에서 이기기 위해 지나치게 높은 가격을 써낸 기업이 M&A 성공 후 주가가 떨어지거나 경영이 어려워지는 등의 후유증을 겪는 상태를 뜻한다. 미국의 행동경제학자 리처드 세일러가 1992년 'The Winner's Curse'라는 책을 출간한 이후 널리 쓰이고 있다. 행동경제학은 인간의 행동 및 심리와 경제학을 접목한 경제학의 한 분야다.

현대중공업의 주가가 하이닉스 인수를 고려하고 있다는 소식에 크게 떨어졌다가 하이닉스 인수를 포기했다는 발표에 급반등한 것은 승자의 저주의 한 사례로 꼽힌다.

승자의 저주는 인수 대상 기업의 가치를 과대평가하거나, 인수 대상 기업의 덩치가 인수를 시도하는 기업보다 과도하게 큰 데서도 연유하지만 경영진의 개인적 이익 추구도 한 요인으로 거론된다. M&A에 성공할 경우 오랫동안 자리를 지킬 가능성이 크기 때문에 경영진으로선 비싸더라도 M&A를 성사시키려고 하는 것이다. 기업 경영의 대리인(경영진)이 주인(주주)의 이익에 반하여 행동하는 주인과 대리인의 문제를 야기하는 것이다.

경제 고통지수

피부로 느끼는 경제적 삶의 어려움을 계량화한 것이 고통지수이다. 국민들이 피부로 느끼는 경제적 삶의 어려움을 계량화해서 수치로 나타낸 것이다. 일부 지표를 단순 합산한 것에 불과하다는 비판도 있다. 미국의 싱크탱크 브루킹스연구소의 경제학자 아서 오쿤이

기상 용어인 불쾌지수에 착안해 고안했다. 불쾌지수가 온도나 습도 등을 고려해 산출한다면 고통지수는 소비자 물가 상승률에 실업률을 더해 구한다.

소비자 물가와 실업은 서민들의 생활과 가장 밀접한 경제 지표다. 고통지수의 수치가 높을수록 실업자는 늘고 물가가 비싸져 체감하는 삶의 고통은 커지며, 수치가 낮을수록 국민들의 삶의 고통이 줄어든다. 각종 복잡한 경제 지표에 의해 삶의 질을 측정하기보다는 실제 피부로 체감하는 삶의 질이 중시되면서 고통지수를 사용하는 사례가 늘고 있는 추세다.

[시론]
일본보다 부국이 되자

김대종 세종대 경영학부 교수

8월 15일은 광복절이다. 1945년 일본으로부터 해방된 지 76년이다. 2025년 기준 한국인의 1인당 구매력이 일본을 앞섰다. 한국이 기업하기 좋은 나라를 만들고 개방과 혁신으로 거듭나면서 우리가 일본보다 잘 살기 시작했다. 1876년 개화기 때 세상의 큰 흐름을 따라가지 못해 36년 아픔을 겪었다. 그러나 이제는 4차 산업혁명의 선두 국가로서 기업하기 좋은 나라를 만들어 선진국이 되어야 한다.

수년 전 "잘 사는 것이 최대의 복수다"라는 책이 선풍적인 인기를 끌었다. 우리나라는 스마트폰 보급률 95%로 세계 1위이다. 전산화가 잘 되어 있어 코로나 백신 보급과 예약이 쉽다. 일본은 우편과 팩스로 코로나 백신 일자 등을 통보하면서 확진자가 증가하고 있다. 우리가 일본보다 더 잘사는 기회가 왔다. 기업하기 좋은 나라를 만들어서 부강한 대한민국을 만들어야 한다.

2018년 시작된 한일 갈등이 해결됐다. 외교 갈등, 무역 갈등, 그리고 안보 갈등으로 이었다.

 한일 관계를 해결하는 방법은 무엇일까? 싱가포르의 국부 이광요는 "강대국과의 외교는 실리 외교를 하라"고 말했다. 한국은 미국, 일본, 중국 등과 실리 외교를 해야 한다.

2018년 일본이 한국에 반도체 부품 수출을 중단하면서 위기가 왔지만, 국내 기업들은 잘 극복하고 있다. 위기는 기회라는 말이 있다. 일본의 백색 리스트 제외는 한국에게 국산화와 다변화의 좋은 기회이다. 이번 기회에 우리나라는 중소기업의 소재와 부품을 국산화하고, 교역을 확대하는 다변화 계기로 삼아야 한다.

2020년 기준으로 한국의 총 수출액은 약 600조 원으로 일본의 총 수출액 720조 원과 약 120조 원밖에 차이가 나지 않는다. 우리가 더욱 교역을 확대한다면 수년 내에 한국은 일본의 수출액을 초과할 수 있다. 2025년 기준으로 우리나라 국민의 1인당 수출액은 일본 국민 1인당 수출액의 두 배를 넘는다.

2025년 GDP 기준으로 미국 24조 달러, 중국 18조 달러, 일본 5조 달러, 한국 2조 달러이다. 1965년에 일본의 GDP는 우리의 30배였지만, 지금은 2.5배이다. 우리 국민이 다시 한 번 허리띠를 졸라맨다면 GDP에서도 일본을 능가할 수 있다. 한국이

다시는 일본에 지지 않도록 해야 한다. 국력을 키우고 경제를 더욱 발전시켜 세계 초강대국이 되어야만 한다. 일본이 보호무역으로 나아갈 때, 대한민국은 오히려 교역을 확대해야 한다.

제조업 기준 수출 순위를 보면 중국, 미국, 독일, 일본 그리고 한국이다. 우리나라는 세계 5위 제조업 수출국이다. 기업 규제를 완화하고, 수출을 확대한다면 한국은 선진국이 될 수 있다. 우리는 1987년 IMF 위기와 2008년 금융위기 등 수많은 역경을 잘 극복하고 이겨왔다. 우리나라는 미국을 중심으로 한미일 삼각동맹을 지켜 북·중·러 위협을 지켜내야 한다. 국방력을 더욱 강화하고, 세계 최고의 제조업 중심 국가로 거듭나야 한다.

2020년 기준으로 한국이 일본에서 수입한 금액은 약 60조 원이다. 한국이 일본에 수출한 금액은 30조 원이기에 매년 30조 원이 적자이다. 일본에서 수입한 금액의 56%인 30조 원이 부품 소재 산업이다. 한국은 이번 기회에 부품 소재 산업을 발전시키기 위하여 중소기업을 육성해야 한다. 중소기업은 국내 생산의 50%를 차지하고 고용의 88%를 차지한다. 부품 소재는 다품종 소량 생산이기에 대기업이 할 수 없다. 대만과 독일은 중소기업이 강하다. 대기업과 중소기업 상생의 기틀을 만들고, 국산화와 다변화로 전화위복의 계기로 삼아야 한다.

삼성전자의 시가 총액은 2025년 400조 원으로 일본에 있는 모든 전자 회사를 합친 것보다 매출액이나 순이익이 많다. 삼성전자는 일본에서 라디오 조립을 배웠지만 지금은 세계 최고의 IT 기업이 되었다. 자부심을 가져도 된다.

한국의 무역 의존도((수출+수입)/GDP)는 75%로서 세계 2위이다. 세계 최고의 제조업 중심 국가이다. 삼성전자와 하이닉스가 세계 메모리 반도체 80%를 점유하고 있다. 2025년 삼성전자는 향후 133조 원을 투자하여 비메모리 분야에서도 세계 1등이 되고, 4차 산업혁명을 선도할 것이다. 일본은 삼성을 견제하기 위하여 반도체 재료와 반도체 장비 수출을 금지했다.

일본이 수출을 규제한 부품 소재 산업을 한국 기업이 대체한다면 약 20만 개의 일자리가 생긴다. 우리나라는 1인당 전기 소비량이 세계 1위로 중화학공업 중심의 제조업 국가이다. 2010년 센카쿠열도 분쟁 당시 일본도 중국이 희토류 수출을 중단하자, 미국 등 수입 다변화로 위기를 극복했다. 일본의 무역 의존도는 25%로 내수 지향 경제이다. 한국은 반대로 70%를 넘는 대외 지향 경제이다.

한국은 교역을 확대하고. 공유 경제, 인공지능 등 4차 산업혁명이라는 큰 변화의 물결을 따라간다면 더욱 성장할 수 있다. 대한민국은 세계 최고의 교육열과 우수한 DNA를 가지고 있기에 충분히 일본을 이길 수 있다. 국민 모두가 일치단결하여 위기를 전화위복의 계기로 삼아야 한다. 우리가 일본보다 잘사는 것이 진정한 복수다.

상법 개정으로 '쪼개기 상장' 막고, 주식시장 신뢰 회복하자

김대종 세종대 경영학과 교수

코스피가 다시 3000선을 돌파했다.

이재명 대통령의 공약인 5000선까지 오르기 위해서는 주가조작 엄벌, 쪼개기 상장 근절, 주식세금 인하 등이 필요하다. 싱가포르는 인구 500만 도시국가이지만 증권거래세 0.2%만 있고 양도세, 배당세, 상속세가 없다.

이는 단지 숫자의 문제를 넘어, 한국 주식시장에 대한 국내외 투자자들의 신뢰가 회복되고 있다는 방증이다. 이 같은 긍정적 흐름은 정부의 배당 확대 유도, 외국인 투자 규제 완화, 그리고 지배구조 개선에 힘입은 바 크다. 특히 건전한 기업 거버넌스를 지향하는 방향으로의 상법 개정 논의는 그 중요성이 점점 부각되고 있다.

그러나 이런 흐름에 찬물을 끼얹는 기업 행태는 사라져야 한다.

대표적인 것이 바로 '쪼개기 상장'이다. 카카오는 하나의 80개에 달하는 계열사를 두고 있으며, 이 중 상당수를 상장시켰거나 상장을 추진 중이다.

엘지화학이 LG에너지솔루션을 물적 분할해 상장시킨 사례도 기억에서 멀지 않다.

이들 사례는 기업 내부적으로는 자산가치 제고의 논리가 있을 수 있지만, 시장 전체에 미치는 영향은 결코 긍정적이지 않다. 오히려 기존 주주의 권익을 침해하고, 주식시장의 건전성을 훼손하는 대표적인 '기업 이기주의'로 비판받고 있다.

쪼개기 상장이란, 대기업이 하나의 사업 부문을 물적 분할한 뒤, 해당 신설 법인을 상장시켜 시가총액을 다시 흡수하는 방식이다. 기존 모회사 주주는 신설 상장 회사에 대한 지분을 보유하지 못한 채, 주가 하락과 기업가치 훼손을 떠안게 되는 경우가 허다하다. 이러한 구조는 주주 권리를 심각하게 침해할 뿐만 아니라, 한국 증시에 대한 신뢰를 떨어뜨리는 악재로 작용하고 있다.

일시적으로 기업 자산가치를 부풀리는 효과는 있을지 모르지만, 결과적으로는 장기 투자 문화를 파괴하고, 단기차익만을 노리는 투기적 자본만 끌어들이게 된다.

이제는 상법 개정을 통해 이 같은 부당한 행태에 제동을 걸어야 한다. 기업의 자율성을 완전히 배제할 수는 없겠지만, 최소한 '주주 이익 보호 장치'는 명확히 법제화할 필요가 있다.

물적 분할 후 상장 시 기존 모회사 주주에게 신설법인의 주식을 배정하거나, 반대주주에게 주식매수청구권을 보장하는 등의 보호 장치가 필요하다. 더 나아가 일정 요건을 갖춘 경우에만 물적 분할 상장을 허용하는 방향의 '포지티브 규제'도 검토할 시점이다.

기업은 단순히 이윤을 창출하는 경제 주체가 아니라, 사회적 책임을 지는 공적 존재다. 주식시장에 상장된 기업이라면 특히나 그렇다. 자본시장으로부터 자금을 조달하는 만큼, 기업 경영의 투명성, 공정성, 지속가능성을 스스로 책임져야 한다. ESG 경영이 시대적 화두로 자리 잡은 오늘날, 기업의 사회적 책임은 더 이상 선택이 아닌 의무다.

정부 역시 주가 3000시대를 일시적 현상으로 만들지 않기 위해, 시장 신뢰 회복을 위한 제도 정비에 더욱 적극적으로 나서야 한다. 배당 확대, 자사주 소각, 의결권 확대 등 투자자 권익을 보장하는 제도들이 가시적 성과를 내고 있는 지금, 상법 개정을 통한 지배구조 개선은 그 마지막 퍼즐이 될 수 있다.

카카오, 엘지화학, SK 등 국내 대표 기업들이 자산 재편이라는 미명 하에 시장 신뢰를 깎아내리는 행위를 계속한다면, 이는 단순한 기업의 자율 경영 문제로 치부될 수 없다. 이러한 기업 행위는 곧 한국 자본시장의 신뢰도, 나아가 외국인 투자자들의 유입 여부에까지 직결되는 중대한 문제다. 상법 개정은 단순한 규제의 문제를 넘어, 자본주의의 공정성과 시장의 지속 가능성을 위한 필수 조건이다.

지금은 한국 자본시장이 단순히 '규모'만 커지는 것이 아니라, '질'적으로도 한 단계 성숙해야 할 시기다. 단기 실적과 재무기술에만 의존하는 기업 행태를 제어하고, 장기적 관점에서 혁신과 지속 가능성을 추구하는 기업문화가 뿌리내리도록 정책과 제도가 뒷받침돼야 한다.

주가는 곧 신뢰의 지표다. 코스피 3000을 넘어 3500, 4000으로 나아가기 위해선 눈에 보이는 숫자 이상의 신뢰가 필요하다. 상법 개정은 그 출발점이자, 한국 자본시장이 질적 도약을 이루기 위한 중요한 이정표가 될 것이다. 시장과 기업, 정부가 모두 함께 책임을 나눠야 할 시점이다.

07 리스크 관리

- 리스크의 개념과 분류
- 기업 리스크의 실제 사례
- 주택 구입과 개인 리스크
- 기대 수익과 위험
- 위험 관리
- 바젤협약과 BIS 비율
- 미국의 모기지, 파생 상품의 위험 사례
- 자산 위험도

리스크 관리

리스크의 개념과 분류

01 리스크

리스크 = Exposure to Uncertainty

중요성 확대 요인
- 고정환율제도 붕괴(1971)
- 오일쇼크(1973)
- 우크라이나 전쟁
- 가상화폐 폭락
- 코로나 위기
- 미·중 무역전쟁 등 ...

위험 관리를 보통 리스크 관리라고 한다. 위험의 관리에는 개인의 위험 관리도 있고, 회사의 위험 관리도 있다. 리스크는 'exposure to uncertainty' 즉, 불확실성에 노출되어 있음을 의미한다. 리스크 관리는 1971년의 고정 환율제도 붕괴와 1973년의 오일 쇼크가 이어지며 기업 경영의 중요한 요인으로 확대되어 왔다. 오일 쇼크는 중동 산유국 모임인 OPEC에서 원유 가격을 연 50% 이상 폭등시킴으로써 전 세계 경제에 위험 요인으로 제기된 리스크이다. 언제든 얘기치 않게 발생할 수 있는 다양한 리스크를 사전에 예방하기 위한 필요성으로 리스크 관리의 중요성은 지속적으로 확대되고 있다.

2008년 미국 금융위기 이후 베어스턴스, 리먼브러더스 등 모기지 회사와 투자은행의 파산은 이러한 리스크 관리의 중요성을 더욱 가중시켰다. 2020년에 발생해 전 세계에 퍼진 코로나19로 인한 팬데믹 위기는 종료됐다.

리스크는 경영 위험, 전략 위험, 재무 위험으로 분류할 수 있다. 재무 위험은 시장 위험, 신용 위험, 운영 위험, 법적 위험, 유동성 위험으로 다시 분류할 수 있다. 유동성 위험은 '현금흐름'에서의 위험을 의미하고, 시장 리스크는 자산 가치 또는 부채 가치의 가격 변동에 따라 달라지는 위험을 의미한다.

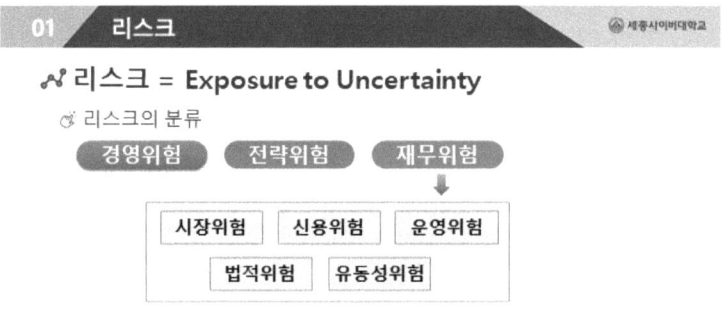

기업 리스크의 실제 사례

1. 금호그룹의 대우건설 투자 실패

2021년 대한항공이 아시아나항공을 인수했다. 금호그룹이 코로나19에 따른 경영 위기를 극복하지 못한 탓이었다. 2010년 초반 금호그룹에서 발생한 경영 위험과 재무 위험을 살펴보자.

금호그룹은 금호석유화학, 금호타이어, 아시아나 항공 등 많은 계열사를 가지고 있었으나 대우건설을 추가 인수하면서 그룹 전체 외형을 확장하려고 했다. 이에 대한 시장에서의 반응도 뜨거웠고, 이를 계기로 금호그룹이 재계 10대 기업에 진입하기도 하였다. M&A 시장에서의 대우건설 인수는 처음에는 매우 잘한 일이었다. 그런데 '승자의 저주'처럼, 2008년 전 세계를 수렁으로 몰아넣은 금융위기로 자금 조달이 어려워지면서 금호그룹 전체의 유동성이 악화되기 시작했다. 현금이 부족해지면서 그룹 전체가 위험한 상황에 이르게 된 것이다. 현금 흐름이 원활하지 않는 것이 바로 유동성 위험이다.

02 기대수익과 위험

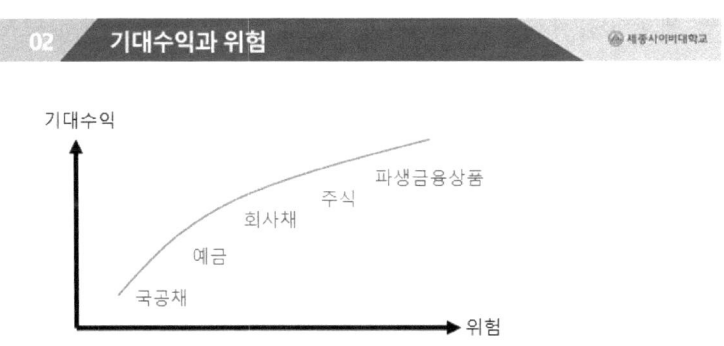

금호그룹은 유동성 위험과 전략 위험과 재무 위험에 노출되었다. 그룹 전체를 곤란하게 만든 유동성 위험은 2008년 8월부터 시작

된 전 세계 금융위기에서 기인한 것인데, 당시 금호그룹이 대우건설을 인수할 때의 조건은 대우건설 주식을 다시 비싸게 되사주는 조건이었다. 다시 말해, 금호그룹이 대우건설을 인수할 때 수조 원에 이르는 재무적 투자자(경영에는 관심이 없고, 주식 매매 차익만 관심 있는 투자자)에게 주식을 되사주는 조건으로 대우건설을 인수한 것이다.

M&A 시장에서의 대우건설 인수는 나쁘지 않은 결정이었을 테지만, 재무적 위험이나 전략 위험, 경영 위험 등을 고려하지 않았던 것이다. 금호그룹은 2010년 정부의 긴급 구제 금융을 통해 경영권을 유지하는 조건으로 그룹 경영주들의 전 재산을 회사에 내놓는 등 자구책을 마련했었다. 자칫하면 그룹 전체가 유동성 위기로 부도가 날 수도 있는 상황이었다.

금호그룹은 산업은행으로부터 대우그룹을 인수했는데, 2008년의 전 세계 금융위기로 그룹 전체에 유동성 위기가 발생하면서 도저히 대우건설을 끌어안은 채 그룹을 유지할 여력이 없었다. 결국 금호그룹은 대우건설을 다시 산업은행에 되돌려줄 수밖에 없었다. 이처럼 어떠한 경쟁(M&A)에서 승리(인수)했지만 오히려 승자(금호그룹)에게 더 큰 위험을 초래하는 현상을 두고 "승자의 저주"라 한다.

2025년에 금호그룹은 핵심 계열사인 아시아나항공마저 대한항공에 매각했다.

2. 두산그룹의 재무 위험

두산그룹은 한국중공업을 인수하여 두산중공업으로 이름을 바꾸었다. 두산그룹은 밥캣이라는 세계 최고의 중장비회사를 인수하면서 재무 위험을 겪은 바 있다. 밥캣 인수에 수조 원의 돈이 들어갔는데, 역시 2008년 금융위기로 그룹 전체가 재무 위험, 현금 유동성 위험에 빠졌던 것이다. 두산 그룹은 다행히 2011년 세계 경제가 호조로 돌아서면서 위기를 넘길 수 있었다.

금호그룹과 두산그룹은 우리나라 10대 기업에 들어가는데, 이렇게 큰 그룹들도 재무 위험, 경영 위험, 전략 위험에 노출될 수 있는 것이다. 2025년 두산은 코로나 위기를 잘 극복하고 있다.

〈조선비즈〉

금호그룹, 아시아나 매각 불발로 위기감 고조…일각선 '해체' 가능성까지 제기

조귀동 기자
2020.09.11 13:24

금호그룹이 아시아나항공(18,550원 ▼ 50 -0.27%)매각이 중단되면서 위기감이 고조되고 있다. 일부에선 해체 가능성까지 거론될 정도이다. 핵심 계열사인 금호산업이 아시아나항공 매각 대금으로 받는 3,200억 원을 대출금 상환 등에 사용해야 하는 데 여의치 않게 됐기 때문이다. 특히 그룹 지배 구조의 정점에 있는 금호고속이 심각한 경영난을 겪고 있는 상황이다.

당장 발등의 불을 끈다 해도 문제는 여전하다. HDC현대산업개발(29,400원 ▼ 450 -1.51%)뿐만 아니라 제주항공(22,800원 ▼ 100 -0.44%)등 아시아나항공에 관심을 가졌던 다른 항공사들도 신종 코로나바이러스 감염증(코로나19)으로 다른 회사 인수를 포기하고 긴축 경영에 들어간데다 기내식 납품 계열 문제 등 박삼구 회장 리스크가 커 PEF(사모펀드)의 인수도 어려워진 상황이다. 최소한 올해 또는 내년에 매각이 어려워지면, 금호그룹의 자금 경색 현상이 나타날 가능성이 높다.

11일 재계에 따르면 금호그룹은 아시아나항공 매각 중단을 맞아 독자적인 구조 조정 준비에 착수했다. 광주 광천동의 고속버스 터미널을 겸한 복합 쇼핑몰인 유스퀘어를 비롯해 금호고속 등 그룹이 보유한 목포, 여수, 순천, 해남 등 터미널 부지와 건물을 매각하는 데 1순위로 거론된다.

지난해 금호그룹은 주력 계열사인 아시아나항공을 매각하면서, 금호산업이 보유한 지분 30.77%에 대한 대가로 3,230억 원을 받기로 했다. 나머지 2조 원 정도의 매입 대금은 산업은행 등 채권단이 아시아나항공에 빌려준 돈을 되갚고, 자본을 확충하는 데 사용키로 했다.

아시아나항공 매각 무산으로 그룹 해체 가능성까지 제기되는 가장 큰 이유는 그룹 지배 구조의 정점에 있는 금호고속의 재무 상황이 좋지 않기 때문이다.

금호그룹은 '금호고속→금호산업→아시아나항공'의 지배 구조를 갖고 있다. 금호산업과 금호고속은 각각 자회사인 아시아나항공과 금호고속 지분을 담보로 대규모 차입해왔다.

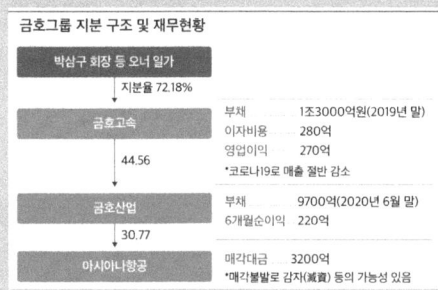

금호고속이 금호산업 지분을 담보로 1,300억 원을 빌린 게 대표적이다. 금호고속의 재무 위기를 타개하기 위해서는 금호산업이 아시아나항공 지분 매각 대금을 확보했어야만 하는 구조다.

금호고속은 코로나19로 창사 이래 최대 위기 상황이다. 한국노총에 따르면 코로나19가 발생한 2월부터 8월까지 전국 고속버스 수익금은 전년 동기 대비 49% 줄었다. 금호고속이 운영하는 유스퀘어 이용객 수도 급감했다. 금호고속은 장거리 노선은 50%, 단거리 노선은 30% 각각 감축하고 수백 명의 직원 대상으로 휴직을 실시하고 있다.

2019년 말 현재 금호고속은 1조3,000억 원의 부채를 갖고 있다. 자본금은 3,870억 원이다. 지난해 4,330억 원의 매출을 거둬 270억 원의 영업 이익을 기록했다. 그런데 이자비용이 280억 원에 달한다. 지난해에는 아시아나항공 매각에 따라 아시아나항공과 연관된 신주인수권부사채를 갚아야 해 560억 원의 채무 상환 손실까지 감당해야했다. 결국 792억 원의 순손실을 입었다.

결국 금호산업이 아시아나항공 매각으로 손에 쥐게 될 3,230억 원을 금호고속 등의 재무 구조 개선에 써야 했던 상황인 셈이다. 금호산업의 자금 사정도 좋은 편이 아니다. 금호산업의 부채는 6월 말 현재 9,730억 원에 달한다. 당기 순이익은 220억 원에 불과하다. 그나마 2019년 상반기 110억 원 순손실을 입었던 것에서 흑자 전환에는 성공한 모양새다.

아시아나항공에 정부 자금이 들어가는 과정에서 감자(減資)가 이뤄지거나 또는 지분 가치가 희석될 경우 금호산업이 대출을 하면서 담보로 내세우곤 했던 아시아나항공 지분 가치도 그만큼 쪼그라든다. 결국 금호산업도 자금 압박을 받을 가능성이 높다.

당장 파산을 면하더라도 당분간 매각 작업이 이뤄지기 어려운 상황이라, 자금 경색 국면이 계속될 전망이다. 아시아나항공 인수를 놓고 HDC현대산업개발과 경합하던 제주항공이 이스타항공 인수를 포기하는 등 항공업계가 긴축 경영을 할 수 밖에 없는 상황이기 때문이다. 또 PEF가 나서기도 어렵다. 제주항공의 입찰가 기준으로도 1조7,000억 원이 필요한데, 리스크가 산재해 있기 때문이다.

특히 박삼구 회장의 금호그룹 재건에 아시아나항공의 영업권이나 자산이 쓰이면서 이면계약 등이 맺어져 있을 가능성이 높다. 박삼구 회장이 그룹 지배권을 유지하기 위해 금호고속의 신주인수권부사채(BW)를 인수한 업체에게 아시아나항공의 기내식 사업 독점권을 넘긴 게 대표적인 사례다. 기내식 사건의 경우 공정거래위원회가 지난달 부당 지원 행위에 해당된다는 판결을 내렸다.

금호그룹이 내놓을 수 있는 자산 중 핵심은 광주 고속버스 터미널인 유스퀘어다. 유스퀘어는 면적이 10만여㎡에 이르는데다 신세계백화점, CGV 등이 임차인으로 있는 복합 쇼핑몰이기도 하다. 호반건설이 계열사 KBC(광주방송)이 보유한 광천동 땅에 지상 48층짜리 주상복합 아파트 단지 호반써밋플레이스를 지어 큰 수익을 거두는 등 해당 부지는 광주시 도심에서 '노른자위'로 꼽히고 있다. 하지만 터미널 부지 개발이나 매각, 용도 변경 등도 여객자동차 운수사업법상 까다로운 절차를 거쳐야 하므로 당장 실현 여부가 불투명하다.

두산중공업 '위기의 전염' 차단…인프라코어·밥캣 따로 떼어내나

입력 2020-04-05 17:24 수정 2020-04-06 00:51

두산그룹 구조 조정 방안으로 중간 지주회사 격인 두산중공업을 자회사·손자회사인 두산인프라코어·두산밥캣과 분리하는 방안이 유력하게 거론되고 있다. 두산중공업 위기가 그룹 전체로 확산하는 것을 막기 위해서다.

5일 정부와 산업은행 등 채권단에 따르면 두산중공업은 채권단에 제출할 고강도 자구안에 두산중공업의 재무 리스크가 다른 계열사로 옮겨 가는 것을 막기 위한 지배 구조 개편을 검토하고 있다. 두산그룹 지배 구조는 그룹 지주회사인 (주)두산을 정점으로 두산중공업→두산인프라코어→밥캣으로 이어진다. 수익이 나는 두산인프라코어와 밥캣만이라도 두산중공업과 분리해야 한다는 게 채권단 방침이다. 두산중공업의 재무 리스크로 인해 이들 계열사 신용 등급마저 떨어져 자금 조달에 어려움을 겪을 수 있다는 판단에 따른 것이다.

채권단 내부에서는 두산중공업을 사업 회사와 투자 회사로 분리한 뒤 두산중공업이 가지고 있던 두산인프라코어와 밥캣 지분을 투자 회사에 몰아주고, (주)두산과 투자 회사를 합병하는 방안이 유력하다고 보고 있다. 큰 비용을 들이지 않고 그룹의 수직 계열 구조를 끊어내는 방식이다. 이 경우 두산중공업에는 완전자회사인 두산건설만 남기고, 다른 계열사는 (주)두산의 자회사가 된다.

이동헌 대신증권 연구원은 "투자 회사를 합병하는 방안은 자금이 들지 않아 효율적"이라며 "(주)두산이 직접 두산인프라코어를 인수하기에는 자금 조달, 영업권 상각 등이 문제가 될 수 있다"고 설명했다.

두산중공업은 2018년 두산엔진을 매각할 때도 두산밥캣을 남겨두기 위해 분할·합병 형태로 지분을 정리했다.

산업은행과 수출입은행은 지난달 27일 두산중공업에 1조 원 지원 방침을 내놓은 뒤 경영 자문역을 파견하기로 했다. 두산중공업의 경영 정상화 방안이 제대로 추진되고 있는지, 지원 자금은 적절하게 쓰이고 있는지를 확인하는 역할이다. 수은은 두산중공업 태스크포스(TF)를 신설해 기업구조조정 담당자를 팀장으로 임명했다. 산은은 기업금융실 소속 두산 담당자를 구조조정본부 산하 기업경쟁력제고 지원단에 발령했다.

채권단이 두산에 대한 관리를 강화하면서 두산그룹의 강력한 자구안도 담길 것으로 보인다. 이미 두산그룹은 임원 급여 30%를 반납한다고 발표했다. 여기에 더해 두산 일가의 사재 출연이 들어갈 가능성도 있다. 두산중공업 석탄 사업부 매각도 거론된다.

이수빈/임현우 기자 lsb@hankyung.com

두산 곳곳에 유동성 위기…인프라코어·밥캣 남기고 자산 매각 '저울질'

뉴스웨이

김정훈 기자 등록 :2020.04.13. 15:52

두산重 만기도래 차입금 부담 4조2,000억 원솔루스 시장 가치 재평가…매각가 1조 안팎인프라코어 7,000억 우발 채무도 잠재적 부담

금융권에선 올해 말 만기 도래하는 두산중공업의 차입금은 4조2,000억 원 규모로 파악하고 있다. 지주회사 두산이 지분을 보유한 상장사 및 비상장회사들이 두산중공업 정상화 과정에서 어떻게 활용될지 관심이 쏠리고 있다.

두산중공업을 살리기 위한 두산그룹의 현금화 전략이 쟁점으로 부각되고 있다. 올해 말까지 만기 도래하는 차입금 부담만 4조2,000억 원에 달한다. 시장에서 관심이 높은 두산솔루스의 매각 협상이 '제값'을 받는 선에서 마무리되더라도 향후 갚아야 할 차입금을 감안하면 두산인프라코어와 두산밥캣만 남기고 나머지 자산은 매각 카드로 저울질할 수 있다는 전망이 제기된다.

13일 금융권 및 산업계에 따르면 박정원 두산 회장이 경영난에

빠진 두산중공업 지원을 위해 미래 먹거리인 두산솔루스 등의 매각에 나선 것은 결국 두산중공업과 두산인프라코어·밥캣으로 이어지는 중후장대 사업군은 끌어안고 가겠다는 굳은 의지가 반영된 것으로 보는 시각이 우세하다.

채권단이 두산중공업 유동성 위기가 우량 회사인 두산인프라코어와 두산밥캣으로 전이되지 않게 하려면 두 회사를 중공업에서 떼어 내 두산 아래 편입시키는 방안을 필요하다고 제안한 것과 관련, 두산 측도 상당히 공감하고 사업구조 재편을 진행하는 방향으로 검토에 착수한 것으로 알려졌다.

업계에선 두산그룹의 허리 역할을 하는 두산중공업의 부도를 막기 위해선 당장 규모가 작은 계열사부터 정리하는 작업이 불가피한 선택이 된 것으로 보고 있다. 두산중공업 직원은 5900여명, 두산인프라코어는 2700명으로 지주회사 두산을 뺀 나머지 계열사 중 두 회사의 규모가 가장 크다. 상장사 중에선 두산솔루스 직원은 220명, 두산퓨얼셀과 오리콤은 300여명 선이다.

산업연구원의 한 연구원은 "기업이 살아야 재투자로 이어지기 때문에 기업 전략 측면에서 본다면 당장 캐시 카우(현금 창출원)가 아닌 회사들은 정리해야 되고, 가장 잘 팔리는 회사부터 처분하는 건 괜찮은 판단으로 보인다"고 말했다.

두산이 자구안에 포함하기 위해 추진 중인 솔루스 매각 건은 미래 성장 가치가 높아 초반에 관심을 보이고 접근한 사모펀드

(PEF) 스카이레이크 외에도 잠재 인수자들이 관심을 보일 가능성이 있다. 지난 10일 두산은 "(솔루스 매각) 아직까지 구체적으로 결정된 사항은 없다"고 공시했다.

두산솔루스는 시장의 관심이 커지면서 매각 가격에 대한 변동성이 커졌다. 단순히 오너 일가 지분(61%)만큼 매각 금액으로 산정할 게 아니라 대규모 투자가 집행된 헝가리 전지박 공장의 가치까지 감안하면 솔루스 매각가는 1조 원을 넘길 수 있다는 전망도 나온다. 헝가리 전지박 공장은 연 1만 톤 생산 규모의 투자가 완료됐고, 추가 1만5,000톤 증설도 차입 계획이 구체화됐다. 이에 따라 전지박부문의 사업 가치는 2만5,000톤까지는 확정됐다고 시장은 평가한다.

한 푼의 현금이 더 필요한 두산 입장에선 시장에서 관심을 보이는 솔루스의 경우 몸값을 높게 책정받게 되면 자구안 부담도 상당 부분 덜 수 있다. LS엠트론으로부터 전지박 사업을 3,000억 원에 인수한 사모펀드 운용사 콜버그크래비스로버츠(KKR)는 상장을 준비하는 과정에서 동박사업(KCFT)을 SKC에 인수가의 4배가 높은 1조2,000억 원에 되팔았다.

한병화 유진투자증권 연구원은 "두산솔루스는 특허를 보유한 고마진의 OLED 독점 소재 사업을 보유하고 있고 전지박 공장이 진입 장벽이 높은 유럽 전기차 시장 내에 존재하기 때문에 KCFT와 비교하면 더 높은 프리미엄을 받을 수 있다"고 내다봤다. 이어 "목표 주가(3만6000원) 기준 기업 가치는 1조

4,000억 원(우선주의 구주 병합 가정)에 달한다"고 덧붙였다.

채권단은 자구안 제출 시점을 두산그룹에 자율적으로 맡겼다. 자구안 제출 시기의 제한이 없다는 점에서 박정원 회장을 비롯한 오너 일가는 자산 매각 방식을 놓고 가급적 빨리 현금화하는 방향으로 저울질할 것으로 보인다.

업계 관계자는 "솔루스는 두산퓨얼셀뿐 아니라 두산건설과도 일부 사업 연관성이 있다"며 "솔루스를 시장에 팔게 되면 결국 시너지가 반감되는 퓨얼셀과 건설을 보유해야 할 이유는 사라진다"고 말했다.

증권가에선 두산중공업이 2018년 두산엔진을 매각하면서 NH·한국·신영·KB증권과 맺은 주가 수익 스왑(PRS) 계약 건이 유동성 부담을 키울 수 있다고 우려한다. 두산중공업의 밥캣 PRS는 보통주 총 1,057만8,070주(10.55%)이며 올해 만기가 돌아온다. PRS 계약 당시 기준가는 3만5,650원이었는데 밥캣 주가가 이보다 낮으면 두산중공업은 그 차익만큼 손실을 보전해야 한다.

자회사 가운데선 두산인프라코어의 중국 법인(DICC) 매각 실패 소송 건이 잠재적 재무 부담의 요인으로 거론된다. 미래에셋자산운용 등 재무적 투자자(FI)들이 두산인프라코어를 상대로 매매대금 반환 등 배상을 요구한 우발 채무는 약 7,000억 원 규모다. 소송 결과가 좋지 않고 코로나19 여파로 실적마저 나빠진다면 장기적으론 인프라코어 역시 지분 51%를 들고 있는 밥캣 매각에 대한 압박을 받을 수도 있다.

익명을 요구한 투자은행(IB)업계 관계자는 "중국 법인 대법원 판결은 원래 올 여름으로 예정됐다가 연말 또는 내년으로 미뤄질 가능성이 있다"면서 "만일 패소하면 비용 부담이 커질텐데 인프리코어가 유동성 위기에 빠질 정도는 아닌 것으로 파악된다"고 분석했다.

결과적으로 두산중공업 사태는 단기 유동성 확보가 쟁점이 되고 있다. 채권단이 빌려준 1조 원의 한도 대출은 올 9월말까지 두산중공업이 버틸 수 있는 6개월 운영 자금(희망 퇴직 등 구조 조정 비용 포함)으로 올해 상환해야 할 자금에는 턱없이 부족하다. 만일 두산그룹의 자산 매각 작업이 늦어지면 채권단으로부터 대출금은 또 늘려야 한다. 채권단은 자구안을 보고 추가 대출 여부를 결정한다는 방침이다.

두산중공업의 은행권 등 총 차입금은 4조9,000억 원이다. 올해 말까지 만기 도래 차입금은 4조2,000억 원이다. 이중 4,800억 원의 신주인수권부사채(BW) 등 4~5월 갚아야 할 차입금은 회사채 1조1,000억 원 규모다.

두산중공업 관계자는 "기존 은행권 대출 2조3,000억 원은 만기 연장이 가능하다"며 "수은과 협의해야 하는 외화공모사채(약 6,000억 원)가 대출로 전환되면 올해 말까지 갚아야 할 차입금은 1조3,000억 원 정도 되는 것으로 파악된다"고 설명했다.

김정훈 기자 lennon@

주택 구입과 개인 리스크

06 자산의 위험도

자산의 위험도(가중치)

현금, 금괴, 미정부채	0%
OECD은행대출금, 미정부대행기관증권, 시발행일반채	20%
시발행수익채	50%
주식, 부동산, 회사채	100%

A 은행의 총 위험여신 = ?
OECD은행대출금 * 0.2 + 회사채 * 1.0 + 주식 * 1.0

1. 청약통장 가입: 부자의 지름길

직장인들 중 많은 사람들이 알고자 하는 것 중 하나가 어떻게 하면 적은 월급으로 리스크를 관리하면서 돈을 벌고 아파트도 분양받을 수 있을까 하는 것이다. 제일 좋은 방법은 청약 통장에 가입하는 것이다. 그 후 LH공사 사이트에서 공시되는 분양과 임대 아파트 정보를 매일 체크해야 한다. 서울은 SH공사, 경기도는 경기도시개발공사, 모든 지방자치단체에는 자체 도시개발공사가 있으니 해당 사이트에서 확인하면 된다. 단순하게 청약 통장 가입만으로는 의미가 없고, 이후 잘 활용할 수 있어야 한다. 보금자리주택에 대해서도 매일 정보를 보아야 한다.

아파트를 분양받은 후 대출을 감당할 수 있는 돈이 얼마인지 확인하는 것이 중요하다. 만약 집값이 2억이면 1억을 대출하더라도 1억이라는 자기 돈이 있어야 한다. 1억원에 대한 대출 금리 약 40만 원 정도를 감당할 수 있는지의 여부, 즉 재무 위험을 따져봐야 한다.

정부가 아파트 거래 활성화를 위해 DTI(Debt To Income, 총부채상환) 규제를 풀었다가 다시 재개했다. DTI(Debt To Income) 규제란 대출자의 연 소득의 약 5배 이내로 대출 한도를 규제하는 것이다. 과거에는 집값의 40~60%(강남 40%, 서울 50%, 경기도 60%)를 대출해주었지만, DTI 규제 폐지는 강남 지역(집값의 40% 범위)을 제외한 나머지 지역은 은행에서 판단해 자율적으로 대출해주라는 것이다. 규제 폐지는 정부가 주택 거래 활성화를 위해 대출을 많이 해줄 수 있도록 정책을 전환했다는 의미이다. 만약 대출로 주택 구입 후 월급에서 이자를 감당할 수 있다면 구입해도 된다.

2025년에는 15억 원 이상의 주택 구입에 대해서는 전면 대출 금지 조치가 시행되고 있다. 9억 원 미만의 주택에 대해서는 집값의 약 50% 범위에서 대출을 해준다. 하지만 수요를 억제하여 집값을 잡으려던 이러한 정부 조치는 오히려 집값 폭등을 불러일으켰다.

아파트를 마련하는 방법 중 하나는 청약 통장을 사용해 아파트를 분양받는 것이다.

주택 공급 절대량이 부족했던 시기에 도입된 선분양 제도가 아직까지 유지되고 있다. 선분양 제도에서 사업 시행자는 토지 소유권을 확보하면 아파트를 분양해 후분양자가 납부한 분양 대금으로 건축비를 충당할 수 있다. 청약 통장 종류는 청약저축, 청약부금, 청약예금, 주택청약종합저축으로 구분된다.

청약저축은 무주택 가구주만 가입이 가능하고 전용 면적 85㎡ 이하 국민주택에 청약할 수 있다. 보금자리주택, 국민임대주택, 장기전세주택 등은 청약저축 가입자가 청약할 수 있다.

청약부금은 만 20세 이상이면 주택 유무에 상관없이 가입이 가능하고 전용 면적 85㎡ 이하 민영주택에 청약할 수 있다.

청약예금도 만 20세 이상이면 주택 유무에 상관없이 누구나 가입 가능하며 면적 제한 없이 민영주택에 청약이 가능하다. 청약예금은 예치 금액에 따라 청약 가능한 분양 면적이 결정된다는 특징이 있다.

2009년 5월 출시된 주택청약종합저축은 청약저축, 청약부금, 청약예금 기능을 하나로 통합한 것으로 '만능통장'으로 불린다. 다른 청약통장은 통장을 개설하는 시점에 주택 규모를 선택하는 반면 주택청약종합저축은 최초 청약 시 주택 규모를 선택할 수 있는 것이 큰 차이다.

주택 청약에서 당첨자 선정은 1순위 경쟁 발생 시 청약저축은 순차제로, 청약부금과 청약예금은 청약 가점제와 추첨으로 당첨자를 선정한다. 순차제인 청약저축은 동일순위 경쟁 시 '5년 또는 3년 이상 무주택가구주로서 저축 총액이 많은 자→납입 횟수→부양가족→해당 지역 장기 거주자' 등의 순으로 당첨자를 가린다.

청약부금과 청약예금은 2007년 9월 도입된 청약 가점제를 적용해 당첨자를 가린다. 청약 가점은 무주택 기간 2~32점, 부양가족 수 5~35점, 청약통장 가입 기간 1~17점으로 총 84점 만점으로 구성돼 있다. 전용 85㎡ 이하는 공급량의 25%, 85㎡ 초과는 공급량의 50%를 추첨제로 공급하기 때문에 운에 의한 당첨도 기대할 수 있다.

주택 청약에서 당첨 확률을 높이는 방안으로 각종 특별 분양, 지역 우선 공급 물량을 활용하거나 청약 가점을 높이는 방안을 고려할 수 있다.

〈매일경제〉

2. 내 집 하나는 마련하자

부동산, 즉 아파트로 돈을 버는 시대는 갔지만 내 집 한 채는 가지는 것이 좋다. 주식은 위험 부담이 있기에 적금을 붓고 아파트 청약통장으로 보금자리 주택 등 내 집 마련을 가장 우선적으로 추진해야 한다. 향후 집값이 계속 오를지 내릴지 예측해보자. 저자의 생각으로는 시장 경제가 없으면 집값은 계속 상승한다.

주택 가격은 경기 순환에 따른다. 지금은 경기가 안 좋아 집을 안 짓는데, 이렇게 되면 주택 공급이 부족해진다. 정부 주도의 LH만 아파트를 건축하고 있다. 일반 건설사가 분양하는 아파트는 거의 건축을 못 하고 있다. 서울의 400개 재건축 후보지가 허가를 못 받았다. 개인이 주택을 사거나 임대 받을 때도 재무 위험을 감안해야 한다.

3. 우리나라 개인 자산의 80%는 부동산이다

자산 가격 변동이 심화되었다. 지금은 주식과 부동산이 개인 자산의 가장 큰 비중을 차지한다. 자료에 따르면 우리나라 개인 자산의 85%, 미국 개인 자산의 50%가 부동산이다. 따라서 최근의 극심한 부동산 가격 변동은 개인 자산에 따른 기대 수익의 증가도 불러오지만 위험에도 취약하게 만들 수 있다. 2020~2025년 서울 부동산 가격은 50% 상승했고, 미국도 20% 상승했다. 주택 가격이 급락하는 경우, 이른바 깡통주택의 위험이 발생하기도 하는데, 깡통주택은 예컨대 3억 원의 주택을 2억의 대출을 받고 구입했는데, 집값이 1억 5천으로 급락하는 경우 대출을 빼고 나면 집값이 하나도 안 남는다는 경우를 말한다.

기대 수익과 위험

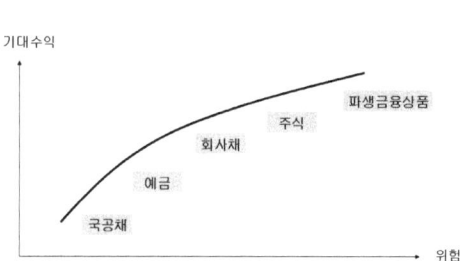

Paul Cezanne [카드놀이 하는 사람들]

기대 수익은 미래에 얼마만큼의 돈을 벌어들일 수 있는지 예측하는 것을 의미한다.

그래프에서 오른쪽으로 갈수록 위험은 증가하고, 위로 갈수록 기대 수익은 높아진다. 그러므로 기대 수익과 위험은 정비례한다는 것을 확인할 수 있다. 모든 것을 얻을 수는 없다. 이익도 높고 안전한 것은 없기 때문이다. 이것이 기대 수익과 위험의 관계이다.

기대 수익의 순서는 현금, 국공채, 예금(적금), 회사채, 주식, 파생 금융 상품이다. 국공채는 국가가 발행하는 채권을 의미하며 2025 국공채의 금리는 4% 정도이다. 예금 금리는 5%, 회사채 금리는 6~7%, 주식과 파생 금융 상품은 10% 이상이다. 파생 금융 상품에는 선물과 옵션이 있다. 옵션을 보통 도박, 로또복권이라 한다.

03 시장위험

사고 : 사례

- Baring　　》》》　Nikkei 225 주가지수 선물(Leeson)
- Metallgesellschaft　》》》　석유 선물
- Orange County (미)　》》》　이자율(Citron)
- Daiwa　　》》》　이자율(Igushi)
- 우풍상호신용금고
- SK증권

• 투자에서의 시장 위험 사고와 사례

베어링(Baring)은행이 파산하면서 네덜란드 ING생명에 단돈 1파운드, 즉 2천 원에 팔렸다. 파산 이유는 Nikkei225 일본의 주가지수 선물 때문이었다. 석유 선물 때문에 Metallgesellschaft도 망했고, 미국의 Orange County도 파산했다.

우리나라에서는 우풍상호신용금고, SK증권에서 이러한 위험 사례를 찾아볼 수 있다. 2001~2002년도에 우량 그룹이었던 SK그룹이 SK증권의 미국 파생 금융 상품 투자로 수조 원의 피해를 입었다. 당시 SK그룹 전체가 파산에 직면할 것이라는 예상이 있었고, SK증권 주식은 만원까지 떨어졌었다. 지금 SK증권 주식은 20만 원 정도한다.

이러한 사례를 통해 투자 시장에서는 큰돈을 벌 수 있는 기회에

는 그만큼의 위험이 따른다는 사실을 확인할 수 있다. 그러므로 항상 시장을 면밀히 살펴보아야 한다.

베어링 은행의 파산
사건의 개요

1967년 가난한 집 맏아들로 태어나 고등학교를 중퇴한 닉 리슨은 1987년 유망한 은행 중 하나로 꼽히는 모건 스탠리의 선물 및 옵션 결제부에서 2년 간 경력을 쌓은 후 1989년 베어링증권사 결제부 직원으로 자리를 옮겨 베어링 은행 싱가폴 국제통화거래소 개설과 함께 선물 및 옵션 거래 딜러로서 활동을 시작한다.

싱가폴 지점 개설 초기였으므로 주변 상황이 열악하였고 인력이 부족하였으므로 그는 선물 거래의 지휘와 거래의 결제, 기록 업무를 모두 맡았다. 또한 본사는 높은 수익을 올리고 있는 닉 리슨의 능력을 과신하여 업무 보고 체계도 제대로 확립하지 않았다. 그는 한도 내의 거래 손실 발생 시 이용하게 되어 있는 본사 계좌 말고도 '88888'이라는 에러 계좌를 만들어 계속되는 부하 직원들의 사소한 실수와 닉 리슨 자신이 저지른 실수와 손실을 만회하려 무리수를 뒀다. 이처럼 무모한 거래와 계약으로 눈덩이처럼 불어난 손실을 본사 몰래 만든 '88888' 계좌에 은닉한 것이다. 결국 이 '88888' 계좌의 손실액은 1995년 베어링 은행을 파산으로 몰고 갔다.

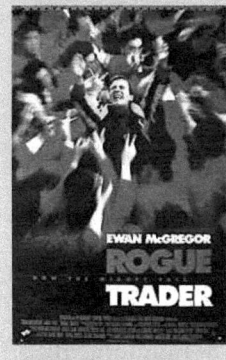

겜블(1999)
출연: 이완 맥그리거, 안나 프릴, 예브 베네이통, 벳시 브랜틀리 등

위험 관리

위험 관리는 시장 위험을 체계적으로 관리하는 것이다. 위험 관리의 필요성은 자산의 가격 변동 심화와 파생 상품의 발전 때문이다. 앞의 사례에서 보았듯이 금호그룹, 두산그룹, SK그룹은 대기업이었음에도 시장의 위험을 체계적으로 관리하지 못해 그룹 전체가 파산의 위험에 노출되기도 했었다. 그러므로 체계적 위험 관리가 필요하다.

그렇다면 개인의 위험 관리는 어떻게 할 것인가?

최선의 위험 관리는 직업이 있는 경우 해당 직업을 유지할 수 있도록 꾸준히 자기 계발하는 것이다. 대출을 받을 때는 스스로 감당할 수 있는 규모로 받아야 한다. 개인이 빚을 감당할 수 없어 파산하거나 때로는 그로 인한 사회적 물의를 일으키는 경우도 있는데 이러한 일들은 결국 개인의 위험을 관리하지 못했기 때문이다.

바젤협약과 BIS 비율

국제결제은행(The Bank for International Settelment, BIS)은 국제 금융 안정을 추구하기 위하여 각국 중앙은행과 다른 기관 사이의 협력을 증진시키는 국제기구로 스위스 바젤에 본부를 두고 있다. 바젤협약은 2010년 9월 스위스 바젤에서 국제결제은행이 체결한 은행 건전성 위험 관리에 대한 협약이다.

BIS 은행감독위원회

은행 감독 업무의 국가 간 협력과 국제적 기준을 마련하기 위하여 구성된 국제결제은행 산하 위원회로 바젤은행감독위원회 또는 바젤위원회라고도 한다. 1975년에 선진 10개국(G-10)의 중앙은행 총재 회의 결과로 설치되었다. 1974년 처음 위원회 설치를 제안한 영국은행 이사 쿠크(Cooke, Peter)의 이름을 따 쿠크위원회라고 불리었으나 1999년 바젤은행감독위원회(BCBS: Basel Committee on Banking Supervision)로 이름을 바꾸었다.

미국, 영국, 캐나다, 벨기에, 프랑스, 독일, 이탈리아, 일본, 네덜란드, 스웨덴 등 G-10 외에 스위스, 룩셈부르크, 스페인을 포함하여 모두 13개국 중앙은행 대표로 구성되었다. 중앙은행이 금융기관에 대한 감독권을 갖지 못하는 나라의 경우에는 은행 감독 기관이 회원이 된다. 위원회를 구성하는 13개 나라를 바젤 회원국이라고 부른다. 위원회는 국제 금융시장에서 금융 거래의 안전성을 유지하기 위하여 BIS 자기자본 규제 제도를 작성하였다. 'BIS 규제' 또는 '바젤Ⅰ'이라고도 부르는 이 제도는 1988년 7월 합의되어 1992년부터 바젤 회원국 간에 적용되고 있다. 한국은 1992년 도입한 뒤 1997년 말 의무화하였다.

한편, BIS 자기자본 규제 제도보다 은행의 자율권을 더 많이 보장한 신BIS 자기자본 규제 제도(신BIS 협약) 초안을 1999년 6월 발표하고 2004년 6월 확정하였다. 바젤 회원국들은 신바젤협약(New Basel Capital Accord) 또는 '바젤Ⅱ'라고도 부르는 이 제도를 2006년 말부터 시행하고 있으며 한국은 2007년 말부터 도입하여 시행하였다. 2010년 9월에 강화된 은행 재무 건전성을 내용으로 하는 바젤Ⅲ가 확정되어 2025 시행되고 있다.

〈바젤Ⅲ 도입에 따른 거시 경제 영향 평가 결과〉

바젤은행감독위원회(BCBS) 및 금융안정위원회(FSB)는 바젤Ⅲ 도입이 글로벌 거시 경제에 미칠 영향을 분석한 '거시 경제 영향 평가 결과'를 공표하였다.

- 전 세계적으로 은행들이 2018년 말까지 보통주 자본 비율을 목표 수준(7%)으로 높이는 과정에서 세계 경제 GDP 수준은 규제 미도입 시 대비 최대 0.22% 낮아지는 것으로 분석되었다.
- 규제 도입에 따른 거시 경제적 영향은 크지 않은 것(modest)으로 평가되었다.

싱가포르 은행 자본 규정, 바젤보다 '더 까다롭게'

2011.06.29.

[아시아경제 조윤미 기자] 싱가포르가 국내 은행 자본 비율 수준을 바젤에서 정한 비중보다 높은 수준으로 정했다고 블룸버그 통신이 29일 보도했다. 이는 싱가포르가 세계 금융 허브로의 명성을 굳건히 하기 위해 국내 은행에 표준보다 더 높은 수준으로 정한 것이라고 블룸버그는 덧붙였다.

싱가포르 통화청은 27일(현지시간) 싱가포르의 모든 국내 은행들은 2015년 1월 1일부터 보통주 자본을 포함한 티어1(Tier1) 자본 비율을 최소 6.5%로 맞춰야 한다고 발표했다. 이는 '바젤 III협약'의 핵심 자기자본 비율(핵심 티어1 비율) 4.5%보다 높은 수준이다.

바젤 은행감독위원회(BCBS)는 지난해 '바젤 III협약'에서 핵심 자기자본 비율을 2%에서 4.5%로 상향 조정했다. 여기에 평상시 위기를 대비해 미리 쌓아두는 추가 완충분 2.5%을 더하면 핵심 티어1 비율은 사실상 7%가 된다.

국제결제은행(BIS) 산하 바젤은행감독위원회는 지난 25일 주요 30대 은행에 대해 바젤 III의 적정 자기자본 비율 7% 외에 1~2.5% 포인트를 추가 적용하기로 합의했다. 은행 자본 비율을 강화해 제2의 리먼브러더스 사태를 막기 위한 조치다. 바젤 III자본 협약은 2013년부터 2019년까지 단계적으로 전 세계 대형은행에 적용하게 된다.

시티그룹 싱가포르 지사 아닐 와드화니 팀장은 "싱가포르 통화청은 은행 부문의 안정성을 강화하기 위해 국내 은행에 명확한 기준을 적용한 것"이라면서 "싱가포르 시티은행은 새로운 규정에 맞게 자본 비율을 확충할 것"이라고 말했다.

싱가포르의 대표 은행 DBS그룹홀딩스의 피유시 룹타 CEO는 "싱가포르의 재무 상태는 매우 견고하고 분별력 있게 금융센터가 운영되고 있다"면서 "세계 규제 당국이 국가 간 차액 매매를 피하고 안정적인 거래를 할 수 있도록 보증하는 규제를 강화해

> 주길 희망한다"고 말했다.
>
> 싱가포르의 OCBC은행의 데이비드 코너 CEO는 "이미 은행의 자본비율은 싱가포르 통화청이 요구하는 것보다 높은 수준"이라고 말했다.

BIS 비율

05　BIS 비율

♪ **BIS = Bank for International Settlements**
　♂ BIS(국제결제은행)

* 국제금융 안정을 추구하기 위하여 각 중앙은행과 다른 기관 사이의 협력을 증진시키는 국제기구

BIS(Bank for International Settlement) 비율은 은행이 얼마의 자기자본을 가지고 유지해야 되는지를 정한 은행 건전성 평가 기준이다. 바젤협약이 규정한 금융기관의 최소 자기자본 비율은 7%

이다. 즉 은행이 100을 대출해줬다면 최소한 자기자본이 최소한 7은 있어야 한다는 것이 바젤협약의 내용이다.

그럼에도 BIS 비율은 다음과 같은 3가지 단점을 가진다.

1) 분산 투자에 위한 위험도 감소를 반영하지 않는다.

2) 햇징 거래에 의한 위험도 감소를 반영하지 않는다.

3) 시장 가치가 아닌 장부 가치를 반영한다.

시장 가치와 장부 가치는, 예컨대 삼성전자 주식의 97년도 장부 가치는 4만 원이었는데 2010년도 실제 가격이 80만 원이라면 20배 오른 것임에도, 80만 원의 시장 가치를 반영하지 않고 장부 가치인 4만 원을 반영한다는 의미이다.

바젤협약이 규정하는 위험 관리인 BIS비율, VaR(Value at Risk), CaR(Cashflow at Risk, 통합위험관리)를 보면, 자산 가격과 주택 가격의 변동이 심화되고 파생 상품이 변화할 때 어떻게 위험을 관리해야 되는지 이해할 수 있다.

VaR는 한눈에 시장 위험 관리 지표를 확인할 수 있는 잣대로서, 2025 자산이 어느 정도 위험에 노출되어 있는지를 숫자로 나타낸다. 바젤위원회에서 개발한 지표로 정상적 시장 여건(주어진 신뢰 수준)하에서 목표 기간 동안 발생할 수 있는 최대 손실액을 나타낸다. VaR는 특정 자산이 아닌 모든 유형의 자산에 일괄적으로 적용할 수 있으며, 정보 보고, 자원 분배, 실적 평가, 위험 관리 시스템의 실행, 감독 기관의 규제, 기관 투자가의 펀드 운용 등에 다양하게 활용 가능하다는 장점이 있다.

미국의 모기지, 파생 상품의 위험 사례

파생 상품의 발전은 미국에서 모기지 사태 발생 원인의 하나이다. 모기지론은 일반적으로 주택담보 장기대출과 같은 것으로, 집을 살 때 대출을 받은 후 일정액의 원금과 이자를 상환하는 제도이다. 모기지 상품을 팔면 은행에서 대출을 해주고, 은행은 해당 대출 채권을 기관 투자가들에게 판매하는 것이다. 이 대출 채권을 ABS, 즉 자산 유동화 증권이라고 하는데, 말하자면 채권을 다시 파생 상품으로 만든 것이다. 이러한 파생 상품의 투자에 관여한 기관 투자자가 바로 리먼브러더스 투자회사이다. 그런데 2008년에 리먼브러더스가 파산했다.

미국은 포드, GM, 크라이슬러 등 거대 자동차 회사가 산업의 정점에 자리 잡고 있었고, 자동차를 사면 국가에서 보조금을 줬다. 미국은 국토가 넓어 차가 크고, 연비가 1리터당 보통 5~6Km 밖에 되지 않는다. 이에 비하면 우리의 현대차, 일본의 도요타는 연비는 2배나 높다. 전 세계 자동차들이 에너지 효율을 높이는 등의 기술 혁신에 나서는 동안, 미국의 자동차 기업들은 그러지 못했고, 결국 경쟁력을 잃어 매출이 떨어질 수밖에 없었다. 그러던 중 크라이슬러가 부도를 맞은 데다, 자동차 판매율이 전반적으로 떨어지며 미국의 많은 근로자들이 실직하게 되었다. 돈을 벌어 모기지 대출을 갚아야 하는데, 자동차회사가 망하며 대출을 갚지 못하게 된 모기지 주택들이 경매로 넘어가고, 모기지 대출을 하였던 은행도 따라서 부실해지게 된 것이다. 결국 그 여파를 견디지 못하고 2008년

8월에 리먼브라더스의 파산에 이르렀다. 결과적으로 미국에서의 파생 상품의 발전이 전 세계 금융위기를 불러왔다고 볼 수 있다.

자산 위험도

현금, 금괴, 미국채의 자산 위험도는 0라고 할 수 있다. 이에 비해 한국 국채의 자산 위험도는 4.5%이다. 미국채는 그만큼 위험이 없으므로 서로 사려고 한다. 우리나라는 남북 간 대치 상황에서 전쟁 발발 위험이 있기 때문에 금리 높다. 미국 달러는 기축통화이다. 유로화도 한때 기축통화가 되기 위해 노력했지만, PIIGS(포르투갈, 아일랜드, 이탈리아, 그리스, 스페인)의 국가 재정 위기가 유로화의 재정 위기로 이어지면서 실패했다.

미국은 국가 부채가 많기도 하지 기축통화로서의 기능 때문에 향후 20년은 끄떡없을 것이다. 중국의 경제 성장에 따라 위안화도 기축통화로서의 역할을 담당할 수 있을 것이라 예상할 수 있다. 2025년 기준, 우리의 가장 큰 무역 상대국이 미국에서 중국으로 바뀌었다.

달러가 기축통화로서의 역할을 하고 있으므로 미국은 여전히 건장할 것이다. 중국의 성장에 따라 우리 경제도 동조화 현상으로 성장할 것이라 보인다. 미국의 다우존스가 오르면 한국의 주가도 오르고, 중국 경제가 성장하면 우리도 같이 성장한다, 이러한 현상을 커플링(coupling, 동조화)이라 하고 그 반대를 디커플링(decoupling, 비동조화)이라 한다.

OECD 은행 대출금, 미정부 대행 기관 증권, 시 발행 일반채의 위험도는 20%, 시 발행 수익채의 위험도는 50%, 주식, 부동산, 회사채의 위험도는 100%이다. 회사채는 발행 기업이 언제 파산할지 모르고 파산하는 경우 자산 가치가 0이 되므로 위험도가 높다. 일반적으로 현금, 채권(적금, 국공채, CD), 주식을 3:3:3의 비율로 투자하는 것이 바람직하다고 한다. 저자는 우량주 비중을 높일 것을 권한다.

[2025 경제 大예측 | 채권·금 가격 계속 오를까?] 채권 이자율은↓ 채권·금 가격은↑

김대종 세종대 경영학부 교수

1. 국채 금리, 고객 예탁금, 코스피와의 관계

국채 금리 하락은 고객 예탁금을 증가시킨다. 고객 예탁금은 주식 대기 자금이므로 곧바로 코스피를 상승시킨다.

정부가 코로나19를 계기로 기준 금리를 0.5%로 낮추었다. 금리는 기준 금리에 가산 금리를 더하여 이루어진다. 가산 금리를 은행 마진이라고 이해할 수 있다. 금리를 이자율이라고도 부른다. 2025F년 한국의 기준 금리는 2.5%이다. 미국의 기준 금리는 0%이다. 기준 금리는 중앙은행이 시중은행에 돈을 빌려주는 이자율이다. 코로나19로 전 세계는 경기를 살리기 위하여 금리를 낮추었다. 금리를 낮춘다는 얘기는 다시 말해 은행에 예금을 하지 말라는 의미와 통한다. 이자가 낮으니 예금을 하지 말고 소비하라는 의미이다. 또한 주식 투자나 부동산 등 실물 투자를 하라는 것이다.

2021년, 미국에서 조 바이든 대통령 시대가 열리면서 세계 경제가 활성화될 것으로 전망된다. 특히 바이든 당선인이 차기 행정부 초대 재무장관에 재닛 옐런(Janet Yellen) 전 연방준비제도(연준·Fed) 의장을 지명할 계획을 밝히면서 미국은 내년 경제 살리기를 위한 대규모 재정 정책을 실행할 것으로 보인다.

세계 경제의 4분의 1을 차지하는 미국 경제가 활발해지면 채권이나 금과 같은 안전자산의 가격에도 변화가 생길까. 경제는 숫자로 말한다. 앞으로 진행될 세계 경제 이슈를 비롯해 수십 년간의 채권 이자율, 금 가격 변동 수치를 회귀 분석해 2025년 채권과 금의 가격 추이를 전망해본다.

표 7.1은 채권 이자율과 관련하여 1980년부터 2020년 10월까지 미국 국채 10년물에 대한 회귀분석 결과이다. 회귀분석 결과 매월 단위로 마이너스 0.01%씩 하락했다. 전체 분석 기간은 약 500개월 정도이다. 채권 금리는 과거 15%까지 상승했던 적도 있지만 2020년 11월 기준으로 0.87%로 하락했다.

표 7-1. 한국의 채권과 미국 채권 기술 통계

한국채권(3년물)		미국 채권 10년물	
평균	3.666232932	평균	3.271626506
표준 오차	0.111696126	표준 오차	0.082303569
중앙값	3.59	중앙값	3.144
최빈값	5.43	최빈값	6.031
표준 편차	1.762535132	표준 편차	1.29872842
분산	3.106530091	분산	1.686695509
첨도	0.13664874	첨도	-0.76303151
왜도	0.552681156	왜도	0.158450846
범위	8.204	범위	5.881
최솟값	0.796	최솟값	0.528
최댓값	9	최댓값	6.409
합	912.892	합	814.635
관측 수	249	관측 수	249
신뢰 수준(95.0%)	0.219993969	신뢰 수준(95.0%)	0.162103107

자료: 한국은행, 한국 국채 3년물, 미국 국채 10년 T/ NOTE (2000.1~ 2020.10월)

정부가 금리를 낮추면 고객들은 주식시장으로 향한다. 금리를 낮추면 주식에 투자하거나 부동산에 투자해야 한다. 시중에 돈이 많이 풀리고 금리가 낮아지면 물가가 상승한다. 물가 상승에 대비하여 손해를 안 보려면 은행에 예금할 게 아니라 주식이나 부동산을 사야 한다. 이것을 실물 투자라고도 한다. 이렇게 금리를 낮추면 많은 사람들이 주식 투자에 몰리므로 고객 예탁금이 증가한다. 고객 예탁금은 주식을 구매하기 위한 예비 자금이다. 2025년 기준으로 한국의 고객 예탁금은 60조 원으로 증가했다. 2020년 1월에 20조 원이었던 예탁금이 세 배 가까이 증가한 것이다. 한국은 특히 정부의 강력한 부동산 규제 정책으로 부동산 투자가 막히면서 대규모 자금이 주식을 사기 위한 고객 예탁금을 증가로 이어진 것이다.

2025년 1월 기준 한국의 코스피 종합 주가지수는 3,100 포인트이다. 2020년 1월 2,600에서 그해 3월 코로나19가 한창일 때 1,400 포인트로 약 40% 폭락했었지만 2025년 1월 3,100으로 회복해 그 어떤 나라보다도 많은 100% 이상의 상승을 기록했다. 전 세계 국가의 주가지수 중 가장 많이 상승한 것이다.

금리를 낮추면 이와 같이 고객 예탁금이 증가하고 따라서 종합 주가지수 상승으로 이어진다. 미국에서도 기준 금리가 0%로 유지되면서 고객 예탁금이 증가했다. 미국의 경우에도 고객 예탁금 증가가 다우존스 지수, S&P500 지수, 나스닥 지수의 사상 최고치 상승으로 이어졌다.

주식시장은 경기 선행 지수이다. 주식시장은 6개월 정도 실물경제를 앞서 선반영한다. 경기 지수는 경기 선행 지수, 경기 동행 지수, 경기 후행 지수로 구분된다. 경기 선행 지수는 주식시장과 같이 6개월 정도 현재 실물경기보다 앞서는 지수를 말한다. 경기 동행 지수는 물가지수처럼 현재 경기를 적극 반영하는 지수를 말한다. 경기 후행 지수는 건축과 같이 경기를 후행적으로 반영하는 지수를 말한다. 부동산 가격, 시멘트 출하량 등이 경기 후행 지수이다.

미국과 한국을 포함 코로나19로 전 세계 경제가 마이너스 5%

까지 크게 하락했다. 각국 정부는 금리를 최대한 낮추는 등 경제를 살리기 위해 노력한다. 2021년에는 백신 접종이 시작되며 주식시장의 상승 요인으로 작용하고 있다. 한국 주식시장도 2020년 3월 대비 100% 올랐다. 미국도 마찬가지로 크게 상승했다. 미국의 다우존스 지수, 나스닥 지수는 사상 최고치를 갱신하고 있다.

정부의 경제 정책은 재정 정책과 금융 정책으로 구분할 수 있다. 재정 정책은 국가 예산을 이용하여 경제를 운용하는 정책을 말한다. 금융 정책은 기준 금리를 낮추는 등의 방식으로 기업과 국민들의 부담을 낮추어 준다. 이러한 금융 정책은 소비를 권장하는 방식으로도 작동한다.

2025 1월 20일 미국 대통령에 취임한 트럼프는 미국의 경기 회복을 위해 예산을 확대하고 긴급 지원금을 편성하는 등 강력한 재정 정책을 펼 것으로 예측된다. 미국은 기준 금리를 4.5%다.

채권 이자율과 채권 가격은 반대로 움직인다. 2025년 미국의 기준금리는 4.5%이다.

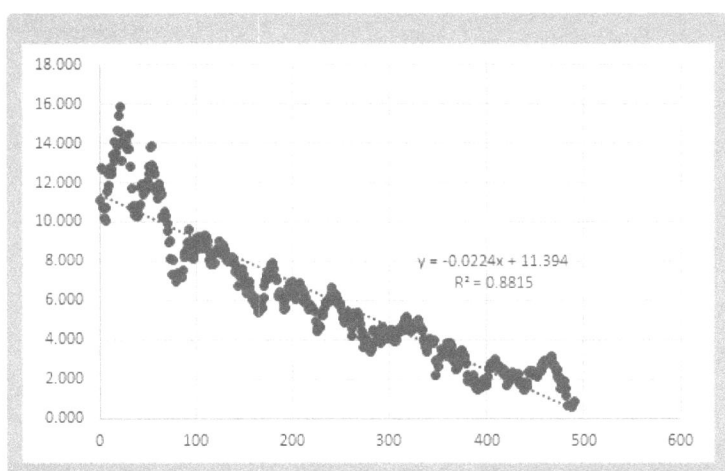

그림 7-1. 1980년부터 2020년 10월까지 미국 국채 10년물 채권 추이 분석
자료: 한국은행, 미국 국채 10년 T/ NOTE (1980.1 ~ 2020.10월)

그림 7-1에서 X축은 기간으로 매월 기준이고, Y축은 채권의 이자율이다. 40년 기준으로 분석한 결과, 시간의 흐름에 따라 채권 이자는 매월 마이너스 0.02% 평균 하락했다. 결정계수는 0.88로 그래프가 미국 채권이 하락하고 있다는 것을 88% 정도 설명을 할 수 있다는 것이다. 88%의 비율로 미국 채권 가격이 하락한다는 것을 실증적으로 보여준다.

미국은 2025년 기준으로 GDP가 26조 달러, 중국은 17조 달러, 일본이 5조 달러, 한국이 2조 달러이다. 경제 규모가 커지면서 주식시장은 계속 상승한다. 전 세계 경제에서 미국이 차지하는 비중은 25% 정도 된다. 주식시장 8경 원 중 미국의 비중은 50%인 4경원 정도이다. 25%는 유럽, 나머지 25%는 중국, 일본, 한국이 차지한다. 세계 경제에서 차지하는 한국의 비중은 2%이다. 한국 주식 시장이 차지하는 비율도 2%이다. 한국의 2025년 코스피 종합 주가지수와 코스닥을 합하면 시가 총액은 3100조 원 정도이다. 한국의 대표 삼성전자의 시가 총액은 600억 달러 정도이다. 애플의 시가 총액은 4조 달러이다. 경제는 계속 성장하므로 미국의 빅테크 기업들 역시 성장세를 이어갈 것이다.

트럼프 대통령은 전기 자동차, 친환경 에너지, 인프라 구축 등으로 확장 경제를 추구할 것이다. 경제가 활황세로 돌아서고 주식시장이 성장하면, 채권 가격은 상승한다. 즉 채권 이자율은 계속 하락한다. 여러 가지 근거와 실증 분석 결과 2025년도 채권 이자율은 하락할 것이다. 일시적 소폭 반등은 있겠지만 장기 추세는 계속 하락할 것으로 보인다.

그림 7-3. 3년물 한국채와 10년물 미국채 추이 분석(검정색 한국채, 회색 미국채)
자료: 한국은행(2000.1~ 2020.10월)

그림 7-3은 40년을 기준으로 미국 채권 금리의 하락 추세를 보여주는 분석 결과이다. 한국의 3년물 국채와 미국의 10년물 국

채 추이를 비교해보았다. 검정색이 한국의 3년물 국채이고 회색이 미국의 10년 물 국채이다. 미국 국채와 마찬가지로 한국의 채권 역시 지속적 하락 추세를 보인다. 한국의 국채 이자율은 가장 높았을 때 9% 정도였다 2025년 1%대로 하락했다. 분석 결과에서 보듯 한국의 3년 물 국채는 매월 −0.02%씩 하락했음을 알 수 있다. 일시적 반등과 상승은 있었지만, 장기 추세는 계속 하락세를 보인다. 결정계수는 약 0.82로서 82%의 확률로 한국 국채 이자율이 2025년에도 계속 하락할 것임을 나타낸다.

한국 국채 이자율은 미국 국채와 함께 계속 우하향으로 이어진다. 미국 국채 이자율이 2020년 한때 한국 국채보다 더 높은 적이 있었다. 그러나 장기적으로 한국 3년 국채 이자율은 10년물 미국채 이자율 아래에서 움직인다. 거의 동조화되어 있다고 이해할 수 있다. 2021년 한국 경제는 4%대의 성장이 예측된다. 주식시장은 3,500포인트까지 오를 전망이다. 2020년 한국 코스피 최고점은 3,000 포인트였다.

미국 대통령은 한국, 일본, 호주 등 우방국과 더불어 경제를 활성화하겠다고 했다. 트럼프 대통령은 미국 우선주의 보호무역주의를 취했었다.

바이든은 중국이 주도하고 있는 RCEP에 대하여 부정적 의견을 내비쳤다. 바이든 대통령은 미국 경제가 세계 경제를 주도하고, 세계 무역의 표준을 이끌겠다고 약속했다. 트럼프는 2017년 2월 CPTPP를 탈퇴했다. 일본은 트럼프가 탈퇴한 CPTPP를

2018년에 체결했다.

2025년 한국은 아직 CPTPP에 가입하지 않았다. 2015년에 가입하겠다는 선언만 했었다. 미국은 중국 주도의 RCEP를 마냥 지켜보고 있지만은 않을 것이다.

2020년 11월, 중국 왕이 외교부장이 일본을 방문하여 중국이 CPTPP에 가입하는 것이 세계 경제에 도움되고 일본 경제에도 도움된다고 이야기했다. 중국은 일본이 주도한 CPTPP에 가입을 강력히 원한다. 바이든 대통령도 CPTPP에 가입할 것이다. 미국이 세계 다자 무역에 복귀하고, 무역이 확대된다면 한국 경제에는 큰 호재이다. 한국은 무역 의존도가 65%로 세계 2위이다. 한국 경제가 성장하고 발전하면, 주식시장은 2025년도에 크게 증가할 것이다. 경제가 활성화되면 채권 이자율은 하락할 것이다.

한국은 무역 의존도는 2025년 기준 75%로 세계 2위이다. 과거에는 85%까지 무역 의존도가 상승했던 적이 있었다. 무역 의존도는 (수출+수입)/GDP이다. 2025년의 한국 경제 성장률은 2%로 예측된다. 이에 따라 주식시장도 매우 큰 폭의 상승이 예측된다. 2025년 주식시장은 상승, 반대로 채권 이자율은 하락을 이어갈 것이다. 채권 이자율은 코로나 백신 보급률과 접종률, 그리고 환자의 증가 속도에 따라 달라질 수 있다. 이에 따른 교역과 인구 이동의 변화가 경제의 활성화를 판가름 지을 전망이다.

2. 2025년 금 가격 전망

2025년 금 가격은 계속 상승할 것이다. 1970년도에는 2달러에 불과했던 금 가격은 약 900배나 올라 2020년 12월 1,864달러에 이르렀다. 금 가격은 미국 달러 가치나 채권 이자율과 반대로 움직인다. 그림 7-4에서 보듯, 금 가격은 지난 40년 동안 매년 48달러 증가했다. 그래프의 X축은 연도, Y축은 금 가격을 나타낸다.

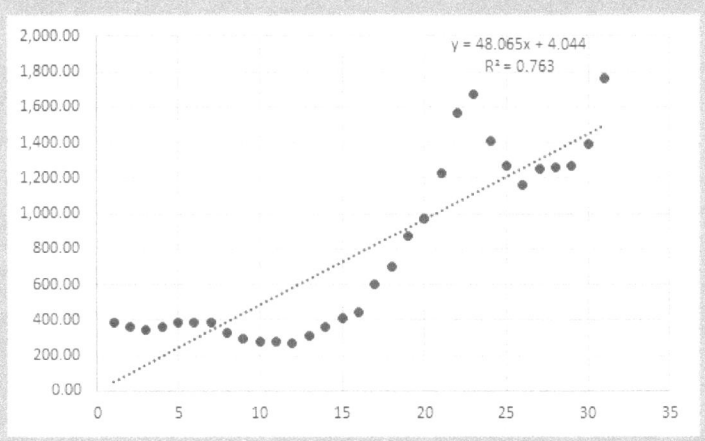

그림 7-4. 금 가격 추이와 회귀분석

자료: 통계청, 1990~2025년 금가격 추이 연도별, (1온스=31g 온스당 달러 기준)

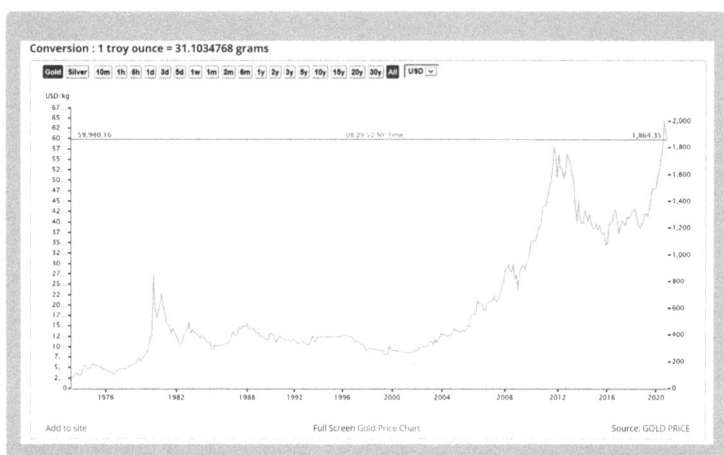

출처: 골드 프라이스 (1970-2020)

금가격 온스당	
평균	688.4211538
표준 오차	90.54145107
중앙값	398.455
표준 편차	461.6726258
분산	213141.6134
첨도	-0.72914699
왜도	0.892067896
범위	1398.53
최소값	270.99
최대값	1669.52
합	17898.95
관측수	26
신뢰 수준(95.0%)	186.4736091

자료:통계청, 1990~2025년 금 가격 연도별

그래프에서 보듯이 금 가격은 매년 48 달러씩 증가했다. 회귀 분석 결과 결정계수는 0.763으로 76%로 확률로 금 가격이 시간이 지남에 따라 상승한다는 것을 의미한다. 금 가격 상승이

틀릴 확률은 24%이다. 40년 동안의 회귀분석 결과는 금 가격은 장기적으로 상승한다는 것을 확신시켜준다.

일시적으로 미국 경제가 흔들리거나, 미국 달러화의 강세로 금 가격의 급등이나 하락이 있을 수는 있다. 그러나 이 그래프는 금 가격이 우상향으로 장기적으로 상승한다는 것을 확실하게 보여준다.

2025년 이후 전 세계 경제는 활성화될 것으로 전망된다. 특히 미국은 트럼프 대통령 취임 이후 대규모 재정 정책을 통해 많은 돈이 풀릴 것이다. 재닛 앨런 미국 재무부 장관은 미국의 FRB 의장 출신으로 미국 경제를 살리기 위한 대규모 재정 정책을 실행할 것으로 예측된다. 미국은 2% 이상으로 물가 인상을 허용할 것이다. 확장적 재정 정책과 금융 정책에 따른 물가 인상보다는 일자리 창출을 정책의 더 중요한 요소로 추진할 것이라는 의미이다. 과거에도 앨런은 일자리 우선 정책을 펼쳤었다. 2021년도에 미국의 경제 정책은 미국의 대규모 재정 정책을 통하여 미국의 일자리를 만드는 것을 우선적 목표로 삼을 것이다. 또한 경기 부양에 주안점을 둘 것이다. 코로나19로 가장 큰 피해를 입은 국가가 미국이다.

미국은 2020년 자국민들 특유의 서구적 개인주의 사상의 영향으로 마스크 착용을 강요하지 못하는 등 방역에 철저하지 못했다. 따라서 전 세계에서 코로나19 피해자가 가장 많은 국가 중 하나였다. 2025년 미국은 경기 부양을 위한 대규모 재정정책과 금융정책을 시행할 것이다. 위 두 가지 정책이 병행하여 시행되면 주식시장은 큰 활황을 띠고 채권 이자율은 더 하락할 것이다. 주가는 오르고, 채권 이자율은 하락하며 금 가격은 더 오를 확률이 높다.

미국의 통화량이 계속 증가하고, 확장적 재정 정책을 펴면 달러화가 약세로 돌아서며 금 가격은 더 상승할 것이다. 미국 통화량이 많아진다는 얘기는 전 세계 달러 공급이 늘면서 달러 가치가 하락한다는 의미이다. 달러 가치 하락을 막는, 위험 회피 차원에서 더 많은 사람들이 금을 찾으며 가격 상승으로 이어지게 된다. 금은 원자재로도 유용할 뿐 아니라 가치 저장의 수단으로도 유용하다.

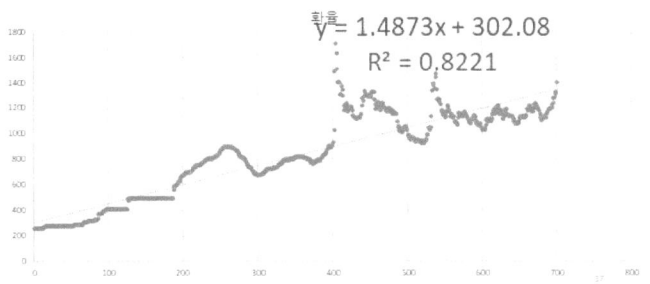

국제 결제시 통화비율 순위

순위	통화	비율(%)
1	미국 달러	39.92
2	유럽연합 유로	36.56
3	영국 파운드	6.30
4	중국 위안	3.20
5	일본 엔	2.79
6	캐나다 달러	1.62
7	호주 달러	1.25
8	홍콩 달러	1.13
9	싱가포르 달러	0.93
10	태국 바트	0.75
11	스웨덴 크로나	0.67
12	스위스 스위스프랑	0.64
13	노르웨이 크로네	0.63
14	폴란드 즈워티	0.54
15	덴마크 크로네	0.36
16	말레이시아 링깃	0.36
17	남아프리카공화국 랜드	0.28
18	뉴질랜드 달러	0.25
19	멕시코 페소	0.20
20	헝가리 포린트	0.18

자료=국제은행간통신협회(SWIFT)

원-달러 회귀분석, 82% 상승

$y = 1.4873x + 302.08$
$R^2 = 0.8221$

08
부동산

2025 부동산 상황 •
2010년 모기지 사태 •
전세금 지키는 법 •
경매 기초 •
경매 실전 •
임차 내역과 대항력 •
경매 물건 확인 순서 •

부동산

2025 부동산 상황

최근 부동산 경기 상승으로 부동산 가격이 강세에 있다. 우리나라는 국민 자산의 85%가 부동산에 묶여 있는데, 이런 상황에 부동산 가격은 2017년 대비 약 80% 상승했다.

01 부동산 투자 10계명

1. 살 때도 항상 팔 때를 고려하라
2. 위치가 좋은 곳을 골라라. 단지가 500세대 이상
3. 부동산의 진정한 가치는 환금성(쉽게 현금화)
4. 처음 분양가를 확인하라.
5. 무릎에서 사고 어깨에서 팔아라
6. 공인중개사와 친하게 지내라
7. 금리와 경기변동은 항상 확인하라
8. 인터넷 사이트는 참고만 하고 항상 현장을 방문하라.
9. 사기로 결정했으면 여러 번 찾아가 확인하라.(낮, 저녁, 계절 등)
10. 이것이다 라고 판단되면, 사소한 것으로 다투지 말고 구입하라.

최근 집값 상승의 원인은 무엇인가? 여러 가지 이유가 있겠지만 공급 부족이 가장 크다. 과거의 부동산 경향을 살펴 반대로 하면

된다. 과거에는 미국 모기지 부실 채권의 미정리, 미국 부동산 가격 정체, 우리의 인구 감소, 지방 부동산 과잉 공급, 정부의 보금자리주택 공급에 따른 구매 의사 감소, 국민의 체감 경기 악화 등이 원인이 되어 집값이 하락했다.

2010년 모기지 사태

2008년 9월에 미국에서 모기지 사태가 발생하였다. 사태의 시작은 미국에서 랭킹 4위이던 투자은행 리먼브라더스라의 파산이었다. 이 회사가 파산하면서 미국발 금융 위기가 2008년 9월 전 세계를 흔들었다. 우리나라는 2010년 들어 위기가 가시화되었다.

모기지(Morgage)는 은행 대출로 집을 구매하고 30년 이상 장기적으로 그 집에 주거하면서 원금과 이자를 조금씩 갚아가는 것을 부동산 대출 방식이다. 모기지 서브프라임이라고도 한다. 미국의 주택 담보 대출은 프라임(prime), 알트-A(Alternative A), 서브프라임 3등급으로 구분된다. 프라임 등급은 신용도가 좋은 개인을 상대로 한 주택 담보 대출, 알트-A는 중간 정도의 신용을 가진 개인을 상대로 한 주택 담보 대출, 서브프라임은 신용도가 일정 기준 이하인 저소득층 상대의 주택 담보 대출을 말한다. 이 가운데 서브프라임 등급은 부실 위험 탓에 일반적으로 프라임 등급보다 대출 금리가 2~4% 정도 높다.

한편 미국의 경기가 추락하면서 특히 자동차 시장(포드, GM, 크라이슬러 등)에서 일본의 도요타, 한국의 자동차 기업이 미국 시장 점유율을 10%까지 높여가고 있었다. 2011년 기준으로 현대자동차가 미국 시장을 10% 점유하면서 미국의 크라이슬러가 부도가 나는 등의 결과로 이어졌다. 2025년 기준 한국현대자동차의 미국 시장 점유율은 12% 이상 오르면서 더욱 상승하고 있다.

뉴욕 타임 스퀘어에 위치한 리먼브러더스 홀딩스 본사 건물

리먼 브러더스 홀딩스(Lehman Brothers Holdings Inc)는 1850년에 설립하여 다각화된 국제 금융 회사였다.

투자은행, 증권과 채권 판매, 연구 및 거래, 투자 관리, 사모 투자, 프라이빗 뱅킹(PB, 자산 관리) 등에 관여하고 있고 미국 국채 시장의 주 딜러이기도 하다. 미국 동부 시간으로 2008년 9월 15일, 약 6천억 달러($613 billion)에 이르는 부채를 감당하지 못해 파산 신청을 했다. 모기지 부실로 미국의 상위 4번째 투자은행이었던 회사가 파산한 것이다.

서브프라임 모기지론[subprime mortgage loan]

비우량 주택 담보 대출을 말한다. 글자 그대로 불량한 주택담보 대출를 말한다. 즉 대출받은 사람이 해고, 파산 등으로 돈을 갚지 못하여 발생하는 모기지 대출을 말한다. 신용도가 일정 기준 이하인 저소득층을 상대로 한 미국의 주택 담보 대출이다.

우리나라에는 2008년부터 영향을 미쳐 우리나라 주택가격의 30% 이상을 하락시켰다. 주식시장도 영향을 받아 2000에서 1000포인트까지 하락하게 했다. 2011년 현재는 2100까지 회복함.

중요한 것은 모기지 사태의 발생 원인인데, 미국 경기가 어려워지면서 대출 이자를 못 갚게 되고, 이는 부동산 거래 감소, 집값 하락, 경기 급락 등으로 이어졌다. 이런 악순환이 맞물리면서 리먼브라더스가 파산하는 등 2008년 모기지 사태가 일어난 것이다.

2010년 8월 더블딥이 다시 일어나고 있다고 이야기되었는데 집값 하락을 그 원인으로 꼽는다. 우리나라 은행권의 부동산 담보 대출 비율은 50% 미만으로 미국과 같이 크게 하락하지는 않을 것이라 생각했지만, 우리나라도 최고 30%까지 하락했다. 여기서 중요하게 생각해야 할 점은 우리나라 전제 자산의 85%가 부동산에 과도하게 묶여 있다는 사실이다. 이 비율은 미국은 40%, 일본은 60%이다.

물론 2025년 코로나 이후에는 부동산에서 주식, 채권 등 금융시장으로 자산 시장이 이동하고 있다. 주택 가격도 상승하면서 경기가 좋아지고 있다. 전 세계 시장은 미국의 주택 경기 상승이 다시 진행되는 양상이다. 우리나라의 경우 더욱 부동산에 과도하게 투자되어 있기 때문에 불안한 점이 있다. 우리나라에도 하우스푸어(house poor), 즉 집 가진 가난뱅이라는 말이 회자된다. 대출받아 집은 샀지만 집값이 하락하면서 가난해졌다는 내용이다. 집값 하락은 이와 같은 부작용을 가지고 온다.

02 부동산 등기부 등본

등기부 등본, 집합건물

표제부	
갑구	소유권(가압류, 압류, 가등기)
을구	소유권 이외 권리(지역권, 전세권, 임차권 등)

전세금 지키는 법

1. 대출이 있는 집은 전세를 피하라

가급적 대출이 없거나 대출이 적은 집에 전세를 얻어야 한다. 은행에서 대출받아 근저당이 설정된 집은 전세로 들어갔을 때 굉장히 위험하다. 그 이유는 만약 대출금을 갚지 못하여 경매 처분되는 경우 다음과 같은 순서로 경매 처리되기 때문이다.

- 1순위: 소멸 기준 근저당
- 2순위: 전세금

은행에서 대출금을 회수해가면 전세금 일부 혹은 전부를 받지 못하는 경우가 발생할 수 있다.

02 부동산 등기부등본

표제부

[등기부 등본 표 이미지 - 집합건물 표제부]

2. 서울시 최우선 변제 보증금은 3,500만 원이다.

서울시에서 집이 경매로 넘어갔을 때 최저 임차 보증금 3,500만 원을 보장해준다. 이것을 소액 임차 보증금이라고 하는데 집이 경매로 넘어갔을 경우 서민들의 생활을 최대한 보장해주기 위해 최소한의 전세 보증금을 지켜준다는 의미이다. 그리고 보증금 전체 금액이 8,500만 원 이하인 경우만 3,500만 원을 돌려받을 수 있다. 결국 보증금 3,500만 원 이하로 전세와 월세를 구해야 나중에 경매로 넘어가도 보증금을 받을 수 있다는 것이다. 8,500만 원 이상은 정부에서 고소득자로 인정하기 때문에 한 푼도 보장해주지 않는다. 지역별로 최저 임차 보증금이 다르다. 이 금액은 구청 등 관공서 혹은 부동산중개업자에게 문의하면 확인할 수 있다.

3. 대출이 있는 집은 월세로 살아라.

제일 좋은 방법은 대출이 있는 집일 경우 전세보다는 월세로 사는 것이 안전하다는 것이다.

02 부동산 등기부등본

갑구

(표)

을구

(표)

4. 전세권 등기를 하라

집이 경매로 넘어갈 때 전세 보증금을 지키는 방법은 두 가지이다. 첫 번째는 동사무소에서 받은 확정 일자, 두 번째는 전입이다. 경매로 집이 넘어갔을 때 법원에서 전세 보증금을 돌려주어야 한다는 판결을 받으려면 이 두 가지 조건을 만족해야 한다. 확정 일자란 동사무소에 전입신고를 할 때 전세 계약서에 찍어주는 확인 도장을 의미한다. 두 번째 조건인 전입은 새로 살 곳으로 주민등록을 이전하는 것이다. 전입 일자가 금융권의 근저당 설정 일자보다 빨라야 한다. 그러나 전세권 등기를 하면 위의 두 가지 조건은 필요 없다. 전세권 등기는 대부분 집주인이 반대하는데 그 이유는 등기 부등본에 전세권 설정이라고 표시되기 때문이다. 전세권을 설정하려면 본인이 직접 할 경우 약 5만 원 정도의 비용이 발생하고, 법무사를 통하면 30만 원 정도의 수수료가 필요하다. 다세대 주택의 경우 필히 전세권 등기를 해야 한다.

5. 전입신고는 반드시 이사하는 날 하라.

확정 일자와 전입신고는 이사 날짜에 꼭 해야 한다.

6.공인중개사인지 확인하고 중개 계약을 맺어라.

중개 보조원은 중개만 할 수 있고 계약은 할 수 없다. 우리나라 공인중개사의 약 50%는 자격증을 대여한 사람이다. 공인중개사만이 계약서에 서명과 날인을 할 수 있다. 아파트 매매 시 매매 계약서에 매수자, 매도자, 공인중개사 서명 란과 날인 란이 있는데, 여기에 공인중개사만이 서명과 날인을 공식적으로 할 수 있다. 중개 보조원은 아파트 매매와 관련해 책임을 지지 않는다. 계약 시 꼭 공인중개사 사업자등록증을 확인하고 계약서를 작성하여야 한다. 최근에는 공인중개사의 과실로 피해를 입을 경우 공인중개사협회에서 1억까지는 100% 보장해준다. 물론 이것도 소송을 통해 승소했을 경우에 받을 수 있다. 결국 본인 스스로 자신의 전세 보증금을 지키기 위해 노력해야 한다는 의미이다. 대법원에서는 본인 과실 50%, 공인중개사 과실 50%로 정해놓고 있다. 참고로 전세 계약을 하거나 주택을 매매할 때 제일 먼저 해야 할 일은 등기부 등본 열람이다. 계약하는 당일자로 등기부 등본을 본인이 직접 발급받아 꼭 확인하는 것이 중요하다. 전적으로 공인중개사를 신뢰하여 맡기지 말고 직접 확인하는 과정이 매우 중요하다. 등기부 등본은 대법원 홈페이지에서 1,000원이면 발급받을 수 있다. 등기부등본 확인은 등기 목적에 소유권 이전, 가압류, 강제 경매 등이 다 드러나기 때문에 중요하다. 등기부등본상에 전세권 등기도 확인된다.

03 부동산 투자 분석

권리분석

눈에 보이는 분석
- 등기부등본

눈에 보이지 않는 분석
- 선순위 세입자
- 유치권자
- 법정지상권 등

경제분석
- 투자결정, 손해는 없다, 이익

물건분석
- 현장방문, 3군데 부동산

우리가 일반적으로 채권, 물권이라고 할 때, 물권은 눈에 보이는 것을 의미한다. 물권화하는 것이 전세권 설정이고, 전세금을 주었는데 등기를 하지 않으면 채권이 되는 것이다. 실제로 돈을 받을 수 있는지 없는지는 공신력 있게 등기를 하였는지에 달려 있다. 등기를 하면 물권화되어 돈을 받을 수 있다. 이렇게 등기를 하면 채권이 물권화가 된다는 의미이다.

물권화는 등기상에 표기된다는 것을 의미한다. 전세권은 채권이므로 드러나지 않는다. 즉 등기부 등본에 없다는 말이다. 등기부등본에는 소유권을 표기하는 갑구와 대출, 근저당 등을 표기하는 을구로 구성된다. 만약 2억 원인 집을 사며 1억을 담보 대출받았다면, 이에 따른 근저당 설정 내용이 을구에 표시된다. 일반적으로 은행은 대출금의 120%를 근저당으로 설정하는데 그 이유는 연체 이자, 경매와 관련된 지연 비용 등을 포함해 근저당을 설정하기 때문이다. 참고로 은행이나 저축은행에서의 사업자 대출은 보통 집값의 80%를 대출해주는데 훨씬 리스크가 크다고 판단해 근저당을 130% 설정한다.

01 부동산 시장 전망

부동산 시장 변수

구분	상승(+)	하락(-)
실물경기	실물경기 회복	-
금리	금리인하	기준금리 인상
정책	저가 1주택자 보유세 완화	대출규제 강화
공급	수도권 입주물량 소폭 감소	
수요	- 급격한 가구 분화/전세난,35→50% - 서울의 광역화(GTX)	- 장기 급등에 따른 부담 - '영끌 빚투' 지속 의문

경매 기초

1. 기준일 잡기

모든 경매 물건은 근저당 설정 순서가 핵심이다. 기준일은 소멸 기준을 의미한다. 이 기준의 첫 번째는 은행의 근저당 설정이다. 소멸 기준이 언제인지가 가장 중요하다.

2. 가장 많은 경매 이유는 은행 대출이며 가압류, 가등기 등이 다음을 차지한다.

경매 주택의 95% 정도가 은행 대출로 인하여 경매 처리되는 것이다. 그 다음 가압류, 가등기이다.

3. 최근 인천 등의 지방에서는 1,000만 원대의 반지하 집도 인기 있다.

2025년 기준, 인천 등의 지역은 반지하 집도 경매로 살 수 있다. 반지하 집은 주거 환경은 좋지 않지만 땅 지분이 지상과 동일하므로 투자하기에 괜찮다. 경매의 좋은 점은 경매가의 20% 정도 자금만 있으면 집을 살 수 있다는 것이다. 예를 들어, 인천의 3,000만 원짜리 집을 경매에 부친다고 했을 때, 1차 경매가 유찰되고, 2차에 2,100만 원에 낙찰받았다면 낙찰금의 80%를 대출받을 수 있고, 추가 비용은 등기비 2.2%인 약 40만 원이 들어간다. 약 500만 원의 자금으로 낙찰받아 등기할 수 있다. 경매의 이런 장점 때문에 경매시장이 점차 대중화되고 있다.

경매 실전

실제 어떠한 집을 경매로 낙찰받아야 하는지 알아보자.

주택 경매와 관련하여 가장 잘되어 있는 인터넷 사이트로 유료 사이트인 지지옥션과 무료 사이트인 리치옥션이 있다. 지지옥션은 회원 가입을 하면 경매 관련 기본적인 내용들을 동영상 강의로 무료로 수강하실 수 있다. 리치옥션은 무료이고 최근의 많은 정보들이 잘 업데이트되어 있다. 경매에 대한 실전 분석을 제일 잘해놓은 사이트이다.

>> 사례 1

- 사건 번호: 2020년 타경 3684('타경'은 경매 번호이다)
- 물건 번호: 1(다세대 주택의 경우 번호가 있다)
- 소재지: 서울시
- 조회 수: 약100(사람들이 몇 명이나 관심있게 보았느냐를 알 수 있는 항목

이다)
- 물건 용도: 다세대 빌라
- 채권자: 개인이 청구함(빌린 돈을 갚지 못해 경매를 집행하게 된 것이다)
- 청구 금액: 3억 4,100만 원
- 매각 물건: 토지 및 건물 지분 매각(건물 전체가 아니라 지분 매각이다. 전체의 1/7만 경매에 해당한다)
- 감정가: 1억 5,000만 원
- 최저 입찰가: 9,600만원(계속 유찰되었기 때문에 최저가가 이렇게 설정되어 있다)
- 토지 면적: 29.85 평방미터(8.9평, 평방미터를 평으로 바꿀 때는 3.3으로 나눈다)
- 참고로 32평형 아파트는 85 평방미터이고 3.3/85= 25.7평(전용 면적)이다. 아파트가 32평이라고 하는 이유는 전용 면적에 7평을 더한 것으로 여기서 7평은 서비스 면적이다. 서비스 면적은 주상 복합 아파트에는 없고 일반 아파트에 있다.
- 입찰보증금: 20%(대부분 경매의 입찰 보증금은 10%이다. 20%인 것은 재유찰되었기 때문이다)
- 물건 정보를 보면 매각 물건 명세서, 송달 처리 내역, 점유와 임대차 관련 내용들을 확인할 수 있다.
- 중요: 이 집은 전세 입주자가 있다. 이 집을 낙찰받으면 전세금을 물어주어야 한다. 이런 이유로 유찰되었을 것이다.

- 중요: 이 집은 대출받은 집주인이 거주하는 것으로 보인다. 등기부 등본을 꼭 확인해야 한다.

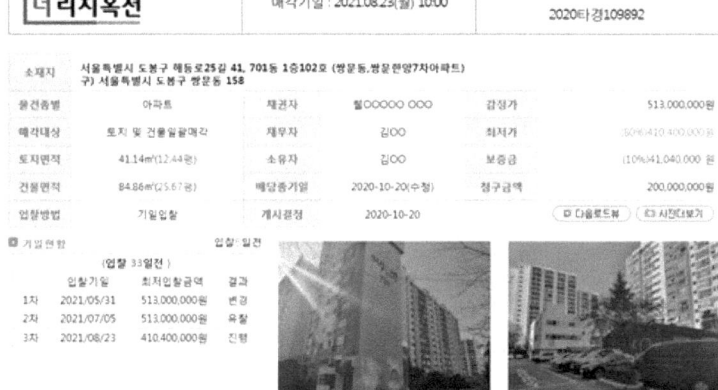

〈출처: 리치옥션〉

- 소재지: 서울시 쌍문동 32평 아파트이다.
- 대출을 못 갚아 경매가 진행된 물건이다.
- 소멸 기준은 첫 대출 일자이다.
- 대항력이 없는 세입자가 있다.

〈출처: 리치옥션〉

- **관할 법원**: 서울중앙지방법원 10계(여기에서 경매를 집행한다는 뜻이다)
- **사건 번호**: 2009년 타경 33151(타경은 경매 번호이다)
- **물건 번호**: 1(다세대 주택의 경우 번호가 있다)
- **소재지**: 서울시 관악구 봉천동
- **조회 수**: 약 1,000(사람들이 몇 명이나 관심 있게 보았는지 알 수 있는 항목)
- **물건 용도**: 다세대 빌라
- **채권자**: 신용보증기금(신용보증기금 대출을 갚지 못해 경매 집행)
- **청구 금액**: 4,600만 원
- **매각 물건**: 토지 및 건물 지분 매각 (건물 전체가 아니라 지분 매각. 전체의 1/7만 경매)
- **감정가**: 4,000만 원
- **최저 입찰가**: 1,600만 원(계속 유찰되었으므로 최저가 설정)
- **토지 면적**: 6.85 평방미터(2.07평, 평방미터를 평으로 바꿀 때는 3.3으로 나눈다)
- **사건 접수**: 2009.3.25.

- **입찰 보증금**: 20%(대부분 경매의 입찰 보증금은 10%인데, 20%인 것은 재유찰되었기 때문이다. 2008년 4월에 1차 낙찰되었지만 미납되었다. 추측건대 지분 1/7 중에서 땅 지분 2평, 건물 지분은 3평인 것에 비해 1평당 1,500만 원 정도라 너무 비싸 미납한 것으로 추측된다)

물건 정보를 보면 매각물건명세서, 송달처리내역, 점유와 임대차 관련한 내용들을 확인할 수 있다. 밑의 장까지 함께 보면 경매 물건 관련 요약 보고서가 올라와 있다. 봉천동 고등학교가 동쪽에 있고, 도시 지역/주거 지역/차량 출입 가능/버스 정류장 옆에 위치/철근 콘크리트 구조/아스팔트 지붕/개별 난방/도시가스 등 기본 정보를 알 수 있다.

〈출처: 리치옥션〉

임차 내역과 대항력

임차 내역을 보면 배당요구종기일(법원에서 경매가 되었을 때 배당을 요구할 수 있는 마감일)이 2009년 12월 4일이다.

- 임차인: 최정민

- 용도: 전부(전부를 점유하고 있는 것)

- 전입일: 1995.5.29.(전세 계약을 확정한 날자인 확정 일자를 1995.4.21. 로 받은 것이다)

배당요구일자는 2009년 11월 23일로서 임차인이 법원에 경매가 되었을 때 보증금 6,500만 원이 있으니 돌려달라는 요구 일자이다. 대항력은 경매가 되었을 때 돈을 받을 수 있는 권리의 유무를 말하는 것으로 대항력은 법원의 권리 분석에서 가장 중요하기 때문에 눈여겨보아야 한다.

등기 접수 일자는 1995년 3월 9일이며 가압류 목적의 등기는 신용보증기금에서 2004년 2월 11일에 접수해두었으나, 전세의 전입과 확정 일자가 가압류보다 훨씬 빠르다. 이후 2009년 8월에 신용보증기금에 강제 경매를 법원에 신청했다는 것을 알 수 있다. 일반적으로 봉천동의 평균 매각가율은 94%이다. 평균 매각가는 1억 8천만 원으로 최근 12개월 동안 약 95% 낙찰률을 보여준다.

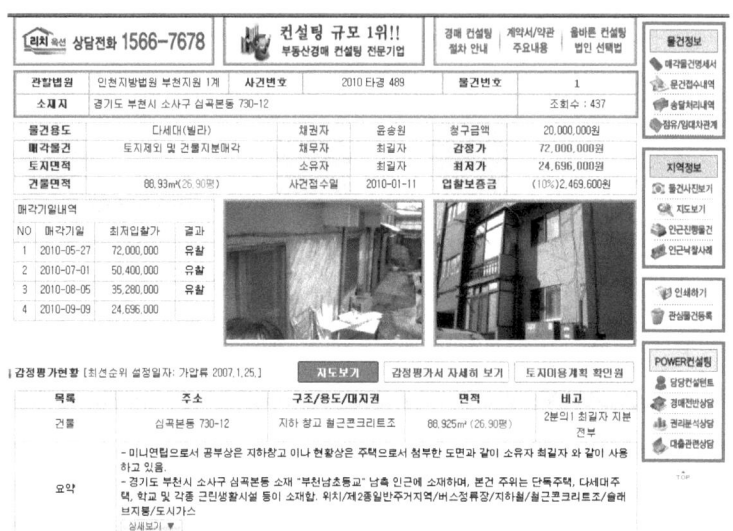

〈출처: 리치옥션〉

- 관할 법원: 인천지방법원 부천지원 1계
- 사건 번호: 2010 타경 489
- 물건 번호: 1
- 매각 물건: 토지 제외 및 건물 지분 매각
- 건물 면적: 26평
- 사건 접수일: 2010년 1월
- 감정가: 7,200만 원
- 최저가: 2,400만 원
- 입찰 보증금: 10%(240만 원)
- 소재지: 경기도 부천시 소사구 심곡본동 730-12
- 구조: 철근 콘크리트 구조
- 용도: 지하 창고
- 건물 면적: 26평

- 지분: 1/2(최○○)

건물 26평 전부를 사용하는 경우로 가격은 좀 싸게 나왔지만 땅이 포함되지 않는 약점이 있다. 채무자 최○○가 채권자 윤○○에게 돈을 빌렸는데 못 갚아서 경매로 나오게 된 것이다.

보고서 요약을 보면, 미니 연립으로 공무상 지하 창고이나 현황상 주택으로서 첨부 도면과 같이 소유자 최○○와 같이 사용하고 있다. 경기도 부천시 소사구 심곡본동 소재 '부천남초등학교' 옆이며 본 건 주위는 단독 주택이고, 다세대 주택인 것을 알 수 있다.

〈출처: 리치옥션〉

임차 내역에서 제일 중요한 내용은 '소멸 기준'이다. 2007년 1월 25일에 윤○○이 가압류를 했다. 그 전에 전입한 사람이 대항력이 있느냐 없느냐를 살펴야 한다. 세입자는 최저 임차 보증금으로 전액 다 돌려받을 수 있다. 전입 일자와 확정 일자가 2006년 7월 6일로 동일하므로 전입과 동시에 확정 일자를 받은 경우이다. 배당 요구 일자는 2010년 2월 18일로 이 배당 요구 일자는 경매 집행 시 경매 대상자에게 우편물로 보내진다. 2010년 2월 18일까지 배당을 신청하지 않으면 돈을 주지 않겠다는 뜻이다.

유의해야 할 점은 배당 요구 시 경매에서 낙찰받은 사람이 변제를 해주어야 한다는 것이다. 그러므로 경매에 참가할 때는 반드시 대항력의 유무와 배당 요구 유무 이 두 가지를 확인하여야 한다. 하지만 이 집은 만약 낙찰을 받더라도 세입자가 대항력이 있고, 이미 배당 요구를 했기 때문에 낙찰 이후 법원에서 보증금을 받을 수 있다. 2007년 1월 25일에 가압류를 당했지만 세입자가 2006년에 전입했기 때문에 보증금 배당에 대해서는 전혀 우려할 것이 없다. 보증금이 2,000만 원인 것도 확인할 수 있다.

다음으로 가장 중요한 소멸 기준을 확인해야 한다. 가압류 시점은 2007년 1월 25일이다. 소멸 기준 이후로는 모든 것이 소멸된다. 소멸 기준 이후에 있는 대출, 가압류, 근저당, 가등기 등은 모두 사라진다. 경매 당사자인 최○○는 2006년 7월에 전입 신고 및 확정 일자를 받았고, 법원에 배당 요구까지 하였으므로 전세 보증금은 다 돌려받을 수 있다.

2010년 9월 9일에 2,400만 원에 낙찰되었다. 경매가 집행되었을 때 법원은 경매 집행 시의 경매 비용을 제일 먼저 회수한다. 그 다음 순위로 법원에 배당 요구했던 최○○이 2,000만 원을 받아가고, 윤○○는 이 모든 비용을 제외한 비용으로 대략 400여만 원을 가질 수 있다. 실제 최○○은 빌린 돈을 갚지 못해 윤○○이 가압류하여 경매에 나오게 된 것이다. 여기서 실제로 이 집의 감정가는 7,200만 원이었지만, 경매 시장에 나온 물건은 하자가 있다는 이유로 가격이 감정가보다 40% 정도 낮아진다.

이 집은 경기도 부천에 있는 반지하 창고이지만 실제 주거를 하고 있다. 우리나라에서는 공무상 창고이건 상가 건물이건 오피스텔이건 실제 사람이 주거하는지 그렇지 않은지에 따라 주택인지 아닌지 결정된다. 따라서 이 물건은 공무상 지하 창고라 하더라도 사람이 살고 있으므로 주택으로 분류되는 것이다.

경기도에서는 유찰 시 모든 주택의 입찰가가 30%씩 하락하고 서울은 20%씩 하락한다. 이 주택은 경기도에 소재하므로 첫 번째 유찰 시 30% 하락하고, 이후 다시 한 번 유찰되었으므로 다시 30% 하락되었다. 이 집은 세 차례 유찰되어 최종가 2,469만 원에 낙찰되었다. 만일 서울에 있는 물건이었다면 세 차례 유찰 시마다 20%씩 하락하여 최종가 5,120만 원이 되었을 것이다.

경매 물건 확인 순서

리치옥션에서 경매 물건을 확인하고 할 때는 다음의 순서를 따른다.

1) 사진을 보고 주택이 마음에 드는지를 확인한다.

2) 소멸 기준이 전입 일자보다 빠른지 늦은지 확인한다.

소멸 기준은 근저당(은행 대출), 가압류, 가등기 등이 포함된다. 소멸 기준 이하에 있는 것들은 모두 소멸된다. 경매에서 몇 가지 유의할

09
재테크 실천 계획

필요한 지출만 하고 소득의 50~80%를 저축한다 •
하루 60분 이상 경제 뉴스를 본다 •
1년, 한 달, 일 주일 단위로 지출 계획을 미리 세운다 •
세금과 공과금은 절대 밀리지 않는다 •
내 집 마련은 구체적이고 명확한 계획을 세운다 •
주위에서 나만의 멘토와 롤 모델을 정한다 •
출생하자마자 청약통장으로 재테크를 시작한다 •
부동산 투자 10계명 •

재테크 실천 계획

필요한 지출만 하고 소득의 50~80%를 저축한다

가점항목	가점상한	가점구분	점수	가점구분	점수
① 무주택 기간	32점	1년 미만	2	8년 이상~9년 미만	18
		1년 이상~2년 미만	4	9년 이상~10년 미만	20
		2년 이상~3년 미만	6	10년 이상~11년 미만	22
		3년 이상~4년 미만	8	11년 이상~12년 미만	24
		4년 이상~5년 미만	10	12년 이상~13년 미만	26
		5년 이상~6년 미만	12	13년 이상~14년 미만	28
		6년 이상~7년 미만	14	14년 이상~15년 미만	30
		7년 이상~8년 미만	16	15년 이상	32
② 부양 가족 수	35점	0명	5	4명	25
		1명	10	5명	30
		2명	15	6명이상	35
		3명	20		
③ 청약 통장 가입 기간	17점	6월 미만	1	8년 이상~9년 미만	10
		6월 이상~1년 미만	2	9년 이상~10년 미만	11
		1년 이상~2년 미만	3	10년 이상~11년 미만	12
		2년 이상~3년 미만	4	11년 이상~12년 미만	13
		3년 이상~4년 미만	5	12년 이상~13년 미만	14
		4년 이상~5년 미만	6	13년 이상~14년 미만	15
		5년 이상~6년 미만	7	14년 이상~15년 미만	16
		6년 이상~7년 미만	8	15년 이상	17
		7년 이상~8년 미만	9		
		84점			

아파트 청약가점 배점표 / 국토교통부

자기 직업에 충실한 재테크가 가장 좋은 것이다. 본업을 내팽개치고, 생계를 위협하면서까지 재테크에 몰입해서는 안 되고, 여유의 시간과 돈을 활용해야 한다. 기본적으로 자기 소득의 최소한 50%

는 무조건 저축을 해야 한다.

한국에 많은 이주 노동자가 와 있는데, 100만~200만 원 안팎의 월급을 받고 있다. 우리나라에서 현재 법적으로 정해져 있는 최저 임금은 2026년 기준 한 시간에 10320원이고, 하루 8시간 노동에 72,000원, 한 달이면 약 220만 원 정도이다.

물론, 이주 노동자들은 주로 3D 업종에서 일한다. 3D란, Dirty(더러운), Difficult(어려운), Dangerous(위험한)을 뜻하는 일이다. 이들은 월 200만 원의 급여를 받아 10%만 쓰고 모두 다 저축한다고 한다. 차비도 쓰지 않고 걸어 다니면서 한 달에 150만 원 정도를 저축하는 것이다.

우리나라 도시 근로자 4인 가족 기준 급여는 약 480만 원으로 이는 1인 급여를 150~200만 원이라 했을 때, 맞벌이 부부를 가정한 것이다. 이 경우에도 소득의 50% 이상을 저축해야 한다. 남성 정장의 경우 백화점에 가면 30만 원이지만, 할인 매장에서 사면 5~10만 원 대로 구입할 수 있으므로 지출을 최소화하여 '필요한 지출만' 하면서 재테크에 신경 써야 한다.

전문가 15인이 바라본 부동산 시장…
15명 중 13명 "새해에도 집값 오른다"
서울 중심부 저평가, 하남·의정부 유망

강승태 기자

한국부동산원(옛 한국감정원) 주간 아파트 가격 동향에 따른 2020년 12월 첫째 주 전국 매매 수급지수다. 전세 수급지수는 118.6이다. 두 지수 모두 한국부동산원이 아파트 수급지수를 산출한 2012년 7월 이후 가장 높은 수치다.

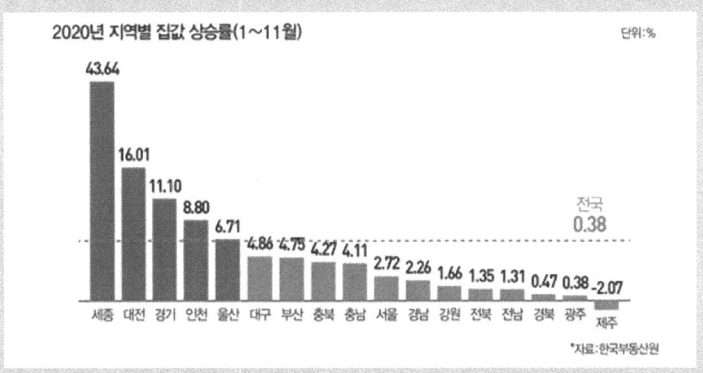

0~200 사이의 수로 표현되는 수급지수는 100이 기준이다. 0에 가까울수록 수요 대비 공급이 많고 200에 가까울수록 공급이 부족함을 의미한다.

2020년 부동산 시장은 '상저하고(上低下高)' 현상이 뚜렷했다. 2019년 12월 대출 규제 시행으로 2020년 초반만 하더라도 매매 시장은 보합세를 유지했다. 보유세 부담까지 늘어나면서 2020년 5월 일시적으로 하락하기도 했다. 하반기 임대차법 시행 후 전세 매물이 사라지면서 전세 가격이 급등하기 시작했다. 전세 가격 상승과 맞물려 시중에 풀린 돈이 부동산으로 유입되면서 매매 시장까지 끌어올렸다.

▶모두가 어긋난 2020년 시장 전망

대부분 하락 점쳤지만 5% 상승

2020년 초 대부분 국내 부동산 연구기관은 집값 하락을 예상했다. 보유세 강화와 대출 규제 등의 영향 때문이다.

한국부동산원은 2020년 1월 '2020년 부동산 시장 전망' 보고서를 통해 2020년 전국 주택가격이 0.9% 하락할 것으로 내다봤다. 수도권은 0.8%, 지방은 1% 하락한다는 관측이었다. 당시 한국부동산원은 집값 하락 원인으로 2019년 12·16 부동산 대책에 따른 고가 아파트 투자 심리 위축, 하반기 보유세 강화를 꼽았다. 전세 가격은 3기 신도시 조기 추진 등으로 안정세를 찾을 것으로 예측했다. 한국건설산업연구원(건산연) 역시 전국 주택 매매 가격은 0.8% 하락할 것으로 예상했다. 주택산업연구원(주산연)은 상승과 하락 지역이 공존하면서 전국 주택 매매 가격이 보합세를 유지할 것이라고 예측했다.

1년이 지난 지금, 예상은 모두 빗나갔다. 한국부동산원에 따르면 2020년 1월부터 11월까지 전국 주택 매매 가격은 4.4% 올랐다. 최근에는 지방 대도시를 중심으로 집값이 들썩이는 풍선효과도 나타나는 모습이다. 전세 시장 역시 임대차법 시행 부작용으로 최악의 전세난을 겪고 있다. 윤지해 부동산114 수석연구원은 "전월세 부담에 따라 일부 임차 수요가 매매 수요로 전환되면서 이 같은 결과가 나타났다"며 "원활한 전월세 물량 공급이 이뤄지기 전까지는 현재 분위기는 상당기간 지속될 전망"이라고 말했다.

지역별로 살펴보면 세종시에서의 변화가 두드러졌다. 한국부동산원에 따르면 2020년(1~11월) 시도별 아파트 매매 가격 변동률은 세종(43.6%)이 압도적 1위를 기록했다. 대전(16%)과 경기(11.1%), 인천(8.8%) 등이 뒤를 이었다. 전세 가격 상승률 역시 세종(49.3%)이 가장 높았다. 울산(13%), 대전(12.2%), 경기(8.3%), 인천(7.9%) 등이 뒤를 이었다. 거래량 역시 2020년 10월까지 73만8000건으로 역대 최대를 기록했다.

▶2025년 부동산 매매 '강보합', 전세 '강세'

2025년 부동산 시장은 어떻게 흘러갈까.

일단 주요 연구기관들은 2025년 집값이 오를 것으로 예상한다. 한국은행은 "입주 물량 감소, 전세 가격 상승 등으로 2025년 주택 시장은 상승세를 보일 것"이라고 내다본다. 대한건설정책연구원은 "전국 매매 가격은 2%, 전세 가격은 4% 상승할 것"으로 전망했다. 우리금융경영연구소는 집값 상승을 전망했지만 상승폭은 약 1%로 낮았다. 한국건설산업연구원은 하락(0.5%)을 점쳤지만 전세 가격은 오히려 5% 상승할 것으로 예상했다. 부동산 전문가들의 생각도 비슷하다. 부동산 전문가 10인에게 '2025년 부동산 시장 전망'을 주제로 설문조사를 진행했다. 이견은 없었다.

부동산 전문가 대부분은 2025년 집값이 오를 것으로 내다봤다. 2025년 매매 시장 전망을 묻는 질문에 15명 중 13명은 초강세(1명, 연 7% 이상 상승), 강세(8명, 연 4~6% 상승) 혹은 강보합세(4명, 연

1~3% 상승)라고 예상했다. 15명 중 1명은 보합세, 1명은 약보합세(연 1~3% 하락)를 예상했다.

2025년 집값이 오를 것으로 예상한 이유는 분명하다. 먼저 입주 물량이 대폭 줄어든다. 부동산정보업체 직방에 따르면 2025년 입주 물량은 2020년(27만996가구) 대비 16% 감소한 22만7,836가구에 불과하다. 지역별로 살펴보면 수도권 물량이 대폭 감소한다. 2020년 수도권 입주 물량은 14만4,586가구였으나 2025년 12만8,993가구로 줄어들 전망이다.

김학렬 스마트튜브 소장은 "일단 매물이 거의 없으며 2025년 입주 물량이 현저히 적다"며 "완전한 매도자 우위 시장으로 전환됐기 때문에 2025년 매매 가격 상승은 불가피하다"는 입장이다.

금리 인하, 통화량 증가에 따른 풍부한 유동성도 매매 가격 상승의 원인으로 꼽힌다. 정부 저금리 기조가 계속 유지되면서 유동 자금은 그 어느 때보다 풍부하다. 3기 신도시 토지 보상에 따른 수십조 원 토지 보상금이 풀린다는 점도 감안할 필요가 있다. 윤지해 수석연구원은 "유동성 효과와 함께 미분양 주택 감소, 전세가격 상승 등의 영향으로 2025년 매매 시장 역시 강보합세를 유지할 것"으로 전망했다.

전세가 상승이 매매 가격 상승으로 이어지고 있다는 분석 역시 설득력 있다. 통상 전세 시장이 안정되면 매수 수요가 줄어든다. 지금처럼 3기 신도시 대규모 공급이 예정된 경우 더욱 그렇다. 하지만 전세 가격이 급등하면 일부 실수요자들은 매수를 서두르게 된다.

이주현 월천재테크 대표는 "전세 부족에 따른 전세 가격 상승이 매매 가격을 끌어올리고 있다"며 "2025년에는 입주 물량이 적어 전세 시장 불안이 예상되는 만큼 매매 가격이 오를 가능성이 높다"고 말했다.

다만 일부 전문가는 임대 사업자들의 보유세 부담으로 매물이 늘면서 투자 심리가 위축될 수 있다는 의견도 내놓는다. 지난 몇 년간 꾸준히 집값이 올라 집을 구입하기 부담스러운 수준이 됐다. 가격 하락세로 이어지진 않더라도 어느 정도 보합세를 유지할 것이란 분석이다.

전문가들은 전세 가격 역시 2025년 강세가 지속될 것으로 내다봤다. 15명 전문가 중 15명 모두 초강세(3명), 혹은 강세(5명), 강보합세(7명)를 유지할 것으로 전망했다. 보합 혹은 약보합, 약세 등을 전망한 전문가는 단 한 명도 없었다. 매매 시장보다 전세 시장이 더 불안정할 것이란 예상이다. 전세 가격 강세를 예상한 이유는 여러 가지다.

우선 전세 매물 자체가 귀해졌다. 각종 규제 강화로 집주인들은 실거주 비중을 늘리고 있다. 전세 세입자 권리를 보호하기 위한 여러 조치는 역설적으로 전세 물량 감소로 이어지고 있다. 새 임대차법 시행 이후 서울 아파트 전세 거래 비중은 최저치를 기록했다. 서울시 부동산정보광장에 따르면 2020년 11월 서울 아파트 전·월세 거래량은 8691건. 이 중 전세(50345건) 비중이 61.5%를 차지했다. 전세난이 심각했던 2016년 1월(59.2%)과 비슷한 수치다. 전세 매물이 줄면서 거래 자체가 줄어들고 있다는 분석이다.

장재현 리얼투데이 리서치본부장은 "3기 신도시 대기 수요, 기존 전세 재계약 증가에 저금리 기조로 월세로 전환하는 임대인이 늘면서 아파트 전세 매물 자체가 사라진 상황"이라며 "전세 가격이 오를 가능성은 매우 높다"고 말한다.

심교언 건국대 부동산학과 교수는 "임대차법 규제로 인한 충격과 함께 서울 전세난이 전국적으로 확산되고 있다"며 "실거주 요건 강화 등으로 2025년 전세 가격이 오를 것"이라고 내다봤다. 김종선 BSI경영연구원장은 "임대차법이 개정되지 않는 한 상당 기간 전세난이 지속될 가능성이 높다"며 "적어도 2025년까지는 전세난이 해결되긴 어려울 것"이라고 말한다.

다만 기존 전세 계약을 갱신할 때 가격 상승폭은 5%로 제한되기 때문에 전세 가격 상승에 한계가 있다는 주장도 제기된다. 한태욱 동양미래대학 경영학과 교수는 "임대차보호법 개정에 따라 전세 가격 상승은 제한적일 수 있다"면서도 "다만 수요 대비 공급은 부족하기 때문에 상승세는 지속될 것"이라고 말했다.

2025년 부동산 시장을 둘러싼 변수를 묻는 질문에는 보유세 부담 증가(11명, 중복 응답)와 전세난 심화(10명)를 꼽았다. 공시 가격 현실화와 함께 종부세 인상 등으로 인해 2025년 보유세 부담은 더욱 늘어날 전망이다. 입주 물량 감소(8명)와 3기 신도시 공급(5명) 등도 주요 변수로 꼽혔다.

▶2025년 유망 지역은 어디?

공통적으로 꼽은 곳은 하남

수도권 여러 지역 중 2025년 가장 유망한 곳은 어디일까. 지난 몇 달 새 지방 광역시는 물론 전주나 천안 등 일부 지역 아파트 가격은 급등했다. 지방에서도 전용 84㎡를 기준으로 10억원을 넘어서는 단지가 속출했다. 그래서일까.

현재 상황에서는 오히려 서울 중심이 가장 저평가됐다는 의견이 눈길을 끈다. 김학렬 대표는 "2020년 전국적으로 신축 아파트 가격이 많이 올랐다"면서 "반면 매매 가격 15억 원 이상 단지는 대출 규제 등의 영향으로 상대적으로 상승폭이 적었다. 따라서 지금은 강남, 서초, 용산구 등 핵심 지역이 저평가된 상황"이라고 말한다.

이주현 대표의 의견도 비슷한 맥락이다.

"서울 마포구, 성동구, 강동구 등 17억~18억 원(전용 84㎡ 기준)대에 거래되던 곳은 대출 규제로 상승에 제한이 있었다. 즉 15억~20억 원대 아파트가 지금은 저평가 받고 있으며 넓은 면적의 준신축 아파트 역시 상대적으로 오를 여지가 있다."

서울 이외 수도권으로 범위를 확장하면 1기 신도시 저평가 지역과 3기 신도시 예상 지역을 꼽는 전문가가 많았다. 전문가 15

명 중 7명은 경기도 하남을 유망한 지역으로 꼽았다. 3기 신도시가 예정돼 있고 서울 강남 접근성이 좋다는 이유에서다. 김종선 원장은 "서울 전세난 심화로 서울과 인접한 지역, 그중에서도 하남은 강남과 가까워 상승 여력이 있다"며 "하남은 교통망 호재가 있고 미래 인구가 계속 증가할 가능성이 높은 지역"이라고 말한다.

1기 신도시 중에서는 리모델링을 추진하고 있는 몇몇 단지가 인기를 끌 전망이다. 윤지해 연구원은 "1기 신도시 중 고양시 일산, 부천 중동, 군포 산본은 중저가 아파트 밀집 지역으로 리모델링 활성화 등의 영향을 받을 것으로 보인다"며 "3기 신도시가 들어서는 하남시는 강남과 인접한 지역으로 상대적으로 저평가된 곳"이라고 말한다. 지금까지 부동산 시장에서 소외됐던 경기 북부 지역이 주목받을 것이란 전문가도 있다. 의정부나 양주 등이 대표적이다. 두 곳은 GTX-C 노선이 들어서는 곳이다. 공사 착공까지 1~2년 남아 있지만 아직 GTX 영향이 반영되지 않았다는 분석이 나온다. 한태욱 교수는 "2025년에는 GTX-C 노선에 대한 구체적인 공사 계획이 나올 수 있다"며 "수도권 전반적으로 집값이 많이 오른 반면 상대적으로 경기도 북부 지역은 덜 올랐다. 다만 GTX-C 노선은 개통까지 10년 이상 소요될 가능성이 있는 만큼 신중히 접근해야 한다"고 말했다.

2020년 시도별 아파트 매매 가격 변동률을 보면 세종시가 43.64%로 전국에서 가장 높은 가격 상승률을 보였고, 전세 가격 역시 49.34% 오르며 상승세를 이끌었다.

▶무주택자 내 집 마련 전략은

'가점 낮으면 특공 먼저 노려라'

무주택자라면 내 집 마련 전략을 어떻게 짜야 될까.

전문가들은 첫째도, 둘째도, 셋째도 '해법은 청약'이라고 강조한다. 서정렬 영산대 부동산학과 교수는 "일단 무주택자들은 무조건 청약에 '올인'해야 한다"고 강조하면서 "향후 몇 년간 공급이 대량 풀리는 만큼 관심 지역의 청약 리스트를 꼼꼼히 체크할 필요가 있다"고 말한다.

다만 구체적인 전략은 청약 가점을 얼마나 확보했느냐에 따라 달라진다. 많은 사람들이 '청약은 운'이라고 생각한다. 하지만 가점제 비중이 높아진 지금, 청약은 '운이 아닌 노력'이라는 것이 전문가들의 생각이다. 가점이 높은 무주택자들은 선택권이 비교적 넓다. 3기 신도시 핵심 지역 분양을 기다리거나 사전 청약을 노리는 것도 한 방법이다. 서울에서 틈틈이 나오는 분양 물량도 놓쳐선 안 된다. 한태욱 교수는 "가점이 높은 사람들은 청약할 때 무조건 넣지 말고 서울 내 혹은 서울에서 가까운 곳을 중심으로 전략적 접근이 필요하다"고 조언한다.

자신의 청약 점수와 여러 요건 등을 명확히 파악하는 작업도 중요하다. 청약 시장은 여러 가지 상품으로 세분화돼 있다. 공공과 민영, 특별 공급과 일반 공급, 생애 최초와 신혼부부 특공 등 다양하다. 이 중 자신에게 가장 유리한 상품을 선택하는 것이 중요하다.

가점이 낮거나 현금이 부족하다면 신혼부부 특별 공급이나 생애 최초 특별 공급 등을 노리는 것도 한 방법이다. 장재현 본부장은 "2025년부터 생애 최초나 신혼부부 특별 공급 물량이 늘어난 만큼 가점이 낮은 무주택자들은 특별 공급을 적극적으로 활용할 필요가 있다"고 말한다. 만약 청약이 어려운 사람들은 2025년 6월 전 나오는 급매물을 노리는 것도 한 방법이다. 재산세는 6월 1일 기준으로 부과된다. 최근 보유세 부담이 가중되면서 4~5월에 급매물이 조금씩 나오고 있다. 윤재호 메트로컨설팅 대표는 "임대사업자 말소와 법인 투자자 등 보유세 부담으로 6월 전에 나오는 매도 물량 중 급매물 아파트를 노리는 것도 좋은 전략이 될 수 있다"고 말했다.

[강승태 매경이코노미 기자]

"남편이 못 사게 한 집, 지금 6억 올라…매일 다툰다" 호소

안혜원 기자
입력 2021.08.15 11:00 수정 2021.08.15 15:03

집 없는 자도 집 가진 자도 '분노'…사회 곳곳 '부동산 갈등'

"집 때문에 매일 다툰다" "내집 마련 문턱서 좌절"

부동산 정책 실패에 사회 곳곳 '스트레스' 호소

'집값 천정부지' 무주택자 좌절

유주택자는 세금 고민…갖고 있어도 팔아도 걱정

"지방에 집을 산 죄로 '벼락거지'"

14일 관련 업계에 따르면 사회 곳곳에선 부동산과 관련한 우울감·불안감 등을 호소하는 사람들이 많다. 지방에서 회사를 다니는 윤정민 씨(33·가명)는 "지방 근무를 후회한다"고 털어놨다. 윤씨는 지방으로 이전한 공기업에 3년 전 취업해 직장 인근에 집을 샀다. 비슷한 시기 서울의 중소기업에 들어간 친구도 외곽 지역에서 매매를 했다. 당시 친구는 윤씨의 직장이 연봉이 높다며 부러워했지만 3년 만에 상황이 반전됐다. 서울에서 거주하는 친구의 집값은 그새 4억 원 넘게 올랐다. 하지만 윤씨의 집은 2,000만~3,000만원 오르는 데 그쳤다. 윤씨는 "열심히 근로 소득을 모아도 앞으로 친구의 자산 증식 속도를 절대 따라잡을 수 없을 것"이라며 "지방에 집을 산 죄로 '벼락거지'가 됐다. 어느 집에 집을 샀느냐에 따라 이렇게 격차가 벌어질 수 있느냐"고 우울해 했다.

이에 더해 치솟는 전세금과 '매물 잠김'도 무주택 세입자들의 주거 불안을 가중하고 있다. 새 주택임대차보호법 도입 이후 좀처럼 전셋값은 잡히지 않는다. 시장에선 전셋집을 내놓은 사람보다 찾는 사람이 더 많아지는 추세다. KB국민은행 통계를 보면 서울의 전세 수급지수는 7월 174.3으로 올 들어 가장 높은 수준을 기록했다. 이는 지난해 7월(174.6) 수치와 유사하다. 4,000여개 중개업소를 통해 파악하는 전세 수급지수는 0에 가까울수록 시장에 공급자가 많고, 200에 가까울수록 수요자가 많다는 것을 의미한다.

"집 한 채 가진 게 잘못이냐"

유주택자도 '부동산 스트레스'로부터 자유롭지는 못하다. 매년 세금은 뛰는데다 이를 하소연하기라도 하면 주변의 질타가 쏟아진다. 서울

마포의 '래미안웰스트림' 아파트에서 입주 때부터 살고 있는 홍모 씨(42)는 "8년 전 분양이 안 돼 할인 분양을 하던 이 아파트를 살 당시 주변에선 '집값이 내릴 수도 있는데 그걸 왜 사냐'며 어리석은 사람으로 치부하더니 이젠 시기 어린 시선을 보낸다"고 하소연했다. 가끔 보유세가 높다며 걱정이라도 하면 "집값이 많이 올라 큰 이익을 봤으니 세금 더 많이 내는 것은 당연하지 않으냐"는 핀잔을 듣기 십상이다.

홍씨는 "미분양 상황에서 가격 상승은 기대도 하지 않고 주거할 집은 하나 가지고 있자는 생각에 산 집인데 마치 투기꾼 취급을 받고 있다"며 "집값이 올랐다 해도 팔지 않는 이상 돌아오는 것은 없지 않냐"고 반문했다.

서울 강동구의 T공인 관계자는 "다주택자들이 집을 정리하려고 해도 세금이 60~70%에 달하는데 누가 집을 팔려고 하겠느냐"며 "특히 나이 드신 분들은 직장생활을 하면서 아끼고 돈을 모

> 아 주택을 사며 재산을 마련하는 경우가 많았는데 세금이 징벌용으로 활용된다는 인식이 있어 반감이 크다"고 전했다.
>
> 안혜원 한경닷컴 기자 anhw@hankyung.com

하루 60분 이상 경제 뉴스를 본다

재테크를 위해서는 기본적으로 현재 금리가 어떤 수준인지, 세계 경제의 흐름은 어떠한지를 알아야 한다. 최근 경제 뉴스 기사를 예로 들어보자. 목동 빌라에 전세를 계약하려고 하는 경우이다. 집주인은 3억 원에 빌라를 샀는데 선대출은 6,000만 원이고, 전세금은 1억 2,000만 원이다. 이곳에 전세를 들어가야 하는지 말아야 하는지를 고민하는 상황이다.

일반적으로 경매 가격은 집 시세의 70%이다. 70%라면 2억 원짜리 집이 1억 4,000만 원밖에 안 되는 것이다. 경매에 처해져 낙찰될 경우 6,000만원을 은행에서 먼저 가져가고 나면, 세입자는 8,000만 원밖에 받지 못한다. 결론적으로 이런 집은 전세 계약을 하지 않아야 한다. 이처럼 요즘 부동산 가격이 급락하고 있기 때문에 경제 뉴스를 보면서 의사를 결정할 수 있다.

2000년대 들어 한 번도 우리나라 부동산 가격은 급락과 급등을 반복하고 있다. 과거 우리나라 부동산 시장은 불패의 시장이었다.

1997년 IMF를 기점으로 부동산 가격이 한 번 내렸고 그 이후로는 내린 적이 없었는데 2010년 들어서는 10%~30% 급락했던 부동산 가격은 다시 2018~2025년 기준 최고 200% 급등했다.

현재 전세 혹은 월세로 거주하고 있다면 살고 있는 집의 등기부등본을 떼어 꼼꼼히 살펴보아야 한다. 전세 자금이나 부동산 월세 보증금은 서민들에게는 거의 전 재산이다. 자칫 잘못해서 집이 경매로 넘어가기라도 한다면 굉장히 큰 타격을 입을 수 있다. 기본 원칙은 대출이 있는 집은 전세로 들어가면 안 되므로 이런 경우는 아예 월세 계약이 나은 방법이다. 서울시에서 전세 보증금 8,500만 원 이상이면 국가에서 소액 임차 보증금에서 제외돼 한 푼도 돌려받지 못할 수 있다. 8,000만 원 이하의 전셋집인 경우만 국가에서 우선적으로 2,000만 원을 보장해준다. 따라서 가급적이면 8,000만 원 정도 전세 계약을 할 것이라면 아예 보증금을 2,000만 원으로 하고 월세로 계약하는 것도 방법이다. 소액 임차 보증금 기준은 지역마다 다르므로 거주지 동사무소와 집 근처 공인중개사에 반드시 확인할 필요가 있다. 이 기준은 매년 바뀐다. 물론 월세 이자가 비싸기는 하지만, 목돈을 날리는 것보다는 훨씬 낫기 때문이다.

1년, 한 달, 일 주일 단위로 지출 계획을 미리 세운다

1년 동안의 지출 계획을 미리 세워 쓸 수 있는 자금의 규모에 맞게 돈을 사용하여야 한다. 한 달에 30만 원. 하루에 1만 원 등과 같이 하루하루 지출 계획을 세워 철저하게 저축하는 것이 부자의 지름길이다.

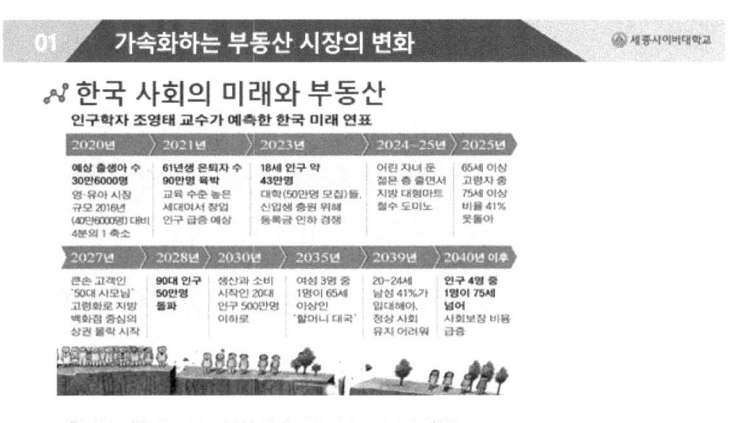

세금과 공과금은 절대 밀리지 않는다

모든 세금은 밀리지 않고 내야 한다. 아파트 관리비도 한 달 연체가 되면 5~10%의 이자가 붙는다. 말이 5%이지 1년이라고 생각하면 60%이니 굉장히 고금리인 것이다. 전기요금, 수도요금, 아파트 관리비 등 모든 공공요금 및 수수료는 연체료가 높다. 특히 신용관리를 위하여 금융권의 지급 및 결제는 연체하지 말아야 한다.

내 집 마련은 구체적이고 명확한 계획을 세운다

2025 가장 좋은 부동산을 사는 방법은 분양 주택이다. 아파트 청약종합통장에 가입하라는 이야기를 앞서도 여러 번 했는데, 이 통장으로 임대 아파트, 보금자리주택, 민영 아파트, 주공아파트 등 우리나라에서 나오는 모든 아파트를 선택해 청약할 수 있다.

과거에 있었던 청약 대출이나 청약부금·청약예금은 가입 시 이미 어떤 아파트를 신청할 수 있는지 정해놓았다. 청약부금·청약예금을 2년 이상 가입해서 1순위가 된 경우 고민될 수 있다. 지금 시점에서 해약하고 청약종합통장에 가입해야 하는지 고민이 들 때, 어떤 아파트에 들어가고자 하는지를 생각하여 민영 아파트에 들어가고자 한다면 그대로 두고, 보금자리주택이나 임대 아파트에도 들어갈 용의가 있다면 해약하고 청약종합으로 옮겨야 한다. 한 달에 10만 원씩 저축하고 있다면, 그렇게 모아서 언제쯤 어떤 아파트에 들어갈 것인지 명확한 로드맵을 세워야 한다.

주위에서 나만의 멘토와 롤 모델을 정한다

주위에 보면 사업을 잘하거나 돈을 잘 버는 사람이 있을 것이다. 부자 친구나 부자 선배 등 롤 모델이 될 수 있는 사람을 정하라. 내가 본받을 만한 사람, 재테크에 대해 배울 사람을 정하라는 것이다. 집근처 부동산 중개업소와 친하게 지내고, 돈 많은 친구와 자주 밥을 같이 먹어라. 부자에게 밥을 사주면 아주 좋아한다. 워렌버펫의 점심식사 경매 가격은 27억 원이다. 2시간의 식사 시간 동안 어떤 질문이든 할 수 있다. 워렌버펫은 이 돈을 기부한다.

출생하자마자 청약통장으로 재테크를 시작한다

우리나라에서 태어난 사람은 누구나 주택청약통장에 가입할 수 있다. 18세 때부터 시작할 수 있다. 20년을 납입하면 납입 횟수는 240회가 된다. 강남의 아파트를 분양받은 사람의 최고 납입 횟수는 240번이었다. 하루 빨리 통장에 가입하고, 자녀가 있다면 자녀 명의로 청약통장에 가입해둘 필요가 있다.

직장인이라면 적거나 많거나 매월 정해진 소득이 있다. 매달 일정 금액을 저축하는 계획을 짜라. 소득이 일정하지 않은 자영업을 한다면 소득이 생길 때마다 가능한 많은 금액을 저축하라. 아파트 청약통장은 두 가지 방법 모두 가능하다. 자신의 2025 직업에 맞는 투자 계획을 세우라.

부동산 투자 10계명

1. 집을 살 때는 팔 때를 고려하라.

팔리지도 않는 부동산을 사면 아주 곤란한 상황을 맞이할 수 있다.

2025년 우리나라 부동산 가격은 급등 추세에 있다. 미국에서도 부동산 가격이 20%까지 상승했다.

3억의 대출을 끼고 5억 원의 아파트를 구매했다고 하자. 부동산 가격이 폭락하여 아파트 값이 2억 원으로 내리면 집을 팔아도 대출금조차 갚을 수 없는 상황이 된다. 이런 주택을 깡통 주택이라 한다. 주식 투자의 경우 이런 계좌를 깡통 계좌라 한다.

팔리지 않는 집은 구매할 필요가 없다. 집을 살 때는 팔 때를 고려하여 지역과 가격을 결정해야 한다. 투자를 위해 집을 살 때에는 꼭 서울 시내에 있는 집을 사야 한다. 경기도나 지방에서는 가급적이면 전세나 월세로 사는 것이 좋다. 덧붙이자면, 주상복합아파트는 환기도 잘 안되고 문제가 많으니 주상복합아파트보다는 일반 아파트가 좋다. 40평 이상은 매매가 잘 안되니 33평, 24평 위주로 구매하는 것이 합리적이다.

2. 500세대 이상 위치가 좋은 곳을 골라라.

최소한 아파트 단지가 500세대 정도는 되어야 팔 수 있다. 그래야 주변 상권이 발달하기 때문이다. 물론 1,000세대 이상 아파트이면 가장 좋은 조건이다. 그 정도의 규모라면 초등학교, 상가, 공원 등 각종 시설들이 갖춰진다. 500세대를 기준으로 삼아라.

3. 부동산의 진정한 가치는 환금성에 있다.

아파트가 좋은 점은 환금성에 있다. 토지, 빌라 및 일반 주택은 환금성이 낮다. 최근 들어 아파트 매매가 어려워지면서 아파트마저 환금성이 매우 낮아지고는 있다. 주식과 펀드는 환금성이 매우 높다. 이에 비하여 부동산은 팔리지 않는 문제점이 있다. 대단지 아파트를 선호하는 이유는 바로 이러한 환금성 때문이다.

소규모 재건축 규제 완화에…건설사 수주 '활기' 되찾나?

기자명 김서연 기자

승인 2021.06.10 10:36

서울시, 소규모 재건축 의무 공공 기여 조건 없애

가로 주택 사업 등 재정비 사업 '활발'

건설사들 간의 수주 경쟁 치열해지나

서울시가 소규모

용산구 일대 사진 〈연합뉴스〉

재건축 활성화를 위해 용도 지역 변경 시 '의무 공공 기여 조건'을 없애기로 했다. 이로 인해 정부의 부동산 규제로 일감이 부족해진 대형 건설사들도 소규모 정비 사업에 속속 뛰어드는 모양새다.

서울시는 7층 높이 제한 규제를 받던 2종 7층 지역을 2종 일반으로 용도 지역을 변경할 때 '의무 공공 기여 조건'을 없애는 등 불필요한 규제를 손보기로 했다고 지난 3일 밝혔다. 이에 따라 '2종 일반 주거 지역 이상과 맞닿아 있고 보·차도로 구분된 2차로 이상 도로와 접해야 한다'는 입지 기준만 충족하면 통합 심의를 거쳐 용도 지역 상향이 가능하다.

또한 2종 7층에서 2종 일반으로 용도 지역 상향 시 법적 상한선인 최고 25층 높이의 아파트를 지을 수 있게 됐다.

소규모 재건축 사업은 정비 기반 시설이 양호한 지역에서 소규모로 공동 주택을 재건축하는 사업이다. 대상은 면적 1만㎡ 미만의 노후·불량 건축물이 전체의 2/3 이상이고 가구 수가 200가구 미만인 주택 단지다.

소규모 재건축은 대규모 재개발·재건축과 달리 안전 진단, 정비 구역 지정이 생략되고 관련 심의를 통합해 받을 수 있어 절차가 간소하고 신속한 추진이 가능하다.

업계의 한 관계자는 "올해 서울 주택 재정비 시장이 불황인 가운데, 이번 규제 완화가 건설사들의 숨통을 트여줄 것"이라며 "재정비 사업을 영위하는 건설사들의 수주에 영향이 있을 것으로 전망한다"고 말했다.

대형 건설사들도 규제 완화에 대해 환영하는 분위기다. 특히 현대건설과 GS건설, 대우건설 등 규제 완화 이전부터 소규모 재건축 사업에 뛰어들었던 건설사들은 이번 규제 완화를 더 반기고 있다.

앞서 현대건설은 서울 용산에서 한남시범아파트 소규모 재건축 사업을 수주했고, GS건설은 서울 송파에서 문정건영아파트 리모델링 시공권을 획득했다. 대우건설 또한 서울 흑석11구역 재개발 등 소규모 재건축 사업을 수주한 바 있다.

현대건설 관계자는 "규제 완화로 사업성이 좋아졌고, 이를 긍정적으로 바라보고 있다"며 "자사의 주택 사업 경쟁력이 시너지를 낼 수 있는 사업을 종합적으로 판단해 수주에 나설 것이다"고 전했다.

또한 대우건설 관계자도 "재개발 구역이 늘어나 수주 물량이 늘어 건설사 입장에서는 좋은 현상"이라며 "입지가 좋고 사업성이 높다고 판단되는 곳에 입찰을 할 예정이다"라고 설명했다.

아울러 GS건설 자회사인 자이S&D 관계자 또한 "규제 완화 관련해서는 긍정적인 입장이며, 기대를 많이 하고 있다"라고 말했다.

김대종 세종대학교 교수는 "아파트 공급이 어려운 탓에 건설사들이 공공 주택이나 소규모 재건축으로 눈을 돌리고 있는 실정"이라며 "아파트의 부족한 공급 탄력성을 메워줄 수 있는 소형 주택과 빌라가 활기를 띨 것"이라고 전망했다.

파이낸셜투데이 김서연 기자출처 : 파이낸셜투데이(http://www.ftoday.co.kr)

4. 분양가를 확인하라.

분양가를 보면 앞으로 상승 가능성이 얼마나 되는지 가늠해볼 있다. 분양가와 주변 시세를 항상 확인해라. 일반적으로 분양가가 높았다면 상승 폭도 높다.

5. 무릎에서 사고 어깨에서 팔아라.

주식과 마찬가지로 부동산도 무릎에서 사고 어깨에서 팔아야 한다. 상대도 저렴하다고 생각해야 매입하기 때문이다.

6. 집근처 공인중개사와 친하게 지내라.

부동산과 친하려면 공인중개사와 가깝게 지내야 한다. 살고 있는 집 근처의 공인중개사와 친하게 지내라. 자주 방문해 안부도 물어라. 공인중개사를 통하여 집 주변의 부동산 시세, 전체 부동산 시세 등에 대하여 많은 정보를 들어라. 많은 부동산 정보와 급매물 정보를 알 수 있다.

7. 매일 뉴스를 보고 금리와 경기 변동을 파악하라.

저녁 뉴스를 매일 시청하고 경제 신문을 매일 읽어라. 시중 금리 변동과 경기 추세에 대해서 잘 알고 있어야 한다. 시중 금리는 3.5%, 대출 금리는 5.2% 정도이다. 금리가 추가로 더 오르면 부동산 가격 상승은 기대하기 어렵다. 일반적으로 집을 사려면 대출을 받아야 하는데 금리가 오르면 대출 이자 부담 때문에 집 구입을 미룰 수 있기 때문이다.

8. 항상 현장을 확인하라.

모든 부동산 투자에서 강조하는 것이 현장 확인이다. 현장을 두 번, 세 번 확인하고 지하철을 이용하고 직접 걸어서 확인해야 한다. 승용차를 이용해 갔더라도 근처 지하철역에서 일부러 걸어 보아라. 걸어서 몇 분이나 걸리는지, 주변 상가 등 거주 여건을 확인해야 한다.

9. 구입을 결정하기 전 여러 번 찾아가 확인하라.

구입을 결정하면 낮 시간과 저녁 시간 등 시간차를 두고 여러 번 방문하여 시간에 따른 문제는 없는지 확인해야 한다. 낮에는 덥지 않은지, 여름철 창문 개방 시 소음 문제는 없는지 등을 세심하게 확인하자. 또, 매매 중개인이 공인중개사인지 확인하라. 오직 공인중개사만 계약서를 작성하고 서명 날인해줄 수 있다. 매매 과정에서 문제가 생기더라도 공인중개사만이 책임을 진다. 매매 과정에서의 법적 문제로 소송에 들어가는 경우 공인중개사인지 확인하지 않았다면 50%는 본인 책임이다.

10. 결정했으면 사소한 것으로 다투지 말고 구입하라.

집값을 조금 더 깎으려다 결국 시기를 놓치거나 구입하지 못하는 사례를 보았다. 큰 물건을 사는데 사소한 것으로 다투다 계약 자체를 포기하는 경우가 많다.

10
부동산 투자와 경매

경매란? •
권리 분석의 기초 •
등기부(등기 순위) 보는 법 •
주택임대차보호법 •
경매에 따른 임차금 부담 여부 •
경매 실제 사례(구분 등기 관계 임대차 관계 경매 참가 여부) •
실전 부동산 경매 •

부동산 투자와 경매

경매란?

우리나라의 경매 사이트에는 지지옥션과 무료 사이트인 리치옥션이 있다.

혹시 실직했거나 할 일 없고 무엇에 투자해야 할지 모르겠다 싶으면 집에서 가까운 법원의 경매 법정에 참가하라. 가장 저렴하게 부동산을 살 수 있는 곳이 바로 경매시장이다. 경매시장에서는 부동산을 일반 시세의 15~50% 정도 저렴하게 구입할 수 있다. 신혼부부인 경우도 전세를 얻는 것보다 경매를 통해 집을 사는 것이 부자의 지름길이다.

권리 분석의 기초

경매에 참가하는 경우 말소 기준 권리를 찾아 권리 분석하는 일이 가장 우선해야 할 일이다. 말소 기준 권리에는 근저당권, 가압류권, 담보 가등기, 강제 경매 기입 등기 네 종류가 있다. 저당권은 해당 물건을 담보로 은행이 설정하는 권리다. 말소 기준 권리의

90%가 근저당권이다.

가장 우선 등기 설정된 권리가 당해 사건의 기준 권리이다. 등기권의 순서가 중요하다. 기준 권리보다 먼저 등기된 전세권, 지상권, 지역권, 가처분권, 소유권 이전 청구권 보전 가등기와 임차인 중에서 임대차 계약과 전입신고를 먼저 한 임차인은 인수 대상이다.

풀어서 설명하면, 말소 기준 권리를 중심으로 누가 먼저 전입되어 있는지 여부를 따진다는 것이다. 이들 권리들이 말소 기준 권리보다 뒤에 있으면 말소되어 낙찰자가 인수할 필요가 없다. 말소 기준 권리보다 전세입자가 먼저 들어왔다면 낙찰자가 인수해야 되지만 말소 기준 권리보다 전세입자가 늦게 들어왔다면 아무 문제가 되지 않는다. 말소 기준 권리보다 전세입자가 먼저 전입되어 있을 때는 낙찰자는 세입자에게 전세금을 내주어야 한다.

복잡하지만 집주인이 거주하는 경우는 걱정할 필요가 없다. 말소 기준 권리보다 늦게 이사 온 경우에는 아무 걱정 없이 경매에 참여해도 된다는 뜻이다.

전세 계약 시 안전 기준은 전세 가격을 집값의 70%를 기준으로 대출금 등을 계산하여 결정하라. 예컨대 매매가 1억 원이고 대출금 2,000만 원이 있다면 전세 보증금은 집값의 70%인 7,000만 원을 기준으로 대출금을 뺀 금액인 5,000만 원을 넘어서면 위험하다. 특히 부동산 시장이 하락 추세에 있는 경우는 더욱 주의해야 한다.

2025년 서울시가 보증하는 소액 임차 보증금은 8,500만 원 이하인 경우에 2,000만 원만 보전해준다. 가급적이면 전세를 살지 말고 월세나 단독 가구 아파트를 얻는 것이 좋다.

예고 등기는 말소 기준 권리보다 앞서건 뒤지건 관계없이 항상 낙찰자가 인수해야 한다. 예고 등기는 소유권 이전 등기 시 말소되지 않는 등기이기 때문이다. 예고 등기가 있는 경우 절대로 경매에 참여하지 말아야 한다.

아파트에 유치권이 발생하는 경우는 집주인이 수리를 안 해줘서 사용자가 직접 고쳤을 때의 경우이다. 인테리어를 하였거나 베란다를 확장했거나 수도꼭지를 고쳤는데 집주인이 돈을 안 주는 경우이다. 인터리어 시공자가 경매에 들어가면 신고한다. 유치권은 성질상 등기할 수 없는 권리이고, 목적물을 점유함으로써 주장할 수 있는 권리이기에 말소 기준 권리에 관계없이 낙찰자가 항상 인수해야 한다. 유치권이 있는 경매의 경우 유찰이 많이 되는 편이다. 일반적으로 유치권이 있으면 보상을 많이 해야 할 거라 예상하여 경매에 참여하지 않는 경우가 많으므로 유치권이 있는 경매를 꼼꼼히 살펴 분석하면 의외로 좋은 결과를 얻을 수 있다. 경매를 더 공부한 사람일수록 유치권이나 하자 있는 물건을 찾아다니는 경향을 보게 된다.

새 정부 경제정책의 방향과 과제

김대종 세종대 경영학부 교수

6월 4일 이재명 대통령이 취임했다.

차기 정부는 경제를 살리는 데 초점을 둬야 한다. 국민 70%가 경제를 살리고 내수 경제를 활성화 시키는 것을 가장 희망한다고 밝혔다.

이재명 정부는 트럼프 대통령 25~50% 고관세 전략에 대응하여 적극적으로 협의해야 한다.

트럼프 대통령은 미국 우선주의다. 미국을 제조업하기 좋은 나라로 만들고, 전 세계 기업을 미국으로 불러들이고 있다. 미국 현지에 공장을 세우고, 일자리를 만들어 달라는 것이 목표다.

이재명 정부는 미국 수준으로 4차 산업혁명을 전격 허용해 한국도 기업하기 좋은 나라로 만들어야 한다. 한국 경제성장률을 2.7%이상 올려 지속성장이 가능하도록 해야 한다.

2025년 6월 대학생 청년취업율이 45%다. 2024년 외국인직접투자 유입보다 한국 기업 유출이 2배나 많다. 한국은 적극적으로 4차 산업혁명을 허용하여 일자리를 만들어야 한다.

한국은 무역의존도가 75%로 세계에서 두 번째로 높다. 적극적으로 교역을 확대하는 정책이 필요하다. 한국은 전체 수출국 비중에서 중국과 홍콩33%, 미국20%, 일본 6%다. 중국에 대한 비중을 줄이고 미국과 해외로 교역시장을 확대해야 한다. 세계 수출 시장에서 중국이 차지하는 비중은 15%다.

2025년 한국경제는 내수 침체와 트럼프 관세 25% 등으로 저성장이 심화될 것이다. 수출 둔화, 고금리·고물가, 소비 위축이 동시에 나타나면서 민간 경제의 활력이 떨어지고 있다.

이런 가운데 새 정부는 민간의 자율성과 시장의 활력을 복원하는 데 초점을 맞춘 실행 중심의 경제정책을 펴야 한다.

첫째, 내수 경기 회복을 위한 정책 조정이 시급하다. 추경 30조원과 국내경기 회복 정책을 실시해야 한다.

고물가로 인한 실질소득 감소는 소비심리를 위축시키고 있으며, 민간소비의 둔화는 전체 성장률 하락의 주된 요인이다. 정부는 취약계층과 중산층에 대한 실질 소득 보전을 위한 세제 감면, 에너지 비용 지원, 소비쿠폰 등 직접적인 경기 부양책을 추진할 필요가 있다.

둘째, 수출 중심의 성장 전략을 적극 검토해야 한다.

글로벌 공급망 재편, 미중 갈등, 보호무역주의 강화 등 외부 통상 환경이 급변하면서, 기존의 제조업 중심 수출 전략은 한계를 드러

내고 있다. 새 정부는 첨단기술·그린에너지·디지털서비스 등 신성장 산업을 중심으로 수출 포트폴리오를 다변화하고, 주요 교역국과의 경제안보 협력을 통해 안정적인 통상 기반을 구축해야 한다.

셋째, 노동시장과 규제 개혁을 통한 기업 활력 제고가 핵심 과제다.

우리 경제의 잠재성장률2%을 제약하는 주된 요인 중 하나는 경직된 노동시장과 과도한 규제다. 새 정부는 정규직·비정규직 간 격차 해소, 청년·고령층 맞춤형 일자리 창출, 직무 중심 임금체계 전환 등을 통해 유연하고 포용적인 노동시장 환경을 조성해야 한다.

규제 측면에서는 4차 산업혁명 창업과 혁신을 저해하는 낡은 규제를 과감히 철폐해야 한다. 특히 인공지능, 바이오, 핀테크 등 신산업 분야의 규제 샌드박스 확대를 통해 기업의 투자와 실험을 적극 지원해야 한다. 우리나라는 제조업 수출액 기준 세계 5위 무역중심 경제다.

4차 산업혁명 관련 산업, 우버(Uber), 에어비앤비(Airbnb) 등 혁신 플랫폼 서비스를 허용해야 한다. '선 허용 후 규제'로의 전환이 핵심이다. 호주는 우버가 벌어들인 돈의 10%가 택시 산업에 기부된다. 신산업과 구산업이 상생해야만 경제가 성장한다. 한국에서 우버만 허용해도 수 십 만 개 일자리가 생긴다.

넷째, 재정건전성과 경기부양 간 균형도 중요하다.

국가채무 증가 속도가 빠른 가운데, 무차별적인 재정 확장은 오히려 시장 신뢰를 훼손할 수 있다. 따라서 재정지출의 구조조정을 통해 비효율적 예산을 줄이고, 성장 효과가 큰 R\&D, 인프라, 사회 안전망 분야에 집중하는 선별적 확장재정 전략이 요구된다. 또한, 공공기관의 기능 재편과 민간참여 확대를 통해 공공부문 효율성도 함께 제고해야 한다.

다섯째, 차기정부는 기업하기 좋은 나라를 만들어야 한다. 법인세 인하를 통한 투자 유인 강화가 필요하다. 2025 한국의 법인세 최고세율은 26%로 OECD 평균 21%를 웃돈다.

반면 아일랜드는 법인세를 50%에서 12.5%로 낮춘 뒤 유럽 최고의 부국이 되었고, 1인당 국민소득은 12만 달러다. 한국도 세제 경쟁력을 확보해야 글로벌 기업을 유치할 수 있다. 이를 통해 고용과 세수도 자연스럽게 증가할 수 있다.

외국인 투자유치를 위한 전략 전환이 요구된다. 한국은 외국인투자 유입보다 국내기업 유출이 2~5배 많다. 이는 강력한 정부 규제와 노동시장 경직성, 높은 인건비, 정책 불확실성 등 복합 요인이다. 외국 기업 유치는 고세율· 고비용 구조에서 이루어질 수 없으며, 박리다매 전략으로 세율을 낮춰 다국적 기업의 공장을 유치하고, 일자리를 늘려야 한다.

여섯째 일자리 정책의 중심을 민간에 둬야 한다. 대학생 취업률은 45% 수준이다.

전체 일자리 90% 이상을 기업이 창출하는 만큼, 정부는 기업이 채용을 확대할 수 있도록 인건비 부담을 완화하고, 청년 인재의 훈련 및 매칭 시스템을 강화해야 한다.

미·중 갈등, 공급망 재편 등 외부 환경 변화 속에서 교역 다변화와 신흥시장 진출 전략이 절실하다. FTA 확대, 중동·동남아 등과의 전략적 경제협력 강화는 수출 주도형 한국경제에 새로운 활로를 제공할 것이다.

노동 및 경영제도 개편은 경제 현실을 고려해 신중히 추진해야 한다. 최근 논의되고 있는 노란봉투법, 상법 개정안, 주 4.5일제 도입은 취지와 방향성은 이해되나, 현실적 여건과 기업 현장의 목소리를 반영하지 않으면 기업의 해외 유출과 고용 위축을 초래할 수 있다. 따라서 관련 제도는 충분한 협의와 부작용에 대한 대응책을 갖춘 뒤 추진되어야 한다.

마지막으로, 경제정책은 구호가 아닌 실행력이 핵심이다. 정책의 일관성과 속도감 있는 집행, 민간과의 소통을 기반으로 한 제도 설계, 성과에 대한 책임 있는 평가 체계를 통해 국민의 신뢰를 회복해야 한다.

지금은 위기이자 기회의 시간이다. 이재명 정부의 경제정책은 한국경제의 체질 개선과 미래 경쟁력 확보의 분기점이 될 것이다.

등기부(등기 순위) 보는 법

등기 부동산 권리 관계를 알려주는 등기부등본은 표제부와 갑구, 을구로 구성되어 있다. 표제부는 부동산의 지번과 면적, 갑구는 소유권 가등기, 가처분, 예고 등기, 가압류, 압류, 경매 신청 등이 기재된다. 경매 참여자들이 가장 주의해야 할 권리는 가등기, 가처분, 예고 등기 세 가지이다. 을구는 저당권, 지상권, 지역권, 전세권이 기재된다.

저당권은 대출 은행의 담보권, 지상권은 땅 위에 건축물에 대한 권리, 전세권은 전세 세입자의 권리이다. 전세 입주하는 경우 집주인이 담보 대출을 받을까봐 걱정되면 5만 원 정도 비용을 들여 전세권을 설정한다.

등기 순위는 갑구와 을구 내에서는 '순위 번호'가 빠를수록 권리가 앞선다. 갑구와 을구간 권리 순서는 등기소에서 접수 순서대로 부여하는 일련 번호 성격의 '접수 번호'가 있다. 등기 순위는 경매에서 대단히 중요한데 이 순위를 참고하여 경매 참여 여부를 결정하기 때문이다.

경매 참여 시 주의해야 할 권리는 가등기, 가처분, 예고 등기가 있다. 가등기는 임시로 해놓는 등기, 가처분은 처분을 못하게 하는 조치, 예고 등기는 예고하겠다는 것이다. 예고 등기와 유치권은 후순위인 경우에도 말소되지 않으며 낙찰자가 인수해야 한다.

낙찰자가 부담하지 아니한 등기상의 권리는 모두 소멸한다는 것이 민사 집행법상의 '소제주의'다. 그러나 가등기, 가처분, 지상권, 지역권, 전세권 등이 1순위를 차지하면 경매는 단념해야 한다. 경매 초보자의 경우에는 가급적 집주인이 살고 있고 깨끗하고 안전한 경매 물건에 관심을 가져야 한다. 가처분의 인수는 소유권 상실을 뜻하며 지상권 인수는 '사용 불가' 판단에 가깝다. 인수라는 말은 내가 부담한다는 뜻이므로 전세권 인수는 입찰 대금 외의 전세 보증금을 추가로 부담해야 함을 의미한다.

경매를 받아 손해 보는 경우가 가끔 있다. 리치옥션에는 전세권 인수 관련 사항들이 모두 표시되어 있으므로 사전에 확인하면 된다. 다만 최선순위 전세권은 약간 다르다. 전세권자가 직접 경매를 신청했거나 경매 신청일 기준으로 6월 내에 전세 기간이 만료되는 전세권은 비록 최선순위 권리라도 말소된다. 이런 경우는 이사를 하고 싶은데 집주인이 돈을 안 주는 경우이다. 또한 최선순위 가등기는 가등기의 성격을 따져야 한다. 가등기 이후에 채권 금액이 적혀 있는 경우를 담보 가등기라고 하는데 이 경우는 저당권과 동일한 효력을 가져 말소된다. 소유권 이전 청구권 보존 가등기의 경우에는 낙찰자가 인수해야 하고, 최악의 경우 소유권을 상실할 수 있으므로 단념하는 것이 좋다.

주택임대차보호법

경매 부동산을 온전히 차지하기 위해서는 주택임대차보호대상의 대항력을 이해해야만 권리 분석을 제대로 했다고 할 수 있다. 시가보다 비싸게 경매받을 가능성이 아주 농후하기 때문이다. 경매 참여자가 반드시 알아야 할 대항력은 경매 대상이 주거용 건물인 경우 필수 요건이고, 상가라도 주거용으로 살고 있으면 주거용 건물이 된다. 오피스텔도 사무용으로 이용하는지 주거용으로 이용하는지 따라 다르다는 것이다.

대항력은 임차인이 제3자에 대해 임대차 관계를 주장할 수 있는 권리이다. 예를 들면, 집주인이 세입자에게 알리지 않고 집을 팔아버렸다면 집을 산 사람이 세입자의 보증금을 주어야 한다. 이처럼 제3자에게 대항하여 돈을 돌려달라고 주장할 수 있는 권리가 대항력이다. 집의 소유자가 바뀌더라도 전 소유자와 맺은 계약 기간을 인정받고 임대차 보증금을 새 소유자에게 반환받을 수 있을 때 "대항력이 있다"고 한다.

우리나라 전세 입주자의 90% 가까이는 전세권을 설정하지 않고 있다. 소유자가 반대하기 때문이다. 전세권 설정을 위해서는 집주인의 인감증명이 필요하다. 임대차는 등기가 없는 경우에도 임차인이 주택의 인도와 주민등록을 마친 때는 그 익일부터 제3자에 대하여 효력을 가진다. 등기부에 전세 사실을 등재한 '물권적 권리'가 아니더라도 주민등록을 마치고 실제로 거주하는 '채권적 권리'를 보호하기 위한 조치이다. 전세권은 채권적 권리이다. 전세권을 설정하면 등기부등본상 명시되는데, 그러한 권리를 물권적 권리라고 한다. 등기 없이 전세를 산다면 채권적 권리이다.

1만 원이면 전세권 등기를 할 수 있다. 전세권 등기에 필요한 서류는 거주 지역의 관할법원에 전화를 하거나 네이버 검색만으로도 확인할 수 있다. 직접 하기 어려운 경우 5만 원 정도의 비용이면 법무사가 대행해준다. 가급적 전세권 등기를 하는 것이 안전하다.

경매 주택은 '채권적 전세'의 위치가 있을 수 있으므로 주의가 요구된다. 권리 관계에 따라 낙찰자가 세입자의 대항력을 인정해 전세금을 인수하거나 전혀 지급할 필요가 없거나 둘 중 하나이다.

경매에 따른 임차금 부담 여부

실제 사례를 보면서 대항력을 이해하여 보자. 저당권이나 가압류 강제 경매 기입 등기, 담보 가등기 설정 일자와 비교하여 세 가지 패턴을 비교할 수 있다.

1) 2025년 4월에 은행 저당(은행 대출) 후 2025년 10월 전세 입주의 경우

   → 저당 일자보다 전세 일자가 늦다. 대출 일자가 빠른지, 전세 일자가 빠른지가 중요하므로 대출 일자가 더 빠르면 임차 보증금을 지급할 필요가 없다. 경매에서 낙찰받더라도 추가 부담금은 없다.

2) 2025년 9월 전세 입주 후, 2025년 10월 은행 저당(은행 대출)의 경우

   → 은행 대출 시기가 전세 일자보다 늦기 때문에 전세입자가 법원에 전세 보증금 반환 신청을 하지 않으면 낙찰받은 사람이 보증금을 반환해야 한다. 저당 날짜가 전세입자보다 늦으므로 임차 보증금을 추가 부담해야 한다는 의미다. 이런 경우 경매에 참가할 필요가 없다.

3) 2025년 9월 은행 저당(은행 대출) 후 2025년 10월 전세 입주, 2025년 11월 은행 추가 대출의 경우

   → 가장 먼저 확인해야 하는 것이 말소 권리 기준인데 2025년

9월 근저당으로 모두 말소되어 추가 부담금이 전혀 없는 경우이다. 요점은 말소 기준 권리가 저당일이 언제인지, 전세보다 빠른지가 가장 중요하다.

» 사례 ① 선순위 저당권이 존재하는 경우

세입자가 대항 요건(전입 신고와 거주, 실제 살고 있는지 확인)을 갖추기 전에 이미 저당권이 설정된 경우이다. 전세는 대부분 전세받기 전에 대출을 받는다. 임차인은 선순위 저당권의 실행으로 임차 주택을 낙찰받은 낙찰자에게 임대 보증금 반환을 요구할 수 없다. 소제주의 원칙에 따라 낙찰 허가에 의해 저당권과 저당권보다 후순위 임차권은 대항력을 인정받을 수 없다. 따라서 경매 참여자의 추가 부담은 없다.

» 사례 ② 후순위 저당권이 존재하는 경우

주택 임차권은 대항 요건을 갖춘 후에 등재된 후순위 저당권에 대항할 수 있다. 따라서 선순위 임차인은 후순위 저당권의 실행으로 임차 주택을 낙찰받은 낙찰자에게 인수주의 원칙에 따라 임대 보증금의 반환을 요구할 수 있다. 이 경우 응찰자의 법정에서 적어넣을 응찰 가격은 임대 보증금을 더한 금액으로 해야 한다. 경매 초보자의 실수는 이를 간과하기 때문에 생긴다. 요즈음은 옥션 사이트에서 많은 정보가 공유되어 있으므로 사전에 확인할 필요가 있다.

경매 실제 사례
(구분 등기 관계 임대차 관계 경매 참가 여부)

》사례 ①

저당: 2020. 7. 2.
가등기: 2020. 8. 14.
전세-1: 2020. 5. 15.
전세-2: 2000. 7. 16.

1순위 저당이 세입 일자보다 빠르면 아무런 걱정 없이 경매에 참여해도 된다. 저당보다 뒤지는 가등기는 말소됨은 물론 임차 보증금의 추가 부담도 없다.

》사례 ②

가등기: 2020. 5. 27.
저당: 2020. 10. 11.
전세-1: 2019. 5. 25.
전세-2: 2025. 3. 18.

전입 일자가 가등기보다 빠르므로 저당권 설정 일자 경매 참여를 단념해야 하는 경우이다. 세입자(전세-1)의 임대 보증금을 떠안고 가등기도 말소되지 않아 소유권을 상실할 가능성이 짙다. 이런 물건은 입찰 가격이 자꾸 떨어져 속사정을 모르는 경매 초보의 시각으로는 탐스러운 사과처럼 보일지 모르니 주의하여야 한다.

» 사례 ③

저당: 2025. 3. 2.
전세: 2025. 3. 1.

전세입자가 저당일보다 빠르면 경매하면 안 된다. 1순위 등기 일자와 임차권의 효력발생일이 같은 경우는 전세 계약과 은행 저당이 동시에 진행되는 경우가 많기 때문에 빈번히 발생되는 사례이다. 이때는 등기상의 권리 종류에 따라 사정이 달라진다. 경매가 되더라도 임차권은 소멸되지 않기 때문에 임차보증금을 추가 부담해야 하는 경우이다.

» 사례 ④

가등기: 2025. 4. 4.
전세: 2025. 4. 3.

전세금이 저당, 가등기, 압류보다 늦으면 안 된다. 전세는 그 다음날부터 효력이 발생하므로 가등기와 임차권의 효력이 같은 날 성립된 예이다. 임차인은 본등기 이전의 합리적 점유자이므로 대항력을 인정받는다는 판례가 있으므로 좋지 않은 경매 물건이다.

≫ 사례 ⑤

압류: 2025. 5. 6.
전세: 2025. 5. 6.

전세는 그 다음날부터 효력이 발생하므로 경매에 나서도 된다. 말소 기준 권리(압류)와 임차권이 같은 날 충돌한 경우이다. 압류 일자와 전입 일자가 똑같은 경우는 경매 절차가 합법적으로 진행되는 이상 임차인은 낙찰자에게 임차 보증금을 요구할 수 없다. 경매에 참가해도 좋은 물건이다.

실전 부동산 경매

≫ 실사례 ① 북부지방 법원 사건번호 2010 타경 445 물건번호 1번.

매각 날짜: 2010년 10월 4일
물건 용도: 아파트상가
채권자: 국민은행
청구 금액: 2,800만 원
기타: 토지와 건물 일괄 매각, 토지 8.30평방미터(2.5평), 건물

면적 19.83평방미터(6평), 채무자(국민은행에서 돈을 빌린 사람) 문수배, 소유자 문수배

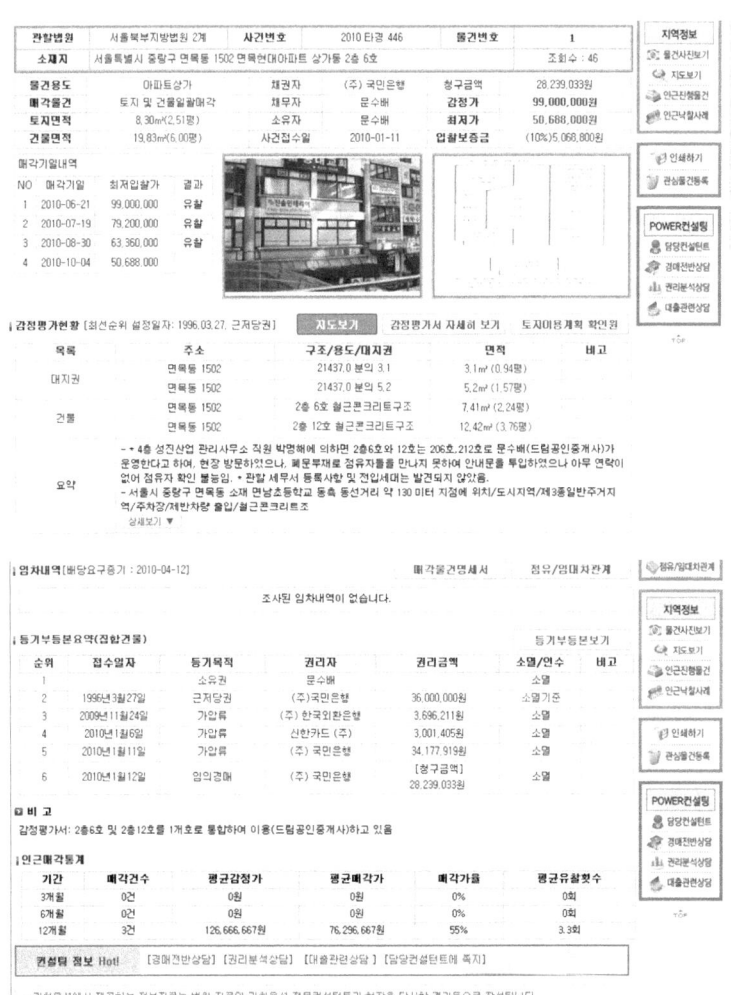

10 부동산 투자와 경매

2010년 1월 11일에 사건 접수되었고 2010년 6월 21일에 9,900만 원이 유찰되었다. 이는 아무도 경매에 참여하지 않았다는 것이고, 건물 시세보다 건물 감정가가 높았기 때문이었다. 경매 건물은 최소한 시세보다 20% 이상, 아파트는 15% 정도, 빌라는 20~30% 정도 싼 경우 응찰하는 것이 유리하다. 한 번 유찰되면 20%씩 가격이 내려간다. 7,900만 원으로 내려갔어도 응찰자가 없어 6,300만 원까지 내려갔다 2010년 10월 4일에 5,000만 원에 낙찰되었다.

상가의 경우 경매에 응찰 전에 실제 방문하여 임차 내역을 조사하여야 한다. 경매 물건의 주변 부동산이 정보를 많이 가지고 있기 때문에 가장 먼저 방문해본다. 경매 물건을 조사하기 위하여 방문하였으나 점유자를 만나지 못하였다. 이러한 상가는 세무서에서 확인할 수 있는 사업자 등록 기준일을 전세 일자로 보면 된다. 그러나 이 물건에는 등록된 개인 사업자가 없는 상태였다. 위치 정보를 포함한 기본 정보는 화면에서 한 번에 확인할 수 있다. 이러한 정보는 리치옥션, 지지옥션과 같은 사이트 외에도 대법원 사이트에서 사건 번호만 치면 확인할 수 있다.

조사된 임차 내역이 없다는 것은 세입자가 없다는 의미다. 1996년에 문수배 씨 본인이 자기 건물에 공인중개사무소를 운영했던 흔적이 있다. 은행에서는 100만 원 대출받으면 권리 금액을 120%인 120만 원으로 근저당을 설정한다. 상가를 담보로 대출받는 경우는 근저당을 130% 설정한다. 실제 국민은행이 돈을 빌려준 것은 2,823만 원인데 130% 권리 금액으로 근저당을 설정하여 3,600만 원이 된 것이다. 외환은행에서 360만 원, 신한카드에서

300만 원, 국민은행에서 3,400만 원을 가압류하였다. 소멸 기준 이하에 있는 모든 것은 소멸된다(말소 기준 권리). 따라서 가장 먼저 살펴야 하는 것이 말소 기준 권리이다.

감정 평가서를 통해 2층 6호와 12호를 통합하여 공인중개사무소로 사용한 사실을 확인할 수 있다. 은행에서 대출받은 돈을 못 갚고 카드 대금도 못 갚아 국민은행이 경매를 신청한 것이다.

인근 매각 통계를 보면 평균 매각가율 55%로 평균 세 번 정도에 낙찰되었다. 대법원 홈페이지에서 매각 물건이 어떻게 되었는지 결과도 볼 수 있다.

>> 실사례 ② 사건번호 2009 타경 19789, 물건번호 1

물건 용도: 수유동 다세대 빌라

기타: 채무자 음해린 채권자 김병건

두 번 유찰되어 세 번째 경매 중인데 입찰 보증금은 최저가의 10%

인 1,408만 원이다. 주의할 것은 입찰 보증금에서 단 1원이 모자라도 경매가 무효 처리된다는 점이다. 입찰 보증금 1,408만 원을 한 장의 수표로 발행해 가지고 간다.

최선순위 설정 일자가 2003년이니 10년 된 건물이다. 최선순위 설정 일자보다 먼저 전입되어 있는지 확인해야 한다. 안상준이 2003년 8월에 전입했고, 음해린이 8월 14일에 전입했다. 이 경우 대항력이 없다. 세입자는 전세 보증금을 받지 못하게 되는 것이다.

전세를 얻을 때 등기부등본을 보는 법을 배워야 하는 이유가 여기에 있다. 앞서 소멸 기준이 제일 중요하다고 했는데, 근저당일이 2003년 7월 21일이다. 2억 6천, 1억 3천 두 번을 빌렸고 2006년, 2008년, 2009년에도 돈을 빌렸다. 전세 일자가 2003년 8월 14일, 근저당은 7월 21일, 2004년 6월 2일에 신수홍이 전세 들어왔다. 근저당 일자(대출받은 날짜) 중 제일 빠른 날짜가 2003년 7월이니 이 날이 말소 기준일이다.

순위	접수일자	등기목적	권리자	권리금액	소멸/인수	비고
1		소유권	강현진		소멸	
2	2005년10월26일	근저당권	(주)우리은행	71,500,000원	소멸기준	
3	2007년11월30일	근저당권	금호타이어(주)	200,000,000원	소멸	
4	2008년11월24일	압류	대전광역시서구		소멸	
5	2009년1월14일	근저당권	서현모	120,000,000원	소멸	
6	2009년5월4일	가압류	현대캐피탈 (주)	9,835,599원	소멸	
7	2009년9월11일	가압류	논산계룡축산업협동조합	71,948,757원	소멸	
8	2010년1월7일	임의경매	(주) 우리은행	[청구금액] 62,334,055원	소멸	
9	2010년2월26일	압류	국민건강보험공단		소멸	

기간	매각건수	평균감정가	평균매각가	매각가율	평균유찰횟수
3개월	22건	516,363,636원	419,709,308원	83%	1.4회
6개월	45건	516,666,667원	425,113,975원	84%	1.3회
12개월	118건	511,779,661원	440,742,333원	87%	1.2회

1억 4천만 원에 경매가 낙찰되면 외환은행이 돈을 다 가져가게 된다. 안상준의 전세 보증금은 받을 수 없고 신수홍도 날짜가 늦기 때문에 전세 보증금을 돌려받지 못한다. 대항력이 없다는 의미이다. 이런 경우 낙찰자는 전세 보증금을 줄 의무가 없다. 근저당일보다 늦게 전세 입주했기 때문이다. 전세 일자를 잘 모르고 들어오는 경우는 세입자 본인 책임이다. 공인중개사가 정보를 제대로 알려주지 않은 경우에 법원에서는 과실을 반씩 책임지도록 한다.

>> 실사례 ③

물건 용도: 아파트, 2종 주거지역

채권자: 우리은행

청구 금액: 6200만원

기타: 토지 면적 7.28평, 건물 면적 18평, 채무자 강현진

2010년 7월 5일에 유찰되었고 8월에 또 유찰되어 세 번째인데, 최선순위 설정 일자가 2005년 10월 26일이다. 일반적으로 아파트는 면적에 건물 평수를 더한 평수를 말한다. 그래서 이 경우는 25평이다. 조사된 임차 내역이 없는 것은 강현진 씨 혼자 사는 집으로 전세를 준 적이 없다는 의미이다.

순위	접수일자	등기목적	권리자	권리금액	소멸/인수	비고
1		소유권	강현진		소멸	
2	2005년10월26일	근저당권	(주)우리은행	71,500,000원	소멸기준	
3	2007년11월30일	근저당권	금호타이어(주)	200,000,000원	소멸	
4	2008년11월24일	압류	대전광역시서구		소멸	
5	2009년1월14일	근저당권	서현모	120,000,000원	소멸	
6	2009년5월4일	가압류	현대캐피탈(주)	9,835,599원	소멸	
7	2009년9월11일	가압류	논산계룡축산업협동조합	71,948,757원	소멸	
8	2010년1월7일	임의경매	(주)우리은행	[청구금액] 62,334,055원	소멸	
9	2010년2월26일	압류	국민건강보험공단		소멸	

기간	매각건수	평균감정가	평균매각가	매각가율	평균유찰횟수
3개월	22건	516,363,636원	419,709,308원	83%	1.4회
6개월	45건	516,666,667원	425,113,975원	84%	1.3회
12개월	118건	511,779,661원	440,742,333원	87%	1.2회

소멸 기준은 강현진 씨가 우리은행에서 대출받은 2005년 10월 26일이다. 그 후 금호타이어에서 2억을 대출받았고, 대전시 서구에서 압류했다. 서현모 씨 개인에게 돈을 1억 2천만 원 빌렸고 두 곳에서 가압류했다. 대출금을 안 갚으니 우리은행에서 경매 신청한 것이다. 원금의 130% 근저당 설정을 하여 권리 금액을 책정했고, 이후에 국민건강보험에서 또 압류를 했다. 참고로 국민건강보험은 연체하면 부동산 압류가 들어온다. 이 경우의 소멸 기준일은 2005년 10월 26일이고 소멸 기준일 이후의 것은 사라진다. 이 물건에는 근저당권, 압류, 가압류가 대부분이고, 인근 매각 통계는 최근 3개월 동안 매각 가율이 83%이다. 아주 좋은 경우는 아니다.

서울 부동산, 89% 확률로 상승추세다.

김대종 세종대 경영학부 교수

지난 40년간 아파트 가격 회귀분석 결과에 따르면, 서울 부동산 가격은 향후 89% 확률로 상승할 것으로 예측된다. 서울을 포함한 전국 집값도 91% 확률로 상승추세다. 일시적인 조정이 있지만 장기추세는 상승이다.

이는 단순한 전망이나 기대가 아닌, 실제 데이터 기반의 계량경제 분석 결과다. 인구구조, 주택공급, 외국인 유입, 단독세대주 증가 등 주요 변수들을 종합한 결과, 서울 주택시장은 구조적으로 가격 상승 압력을 받는다.

정부는 부동산 정책을 시장경제에 맡겨야 한다. 가계부채를 이유로 대출을 줄이는 수요억제 정책은 잘못된 것이다. 과거에도 재건축 허가 축소로 아파트 공급을 줄였지만 실패했다. 이와 같이 시장경제에 맡기지 않고 수요억제와 공급축소 정책은 모두 실패했다.

아파트는 단기간에 공급할 수 있는 상품이 아니다. 실제로 하나의 아파트 단지가 기획 후 입주까지 평균 5년에서 15년 이상 시간이 걸린다. 즉, 아파트는 수요가 늘어난다고 해서 곧바로 공급을 늘일

수가 없는 특수한 상품이다. 이를 경제학에서는 '공급탄력성이 매우 낮다'라고 말한다.

공급이 제한된 상태에서 수요가 지속적으로 증가하면 가격은 자연스럽게 오를 수밖에 없다.

국민 주거형태를 보면 아파트 64%, 빌라와 주택 25%, 기타 오피스텔 등이다. 수도권에서 자가 집을 소유한 사람은 60% 정도로 낮다.

2025년 4월 서울 부동산 시장의 구조적인 수요 요인은 뚜렷하다.

첫째, 단독세대주 비중 증가다. 한국 전체 가구에서 단독세대주가 차지하는 비중은 35%에서 최고 50%까지 증가할 것이다. 이는 과거 한 집에 여러 명이 살던 가족 중심 주거 형태에서 벗어나, 개별적 주거 수요가 증가하고 있음을 보여준다. 특히 40여개 대학이 몰려있는 서울과 수도권 단독세대주 비율은 계속 증가 추세다.

둘째, 인구 고령화로 주택 수요를 자극하고 있다. 평균 기대수명이 90세에 가까워지면서, 부모 세대와 자녀 세대가 동시에 독립된 공간을 필요로 한다. 고령층은 자산을 정리해 전세에서 월세로 전환하는 경우도 많지만, 실질적으론 여전히 한 채 이상의 주택을 필요로 한다.

셋째, 외국인 유입 증가다. 2025 국내에 체류 중인 외국인은 약 275만 명에 달하며, 매년 약 30만 명이 순 유입되고 있다. 전문가들은 한국이 경제성장과 사회 유지 기능을 위해 필요한 외국인 유입 규모를 약 750만 명으로 본다. 앞으로 최소 470만 명 이상의 외국인이 추가로 유입될 가능성이 있다는 뜻이며, 이들 대부분은 서울 및 수도권을 중심으로 정착할 것이다. 한국 인구의 15% 정도가 적정한 비율로 본다. 독일의 외국인 비중은 25%정도이며, 유럽은 20%가 외국인이다.

이러한 수요 요인에도 불구하고, 서울의 주택 공급은 여전히 지지부진하다. 토지 확보의 어려움, 주민 반대, 규제 등 여러 요소가 얽혀 아파트 공급 속도는 매우 느리다. 게다가 도심의 공급은 대부분 재건축·재개발 형태로 진행되는데, 이마저도 수년간의 조합 설립, 인허가 등으로 공급 속도가 늦다.

서울은 특히 수요가 공급보다 훨씬 앞서 있는 도시다. 일자리가 몰려 있고, 교육·문화·교통 인프라가 집중돼 있으며, 주거 선호도 역시 타 지역보다 월등히 높다.

결국, 정부가 해야 할 일은 시장에 지나치게 개입해 가격을 인위적으로 조절해서는 안된다.

시장경제에 부동산 정책을 맡기고, 꾸준히 공급할 수 있도록 제도적 기반을 마련해야 한다.

아파트 공급 없이 수요만 억제하는 정책은 일시적인 착시효과만 낳을 뿐이다. 실제로 지난 몇 년간의 부동산 정책 실패 사례는 이를 잘 보여준다.

많은 사람들이 저 출산으로 집값이 하락할 것이고 말하지만, 통계분석은 여전히 상승중이다. 일시적인 집값 조정이 있었지만 장기적인 추세는 오른다. 정부가 꾸준히 공급을 지속해야 하는 이유다.

주택 수요와 공급 구조, 사회변화, 인구 이동을 반영한 결과, 서울의 부동산 가격은 89% 확률로 상승할 가능성이 높다. 정부는 부동산시장을 시장경제 맡기는 것이 가장 좋다.

11

부동산 투자! 20대에 하라

아파트 분양•
500배 수익을 올린 도널드 트럼프•
내 집은 하나 마련하자•
부동산 임대업•
전세 끼고 집사기•
빌딩 부자 되기•
5천만 원 투자•
대출금 이자의 소득 공제•

부동산 투자! 20대에 하라

아파트 분양

부동산 투자의 가장 좋은 방법은, 아파트를 분양받는 것이다. 대한민국 국민이라면 누구나 아파트를 분양받을 자격이 있다. 우리나라에 주민 등록이 되어 있고 20세 이상이면 누구나 아파트를 한 채 이상 분양받을 권리가 있고, 한 번 분양받으면 3년 재당첨 금지 조항에 의해 1순위 회복은 3년 후에 된다.

부자가 되기 위한 가장 좋은 방법은, 아파트를 한 채 이상 분양받는 것이다. 아파트 청약 통장을 꼭 하나씩 가입하고, 가입한 통장이 어떤 것인지 확인하여야 한다. 많은 사람들이 무슨 통장을 가지고 있는지? 청약저축인지, 예금인지, 청약 종합저축인지 모른다.

부동산 투자 중 분양받는 것이 가장 좋은 이유는 일시에 자금이 필요 없다는 것이다. 분양받은 후 계약금 10%만 있으면 된다. 중도금은 전액 대출해준다. 부동산 경기가 워낙 좋지 않은 경우, 중도금 전액 대출은 물론 그에 따른 이자까지 건설사가 책임지는 경우도 있다. 잔금은 전세로 해결할 수 있다.

사례를 보자. 2019년 송파 위례 분양가는 5억 원이었고, 계약금은 분양가의 10%인 5천만 원이었다. 대부분의 건설사는 중도금의

60% 정도를 대출해준다. 내 자금은 딱 5천만 원만 들어간다. 중도금은 대출로 해결하고, 잔금은 전세가 8억 원으로 해결한다. 분양가의 10%만 있으면 큰 부담 없이 자기 집을 가질 수 있는 것이다. 2025년 해당 아파트의 시세는 15억 원이다.

부동산 투자 방법에는 경매, 분양, 직접 구매 등 여러 가지 있다. 2025년 부동산 경기는 굉장히 **활황**이다. 1997년 IMF 경제위기까지 부동산은 한 번도 내린 적이 없다. IMF 경제위기 때 은마아파트가 2억 원이었지만 2025년 30억 원이다. 딱 15배 올랐다. 다시 한 번 IMF 경제위기가 오면 강남 좋은 집을 사겠다는 사람이 많다.

추천하는 가장 좋은 부동산 투자 방법은, 서울 시내에 분양받는 것이다. 더 좋은 방법은 강남 등 오를 수 있는 지역에 직접 사는 것이 좋다. 집값이 좋은 곳은 강남구, 서초구, 송파구다. 지금 이 세 구역이 서울에서 가장 비싼 동네이다. 용산도 요즘 많이 이야기되고 있다.

전국에 미분양 아파트는 아주 많다. 부동산 시장이 침체되면 정부는 어떻게 부동산 시장을 끌어올릴 것인지 고민한다. 부동산 시장의 침체는 경기 전체의 침체로 이어지기 때문이다.

2025 미국에서 더블딥 이야기가 나오고 있다. 더블딥은 경기 침체 후 잠시 회복기를 보이다 다시 침체에 빠지는 이중 침체 현상을 말한다. 2008년 8월에 미국 주식시장이 폭락했다. 미국 최대 투자은행 중 하나로서 3대 모기지 회사였던 리먼브라더스 파산 사태

가 그 원인이었다. 리먼브라더스 사태가 발생하며 주식시장 폭락을 시작으로 전체 미국 경제가 대 혼란에 빠져들었다. 다우 지수가 절반으로 떨어지고, 그 영향으로 우리나라 주가지수도 2,000에서 900으로 폭락했다.

2025년 국회 국정감사에서 한국은행 총재가 주식시장과 채권시장을 통해 외국 투자자들의 자금이 엄청나게 들어오고 있다고 말했다. 2025 대한민국의 종합 주가지수는 3,200포인트라고 한다. 코로나의 확산으로 경기가 침체돼 있고, 사람들은 전보다 더 가난해졌고, 월급도 과거에 비해 많지 않고, 자영업자들은 장사도 안 되어 아우성이다. 경기는 다시 살아날 수 있는지, 더블딥이 일어나는 건 아닌지 많은 경제학자들과 정부가 고민하고 있다.

일반적으로 사람들은 부동산 시장이 오름세일 때 집을 구입한다. 2025년 하반기 들어 전세 값이 폭등하며 기조가 많이 바뀌었다. 주변 시세보다 가격이 저렴한 아파트를 분양받는 것도 좋은 방법이다.

부동산 해법은 시장 경제

김대종 세종대 경영학부 교수

지난 6월 김부겸 국무총리가 국회에서 '부동산 가격 급등의 해법이 있다면 야당의 제안도 기꺼이 받아들이겠다'고 말했다. 정부가 부동산 문제로 얼마나 힘들어하는지를 잘 보여주는 답변이다. 부동산이라는 재화는 경제학에서 아주 독특한 성격을 가진다. 부동산은 일반 공산품과 다르게 공급하는 데만 5년에서 10년이 걸리는 재화이다. 경제학에서는 이러한 성격을 공급 탄력성이 낮다고 말한다.

일반 공산품인 자동차와 옷 등 대부분의 재화는 공급자가 원하면 쉽게 만들어낼 수 있다. 원자재만 준비된다면 하루 만에 만들 수 있다. 김현미 전 국토부 장관이 "아파트가 빵이라면 밤새워 굽고 싶다"고 말한 것도 같은 의미이다. 반대로 공급 탄력성이 높다는 것은 짧은 시간에 많은 재화를 생산해낼 수 있음을 의미한다.

서울에서 재건축을 해야 하는 곳이 400여 곳이 넘는다. 문재인 정부에서 아파트 가격 급등을 우려하여 허가하지 않았다. 정부의 재건축 불허로 수년간 아파트 공급이 멈춘 것이다.

2025년부터 향후 3년간은 아파트 입주 물량이 기존의 30퍼센트 이하로 감소한다. 수요와 공급 측면에서 본다면 앞으로 3년간은 아파트 가격이 더 상승할 것으로 보인다. 요약하면 아파트 문제는 정부가 시장 경제에 맡겨야 한다는 것이다.

미국에서도 부동산 가격이 20%나 급등했지만 지난 6월 29일 미국 정부는 개입하지 않겠다고 선언했다. 정부가 부동산시장에 개입하면 오히려 부작용을 가져온다고 보기 때문이다. 따라서 미국 정부는 부동산 가격이 급등하고 있지만, 시장 경제에 맡겨 자연스럽게 적정 가격에 수렴하게 둔다. 가격이 급등하면 건설업자들이 집을 많이 짓는다. 자연스럽게 공급 증가로 가격이 하락한다.

정부는 5월 28일 주택 임대 사업자에 대한 세금 혜택을 없애기로 했다. 불과 4년 만에 임대 주택 제도를 모두 폐기한 것이다. 정부 정책은 일관성과 예측 가능성이 있어야 한다. 정부는 25회나 부동산 규제 정책을 펼쳤지만 오히려 주택 가격만 상승했다. 정부의 임대차 3법으로 인해 세입자와 무주택자가 더 고통을 받고 있다. 그러나 미국에서는 많은 것을 시장 경제 맡겨 두고 정부가 개입하지 않는다.

정부의 부동산 규제 정책 확대 등 시장 개입은 오히려 적정 가격 왜곡을 가져오기 때문에 바람직하지 않다. 오늘날 중국을 세계 2위의 경제 대국으로 만든 것은 바로 시장 경제이다.

북한이 시장 경제를 받아들인 것이 바로 장마당이다. 북한도 시장 경제를 도입해야만 경제가 정상화될 수 있다. 시장 경제 우수성은 중국을 보면 가장 잘 알 수 있다.

선전은 홍콩의 건너편에 있다. 선전은 1979년 당시만 해도 인구 30만 명의 어촌이었다. 등소평은 시장 경제를 도입한 이후 선전을 가장 먼저 개방하여 경제특별구역으로 정하고 개혁과 개방을 실험했다. 이 성공 모델이 오늘날 중국 전체의 성공 모델이 되었다. 중국은 1968년 문화혁명과 수백만 명이 아사하는 어려움을 겪었다. 1978년 주석에 취임한 등소평은 중국을 방문한 경제학자 하이에크를 찾아 14억 중국 인구를 먹여 살릴 방법을 물었다. 노벨경제학상을 받은 하이에크는 경제 발전을 원한다면 "시장 경제를 도입하라"고 조언했다. 시장 경제(市場經濟)는 사유재산을 바탕으로 개별 경제 주체들이 시장에서 만나 가격을 중심으로 자유롭게 경제 활동을 전개하는 경제 체제이다.

등소평은 하이에크의 조언으로 "백묘흑묘"로 대변되는 실용주의 노선과 시장 경제를 활성화시켰다. "흰 고양이든 검은 고양이든 쥐만 잘 잡으면 된다"는 이론이다. 중국 경제가 발전하고 국민이 잘 산다면 시장 경제도 충분히 받아들일 수 있다는 것이다.

2020년 기준으로 미국의 GDP는 23조 달러, 중국의 GDP는 18조 달러로 세계 2위이다. 미국의 인구가 3억 명인데 비하여, 중국 인구가 14억 명이다. 실질 구매력은 중국이 앞선다. 중국의 정치 체제는 사회주의를 표방하지만, 경제 체제는 시장경제를 도입한 독특한 정경 분리 정책을 유지하고 있다. 중국은 4차 산업혁명의 선두를 차지하기 위하여 문제가 없다면 모든 것을 허용하는 네거티브 제도를 적극 도입하고 있다. 우리나라는 교역이 국가 GDP의 70%를 차지하고 있는 개방된 경제다.

한국은 교역을 확대하고 시장 경제를 더욱 활성화하여 세계 초강대국이 되어야 한다. 부동산 문제의 해법은 시장 경제에 맡기는 것이다. 국민의 안전과 생명이 걸린 문제는 적극 개입하더라도, 나머지 문제는 모두 시장 경제에 맡기는 것이 가장 좋은 해법이다.

500배 수익을 올린 도날드 트럼프

2010년 10월에 매일경제 지식포럼이 열렸다. 전 세계에서 가장 똑똑하다는 사람은 다 모였다. 뉴욕대학교의 로버트 실러, 폴 크루그만, 부동산에 저명한 도날드 트럼프가 참여했다. 서로 많은 논쟁이 있었는데, 폴 크루그만은 경기를 살리기 위해 정부가 돈을 투입해야 한다는 입장이고, 시장에 맡겨두어야 한다는 반박도 있었다.

주의 깊게 들었던 건 도날드 트럼프의 이야기였다. 전 세계에 가장 많은 부동산을 가지고 있는 사람이다. 1990년에 100만 달러를 주고 산 뉴욕의 한 건물을 5억 달러에 매각했다고 했다. 약 5천억 원인데, 수익률이 무려 500배에 달한다. 우리나라에서도 2025년 은마아파트 가격은 IMF 경제위기 때보다 10배 올랐다. 남들이 다 어렵다고 할 때가 사야 할 시기다.

부동산이나 주식은 사람들과 반대로 해야 한다. 남들이 망한다, 절대로 안 된다고 할 때가 바닥이다. 많은 사람들이 트럼프에게 집값 동향을 묻고 싶었겠지만, 그 역시 명쾌하게 대답할 수 없었을 것이다. 하지만 부동산 값은 크게 내리지는 않을 것이라고 했다. 대한민국의 특성상 많이 특히 아파트 값은 내리지 않을 것이다.

2025년 7월 집값이 많이 상승하고 전세 값이 엄청나게 올랐다. 마포구의 집값이 15억인데, 전세가는 최고 10억이다. 집값의 60%가 전세다. 한때 상계동, 봉천동에서는 전세가가 집값의 90%까지 치솟았었다. 전세가에 10%만 더하면 집을 살 수 있었다.

지금 집이 없는 사람이라면, 실거주를 하건 전세를 놓건 집을 사둘 필요가 있다. 한국 인구는 5천만 명인데, 미국은 3억 인구로 우리보다 6배 많지만 국토는 50배 넓다. 대한민국 사람들이 땅을 좋아하고 따라서 부동산 가격이 높은 이유는 인구 밀도 때문이라고 볼 수 있다. 좁은 땅에 인구는 많은데, 게다가 그 인구의 1/5인 천만 명의 사람들이 서울에 밀집해 살고 있다. 어차피 집을 사야 한다면, 분양받거나 구입을 생각해 봐야 한다.

내 집은 하나 마련하자

2022년 기준으로 집값이 오른다는 사람이 많다. 확률은 50%이다. 필자가 생각하기에 지금이 집을 살 수 있는 좋은 기회이다. 전세이건 자가이건 집이 있어야 한다. 1997년에 집값이 바닥을 쳤었는데, 2009년에 정점을 찍고 2010, 2011년 하락, 2025년 급등했다.

부동산은 하방 경직성에 강하다. 오르기는 쉽지만 내리기는 굉장히 어렵다는 뜻이다. 직장에서 받는 월급과 마찬가지로 부동산 역시 오르기만 하지 웬만해선 내리지는 않는다. 대부분의 사람들은 월급을 깎는다 하면 더 이상 해당 직장을 다닐 필요를 못 느낄 것이다. 이것이 하방 경직성의 특징이다. 부동산 가격은 내린 적이 거의 없었는데 2010년 처음으로 내렸다. 미국과 영토 차이를 생각하면 그렇게 크게 내리지 않을 것이다. 집이 없는 사람은 분양받거나 구매하면 된다. 혹은 정부의 보금자리 주택 등 주택 공급 정책을 꼼꼼히 살펴 저렴하게 구입하자. 청약통장이 없다면, 리치옥션 등 경매 사이트를 확인하여 경매에 나서는 것도 방법이다.

부동산 임대업

지인 중에 200채 정도의 집을 가지고 임대 사업하는 분이 있다. 2007년도에 의정부 집값은 굉장히 쌌다. 1억이면 20~25평 주택을 살 수 있었다. 당시 전세가가 9천이었으므로 1천만 원만 있으면 집을 살 수 있었다. 한 채의 집도 못 가진 사람이 많은데 200채나 가지고 있는 것이다.

그는 평범한 은행인으로 직장 생활을 하다 IMF 경제위기 때 해고된 뒤, 인천에 있는 반지하집을 집중적으로 경매받았다. 보통 반지하집은 경매로 2천만 원이면 낙찰받을 수 있었다. 반지하집이라도 해당 건물 지분의 땅값만 해도 2천만 원이다. 당시는 은행에서 80%를 대출해주었으므로 자기 자본 400만 원만 있으면 집을 가질 수 있었던 것이다. 1,600만 원 대출에 한 달에 10만 원 정도의 이자가 들어가는데, 20만 원에 월세를 놓으면 실제 400만 원 투자로 매달 10만 원을 버는 것이다.

그 후 인천 아시안게임이 열리면서 지하철이 계속 건설되었다. 반지하집들도 대지 지분에 따라 국가에서 보상해준다. 대지 지분이 보통 7~8평인데, 평당 일천 만원에 보상해준다 해도 8천만 원의 보상을 받게 되는 것이다.

동일 지역에 5가구 이상 보유하면 임대 사업자 등록을 할 수 있다. 임대 사업자 규정은 계속 바뀐다. 과거에는 10가구 이상에서 2025는 1가구만 있어도 가능하다. 2025년에 아파트 임대 사업제도는 폐지되고 빌라에 대해서는 유지되고 있다.

의정부의 경우 1억 원으로 소형 아파트 5채를 구입할 수 있었다. 한 채당 전세를 끼고 2천만 원의 자금만 있으면 구입할 수 있었는데, 2025년 해당 아파트의 시세는 5억 5천만 원으로 올랐다. 서울의 외곽 지역인 파주, 일산 등도 소액으로 임대 사업이 가능한 지역이다.

요즘은 전세 물량은 줄고 월세와 렌트로 많이 전환되는 추세이다. 렌트는 한 달분 월세 보증금만 미리 선납하는 방식이다. 전세는 유일하게 대한민국에만 있는 제도로 이 제도 때문에 한국에서의 부동산 구입이 더 쉬울 수 있다.

외국인 대상의 렌트 사업이 인기인데 2년 분 임대료를 일시불로 받는 것이다. 용산, 한남동에 가면 가장 비싼 곳의 월세는 500만~1,000만에 이른다. 이것을 24개월 일시불로 받는다. 이런 렌트를 이용하는 사람들은 외국계 기업 CEO이거나 임원들이다. 이들은 회사에서 임대료부터 아파트 관리비, 가구 등까지 다 지원해준다. 주한미군도 용산에서 많이 렌트를 이용하는 대상이다.

전세 끼고 집사기

전세 끼고 집을 사는 것도 좋은 방법 중 하나다. 경기도 파주, 용인, 의정부, 대전 등 전국에 자기 돈 10%만 부담하고 집을 살 수 있는 곳이 많다. 다만 가급적 집값이 오르길 기대한다면 경기도 인근 지역에 사야 한다. 의정부에서 몇 년 전 1억 원 하던 집도 요즈음은 4억 원에 거래된다.

전세 끼고 집을 살 때도 오를 수 있는 집을 사야 한다. 의정부는 상계동에서 5분만 더 가면 되는데 2억 원의 집값 차이가 있었고 몇몇 대학들의 의정부 이전 계획이 회자되는 데다 미군부대 이전 등 좋은 징후가 많았다. 멀리 갈 필요 없이 서울 주변의 경기도는 집값이 오르는 분위기다. 오피스텔도 투자 목적으로는 괜찮고 거주 목적이라면 17~18평 아파트가 낫다. 현재 서울에서 25평형대는 분양가 8억 원 정도 한다. 전세는 7억 가까이 한다. 분양을 받아 전세를 주면 내 돈은 얼마 들어가지 않는다.

거주를 목적으로 한다면, 30분~1시간에 출퇴근할 수 있는 지역을 택하여 10~20%만 부담하면 살 수 있는 곳을 잘 찾아야 한다. 과거 상계동 등 서울 북부 지역은 교통이 많이 불편했었다. 그 당시 집값이 3억 원이었는데 지금은 2배 넘게 올랐다. 강남 다음으로 강북에서 집값이 많이 올랐다. 부동산으로 부자가 되려면 전세, 월세로 살아서는 부자가 될 수 없다. 아무리 허름한 집이라도 집을 사야 한다.

집값이 3억 원이면, 전세가 2억 원, 은행에서 대출받으면 자기 돈 2천만 원으로 구입할 수 있다. 2천만 원대로 구할 수 있는 부동산을 알아봐야 한다. 전부 자기 돈으로만 집을 산다고 생각하면 절대 안 된다. 은행에 있는 돈도 내 돈으로 활용하여 집을 살 수 있다고 생각해야 한다. 돈이 없다면 2천만~9천만 원을 가지고 전세를 낀 집을 사야 한다. 아니면 직접 거주하라. 집값의 60~70% 대출을 받을 수 있다. 특히 경매로 낙찰받은 경우 80%의 대출을 받을 수 있다.

가능한 2022년 하반기에 구입하는 것이 좋다. 물론 집값이 떨어질 수도 있다. 다만 현재 집이 없다면 가급적 그렇게 하라는 것이다. 투자 목적이라면 전세 끼고 집을 사면 된다.

현재 살고 있는 집 근처를 잘 살펴보라. 많은 사람들이 서울과 경기도로 몰린다. 지방에 구입할 집이 있다면 한 채 정도 사고, 나머지는 서울에 사라. 가장 좋은 방법은 강남과 같은 오를 만한 지역에 주택을 구입하는 것이지만, 그게 안 된다면 차선책으로 전세를 끼고 소액의 부담으로도 살 수 있는 곳을 찾아보아야 한다.

빌딩 부자 되기

2020년 최고의 히트 재테크 책이 '빌딩 부자'이다. 한 번 읽어볼 만하다. 자수성가하여 부자가 된 이야기와 방법인데 책의 요점은 저축과 성실, 꾸준한 노력으로 빌딩을 샀다는 것이다. 경매 등을 통해 저렴하게 사는 것도 좋은 방법임을 제시하고 있다. 앞서 살펴본 주택의 경우처럼 건물도 경매하면 시세의 약 70% 정도에 구입할 수 있다.

대형 평형 아파트를 팔아 수익형 근린상가 등에 투자하라는 게 이 책의 주요 내용 의 일부이다. 비싼 강남 아파트와 대형 아파트를 팔아 수익형 부동산, 즉 월세가 나오는 상가를 사라는 주장이다. 참고할 의견이다.

5천만 원 투자

5천만~1억 원 정도 있다고 하면, 연립주택과 빌라를 살 수 있다. 용산, 왕십리, 동대문, 대단지 아파트 옆의 연립주택과 빌라를 사라. 아파트 구매 기준은 500가구 이상의 단지를 택하고, 1,000가구 이상의 단지면 더욱 좋다.

가구 수가 중요한 이유는 500~1,000가구가 되어야 학교나 상가 등 생활 여건이 좋다는 뜻이기 때문이다. 은마아파트의 경우 5천 세대의 단지다. 서울에서 가장 크고, 강남에 있는 유리한 지역이다. 1997년에 은마아파트는 2억 원이었다. 전세가 1억 원이었으므로 1억 원을 투자하면 살 수 있었다. 은마아파트는 현재 강남의 대표적 재건축 아파트로서 전세가 8억 원, 매매가 22억 원에 이른다.

세대가 많으면 투자 가치가 높아진다. 추천 지역은 용산구, 여의도, 마포, 신촌, 광흥창역, 상수, 홍대, 합정역, 당산역, 대학가 주변을 들 수 있다. 공통적인 것은 대학가 주변은 어디건 똑같다. 지방의 경우, 전남에 있으면 전남대, 부산에 있으면 부산대 등 학생들이 잘 모이고 월세가 잘 나오는 곳이 좋다. 서울에서 가장 많은 사람들이 몰리는 곳은 강남역과 신촌 인근이다. 형편에 맞게, 얼마 정도 투자할 수 있는지 형편에 맞게 투자하면 된다. 감당할 수 있는 최대 범위의 대출금을 활용해 투자해야 한다. 다만 무리하게 대출받아서는 안 되고, 적금보다는 대출이 현명한 자금 운용 방법이다.

집값이 내릴 때 집을 사서는 안 된다. 2025년 7월 현재 집값은 상승하고 있다. 집이 없는 사람이나 경매에 나서는 사람은 할 수 있는 최선의 방법은 최저가로 집을 마련하는 것이다. 언제가 바닥인지 유심히 봐야 한다. 그렇지 않은 경우, 급매물을 사면 경매보다 더 싸게 살 수도 있다.

집을 살 때는 반드시 환금성을 고려해야 한다. 집을 사는 중요한 이유 중 하나는 환금성 에 있다. 급할 때 팔 수 있는 집, 돈을 빨리 회수할 수 있는 곳으로 투자해야 한다. 주식은 3일이면 돈으로 바꿀 수 있다. 환금성은 높지만 위험성이 높다. 주식은 하루에도 급등락을 반복한다. 부동산은 오르고 내리는 것이 눈에 잘 안 보이므로 큰 부담이 없다. 2025년 들어 부동산이 20% 상승했다. 2022년에 더블딥 등으로 하락할 가능성도 있겠지만, 크게 하락하지는 않을 것이다.

1~2억 정도의 여유 자금이 있다면 서울 도심이나 상암, 강남, 용산, 대치동 등에 전세를 끼고 사라. 경기도 용인, 파주, 일산 등의 외곽 지역은 엄청 오르지는 않겠지만 가능성은 있다. 파주는 현재

집값이 3억 원인데, 전세가 2억 원이다. 내 돈 1억 원 정도 있다면 충분히 집을 살 수 있다. 지하철 개통으로 서울에서 1시간 거리다. LG필립스 공장 등도 들어섰다. 가족들과 외곽에 드라이브 삼아 둘러보는 것도 좋다. 최근에는 용인과 파주의 미분양 집들이 계속 팔리고 있고 다시 부동산이 살아난다고 한다. 실수요자라면 저가에 구입할 수 있다.

대출금 이자의 소득 공제

직장인이 집을 사며 대출을 받으면 대출금 이자는 1년에 천만 원까지 소득 공제해준다. 이자를 세금에서 환급해주는 것이다. 우리나라 소득세율은 6~33%다. 연봉 1,200만 원 이하는 6%의 세금을 내고, 연봉 4,000만 원은 25%, 연봉 8,000만 원이 넘어가면 33% 세금을 낸다. 1가구 1주택이고 33평이면 천만 원까지 소득 공제해준다. 집이 있는 사람이 유리하다는 것이다. 월세로 살기보다 구입해 사는 편이 훨씬 낫다.

[경제칼럼]
최저 임금을 시장 경제에 맡기자

2025.06.15 18:00

2026년 최저 임금이 10320원으로 확정됐다. 최저 임금은 물가 인상률인 연 2%보다 크게 급등했다. 한국보다 잘사는 싱가포르에는 최저임금제가 없다. 최저 임금은 정말 좋은 제도다. 그러나 최저 임금 이하에서 일을 하고자 하는 노인이나 비숙련 노동자들에게는 오히려 실업을 촉진한다. 그 이유는 시간당 5,000원만 받고 일을 하고자 하는 노인들이 있지만, 정부가 최저 임금을 8,600원으로 정해서 그 이하로 급여를 주면 형사 처벌받는다. 아파트 경비원들이 해고를 당한 것도 정부가 최저임금제를 강제 규정했기 때문이다.

시간당 최저 임금을 시장 경제에 맡겼다면, 많은 해고가 발생하지 않았을 것이다. 정부는 약자를 돕는다는 취지로 최저임금제를 시행했지만, 너무 급격하게 올라 오히려 일자리를 잃게 만들었다. 정부가 최저임금제, 주 52시간제, 부동산 규제 정책 확대 등 시장 개입은 오히려 적정 가격 왜곡을 가져오기 때문에 바람직하지 않다.

최저 임금도 물가 수준에 맞춰 시장 경제에 맡기는 것이 좋다. 우리나라 전체 근로자의 88%는 중소기업에서 일하고 있다. 정부가 시장 가격을 초과해 최저 임금을 인상해 자영업자와 소상 공인 등이 큰 어려움을 겪고 있다. 최저임금제도는 뉴질랜드에서 1894년에 처음으로 시작됐다. 최저 임금은 근로자가 최소한의 생계비를 유지하기 위해 만든 제도이다.

최저 임금을 물가 수준 이상으로 과도하게 인상을 하면 여러 가지 문제점이 생긴다.

첫 번째 최저 임금의 급격한 인상은 실업자를 양산한다. 최저 임금이 6,500원일 때 자영업자들은 대학생이나 젊은 청년 고용을 많이 했다. 그러나 문재인 정부 집권 이후 최저 임금을 크게 인상하면서 청년들의 일자리가 많이 감소했다. 높은 최저 임금을 지급할 수 없는 자영업자들과 중소기업에서 해고가 증가했다. 자영업자들은 자녀나 가족들을 동원해 무급 일자리를 만들었다. 이익률이 낮은 편의점에서는 시간당 8,600원을 지급하면서 가게를 유지할 수 없다. 최저 임금 기준으로 월 198만 원이다. 직원 급여가 편의점 사장 소득보다 많은 경우도 있다. 이와 같이 최저 임금의 급격한 상승은 실업자를 양산한다. 중소기업은 생산성이 낮은 비숙련 노동자와 노인부터 해고한다. 폐지를 줍는 노인들의 월 평균 급여는 22만 원이다.

두 번째 최저 임금 상승은 자영업자들과 중소기업을 어렵게 한다. 대기업과 중견기업에서는 이미 최저 임금 수준 이상의 급여를 지급하고 있으므로 전혀 문제가 없다. 한국의 노동 생산성은 OECD(경제협력개발기구) 평균보다 낮다. 한국인들이 근무 시간에 자기 업무에 충실하지 않는다. 해외 기업에서는 근무 시간에 사적인 전화조차 하지 않는다. 이와 같이 이익률이 낮은 소규모 자영업자들과 중소기업에게 인건비 상승은 큰 부담이다. 최저 임금 상승은 고정비 인상을 불러와 자영업자를 어렵게 한다.

셋째 정규직보다는 비정규직의 채용을 늘리게 된다. 2025년 고용시장은 정규직과 비정규직이 50%다. 우리나라의 노동법은 정규직으로 근로자를 채용하면 부장까지는 해고할 수 없다. 노동법에 따라 경영상 어려움이 아니면 해고가 어렵다. 미국을 포함한 선진국에서는 정규직과 비정규직이라는 구분 자체가 없다. 해고와 채용이 굉장히 자유롭다. 2020년 코로나19로 메리어트 호텔은 직원의 90%를 해고했다.

그러나 백신 보급 등으로 2021년에는 해고 노동자 전원 복직과 추가 채용을 했다. 정부가 최저 임금을 인상하게 되면 기업은 정규직 채용을 줄이고, 비정규직 채용을 늘리게 된다. 우리나라에서는 비정규직은 2년에 한해 채용할 수 있다. 기업은 60세까지 고용해야 하는 정규직보다 기업 사정에 따라 해고가 가능한 비정규직을 선호한다.

우리나라도 정규직과 비정규직을 없애는 방법은 해고와 고용을 자유롭게 하는 탄력적 노동 정책이 필요하다. 전제조건으로 실업 급여를 충분히 지급하고, 근로자 재교육 시스템이 필요하다. 한국의 실업률은 2%이다. 실업률 통계는 일주일에 1시간만 일하면 실업자가 아니다. 취업 원서를 내지 않으면 실업자 통계에서 빠진다. 고용률은 60%이다.

정부가 수년 전 강사법을 강행해 전체 시간 강사의 70%가 해고됐다. 강사로 취업한 30%는 3년간 인상된 급여를 받으므로 좋을 수 있다. 하지만 일자리를 잃은 많은 강사는 교육 경력을 쌓을 수 있는 기회를 잃어버렸다. 최저 임금을 포함한 정부 정책은 시장 경제에 맡기는 것이 좋다. 정부가 정책은 일관성과 예측 가능성이 있어야 한다. 정치 논리로만 최저 임금을 정하다 보니 실업자가 증가하는 부작용을 가져왔다.

결론은 향후 최저 임금 인상은 합리적이고 예측 가능하게 해야 한다. 물가 인상률을 기준으로 시장 경제에 맡기는 것이 좋은 대안이다.

'마이너스의 손' 文정부…
'부동산' 헛발질에 투기·'일자리'는 참사
文대통령 "자신 있다"더니…
손대는 족족 낙제점 면치 못해

출처: 천지일보(http://www.newscj.com)

임정환 기자
입력 2021-03-08 13:00 | 수정 2021-03-08 13:00

25번 대책에도 집값 안 꺾여… LH 신도시 투기에 국민 분노
일자리 정부?… 80兆 쏟아붓고도 157만 명 '실업자 정부' 전락

▲ 발언하는 문재인 대통령.ⓒ연합뉴스

문재인 정부 들어 관심을 두거나 문제 해결에 자신 있다며 덤벼든 주요 정책들이 족족 고배를 들고 있다. 25번의 크고 작은 대책을 쏟아낸 부동산 정책과 일자리 정부를 표방했던 고용 정책의 실패가 대표적이다. 특히 부동산 정책은 최근 불거진 한국토지주택공사(LH) 직원들의 3기 신도시 무더기 땅 투기 의혹으로 헛발질 수준을 넘어 국민의 분노를 일으키고 있다는 의견이다.

◇LH 투기 의혹 일파만파… 전문가 "셀프 조사로 해결 안 돼"
정부는 지난 7일 이례적으로 휴일에 부동산 관계장관회의를 열고 '부동산 관련 국민께 드리는 말씀'을 발표했다. LH 직원들의 광명·시흥 신도시 집단 땅 투기 의혹이 일파만파 번지는 가운데 다음 달 재·보궐선거를 앞두고 부동산 정책 실패에 대한 여론

악화를 진화하려는 의도가 깔렸다. 이날 홍남기 경제부총리 겸 기획재정부 장관은 "부동산 정책을 집행하는, 가장 공정하고 스스로 엄정해야 할 공공기관에서 불미스러운 일이 발생해 참담하다"며 "정부 합동 조사에서 부동산 투기가 확인되면 수사 의뢰와 징계 조치 등 무관용으로 조처하겠다"고 말했다.

재발 방지 대책도 언급했다. 홍 부총리는 "토지 개발·주택 업무 관련 부처·기관의 해당 직원은 원칙적으로 일정한 범주 내 토지 거래를 제한하고 불가피한 경우 신고토록 하겠다"면서 "내부 통제 강화를 위해 부동산 등록제 등 상시 감시 체제 도입을 검토하겠다"고 밝혔다.

그러나 전문가들의 평가는 냉담하다. 임재만 세종대 부동산학과 교수는 "10일 예정된 부동산 관계장관회의에서 세부 대책이 나올지 모르겠으나 (대응이)미흡하다"며 "특히 관련 조사를 감사원이나 수사기관이 아닌 정부 부처 차원에서 주도하는 것은 문제"라고 꼬집었다. 홍 부총리가 밝힌 등록제 도입 검토와 관련해선 "등록제든 신고제든 심지어 고위 공직자에 적용하는 백지신탁이든 사전 방지 방안이 필요하다"고 강조했다.

김학환 숭실사이버대학교 부동산학과 교수도 "(의혹 관련) 철저한 전수 조사가 선행돼야 한다"며 "감사원 등이 아닌 부처 차원의 셀프 조사로는 설령 조사가 제대로 이뤄진다 하더라도 국민이 가지는 의혹을 해소하기 어려울 것"이라고 거들었다.

심교언 건국대 부동산학과 교수는 "신도시 공공 택지를 비롯해 투기 의혹 조사 대상을 더 넓혀야 한다"면서 "쪽방촌 정비 사업도 같은 공공 개발 방식으로 진행된다. 조사가 필요하다"고 지적했다. 심 교수는 "지금 같은 조사 방법(셀프 조사)으로는 의혹 해소가 쉽지 않을 것"이라며 "김의겸 전 청와대 대변인, 손혜원 전 열린민주당 의원 사례를 봐도 (내부 정보 이용 의혹은)국회의원이 심했다. 해당 지역구 의원이나 상임위인 국토교통위원회 의원들도 (개발 정보를)미리 알았을 텐데(조사를 안 하는 것은 문제)"라고 덧붙였다.

문재인 대통령은 2019년 11월19일 서울 마포구 상암동 MBC 미디어센터에서 진행한 국민과의 대화에서 부동산 관련 질문을 받고 "과거 미친 전·월세라 불렸던 전·월세 시장도 우리 정부 들어 아주 안정돼 있다"면서 "부동산 문제는 자신 있다. 전국적으로 부동산 가격이 안정되고 있다"고 자평했다.

문재인 정부는 2017년 출범 이후 4년간 무려 25차례나 부동산 대책을 쏟아냈지만, 집값은 되레 고공 행진을 이어가고 있다. 지난 3일 경제정의실천시민연합(경실련)은 기자회견을 열고 "서울의 30평형 아파트 평균 가격이 2017년 5월 6억4,000만 원에서 올해 1월 11억4,000만 원으로 5억 원(78%)이나 올랐다"고 발표했다.

조사 기간인 44개월 동안 24번의 대책에도 아파트 가격이 내림세나 보합세를 보인 기간은 단 4개월에 불과했다. 그나마 잠시 주춤했다가도 한두 달 만에 큰 폭으로 올라 사실상 집값 억제

효과는 없었다는 게 경실련 설명이다.

이런 상황에서 LH 직원들의 집단 투기 의혹은 부동산 정책에 대한 불신을 넘어 국민의 분노를 불러일으키고 있다. 설상가상 변창흠 국토부 장관은 자신이 사장으로 재직할 때 투기 의혹이 불거졌는데도 "(LH 직원들이)개발 정보를 알고 땅을 미리 산 것은 아닌 것 같다. 신도시 개발이 안 될 것으로 알고 샀는데, 갑자기 신도시로 지정된 것 같다"고 말해 들끓는 민심에 기름을 부었다.

선거를 앞둔 여당은 발등에 불이 떨어졌다. 이낙연 더불어민주당 대표는 8일 박영선 서울시장 후보 캠프에서 열린 제1차 중앙선거대책위원회 회의에서 "(LH 직원)가족, 친인척 명의를 포함해 가명·차명거래에 대해 강제 수사를 통해서라도 모든 것을 밝혀내고 현행법이 허용하는 가장 강력한 처벌을 하겠다"고 말했다. 이 대표는 "시민들이 얼마나 큰 분노와 실망을 느끼고 계실지 저희도 아프도록 잘 안다"면서 "가장 강력하게 응징하고 재발 방지 대책을 최단 시일 내 수립해 다시는 이런 일이 없게 하겠다"고 덧붙였다.

▲ LH 규탄 현수막.ⓒ연합뉴스

◇노인·알바 일자리만 양산… 전문가 "양질의 일자리는 기업이 만들어"

일자리 정책도 문재인 정부의 아픈 손가락 중 하나다. 문 대통령은 취임 직후 청와대 여민관 집무실에 일자리 상황판을 설치하고 고용 상황을 직접 챙기겠다고 했다. 하지만 4년이 지난 지금 고용 성적표는 참담한 수준이다.

4년간 문재인 정부가 일자리 사업에 쓴 돈은 총 80조 원이 넘는다. 그러나 지난달 10일 통계청이 내놓은 올 1월 고용 동향을 보면 15세 이상 취업자는 2,581만8,000명으로 지난해 같은 기간보다 98만2,000명(-3.7%)이나 급감했다. IMF(국제통화기금) 외환위기 때인 1998년 12월(-128만3,000명) 이후 감소폭이 가장 컸다. 일자리 감소세는 지난해 3월(19만5,000명) 이후 11개월째 이어졌고, 실업자 수는 157만 명을 넘어섰다.

비경제 활동 인구 중 '쉬었음'은 271만5,000명으로 37만 9,000명(16.2%) 증가했고, 취업을 원하지만 일자리를 못 구한 구직 단념자는 77만5,000명으로 1년 전보다 23만3,000명 증가했다.

일자리의 양뿐만 아니라 질도 악화했다. 우리 산업의 근간이면서 상대적으로 괜찮은 일자리로 분류되는 제조업(-4만6,000명)은 지난해 3월 이후 11개월째 감소세를 이어갔다.

문재인 정부가 약속한 일자리는 노인층을 대상으로 하는 단기 아르바이트 성격의 재정 일자리에 편중됐다. 출범 초기부터 이어진 반기업 정서로, 소위 '기업 장악 3법'(상법·공정거래법·금융그룹감독법 개정안) 등 각종 규제 입법을 쏟아내고 최저 임금 인상, 노동 시간 단축 등 친노동계 성향의 정책을 밀어붙이면서 양질의 일자리를 만들어내야 할 기업들의 탈(脫)한국 현상은 가속하고 있다.

산업통상자원부에 따르면 최근 6년간 한국에 대한 외국인직접투자(FDI) 규모는 신고액 기준 2015년 209억1,000만 달러, 2016년 213억 달러, 2017년 229억4,000만 달러, 2018년 269억 달러, 2019년 233억3,000만 달러, 지난해 207억5,000만 달러로 집계됐다. 문재인 정부 출범 이듬해인 2018년부터 두 자릿수 감소세가 이어지고 있다.

반면 국내 기업이나 투자자의 해외 직접 투자 규모는 증가세다.

8일 한국수출입은행 해외경제연구소 통계를 보면 우리 기업의 해외 직접 투자는 2016년 497억 달러, 2017년 494억5,000만 달러, 2018년 595억1,000만 달러, 2019년 844억6,000만 달러로 2018년부터 가파르게 증가하고 있다.

지난해는 3분기까지 489억3,000만 달러를 기록했다. 지난해의 경우 외국인 직접투자 유입액보다 우리 기업의 해외 투자 규모가 2.36배 많았다. 투자 금액 도착 기준으로는 유입액(110억 9,000만 달러)보다 유출액(373억6,000억 달러)이 3.37배나 많았다. 수은의 통계에 아직 지난해 4분기 실적이 반영되지 않은 상태여서 투자금 유입·유출 차이는 더 벌어질 전망이다.

김대종 세종대 경영학부 교수는 "(정부가) 세금만 올리고 기업 활동하기 어려운 환경을 조성하니 투자가 외국에 공장을 짓는 쪽으로 빠져나간다"며 "정부의 역할은 민간 경제가 지속 가능한 일자리를 만들 수 있게 환경을 조성하는 것"이라고 조언했다. 성태윤 연세대 경제학부 교수는 "현 정부의 일자리 예산은 복지·실업 예산으로 봐야지 일자리 예산으로 보긴 곤란하다"면서 "민간 기업의 일자리를 어떻게 늘릴지 고민이 더 필요하다"고 지적했다.

상법 개정과 기업의 대응 방안

김대종 세종대 경영학부 교수

최근 정부가 상법 개정을 통해 기업의 '쪼개기 상장'에 제동을 걸고, 기업 경영진에게 충실의무를 명시적으로 부과했다. 이는 단순한 법률 개정을 넘어, 자본시장에 대한 신뢰 회복과 기업 지배구조의 투명성을 강화하겠다는 의지를 담고 있다.

과거 카카오, LG에너지솔루션, SK 등 일부 대기업들은 자회사나 특정 사업부를 물적 분할한 후 상장함으로써 대주주에게는 이익을, 소액주주에게는 손해를 안겼다는 비판을 받았다. 이러한 분할 상장은 기업이익 극대화를 위한 수단으로 활용되었고, 그 피해는 소액주주들에게 고스란히 돌아갔다.

대표적인 사례로, 모회사의 유망 사업부를 떼어내 신설 법인을 만든 뒤 상장시킴으로써 투자자들의 기대를 모은 기존 기업의 가치가 희석되고, 주가가 급락하는 일이 반복되었다. 소액주주는 경영 의사결정 과정에서 배제된 채 결과만을 받아들이는 위치에 놓였고, 이는 자본시장 전반의 불신을 야기했다.

이번 상법 개정은 이러한 문제를 바로잡기 위한 제도적 장치로, 기업 경영자가 모든 주주의 이익을 고려한 의사결정을 하도록 강제하는 장치가 될 것이다.

일부에서는 소액주주 보호를 위해 배당 확대를 주장하지만, 이 역시 신중한 접근이 필요하다. 배당은 단기적으로 투자자들의 수익을 보장하는 수단이 될 수 있지만, 장기적인 기업 성장에는 제약을 줄 수 있다. 미래에 대한 투자가 줄어들 경우, 기업의 혁신 역량은 약화되고 결국 기업가치가 하락하게 된다. 이는 단기적 배당이 오히려 주가 상승의 발목을 잡는 결과로 이어질 수 있다는 점에서 경계해야 한다.

글로벌 기업들의 사례는 이를 잘 보여준다. 미국의 테슬라, 엔비디아, 아마존 등은 배당을 거의 하지 않는다. 이들은 배당할 자금을 과감히 미래 산업에 투자하고, 기술과 제품 경쟁력을 높여 장기적으로 주주가치를 극대화하고 있다.

주주는 배당금이 아니라 기업의 성장성과 주가 상승을 통해 보상을 받는다. 한국 기업들 역시 배당 확대만으로는 주주 친화적 경영을 실현할 수 없으며, 오히려 장기적 관점에서의 전략적 투자와 가치 창출에 집중해야 한다.

이번 상법 개정은 기업에게 단순히 법적 의무를 지우는 것을 넘어서, 사회적 책임을 강화하라는 메시지다. 기업은 이익을 창출하는 경제 주체이자, 사회적 가치를 실현하는 공공적 존재로서의 역할도 수행해야 한다.

특히 우리 사회에서 일자리의 90% 이상을 창출하는 주체가 바로 민간 기업이라는 점을 감안하면, 정부와 기업이 협력하는 구조는 더욱 중요해진다.

정부는 기업의 무분별한 이익 추구를 견제하면서도, 동시에 기업이 안정적으로 성장할 수 있는 환경을 조성해야 한다. 규제의 명확성과 일관성, 기술 개발에 대한 지원, 노동시장 유연성 제고 등은 기업이 미래 전략을 세우는 데 있어 핵심적인 요소다. 불확실성이 높은 시대일수록 정부의 정책 신호는 더욱 분명하고 예측 가능해야 하며, 기업은 그에 부응해 책임 있는 경영과 장기적 비전으로 사회에 기여해야 한다.

결국 상법 개정은 기업과 정부 간의 새로운 관계 설정을 요구하고 있다. 이제는 규제자와 피규제자의 수직적 관계에서 벗어나, 공동의 목표를 향해 나아가는 수평적 파트너십이 필요하다.

기업은 법과 윤리를 바탕으로 주주의 이익뿐 아니라 사회 전체의 신뢰를 구축해야 하며, 정부는 그러한 기업 활동이 자유롭고 창의적으로 이뤄질 수 있도록 지원해야 한다.

상법 개정이 진정한 성과를 거두기 위해서는, 제도의 변화만큼이나 기업과 정부의 인식 변화가 병행되어야 한다. 법은 틀을 만들 수 있지만, 그 틀 안에 책임과 신뢰를 채워넣는 것은 결국 사람과 조직의 몫이다.

정부와 기업이 함께 성장하는 지속 가능한 경제 생태계를 만들기 위해 지금이 가장 중요한 전환점이다.

12
연말정산과 세테크

연말 정산이란? •
레이거노믹스 •
성공하려면 영어, 중국어를 공부하라. •
개인연금 등 절세 상품 가입 •
세테크 •
건강이 가장 큰 재테크 •
양도소득세 •
부동산과 주식 관련 서적을 읽자 •
내 집 마련이 최우선 •
주식은 여윳돈으로 •

연말정산과 세테크

▌연말 정산이란?

새해가 시작되면 모든 직장인들은 전해의 소득을 연말 정산한다. 일 년의 소득을 계산하고 신용카드 사용액, 보험 납입액, 현금 영수증 사용액 등을 제출하면 소득세를 계산하여 많이 낸 세금을 돌려주거나 덜 낸 세금은 추가로 내는 것을 연말 정산이라고 한다. 연봉이 1,200만 원이면 매월 급여를 줄 때 소득세 6%를 직장에서 먼저 계산하여 국세청에 납부한다. 그리고, 다음 해 초 연말 정산 작업을 하여 정산한다. 연말 정산은 모든 직장인은 다음 해 1월에 해야 하고, 개인 사업자는 다음 해 5월에 해야 한다. 만약 1월에 전년 소득의 연말 정산을 못했다면 5월에 한 번 더 기회가 있다.

우리나라 인구는 약 5천만 명인데, 15세 이상 인구 중 직장을 다니는 사람은 60%이다. 연말 정산하는 인구는 전체 3천만 명 정도이다. 2025년 실업률은 약 2%라고 발표되고 있다. 청년 실업률은 10%를 넘었다. 실업률 관련해서는 전 세계적으로 현재 상황을 정확히 반영 못 한다는 의견 등으로 문제가 많다. 실업자를 구분할 때 일주일에 1시간 이상 일하면 실업자로 분류하지 않는다.

또, 직장을 다니려고 원서를 아무리 내도 면접보라는 연락이 없어서 취업을 포기하면 실업자에 포함되지 않는다. 즉 일할 의사가 없어서 구직 활동을 하지 않는 사람은 실업자가 아니어서 실업률에 포함되지 않는 것이다. 요즈음은 고용률을 참고한다. 우리나라는 고용률이 과거에 70%였으나 지금은 60%이다. 그 이유는 비정규직 문제에 있다.

2025년 기준으로 소득세율은 1년 합산 소득이 1,200~4,600만 원이면 15%이다. 4,600~8,000만 원이면 24%이다. 한 달에 월급이 100만 원이면 6만 원씩 세금을, 한 달에 월급이 200만 원이면 15%, 약 30만 원 정도를 세금으로 내야 한다. 정부가 세금을 많이 걷으면 근로 의욕이 떨어진다. 지금 유럽은 소득세율이 55%이다. 100만 원을 받으면 55만 원을 세금으로 내고, 45만 원으로 살아가는 것이다.

유럽은 국민연금과 실업 급여가 있다. 우리나라는 유럽이나 미국에 비하여 사회 안정 장치가 미흡하다. 현재 실업 급여는 3개월에서 2년까지 지급된다. 6개월 이상 직장을 다니고 부득이하게 퇴직하였을 경우 3개월 실업 급여가 지급되고, 10년 이상 다닌 경우 2년간 지급된다.

직장인들은 4대 보험에 가입하고 보험료는 회사와 개인이 반씩 부담한다. 4대 보험은 국민연금, 건강보험, 고용보험, 산재보험이다. 연말 정산할 때 4대 보험료를 비용을 처리하여 준다.

레이거노믹스

개인이 내는 것을 소득세, 법인이 내는 것을 법인세라 하는데, 2025년 법인세율은 27%이다. 정부가 세금을 올렸다.

레이거노믹스는 공급주의 경제학으로 세금을 깎아 근로 의욕을 불러일으켜 더 열심히 일하게 하는 것이다. 도널드 레이건이 미국 대통령일 때 세금을 낮추어 경기 부양을 시킨 정책을 레이거노믹스라고 한다. 우리나라도 2009년에 각 세금을 2%씩 내렸다.

세금을 낮출 테니 그 세금으로 개인은 소비를 늘리고, 법인은 더 투자하라는 조치이다. 공급주의 경제학인 레이거노믹스의 핵심은 결국 감세 정책이다. 버락 오바마 대통령의 경제 정책도 오바마노믹스로 불리운다. 재정 지출을 확대하여 인위적으로 경기를 부양시키는 방법이다. 부시노믹스와 클린터노믹스라는 것은 없다. 획기적인 경제 계획이 없었기 때문이다.

현대 경제학의 흐름은

한경 2009-12-14

1970년대 이후 '작은 정부' 新고전파 득세…금융위기 계기로

케인스학파 다시 관심

근대 경제학은 고전학파인 애덤 스미스로부터 시작됐다고 보는 게 일반적이다. 그의 1776년 저서 '국부론'에 나오는 '보이지 않는 손'이라는 표현은 자유 방임 시장 경제의 상징이 됐다. 당시 유럽을 지배했던 중상주의를 반박했던 스미스는 시장을 내세워 지지를 받았다. 스미스를 중심으로 한 경제학자들은 수요와 공급이 시장에서 만나 자연스러운 가격 체계를 형성하고 완전 고용을 창출한다는 고전학파를 이뤘다. 그러나 1929년 10월 말 뉴욕 주식시장이 붕괴되면서 불어 닥친 대공황은 이 같은 시장 중심의 고전학파 체제에 의구심을 낳게 했다. 현대 경제학도 이 무렵에 탄생했다. 영국의 존 메이너드 케인스는 저서 『일반이론』 등을 통해 고전학파의 한계점을 지적하고, 정부 간섭과 예산 확대가 필요하다고 주장했다. 불완전한 고용 균형을 극복하기 위해서는 재정 적자를 발생시키더라도 투·융자 정책을 감행해 인위적으로 수요를 창출해야 한다는 것이 이론의 핵심이었다.

반대편에는 정부의 적극적 개입을 반대한 오스트리아 학파 등이 있었다. 프리드리히 하이에크를 중심으로 한 자유주의 경제학자들은 케인스에 밀려 역사에서 퇴장하는 듯했다.

그런데 1970년대 이후 설명하기 힘든 경제 현상이 나타났다. 경기 침체인데도 물가가 상승하는 스태그플레이션이 발생한 것이다. 정부가 인플레이션을 규제하면 불경기가 심화되고, 부양책을 쓰면 인플레이션이 더욱 악화되는 진퇴양난에 빠졌다.

새로운 해결책을 제시한 그룹이 자유주의 경제학의 철학을 계승한 통화주의 학파였다. 밀턴 프리드먼을 중심으로 카를 브루너, 앨런 멜처, 애나 슈워츠 등은 화폐의 중요성을 강조하는 이론을 내세웠다. 그들은 재정 정책의 효과는 일시적이고 미약하다고 주장했다. 따라서 정부 지출이나 조세 정책에 비중을 두고 경제를 운영해야 한다는 케인스주의자들과 의견을 달리 한다. 대신 화폐의 유통 속도가 안정적이라는 믿음을 바탕으로 통화 증가율을 일정하게 유지하는 정책을 써야 한다고 강조했다.

'합리적 기대이론'도 1970년대 이후 득세하기 시작한다. 이 이론은 경제 주체들이 이용 가능한 정보를 활용해 행동을 합리적으로 수정하기 때문에 이미 알려진 모델이나 공식들은 이들의 행동을 예측하는 데 맞지 않다는 것이다. 즉 인위적 경기 부양은 효과가 약하다는 것으로 밀턴 프리드먼의 제자인 로버트 루커스 시카고대 교수에 의해 집대성돼 시카고학파를 이루게 된다.

시카고학파 이론은 1981년 로널드 레이건 대통령이 집권 이후 미국 경제 정책의 근간이 됐다. 이 이론을 기반으로 '작은 정부'를 지향하고 규제를 완화하는 것이 세계적인 대세였다. 이른바 '신자유주의 경제'의 개막이었다.

그러나 지난해 말 불거진 금융위기는 시카고학파의 기를 한풀 꺾이게 만들었다. 리스크가 큰 금융 상품을 무한정 만들어냈던 월가는 비판의 대상이 됐고, 이제 세계 각국은 저마다 경기 부양책을 쓰고 있다. 폴 크루그먼 프린스턴대 교수 등 신케인스주의자의 목소리가 힘을 얻고 있다.

이처럼 현대 경제학은 정부와 시장 기능의 효율성을 놓고 계속 '갑론을박'을 벌이면서 발전하고 있다. 그러나 많은 현대 경제학자들을 고전학파나 케인스학파 한쪽으로 명확하게 구분하기 힘들 때가 많다. 두 학파의 이론 중 수용할 것은 수용하면서 자신들의 주장을 펴는 경우가 많기 때문이다.

2차 세계대전이 일어났을 때는 전쟁 비용이 필요하여 소득의 90%로 세금을 걷어 갔다. 세금을 많이 걷어 가면 근로 의욕이 떨어지고 일을 안 하게 된다. 그러면 얼마의 세금이 적정할 것인가? 우리나라에서는 가장 높은 소득세율은 45%를 낸다. 이런 사람들은 전체의 1~2%밖에 되지 않는다.

레이거노믹스는 경제학자 래퍼가 레이건 대통령에게 제안한 것이다. 적절한 세율을 걷을 때 사람들이 열심히 일을 한다는 이론으로 시작하였다. 세금을 많이 걷을 수 있는 방법은 근로 의욕의 고취, 즉 세율 인하에 있다고 레이건에게 강조하였다. 레어거노믹스가 성공했는지, 실패했는지는 분명하지 않지만 부시 대통령 8년,

클린턴 대통령 8년간 미국 경제는 급속도로 성장했다. 2021년 바이든 대통령 취임 후 미국은 계속 성장하고 있다.

정부의 세율 인하는 레이거노믹스, 공급주의 경제학을 본뜬 것인데 세금을 너무 깎아주었더니 결국 국가 부채가 너무 많아졌다. 2025년 우리나라 국가 부채는 500조 원이라고 한다. LH공사의 부채가 110조 원인데, 이 부채는 공기업 부채로 국가 부채로 잡히지도 않는다. 결국 국가 부채에는 포함되지 않지만 국가가 부담해야 하는 부채를 포함하면 총 부채는 100%이다.

미국은 개인 소득이 3억 이상이면 35%의 세금을 걷는다. 미국의 1인당 국민소득(한 사람이 1년에 버는 돈)은 6만 달러이다. 환율을 간단히 1,000원으로 잡으면 6,000만 원이다. 우리나라의 1인당 국민소득은 3만 불 정도이다. 우리나라도 이제 잘사니 소득세율도 높은 것이다. 유럽의 베네룩스 3국의 1인당 국민소득은 8만 불이다. 아주 작은 도시 국가임에도 금융과 유통을 통해 경제를 유지하는 부국이다. 일본도 1인당 국민소득이 4만 5천 불이다.

성공하려면 영어, 중국어를 공부하라.

2025년 세계 교역량 1위는 중국이다. 현재 GDP 1위는 미국이지만 중국이 교역 대국이 될 것이다. 그래서 우선적으로 해야 하는 외국어는 영어이고, 다음은 중국어이다. 우리나라 역사를 보면, 중국의 지배를 받을 때엔 중국어, 일제 강압기엔 일본어, 해방 이후엔 영어를 사용하는 사람이 많았다. 시대의 주류로 나아가려면 영어와 중국어를 할 수 있어야 한다.

개인연금 등 절세 상품 가입

연말 정산할 때 소득세는 환급받도록 노력해야 한다. 소득세를 줄일 수 있는 방법에는 소득 공제와 세액 공제가 있다. 소득 공제는 소득 금액에서, 세액 공제는 세액에서 빼주는 방식이다. 물론, 세액 공제가 더 좋지만, 세액 공제 항목은 몇 가지 없다. 2020년부터는 소득 공제로 통일했다.

종합저축과 청약저축을 가입하였다면 그 불입액의 40%를 소득 공제받을 수 있다. 청약부금과 예금은 소득 공제가 안 된다. 개인연금 등 절세 상품에 가입해도 소득 공제를 받을 수 있으며, 개인연금도 불입금에 대해 소득 공제해준다. 국세청 연말 정산 사이트를 잘 활용하여 절세하도록 하자.

기부금 등은 더 많이 소득 공제하여준다. 기부도 안 해놓고 기부금을 냈다고 거짓으로 영수증을 처리하여 적발된 경우도 있다. 이런 부도덕한 방법을 사용하는 것은 절대 하지 말아야 한다. 그러나 대한적십자회비도 기부금이고, 다른 어느 단체 혹은 종교기관에 기부금을 냈다면 이를 꼭 정산 받아야 한다. 탈세가 아닌 절세는 현명한 재테크 방법이다.

세테크

비과세는 세금을 전액 면제받는 것을 일컫는다. 은행에 예금을 하거나 적금을 부으면 이자를 받는데 이 이자의 16.5%를 이자 소득세로 낸다. 세금 우대 상품은 이자에 대한 세금을 비과세하거나, 우대를 받아 반만 낸다는 것이다. 86세 이상인 경우 이자 소득세를 전액 면제받는다.

신용카드 사용액 공제를 위하여 1인당 3,000만 원까지는 신용카드를 사용하는 것이 절세에 유리한 방법이다. 또, 현금을 주고받으면 꼭 현금 영수증을 받아야 한다. 주택을 구입할 때는 이자 소득 1년분, 천만 원까지는 소득 공제 혜택이 있다.

3억 원을 대출받았다면 한 달 이자가 약 90만 원 정도 된다. 일 년에 약 1,000만 원이다. 이 이자에 대해서도 소득 공제해준다. 집이 없으면 3억 원 정도 대출을 받아 집을 구입하고 대출금 이자를 소득 공제받을 수 있다. 또, 대학교 등록금은 학생의 나이가 아무리 많아도 전액 소득 공제된다.

건강이 가장 큰 재테크

건강하게 사는 것이 가장 큰 재테크이다. 건강을 잃고 고통 속에서 많은 비용을 지불하는 것은 매우 안타까운 일이다. 또한 자녀 교육에 너무 무리하지 말아야 한다. 55~60세가 정년인데 여성의 평균 연령이 2025년 기준으로 90, 남성은 82세이다. 앞으로 100세로 연장될 것이다. 정년 이후의 삶이 점점 길어지고 있다. 이에 대한 준비를 해야 한다. 자녀 교육에 지나치게 치중해 많은 투자를 하지 말고 적절한 수준을 찾아야 한다. 넘치는 것은 모자라는 것만 못하다. 자식을 망치려거든 풍족하게 키우라는 말도 있다.

양도소득세

양도소득세는 부동산을 양도할 때 생긴 이익금에 대한 세금을 의미한다. 주택을 사고팔기 전에는 언제 세금을 얼마를 내야하는지 꼭 확인하여야 한다. 이미 주택을 팔거나 사고서 세금을 절세하기는 어렵다. 전문 세무사 혹은 공인중개사를 통해 사전에 확인해야 한다. 정부 방침으로 2001년 10월부터 2002년 12월까지 분양한 삼성동 아이파크, 도곡동 타워펠리스 등은 양도소득세가 전액 면제된다. IMF 이후 부동산 시장이 침체되었었기 때문이다. 또, 1가구 1주택에 한해서 이 기간에 분양받은 아파트도 해당된다. 그러므로 주택 매매 전에 절세 방안을 확인해야 한다.

2025년 1가구 1주택에 한해 12억 원까지 양도세는 전액 면제이다. 만약 1억 원에 집을 샀는데, 15억 원이 됐다하면 12억 원에 대한 양도소득세를 내지 않는다는 의미이다. 2010부터 2011년 상반기까지 다주택자들은 (노무현 정부에서 80%까지 올랐었다) 6~36%로 일반 과세로 변경되었다. 집을 한 가구 이상 가진 사람들에게 양도소득세를 제해줄 테니 시장에 내놓으라는 것이었다.

임대 사업자가 되면 10년간 임대 후 판매할 경우 양도소득세가 전액 면제된다. 10년 이내 집을 팔고 그 이익에 대한 세금을 내는 것인데 집을 안 팔면 양도세를 안 낸다. 2025년 아파트 임대 사업자는 폐지했지만 일반 주택과 빌라는 유지된다.

양도세를 낼 때 다른 비용도 많이 발생한다. 보통 등기비가 2.2%, 법무사 수수료 0.4% 이다. 예를 들어 10억짜리 집이면, 등기비 2,200만 원, 등기 수수료 100만 원이다. 아파트를 확장하면 양도세 감면 혜택을 받을 수 있고, 등기를 본인이 직접 할 수도 있다. 직접 말소 등기를 해보니 비용이 6,600원인데, 법무사들은 5~6만 원을 요구한다.

부동산과 주식 관련 서적을 읽자

부동산과 주식에 관한 책을 많이 읽어야 한다. 관련 서적은 도서관에서 빌리거나, 서점에서 읽다가 도움이 된다고 생각되는 책은 구입하는 것이 좋다. 도움이 되는 책을 사거나 돈 주고 배우는 경매학원, 재테크 강연에는 아낌없이 돈을 투자하여야 한다. 책값이 보통 1만 원인데 1만 원 투자하여 1천만 원의 수익을 본다면 1,000배를 버는 것이다. 경제 신문을 구독하여 정독해야 한다. 경제 신문은 대학생일 경우 20,000원의 구독비를 10,000원으로 할인해 준다. 매일경제는 동아일보, 한국경제는 조선일보의 유통망을 이용하므로 조선일보와 동아일보를 받아본다면 경제 신문을 공짜로 볼 수도 있다.

과거 대학을 다닐 때, 독서실에서 자취했었다. 독서실비가 한 달에 6만 원, 하숙비는 30만 원이었다. 학비도 비싸고, 하숙비도 비싸서 독서실에서 먹고 자며 6개월을 산 적이 있었다. 어느 날 남산에 올라 내려다보다 참 많은 집들이 있구나 하는 생각이 문득 들었다. 그 많은 집들 중 내 집이 없다는 사실에 억울하고 화가 났다. 어떻게 해야 내 집을 갖고 잘살고, 돈을 벌수 있을까 궁리하였다. 어떻게 해야 가장 바르고, 효율적인 인생을 살까 궁리했다. 전공이 경제학이기도 했고 경제 신문도 열심히 읽었지만 내가 원하는 것을 가르쳐주지 않았다.

그 후 1998년에 삼성물산 직장인이 쓴 재테크 관련 서적을 읽었다. 책의 핵심 내용은 '집을 사든지, 분양을 받아라!'였다. 그 근거로 레버리지 효과를 말했다. 레버리지 효과를 지렛대 효과라고도 하는데, 무거운 짐을 드는데 지렛대를 이용하면 쉽게 들 수 있다는 의미이다. 부자가 되기 위해서는 지렛대로 사용할 집을 하나 가져야 한다. 1억 원의 집이 있고, 1억 원의 대출 이자가 5%라고 하면 1년에 500만 원이고, 한 달 이자는 약 40만 원이다. 이런데 집값이 1년에 1,000만 원 올랐다고 하면 500만 원 이자 내고 남는 것이다. 집값이 빨리 오르면 더 많은 이익을 볼 수 있다고 적혀 있었다.

그 후 주식을 통해 주식 발행 시장, 주식 유통 시장, 아파트 경매, 아파트 청약까지 거의 모든 방법을 해보았다. 그러면서 효율적인 삶을 살아가는 방법을 체득하였다, 이러한 실전 경험이 있었기에 지금 자신 있게 말할 수 있는 것이고 그래서 최고의 방법을 추천하는 것이다.

내 집 마련이 최우선

가장 기본적으로 재테크하는 방법은 내 집을 마련하는 것이다. 아파트를 분양받아라. 제일 먼저 아파트 청약통장에 가입하고 어떤 곳에 청약을 할 것인지에 관한 관심을 가지라.

전세로 지내던 지인에게 집을 사라고 조언하였다. 지인은 마포에 3억 원의 아파트를 샀다. 지금은 15억 원이 되었으니, 12억 원을 번 셈이다. 3억 원의 아파트를 살 때 1억 5천만 원의 대출을 받았다고 하니 한 달 이자가 한 60만 원이었다. 일 년의 이자는 700만 원이었고, 5년 동안 이자를 냈으니 3,500만 원 이자를 낸 것이다. 집값의 상승으로 12억 원을 벌었고, 이자를 3,500만 원 냈으니 11억 6,500만 원을 벌었다고 볼 수 있다.

아파트나 집을 살 때 고려해야 할 점은 교육 환경, 교통 여건, 주변 제반 시설이 어떤지를 반드시 살피고, 인근에 산과 물은 얼마나 가까이 있는지 등을 따져야 한다. 이런 항목들은 향후 집값 상승에 영향을 미친다. 일부러 시간을 내서 사고자 하는 집이나 아파트가 있는 곳에 가보아야 한다. 동네를 구경하고 아파트 정원을 걸어보며 살펴야 한다. 만일 경매에 나서고자 한다면 경매 물건이 있는 곳에 직접 가봐야 한다. 만약 일하고 싶은 직장이 있다면 그 직장에 직접 가보라. 또, 자녀를 하버드대학에 보내고 싶다면 직접 구경시켜주라. 그러면 아이는 더 열심히 공부할 것이고 꿈은 더욱 가까워진다.

직장인은 수입의 최소 반 이상을 저축하여야 한다. 만약 숙식이 제공되어 소비할 기회가 줄어든다면 95%까지도 저축할 수 있다. 꿈을 향하여 한 발을 대딛는 순간에 그 정도의 결심은 해야 한다. 현재 수입의 몇 %를 저축하는지 생각해보라.

주식은 여윳돈으로

여윳돈은 1년 이상 당장 필요 없는 돈을 의미한다. 직장인이면 100~1,000만 원 정도 여윳돈이 있다. 현재 기아자동차 주가가 6만 원이고 현대자동차 주가는 22만 원, 현대자동차 우선주는 10만 원이다. 여윳돈으로 공부한다고 생각하고 3가지 주식을 사서 관찰해보면 많은 도움을 얻을 수 있을 것이다. 주식 투자를 위해서는 많은 정보를 받아들여야 한다. 인터넷 동호회에도 가입하고, 책도 읽고, 신문도 보고, 기존 투자자들의 의견에도 귀 기울이며 정보를 받아들여 자신의 의견을 만들어나가야 한다. 그럴 때 비로소 자신만의 방식이 만들어지고 재테크의 귀재가 될 수 있다.

13

부동산과 아파트시장의 이해

부동산 시장에 대한 시스템적 접근 •
자본시장 분석 •
부동산 시장 분석 •
거시 경제와 부동산 시장 •
부동산 경기 변동 •
아파트 청약 통장 •
임대 주택 •
부모님에게서 청약 통장을 물려받자 •

부동산과 아파트시장의 이해

부동산 시장에 대한 시스템적 접근

2025년도 상반기에 경제 성장이 4.5% 정도인데 경제 성장과 함께 부동산 시장도 강세이다. 우리나라의 현재 가계 부채는 약 1,500조 원 정도인데 이렇게 과도한 가계 부채의 대부분은 부동산 담보 대출이다.

고용에 있어선 청년 실업이 큰 문제가 되고 있다. 청년 실업률이 10%를 넘어섰고, 전체 실업률은 5% 안팎이다. 순수 고용률은 약 56%밖에 안 된다. 고용률은 일할 의사가 있는 사람들 중 실제로 일하고 있는 사람들의 비율을 의미한다. 우리나라는 실업률 통계에서 일주일에 1시간 이상 일하는 경우 실업자로 분류되지 않는다. 이런 실업률보다는 고용률이 중요하다.

우리나라 전체 고용인구 중 절반은 비정규직이다. 최근에 비정규직을 정규직화하자는 여론이 형성되고 있다. 기업 입장에서는 비정규직을 정규직화하면 부담이 크다며 반대하고 노동 단체에서는 비정규직이 정규직 급여의 60%에 불과하므로 사회 안정을 위하여 정규직화를 요구하는 상황이다.

> * 경제 성장: 소비, 투자, 정부지출, 수출, 수입
> Y(GDP) = C(소비) + I(투자) + G(정부지출) + X(수출) - M(수입)
>
> * 금융 산업 확대 → 수요 확대

최근 정부 부동산 대책 중 DTI(Debt To Income) 규제를 풀자는 정책이 이야기되고 있다. DTI는 총부채 상환 비율을 말한다. 부동산 담보 대출을 받을 때 차입자의 소득 대비 대출 가능 비율을 규정하는 것이다. 담보 대출 비율은 LTV는 최초 분양자에 한해 9억 원 미만인 경우 약 50%를 대출해준다. 15억 원 초과는 대출이 불가하다. 대출 비율은 정부 정책상 매년 변경된다.

금융 산업의 확대는 지역 및 국가 경제 상황에서 주택시장에 큰 영향을 준다. 이런 시스템적 접근을 이론적, 학문적으로 이해하여야 한다.

[대한경제 기고문]
임대료 규제는 도시를 파괴한다

김대종 세종대 경영학부 교수

2025년 국토교통부는 공급으로 부동산 방향을 전환했다. 정부는 24번째 부동산 정책을 마침내 공급으로 수정했다. '임대료

규제는 전쟁 다음으로 도시를 파괴한다'는 유명한 말이 있다. 부동산 시장과 임대료 시장은 이와 같이 정부 규제에 매우 큰 영향을 받는다. 만일 집에 자녀가 둘이 있고 방이 3개가 있다고 하자. 부모는 형제들에게 방을 같이 쓰게 하고 방 하나를 임대 놓았다. 방 하나에서 소액이라도 월세를 받으면 그것으로 가정 살림에 보태고자 한 것이다. 그러나 정부가 임대료를 규제하면 부모는 자녀들에게 같이 방을 쓰게 하지 않고, 각자 방을 한 개씩 준다. 바로 임대 주택 공급이 부족하게 된다.

집수리도 세입자 스스로 해야 한다. 임대료 규제로 집수리까지 해주면 집주인이 손해를 보기 때문이다. 정부가 2년을 실거주하게 하고 임대료 인상을 5%로 규제함으로써, 임대 주택 공급이 크게 감소했다.

정부가 급등하는 전세와 매매 가격의 상승을 보고는 2025년 2월 들어서야 공급으로 전환했다. 부동산 시장은 경제학적으로 매우 큰 특징이 있는데, 바로 공급 탄력성이 매우 낮다는 점이다. 김현미 전 장관이 아파트가 빵이라면 밤새워 굽겠다고 말한 것이 크게 보도되었다. 사람들이 가장 선호하는 주택인 아파트는 건설하는 데 5년에서 10년 가까이 걸린다. 이러한 특성을 경제학에서는 공급 탄력성이 매우 낮다고 말한다.

일반 공산품인 자동차나 컴퓨터 등 대부분의 물건은 공장에서 밤새워 만들어낼 수 있다. 그러나 아파트는 최대한 빨리 공급한다고 해도 5년 이상 걸린다. 급하게 양생이 덜 된 시멘트로

공사를 강행하다가 지난 2월 8일 사망 사고가 발생했다. 아파트 건설에는 많은 시간이 걸린다.

의식주 가운데 가장 중요한 것 중 하나가 바로 주택이다. 집을 떠나 국내든 해외든 출장을 가는 경우에도 가장 먼저 염려하는 것이 바로 잠자고 쉴 수 있는 숙박 장소이다. 필자도 출장을 가면 먼저 숙박업소부터 확인을 한다. 국민의 주거 문제도 이와 같다. 몸을 뉘어 쉴 곳이 없다는 게 얼마나 두렵고 고통스러운 일인지 잘 안다.

천만 명이 사는 서울에 집 가진 사람은 50% 밖에 되지 않는다. 정부가 고민해야 할 부동산 문제의 근본적 해결 방법은 무엇일까? 그것은 바로 시장 경제에 맡기는 것이다. 서울에는 재건축을 진행해야 할 곳이 400여 곳에 이른다. 지금까지 문재인 정부는 재건축을 허용하면 가격이 폭등한다며 재건축을 모두 막았다.

2021년 변창흠 국토교통부장관이 임명되면서 지하철역 주변 역세권 개발을 선언했다. 일시적 가격 상승이 따르더라도 공급을 하겠다는 것이다. 정부가 추진하는 부동산 정책은 시장 경제 원리에 맡기면 많은 것들이 해결된다. 현재 시장 가격이 1만 원인데 정부가 인위적으로 8,000원으로 낮추면 가격 왜곡이 일어나고 이중 계약 등 부작용이 발생한다.

베네주엘라 차베스 대통령은 20년 전에 임대료를 규제하면서 서민을 위한 정책을 펼쳤다. 그러나 이러한 임대료 규제로 주택

공급은 90% 급감했다. 베네주엘라는 현재 국가 부도의 위기를 맞고 있는 등 온 국민이 어려움을 겪고 있다. 베네주엘라는 세계 최고의 석유 부국 중 하나였다. 그러나 시장 경제에 맞지 않는 포퓰리즘 경제 정책으로 국가는 파산했다.

대한민국은 자유 시장 경제 체제이다. 부동산 문제를 포함한 많은 경제 문제에 대하여 시장 경제에 맡긴다면 문제를 해결할 수 있다. 정부가 추진하고 있는 부동산 정책도 시장 경제 원칙에 맡겨 추진해주기를 바란다. 주택의 공급도 공공 개발보다는 민간 기업에 맡기는 것이 낫다. 정부의 역할은 기업이 할 수 없는 임대 아파트 등 보조적 역할에 한정해야 한다. 정부가 주도하는 공공 개발은 구축 효과를 불러온다. 구축 효과는 정부의 경제 활동 확대가 민간 경제를 위축시키는 것을 말한다.

아무쪼록 정부가 공급 위주로 부동산 방향을 전환한 것은 다행이다. 부동산 정책은 자유 시장 경제 체제에 맞게 기업에게 많은 역할을 맡기는 것이 좋다. 임대료와 부동산 문제도 시장 경제에 맡기면 수요자와 공급자는 스스로 시장 가격에 수렴하게 된다.

시장 경제를 아담 스미스의 보이지 않는 손이라고 한다. 아파트 가격이 올라 초과 이익이 발생하면 공급자는 많이 공급한다. 정부는 재건축시장과 분양가 상한제 등 부동산 정책을 시장 경제 정책으로 전환해야 한다.

자본시장 분석

개인 투자 의사 결정은 주식, 채권, 예금, 부동산 등 네 가지에 대한 투자를 결정하는 것이다. 현재 우리나라에서는 전체 자산의 80%가 부동산에 묶여 있는데, 이것은 불안정한 우리 투자 역사에서 믿을 것은 땅밖에 없다는 국민 정서가 영향을 미친 것이다. 그중에 특히 서울 부동산 가격이 비싼 이유는 국토가 좁은 데 비해 인구는 많고 국민들이 부동산 선호도가 높기 때문이다.

부동산 투자의 특징은 공간을 이용하여 자산 가치로 활용한다는 데 있다. 부동산 담보 대출 금리는 코픽스(COFIX) 금리를 기준으로 하는데, 현재 약 2% 정도이다. 여기에 은행 가산 금리를 붙이면 대출 금리가 된다. 가산 금리가 대개 1.5% 정도이므로 합하면 약 3.5%이다. 시중 은행은 가산 금리가 높은 편이고 금융공사는 국가에서 운영하는 곳이므로 가산 금리는 0.7%로 대출 금리가 낮다. 금리 상황과 향후 금리 변화를 항상 파악하여야 투자 예상을 할 수 있다. 참고로 신용 대출 금리는 개인의 신용도에 따라 다르지만 지금 현재 우리나라에서 최고로 많이 받을 수 있는 법정 최고 금리는 20%이다. 사채 시장에서 금리를 100~1,000% 이상 받기도 하지만 이것은 불법이다. 정상적인 대출을 이용할 수 없는 사람들이 어쩔 수 없이 이용하기도 한다.

부동산 시장 분석

1. 공간 시장

> - 공간의 이용을 사고파는 시장(임대시장, RENT)
> - 공간 시장 수요: 지역 및 국가 경제 상황에 가장 큰 영향
> - 점유율과 공실률: 95%, 5%

100개의 방 중 95개가 찼으면 점유율은 95%, 공실률은 5%이다. 점유율을 높이고 공실률을 줄이는 것이 임대자의 목표이다. 점유율과 공실률로 경기 상황을 파악할 수 있다. 2000년대 벤처기업 붐이 일었다 꺼졌을 당시 공실률은 30~40%까지 이르기도 했었다. 임대료와 공실률은 부동산 시장과 자산시장 현금 흐름(Cash Flow)에 영향을 준다. 아무리 좋은 기업도 유동성, 현금이 없으면 부도난다. 부동산을 많이 보유하고 있어도 당장 어음을 막지 못해 부도나는 경우가 있는데, 이런 경우를 '흑자부도'라고 한다. 현금 흐름이 부족할 때 흑자 부도가 발생한다.

집값 잡으려면 주택공급이 답이다

김대종 세종대 경영학부 교수

한국의 주택시장에 또다시 불안한 기운이 감돌고 있다. 정부가 오는 7월부터 총부채원리금상환비율(DSR) 규제를 확대 적용하겠다고 밝히자, 시장에선 '패닉바잉' 조짐이 다시 나타나고 있다.

미래의 대출 길이 막히기 전에 집을 사야 한다는 심리가 퍼지면서, 실수요자들은 더 큰 불안에 내몰리고 있다. 서울의 주택가격은 통계상 90% 확률로 오르고 있으며, 특히 강남·서초, 송파권을 중심으로 상승세가 뚜렷하다.

이 와중에 무주택 세대주는 전체 가구의 절반에 이르는 50%에 달하고 있다. 이런 현실에서 정부가 해야 할 일은 명확하다. 수요 억제라는 임시 처방이 아니라, 주택공급 확대라는 근본 대책을 추진해야 한다.

지금까지의 정책은 수요 억제에 초점이 맞춰져 있었다. 각종 대출 규제, 세제 강화, 다주택자 규제, 거래세 인상 등은 단기적으로는 시장을 진정시키는 효과를 낼 수 있었지만, 근본적으로는 공급 부족이라는 구조적 문제를 해결하지 못했다.

오히려 정책 불확실성을 키워 시장의 예측력을 떨어뜨리고, 실수요자마저 투기세력으로 몰아붙이는 부작용을 낳았다. 결과적으로 '집값이 떨어질 거라는 기대'는 줄어들었고, 수요는 억눌린 채 쌓여가는 형국이 이어지고 있다.

이에 반해 공급 확대는 시장에 긍정적인 신호를 줄 수 있는 유일한 해법이다. 정부는 재건축초과이익환수제, 안전진단 강화 등 각종 규제를 완화해 서울과 수도권 중심으로 노후주택의 정비사업을 활성화시켜야 한다.

현재 서울 시내에는 약 400곳에 이르는 재건축 가능 단지가 존재한다. 이들 지역에 대한 신속한 정비사업 인허가 및 규제 완화가 병행된다면, 중장기적으로 시장에 유의미한 물량이 공급될 수 있다.

무엇보다 재건축초과이익환수제는 대표적인 공급 저해 요소다. 조합원 1인당 이익이 일정 수준을 넘으면 수천만 원에서 억대에 이르는 금액을 환수하는 이 제도는, 사업 추진의 인센티브를 현저히 낮춘다. 결과적으로 정비사업 추진이 미뤄지고, 주택공급 시계는 더욱 뒤로 밀려나게 된다.

정부가 이 제도를 완화하거나 일정 수준의 면제 기준을 마련해 조합의 자율성을 보장해준다면, 공급 활성화 효과는 즉각적으로 나타날 수 있다.

또한 수도권 중심의 대규모 택지 개발과 더불어, 도심 내 중층·고층 재건축, 용적률 상향, 인허가 간소화 등의 조치를 통해 민간 참여를 확대해야 한다. 지금은 공공주도만으로는 한계가 분명하다. 민간 건설사의 참여 없이는 양질의 주택을 제때 공급하는 것은 불가능에 가깝다. 인허가 절차 간소화와 정비사업 인센티브 제공을 통해 민간의 활력을 북돋아야 한다.

정부의 공급 확대 정책은 주거 안정뿐만 아니라, 장기적 경제에도 긍정적인 효과를 줄 수 있다. 주택시장이 안정되면 소비자들은 주거 불안으로 인한 불필요한 소비를 줄이고, 실수요자는 합리적인 시점에 내 집 마련에 나설 수 있다. 또한 건설경기 활성화, 관련 산업 파급 효과, 고용 창출 등 다양한 부문에서 경제 전반에 활력을 불어넣을 수 있다.

서울과 수도권에 집중된 수요를 분산시키기 위해서는 지역 거점 도시의 정주 여건 개선과 주택 인프라 확충도 병행돼야 한다. 균형 발전 없는 수도권 해소는 불가능하다. 하지만 그 전제는 '서울의 공급 확대'가 선행되어야 한다. 서울이 풀리지 않으면, 대한민국 전체의 주거 불균형 문제도 해결되지 않는다.

주택은 단순한 자산이 아닌, 인간다운 삶의 출발점이다. 무주택 세대가 절반을 차지하는 지금, 정부의 역할은 더없이 막중하다. 지금처럼 수요를 억제해 집값을 '누르는' 정책은 단기적으로 통제할 수 있을지 모르나, 장기적으로는 수요를 왜곡시키고 패닉바잉을 부추기는 역효과를 낳을 뿐이다.

이제는 정부가 명확한 방향을 잡아야 한다. 공급이 해답이라는 사실은 더 이상 논쟁의 대상이 아니다. 400곳의 서울 재건축 후보지를 중심으로, 과감한 규제 완화와 민간 협력 정책을 병행할 때다. 집 없는 국민에게는 주거 안정의 희망을, 시장에는 신뢰를, 국가 경제에는 새로운 활력을 불어넣을 수 있는 실질적 정책 전환이 필요하다.

정부는 단기 시장 조정이 아닌, 장기 주거 안정과 경제 균형이라는 관점에서 주택공급 확대를 국정의 중심 아젠다로 삼아야 한다. 그래야만 한국의 주택시장이 다시 정상화될 수 있다.

2. 자산시장

- 자산시장: 부동산 자산의 공급과 수요에 의해 결정
- 시장 요구 자본 환원율: 자산시장 거래 지표
- 현금 흐름: 임대료와 점유율
- 현금 흐름과 시장 요구 수익률: 자산시장 가격 추정
  → 직접 환원법(현금흐름 + 시장 요구 자본 환원법)
- 소득 접근법: 직접 환원법

이 내용은 현실적으로 많이 사용되는 것이 아니므로 이론이 있다고 알고 있으면 된다.

3. 개발 산업

> - 자산시장: 시장 가격
> - 공간시장: 임대 현황
> - 지역 및 국가 경제와 자본시장 미래 예측
> - 부동산시장 개발 → 자산시장(신규 자산), 공간시장(임대 공간)

4. 시스템적 접근

> - 부동산 시장: 입체적, 체계적 분석 이해 필요
> - 1998년 경제 성장률 하락 → 금리 급등 → 임대 수요 급감 → 자본 환원율 급등 → 임대료 하락, 현금 흐름 하락 → 시장 요구 자본 환원율 상승 → 자산시장 가격 폭락 → 2000년 벤처 붐, 임대 수요 급증 → 금리 하락, 시장 요구 자본 환원율 급락 → 오피스 빌딩 가격 급등

1997년 12월에 IMF사태가 발생하였다. IMF는 '국제통화기금'의 약자로 이때 김영삼 정부 말기였는데 외환 보유고가 30억 달러에 불과했다. 우리나라는 석유를 달러로 사와야 하는데 원화는 많이 있지만 외환 보유고가 부족해 IMF 관리 체제를 맞게 된 것이다. 그 원인에 대해서는 많은 의견이 있다.

2025년 현재, 우리나라 외환 보유고는 4,500억 달러 정도이다. 미국은 달러 발권국이므로 자국의 경기 침체 시 달러를 발행할 수 있다. 따라서 미국은 외환이 부족해 부도날 일이 없다. IMF 관리 체제에서 20%까지 금리를 올리며 부실기업 정리를 강요했고 이에 따라 많은 실업자가 양산되었다. 정부, 지도자, 정치 체계가 우리

생활을 지배할 수도 있다는 사실을 깨닫게 해준 정말 사건이었다.

1998년 경제 성장률은 마이너스 (-)로 하락하고 금리는 20%까지 상승했으며, 임대 수요가 급감해 전체 건물의 반 이상이 텅텅 비었다. 자본 환원률이 급등하고, 임대료가 하락하면 현금 흐름이 하락하고, 그로 인해 시장 요구 자본 환원률이 상승하고 자산시장 가격은 폭락한다.

2025 강남 은마아파트의 시세가 20억 원에 이르는데 IMF 당시에는 2억 원이었다. IMF 당시 3만 원이었던 삼성전자 주가는 지금 400만 원이다. 2000년 김대중 정부 때 벤처 붐이 일었고, 정보 인프라 구축으로 전 국민이 이용할 수 있는 인터넷망이 구축되었다. 기업을 살리겠다는 정책의 일환이었다. 카카오 등 벤처기업이 이때 탄생했다. 그 후 금리가 하락하고 시장 요구 자본 환원율이 급락하면서 오피스 빌딩 가격이 급등했다.

우리 국민들의 거주 비율은 아파트가 60%로 제일 많고, 주택이 20%, 빌라/근린상가/고시원 포함 나머지가 20% 정도이다. 주택은 단독 주택, 다세대 주택, 다가구 주택이 있는데, 단독 주택은 1세대가 사는 주택이고 다세대는 각 세대별로 등기가 되는 것, 다가구 주택은 등기가 안 되는 집으로 세대별로 분양할 수 없는 주택이다.

주식시장이든 부동산시장이든 모든 자산에서 중요한 것은 1)안정성, 2)환금성, 3)수익성이다. 어떤 투자이든 이 세 가지를 꼭 가지고 있어야 한다. 안정성은 하락 없이 안정적으로 올라야 한다는 것이고, 환금성은 언제든 팔 수 있어야 함을 의미한다. 그런 측면에서 금은 환금성이 매우 높다. 수익성은 최소한 시장 금리 이상의 수익이 나야 함을 의미한다.

아파트가 환금성이 좋고 개인 주택이나 다가구 주택은 팔고자 할 때 잘 안 팔리는 문제가 있다.

[단독] '10억 로또' 래미안 원베일리, 6월 17일 1순위 청약

〈출처: 한경닷컴 2021.6.5.〉
입력 2021.06.05 12:03 수정 2021.06.05. 14:51

래미안 원베일리 서초구청 분양 승인
2,990가구 중 224가구 일반 분양

분양가 3.3㎡당 평균 5,653만 원 확정
시세 60% 수준…10억~15억 시세 차익

강남 지역에서도 입지가 뛰어난 반포 한강변에 위치한 원베일리가 분양시장에 나올 경우 '로또 청약'을 기대한 수요자들이 대거 몰릴 것으로 예상된다. 이 단지는 서울 지하철 3·7·9호선이 지나는 고속터미널역과 신반포역을 걸어서 이용할 수 있다. 올림픽대로와 반포대로가 인접한 교통의 요지다. 단지 인근에 계성초와 잠원초, 신반포중, 세화여중·고 등 명문 학군이 있다. 신세계백화점 강남점과 서울성모병원 등이 가까워 생활 인프라도 좋다는 평가다.

분양가는 역대 최고로 높다. 원베일리는 지난해 7월 부활한 민간 택지 분양가 상한제를 피하려고 상한제 시행 직전 입주자 모집 공고 신청서를 냈다. 그러나 주택도시보증공사(HUG)가 산정한 일반 분양가(3.3㎡당 4,891만 원)를 받아들이지 못해 결국 상한제를 적용받았다. 상한제를 적용받고도 3.3㎡당 분양가는 최종 5,653만 원으로 책정됐다. 김석중 원베일리 조합장은 "3.3㎡당 최고 분양가는 5,938만 원, 평균 분양가는 5,653만 원으로 결정했다"고 말했다.

분양가가 높게 책정돼 청약 비용이 만만치 않을 가능성이 높지만 당첨만 되면 최소 10억~15억 원 이상의 시세 차익을 볼 수 있을 것으로 업계에서는 예상하고 있다. 주변 시세와 비교하면 60% 수준에 불과해 상대적으로 저렴한 가격에 '강남 브랜드 아파트'를 손에 쥘 수 있게 되는 것이다. 인근 '아크로 리버파크'와 '래미안 퍼스티지'만 해도 3.3㎡당 시세가 1억 원을 넘는다.

다만 분양가 9억 원이 넘으면 중도금 대출이 나오지 않고, 입주 때 15억 원을 초과하는 주택은 주택 담보 대출도 되지 않는다. 청약할 경우 자금 조달 계획을 꼼꼼히 세워야 한다.

안혜원 한경닷컴 기자 anhw@hankyung.com

거시 경제와 부동산 시장

거시 경제와 부동산과의 관계

- 총수요 증가, 경제 성장 → 상승
- 부동산 가격 상승 → 소비 증가(자산 효과)
- 토지 가격 상승 → 토지 사용량 감소 → 토지 보완적 투자 감소
- 부동산 가격 상승 → 수출 감소, 수입 증가

  예) 부동산 가격이 상승하면 기업은 임대료를 더 많이 내야 하고, 운영비가 더 많이 들어 수출이 감소한다.

- 부동산 가격 상승 → 노동 생산성 감소, 임금 상승
- 전세를 1억 원에 살고 있는데 2년 후 1억 5천만 원으로 오르면 임금 상승을 요구하게 된다. 한 달 급여가 300만 원일 경우 매달 100만 원을 모았을 때 2년에 2,400만 원을 저축할 수 있는데 전세 가격이 5천만 원 오르면 의욕이 없어진다.
- 통화량 증가: 물가 상승 → 부동산 가격 상승(통화량(=유동성, 현금)은 시중에 현금이 얼마나 있는지를 의미한다)
- 물가 상승 → 부동산 상승
- 주가 상승 → 부동산 상승
- 이자율 상승(부동산 투자 요구 수익률 상승) → 부동산 가격 하락

부동산 경기 변동

- 경기 변동의 4국면: 호황, 경기 후퇴, 불황, 경기 회복

1. 부동산 경기 변동과 다른 경기 변동과의 관계

> - 주식시장: 6개월 선행(先行)
> 주식시장은 현재 경기를 선(先)반영한다. 주식시장이 좋아지면 향후 경기가 좋아진다는 것이다.
> 보통 6개월 정도 앞서간다. 그래서 주식시장 흐름이 매우 중요하다.
> 더블딥은 경기가 다시 한 번 추락한다는 뜻이다.
> - 부동산 경기(일반 경기): 동행, 후행부동산 경기는 경기 변동과 동행하거나 후행한다.

2. 부동산 경기 변동 분석의 예

> - 후퇴: 임대료 하락
> - 불황: 임대료 서서히 하락 지속
> - 회복: 임대료 상승
> - 호황: 임대료 서서히 상승 지속

아파트 청약 통장

- 아파트 청약종합저축
  월납입금: 2~50만 원
  청약: 민영, 주공, 보금자리, 임대아파트, 모두 가능함
  기타: 2009년 5월 신설, 꼭 가입할 것
- 청약저축통장
  월납입금: 2~50만 원
  청약: 주공, 임대 아파트 등 공공 아파트
  기타 : 과거에는 도시개발공사 아파트라고 하였는데 SH공사(서울도시개발공사)로 바뀌었다. LH공사가 공급한다.
- 청약부금통장
  월납입금: 월 13만 원
  청약: 민영만 청약. 32평만 가능
- 청약예금통장
  월납입금: 없음
  일시납 300만 원-32평 600만 원-38평 1000만 원-40평 1500만 원-50평 이상단, 지역별로 일시납 금액이 다름
- 청약: 민영만 청약.

청약저축통장은 소득 공제 혜택이 있었다. 한 달에 10만 원씩 예

금하면 1년이면 120만 원이다. 이 120만 원에 대해 정부는 40%까지 소득 공제해준다. 청약저축통장 자체의 원래 이자율은 2%인데, 소득 공제를 해주니 여기에 3%까지 최고 이자를 받게 되는 것이었다.

우리나라에서 제일 좋은 통장은 소득 공제와 이자까지 주므로 청약저축통장이었다. 그런데 통장의 종류가 세 가지가 되어 청약할 때 혼동이 생겼다. 청약부금, 청약예금은 민영 아파트만, 청약저축은 주공 아파트, 임대 아파트, SH공사 아파트 등 모든 것을 청약할 수 있었다. 그런데 아파트 청약종합저축은 주공, 임대, 민영 아파트 모두 청약할 수 있다. 자녀가 있다면 18세부터 선물로 아파트 청약종합저축을 시작하라. 이 통장도 소득 공제 혜택이 적용된다.

아파트 청약에는 순위가 있다. 1순위는 아파트 청약통장 가입 후 2년 경과, 2순위는 6개월 경과, 3순위는 가입한 지 6개월 이하인 경우이다. 아파트 청약통장은 가입이 중요한 게 아니라, 언제 어디에 청약할 것인지가 중요하다. 2025년 서울에서 아파트 분양에 당첨된 사람이 최저로 남긴 차액은 1억 원이고 최고는 10억 원이다. 분양가 5억 원 정도였는데 매매 시세는 10억 원이다. 위례는 분양가 6억 원에 시세는 15억 원이다.

그러면 청약종합통장에 가입해 당첨되려면 몇 번 납입하여야 할까? 공공 아파트는 약 20년 이상 가입해야 한다. 민영 아파트는 청약 가점으로 약 60점 이상 되어야 한다. 무주택, 가입 기간, 부양가족으로 결정한다.

20년 이상 매달 10만 원씩 입금하자. 지금 자녀가 17세라면 매달 10만 원씩 불입하라. 일단 통장을 가입하여 횟수만 채우는 것이다. 청약 시 밀린 횟수를 한꺼번에 넣을 수도 있다. 불입 횟수가 많은 경우 당첨 확률이 높기 때문에 지금 17세 때 빨리 가입해놓는 것이 유리하다. 20년을 넣었다면 성인이 되었을 때 웬만한 지역 신규 아파트 당첨 확률이 높기 때문이다. 아파트 청약종합저축 통장은 기업은행, 하나은행, 신한은행, 우리은행, 농협에서 가입할 수 있다.

국가에서는 모든 국민들에게 아파트를 분양해주려고 한다. 당첨 기회를 갖게 하려는 정책인 것이다. 당첨 후 3년이 지나면 다시 1순위가 회복된다. 아파트에 당첨되면 그 다음날 통장을 새로 하나 가입해야 한다.

청약은 미래 가치가 있는 곳을 선택해 해야 한다. 주식 투자와 부동산 투자는 같다. 교육 여건, 교통 여건, 주변 환경 등을 고려해 청약해야 한다. 필요한 정보는 각종 경제 신문에서 얻을 수 있다. 부자가 되고 안 되는 차이는 경제 신문 등을 이용해 얼마나 많은 정보를 파악하는 지에 달려 있다. 최소한 일간지 경제면은 봐야 하고 한국경제신문, 매일경제신문 등의 주식과 부동산 관련 정보를 읽어야 한다.

임대 주택

임대 아파트에는 영구 임대, 단기 임대, 분양 전환 등 다양한 종류가 있다. 하지만 12~18평 정도의 작은 평수가 대부분이다. 공공 분양 전환 아파트는 5년 정도 임대 후 분양으로 전환하는 것이다. 공공 분양 아파트는 처음부터 분양해주는 아파트이다. 이러한 임대 아파트는 모두 LH공사에서 관리한다. 2009년 말에 토지공사와 주택공사가 합쳐져 LH공사가 되었다.

청약저축통장은 임대 아파트 청약 권리가 있다. 이 통장으로 임대 아파트에 당첨되어도 절대 통장을 해약하면 안 된다. 임대 아파트에 거주하면서 본인이 청약할 만큼 돈이 모아진다면 분양을 신청하라. 임대 아파트에 거주해도 청약통장은 살아 있다. 이 통장을 이용하여 다시 청약할 수 있다.

부모님에게서 청약 통장을 물려받자

청약통장은 부모님에게서 물려받아도 된다. 부모님이 집이 있고 청약통장이 있다면 자녀 명의로 변경 가능한데, 은행에 신청하면 즉시 변경된다.

이재명 정부, 안보와 경제가 핵심이다.

김대종 세종대 경영학부 교수

이재명 정부가 직면한 가장 중요한 과제는 안보와 경제이다. 대한민국은 지정학적 위치상 강대국 사이에서 생존을 모색해야 하는 숙명을 안고 있으며, 경제적으로도 글로벌 공급망과 수출에 의존하는 구조를 갖고 있다.

이러한 상황 속에서 "안보는 미국, 경제는 중국"이라는 전략은 더 이상 유효하지 않다. 지금은 대한민국의 안보와 경제 모두를 미국과의 동맹을 중심으로 재편해야 할 시점이다.

한미 동맹의 확대는 안보와 경제 모두에 필수다.

2025년 대한민국 전체 수출의 33%는 중국 및 홍콩, 미국 20%, 일본 6%다. 이 같은 수치가 "경제는 중국"이라는 기존 전략을 정당화하는 것처럼 보일 수 있지만, 점점 더 탈중국화가 가속화되고 있는 국제 질서를 감안하면 오히려 위험한 선택이다.

중국은 기술 탈취, 무역 보복 등 정치적 변수에 민감하게 대응하며 대한민국 경제에 불안 요인이 되고 있다.

반면 미국은 한미동맹을 통해 안정적 안보를 제공할 뿐 아니라, 글로벌 시장에서의 기술 협력과 경제 파트너로서의 신뢰도도 높다.

따라서 대한민국은 미국과의 안보 동맹을 더욱 강화하고, 자유무역과 기술 협력을 확대해 경

제 영역에서도 전략적 동반자 관계를 공고히 해야 한다.

다음과 같이 정부에 제언한다.

첫째 기업하기 좋은 환경을 미국 수준으로 만들어야 한국경제는 도약해야 한다.

우리 경제가 재도약하기 위해선 과감한 규제 개혁과 함께 '기업하기 좋은 환경' 조성이 필요하다. 현재 한국의 대학생 청년 취업률은 45%에 머무르고 있다. 절반도 취업을 못하고 있다.

외국인직접투자(FDI) 측면에서도 유입액보다 국내기업 유출액이 2~5배 많다는 것은 한국을 떠나고 있다는 명확한 신호다. 국내 일자리가 줄어드는 주된 이유 중 하나가 바로 경직된 노동시장, 높은 법인세, 복잡한 규제 때문이다.

둘째 한국도 미국처럼 4차 산업혁명을 전격 수용해야 한다.

신산업과 구산업이 공존해야 국가가 성장한다. 호주는 우버를 전격적으로 도입하여 신산업과 구산업이 상생하는 모델을 만들었다. 우버가 벌어들이는 수익 10%를 기존 택시 산업에 기부해 양측이 공존할 수 있는 시스템을 구축한 것이다.

신산업을 단순히 허용하는 데 그치지 않고, 기존 산업의 이익까지 고려한 호주의 방식은 경제혁신과 사회통합을 동시에 이룬 사례다.

반면, 한국은 여전히 구산업 중심의 규제에 머물러 있다. 우버는 자신의 자가용을 활용해 승객을 태우는 서비스로, 세계 곳곳에서 청년층의 일자리와 이동 편의를 혁신시켰다. 요금은 일반 택시보다 평균 30% 저렴하고, 미리 목적지를 설정해 이동할 수 있어 안전성과 효율성도 뛰어나다. 그럼에도 불구하고 한국은 택시업계의 반대에 밀려 우버를 불법화했고, 수많은 청년과 소비자는 선택권을 박탈당했다.

한국은 1876년 개화기에 서구 문명을 거부하며 쇄국 정책을 펼친 결과, 근대화에 실패하고 결국 일본의 식민 지배를 36년간 받았다. 지금의 대한민국도 비슷한 길을 걷고 있다.

전 세계가 4차 산업혁명에 대응해 신산업을 육성하고 있지만, 한국은 우버와 같은 혁신 서비스가 출발조차 하지 못하고 있다.

우버만 도입해도 수백만 개의 청년 일자리가 생길 수 있다. 해외에서는 택시보다 우버를 더 선호하며, 관광객들도 익숙하게 사용하고 있다. 서비스 품질, 요금, 접근성 측면에서 우위를 가진 신산업을 금지하는 것은 국가 경쟁력의 자해행위에 가깝다.

국회와 정부는 더 이상 눈치 보기에 머물러서는 안 된다. 신산업의 출현을 두려워할 것이 아니라, 이를 기존 산업과 조화시키며 제도권 내에서 발전할 수 있는 생태계를 조속히 마련해야 한다. 대한민국이 진정한 혁신국가로 도약하기 위해서는 '우버'를 시작으로 신산업을 포용해야 한다.

한국은 자율주행차, AI 플랫폼, 로보틱스, 바이오 분야 등은 규제를 과감히 완화하여 창업과 기술 혁신이 일어날 수 있는 생태계를 조성해야 한다.

아일랜드는 법인세를 50%에서 12%로 낮춰 유럽 내 다국적 기업 1,700개를 유치했고, 1인당 국민소득이 12만 달러를 넘어섰다. 이 사례는 법인세 인하가 국가 경제 전반에 미치는 긍정적 효과를 명확히 보여준다. 한국도 글로벌 기업 유치를 위해 법인세를 현실적으로 낮춰야 할 때다.

셋째 노동시장 유연성은 경제활성화 열쇠다.

미국 메리어트 호텔은 코로나19 시기에 전체 근로자 90%를 해고했다가 위기 종료 후 100% 재고용했다. 고용의 유연성이 위기를 기회로 바꾸는 원동력이다.

반면, 한국은 경영상의 어려움이 아니면 해고가 사실상 불가능하다. 경직적인 노동 구조로 인해 한국 기업의 위기 대응력이 현저히 떨어진다. 이는 외국 기업들이 한국 진출을 꺼리는 주요 이유이기도 하다.

강성 노조의 영향력 또한 투자를 가로막고 있다. 친노동 정책만을 앞세우기보다는 일자리를 창출하는 주체인 기업을 지원하는 친기업 정책으로 전환해야 한다.

일자리의 90%는 기업이 만든다. 한국 경제를 살리고 청년 실업 문제를 해결하기 위해서는 고용의 유연성과 노동 개혁이 수반되어야 한다.

넷째 디지털 전환과 인재 양성으로 4차 산업혁명 선도해야 한다.

한국은 스마트폰 보급률 세계 1위, 초고속 인터넷 인프라 세계 상위권이라는 강점을 가지고 있다. 이를 바탕으로 온라인 산업 확대와 4차 산업혁명 중심 기술 육성은 우리가 반드시 선점해야 할 전략 분야다.

인공지능, 빅데이터, 클라우드, 사물인터넷 등 소프트웨어 기반 산업은 글로벌 경쟁력이 높고 고부가가치 일자리를 창출할 수 있다. 정부는 SW 중심 교육 확대, 산학협력 기반 스타트업 지원, 연구개발(R&D) 인프라 강화 등을 통해 디지털 전환을 뒷받침해야 한다.

결론은 대한민국에게 기회는 있다.

이재명 정부는 이제 결단을 내려야 한다. 한미동맹의 확장, 기업 유치형 경제 구조 개편, 노동시장 유연화, 4차 산업혁명 대응 전략 수립이라는 네 가지 전략축을 중심으로 안보와 경제를 동시에 혁신할 수 있다.

위기 속에 기회가 있다는 말처럼, 지금이 바로 대한민국이 새로운 성장의 기틀을 세울 수 있는 절호의 시점이다.

14
투자의 정석

대표 업종 투자하기 •
어떻게 선택하고, 언제 매매할 것인가? •
아파트 청약 •
민영 아파트 청약 •
부동산 어떻게 고를 것인가? •
부동산 투자 수칙 •
블록체인과 4차 산업혁명 인재 육성 •
암호화폐 투자 •
항상 뉴스를 관심있게 보라. •
투잡 또는 창업 •
가장 좋은 재테크 방식은 좋은 직장에 오래 다니는 것이다 •

투자의 정석

성장 대신 생존: 꺼져가는 한국 기업의 성장엔진

김대종 세종대 경영학부 교수

한국 경제 SWOT

강 점	기 회
세계 최고 교육, 우수한 인재, 대학진학 80%	모바일(95%), 온라인, 구독경제
세계 최상 IT, 통신 인프라, 스마트폰 1위	반도체, SW인재 양성, 전자정부
지정학적 위치(중국, 일본)	시가총액: 미국60%, 한국1.5%, 부동산90%상승
2025년 제조업 세계5위, 경제 9위, 금융35위	4차 산업혁명, IT 융합, 벤처 육성
신속한 의사결정, 정확성, 창의성	우수한 기술, 브랜드(한강 노벨상, 한류, BTS)
약 점	위 험
고임금, 고물가, 고환율(24~25년 1400~1,600원)	-트럼프 25% 고관세 정책 → 한국 가장 큰 타격
에너지 99%수입, 주52시간제, 강력한 노조	-미 연준 물가목표(9%→2%)
4차 산업혁명 규제(허가)—>네거(불법외 허용)	외환위기, 금융위기: 한미, 한일 통화스와프
규제: 법인세26%, 소득세(45%), 상속세(60%)	중국침체, 북핵과 참전, 전쟁지속→조선,방위
해외직접(FDI):유출2-5배>유입, 청년취업율45%	미중 패권전쟁, 인구 71년 105만명-→23만명

한국 기업이 생존하려면 4차 산업혁명의 거대한 물결을 함께 해야만 한다. 우리나라 소매액 600 조원 중 52% 가 온라인으로 이루어진다. 앞으로 이 비중은 80%까지 증가 하게 될 것이다.

온라인 쇼핑 산업 확대, 미국 현지 생산증가, 인공지능 성장 등에 대비해야 한다.

기업은 세계적인 큰 흐름을 따라 가고 혁신해야 한다.

한국도 법인세를 세계 평균 21%로 낮추고 혁신적인 정책을 펼쳐야 한다.

2024년 외국인직접투자(FDI) 유출이 유입보다 두 배 많다.

대학생 청년 취업율이 45%로 절반도 안 된다. 한국 법인세26%, 4차 산업혁명 높은 규제, 강력한 노조 등으로 인하여 한국 기업 유출이 계속 증가하고 있다.

한국은 세계 평균 정도로 기업하기 좋은 환경을 만들어야 한다. 그래야만 한국 기업이 살아남을 수 있다.

"더 이상 성장만으로는 설명할 수 없다."한국 기업들이 마주한 냉혹한 현실을 대변하는 말이다. 최근 한국은행과 KDI는 올해 한국 경제성장률 전망치를 0.8%로 하향 조정했다. '1%도 어려운 시대'가 도래한 것이다.

고금리·고물가·고환율이라는 삼중고와 인구 감소, 글로벌 공급망 재편 등의 구조적 문제가 맞물리면서, '성장'이 기업 전략의 전제 조건이던 시대는 저물고 있다. 그 자리를 대신한 단어는 바로 '생존'이다.

이제 기업은 더 이상 시장 확대나 매출 증가를 전제로 움직이지 않는다. 조직을 정비하고, 핵심을 압축하며, 위기 속에서 살아남을 길을 모색하고 있다.

단기 수익성보다 지속 가능성을, 공격보다 방어를 우선하는 생존 전략이 확산되고 있다. 이러한 변화는 기업 내부에만 머무르지 않는다. 고용, 소비, 삶의 방식까지도 근본적인 전환을 요구한다.

〈한국 성장률 전망치〉

기관	기존 전망치	수정 전망치
한국은행	1.4%	0.8%
KDI	1.1%	0.8%

'국민 앱' 당근마켓도 권고사직… 흔들리는 IT공룡들

대표적 스타트업이었던 당근마켓은 올해 창사 이래 처음으로 권고사직을 단행했다. 불과 몇 년 전, 지역 기반 커뮤니티 플랫폼으로 폭발적인 성장을 이뤘던 당근마켓은 이제 체질 개선에 나서고 있다. 시장 확장이 정체되고, 광고 수익과 커머스 실험이 기대만큼 성과를 내지 못하자 '적정 인력 유지'를 이유로 조직 슬림화에 착수한 것이다.

당근마켓만의 이야기가 아니다. 네이버와 카카오도 연달아 채용을 축소하고, 비핵심 계열사의 구조조정에 나섰다. 대규모 신사업을 펼쳤던 쿠팡조차도 해외 확장보다 국내 물류의 효율화를 선택하고 있다. 기업들은 지금, 성장 이후의 피로를 치유하며 현실에 맞는 몸집으로 돌아가는 중이다.

사업 다각화와 집중화, 상반된 생존 전략

생존을 위한 전략은 하나로 통일되지 않는다. 오히려 두 방향으로 갈라지고 있다. 일부 기업은 리스크 분산을 위해 사업 다각화에 나선다. LG전자는 가전 외에도 전장, 에너지솔루션, 헬스케어로의 확장을 도모하고 있다.

반면, 삼성전자는 스마트폰·디스플레이 등 저수익 부문 인력을 줄이고, 반도체 및 인공지능 중심의 '선택과 집중'을 강화하고 있다.

이러한 전략들은 모두 성장의 멈춤을 전제로 한다. '더 이상 무한한 확장은 없다'는 인식 아래, 기업들은 생존 가능한 구조를 먼저 구축하고자 한다. 여기에는 비용 절감, 비효율 제거, 조직 유연화 등의 키워드가 수반된다. 한때는 "성장이 최선의 방어"였지만, 이제는 "방어가 최선의 생존"이 된 셈이다.

고용의 둔화, 소비의 변화

기업 전략의 변화는 곧바로 고용 시장에도 반영된다. 신입 채용은 줄고, 경력 중심의 수시채용이 늘고 있다. 그마저도 고숙련자 위주다. 청년 취업난이 심화되고, 중장년층의 경력 전환도 어려워지고 있다. 고용이 줄자 소비도 위축된다. 소득 불확실성이 커지면 자연히 지갑을 닫게 되고, 이는 다시 기업의 수익성 저하로 이어지는 악순환을 만든다.

개인의 삶도 재설계가 불가피하다. 평생 직장보다는 평생 직업을 고민해야 하고, 하나의 커리어보다 다중 역량을 갖춘 '멀티 플레이어'가 살아남는 시대가 되었다. 자산 관리의 중요성도 더욱 커졌다. 안정적인 소득 구조를 만들기 위한 금융 지식, 투자 감각, 생애 설계 능력 등이 생존 도구로 변모하고 있다.

생존 이후를 준비하는 기업들

그러나 생존이 곧 정체는 아니다. 위기의 시기에도 혁신은 가능하다. 오히려 불황은 체질을 개선하고, 본질에 집중할 수 있는 기회이기도 하다.

최근 많은 기업들이 ESG 경영, 디지털 전환, AI 기반 업무 프로세스 도입 등 새로운 방향성을 향해 나아가고 있다. 생존을 위한 고통스러운 구조조정이 끝난 후, 다시 성장의 씨앗을 뿌릴 수 있어야 한다.

정부와 공공의 역할도 중요하다. 기업 생태계가 무너지지 않도록 정책적 지원이 필요하며, 고용 충격을 완화할 사회안전망 확충도 필수다. 재교육과 전환교육을 통해 사람들의 이탈을 막고, 새로운 산업에 흡수될 수 있도록 돕는 시스템이 뒷받침되어야 한다.

〈기업 조치 내용〉

기업	조치 내용	시기
당근마켓	첫 권고사직 실시	2025년
네이버	신규채용 축소, 일부 조직개편	2024년
카카오	구조조정, 비핵심 계열 정리	2024년
쿠팡	해외 확장 둔화, 국내 효율화 집중	2023~25년

플랫폼 기업뿐 아니라 대기업 역시 생존을 위한 방향 전환에 돌입했다. 공격적 확장을 멈추고, 내부 효율화와 핵심 역량 중심의 구조 재편이 가속화되고 있다.

생존 전략은 두 갈래: 다각화 vs 집중화

한국 기업들은 위기 상황 속에서 사업 다각화와 선택과 집중이라는 두 가지 생존 전략을 취하고 있다.

전략 유형	대표 기업	전략 방향
다각화	LG전자	전장·에너지·헬스케어 등으로 확장
집중화	삼성전자	디스플레이 정리, 반도체·AI 집중

성장이 더 이상 보장되지 않는 시대, 기업들은 리스크를 분산하거나 핵심만 남겨 체질을 개선하는 방식으로 버티고 있다.

고용 축소와 소비 위축… 국민경제로 번지는 여파

생존을 위한 전략 전환은 고용시장에도 충격을 주고 있다. 대기업 신입채용은 2021년 대비 약 30% 이상 감소했으며, 수시채용·단기계약 중심으로 고용 구조가 바뀌고 있다.

항목	수치	비고
청년체감실업률	22.8%	2024년 상반기 (통계청)
소비자심리지수	98.4	기준선 100 이하 = 부정적 심리
서비스 소비 증가율	-1.3%	전년 대비 하락

고용 불안정성은 소비 위축으로 이어지고, 이는 다시 기업 매출 감소를 부르는 악순환을 초래하고 있다.

한국은 기업하기 좋은 나라가 돼야 한다

생존을 넘어 다시 성장하기 위해서는 제도적 전환이 절실하다. 기업을 얽매는 규제를 풀고, 투자와 고용을 유도하는 환경을 조성해야 한다.

〈한국 높은 규제〉

항목	한국	주요국/평균	비고
법인세 최고세율	26%	미국·OECD: 21%	미국·OECD: 21%
상속세 최고세율	60%	세계 평균: 15%	싱가포르, 캐나다: 0%,
신산업 허용도	낮음	미국·EU: 높음	우버·에어비앤비 한국 시장 진입 실패

한국은 트럼프 고관세 정책에 철저하게 대비해야만 생존할 수 있다.

트럼프 대통령이 2025년 1월 20일 취임했다.

트럼프 당선의 가장 큰 이유는 8%에 이르는 고금리와 고물가 등 경제적 이유다. 트럼프 정부 핵심정책은 미국 우선주의다.

한국은 국가안보와 경제에서 큰 위기다.

2025년 6월 트럼프는 중국에 30% 고관세, 한국에 25% 관세를 부과하겠다고 말했다.

트럼프 대통령은 "미국 법인세 21%를 15%로 낮추고, 규제를 완화해 전 세계에서 가장 제조업 하기 좋은 나라를 만들겠다"고 말했다.

한국은 미국 직접 생산을 늘리고, 중국산 부품을 최소로 줄여야 한다. 한국 국회도 미국과 발맞춰 법인세를 낮추고 기업하기 좋은 환경을 만들어야 한다.

요 약

- 트럼프: 미국 우선주의, 한국25%. 중국60%, 캐나다,멕시코:25%
- 미국기준금리: 25년 4.5% ,26년: 3.5%,27년2.5%, 한국2.75%
- 2025년 경제성장율: 세계 3.1→3.2% 한국 2.2%→1.5%
- 한국: 미국 현지생산 확대, 미국산 석유와 가스 수입 확대, 한국 교역확대와 다자무역 확대, 대미 무역흑자85조원
- **9988: 기업99% 중소기업, 근로자 88%**
- 기업: 공공조달, 구독경제, 온라인쇼핑, 현금비축
- 생산 4大요소: 모바일, 토지, 노동, 자본
- **4차 산업혁명: 세계1위, 스마트폰 ,통신, 전자정부→우버금지**
- 유니콘 기업(1조) 2024년 23개: 토스, 야놀자,여기어때

한국 무역의존도는 75%로 세계 2위다. 한국 총수출 국가별 비중은 중국과 홍콩33%, 미국20%, 일본6%다.

한국 교역은 중국 비중을 낮추고 미국 중심으로 전환해야 한다. 시진핑 주석 30년 집권이 시작되면서 중국은 개방된 경제에서 폐쇄경제로, 시장경제에서

계획경제로 가고 있다.

2023년 간첩법 시행으로 외국인투자 90%가 급감했고, 관광객 95% 줄었다. 한국 신세계와 롯데는 완전 철수했으며, 현대자동차 중국 공장 90%는 폐쇄했다. 2025년 중국 경제성장률은 4.1%로 크게 낮아진다.

미국이 자국 우선주의로 나갈 때, 한국은 무역을 다변화하고 교역을 확대해야 한다. 대한민국 생존전략은 다음과 같다.

첫째 한국 기업은 미국 현지 생산을 늘리고 중국산 부품을 줄이자.

트럼프는 미국에 공장이 없는 해외기업에 25% 관세를 부여한다.

2025년 미국 평균 관세는 2.5%다. 한국에 25% 고관세가 부과되면 한국 전체 수출 30% 정도 감소하며, 금액으로는 100조원 정도다. 한국 정부와 기업은 철저하게 대비해야 한다.

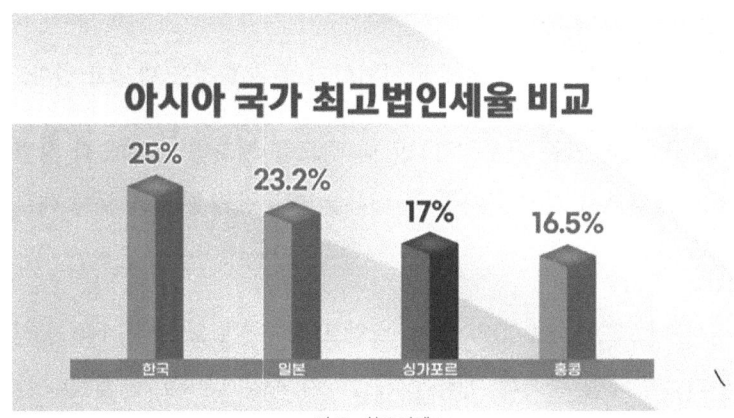

<자료 : 한국경제TV>

둘째 한국 국회는 세계평균 이하로 법인세를 인하해야 한다.

국회는 법인세 21% 인하를 추진해야 한다. 트럼프가 법인세를 15%까지 낮출 경우 한국 기업 유출은 더욱 가속화된다.

법인세는 한국26%, 미국과 OECD 21%, 싱가포르17%, 아일랜드 12%다. 2025년 외국인직접투자(FDI) 유입액보다 유출액이 두 배 많다.

한국 기업들이 미국과 베트남 등으로 공장을 옮기고 있다. 국내 대학생 청년취업률은 45%다.

셋째 한국 정부와 국회는 미국 수준으로 규제를 완화해야 한다.

외국인이 한국에서 가장 놀라는 것은 스마트폰 생산 1위 국가에서 우버가 금지된 것이다.

우버만 허용돼도 국내에 수 십 만개 일자리가 만들어진다. 호주는 우버를 허용하고 우버 수입10%가 택시업계에 기부된다. 한국도 구산업과 신산업이 상생해야 경제가 발전한다.

트럼프는 규제를 70% 없애고 기업하기 좋은 환경을 만들고 있다.

2025년 6월 기준 공무원 11만 명 정도를 해고했다. 테슬라 창업자가 트럼프를 지지한 가장 큰 이유는 민주당의 과도한 규제 때문이다.

일론 머스크는 4,000억 원을 트럼프에 후원했고 당선 1등 공신이다. '규제를 완화해 미국을 기업하기 좋은 나라로 만들겠다'는 공약이 일론머스크 지지를 이끌어냈다.

넷째 한국은 미국과 네트워크를 강화해야 한다.

현대자동차 새 CEO에 외국인이 최초로 임명됐다. 국내 총수들이 기업 전면에 적극 나서고 있다.

미국 공화당 정부와 네트워크가 중요하다. 한국은 미국 우방국임을 보여줘야 한다.

미국 칩스법과 IRA법도 폐지 될 수 있다. 트럼프 고관세 25%로 가장 크게 영향을 받는 한국 품목은 자동차, 자동차 부품, 석유화학, 반도체다.

한국은 위기를 기회로 전환해야 한다. 트럼프 정부에서 한국 조선업과 방위산업 등이 큰 호재다. 한국은 미국 해군함정을 수리·유지하는 20조원 MRO 사업을 유치했다.

〈한국의 對美 수출 상위 20위 품목〉

순위	품 목	수출비중(%)	순위	품 목	수출비중(%)
1	자동차	27.8	11	냉장고	1.8
2	자동차부품	7.0	12	기타기계류	1.7
3	석유제품	4.9	13	플라스틱 제품	1.7
4	반도체	4.3	14	컴퓨터	1.7
5	건전지 및 축전지	4.2	15	산업용 전기기기	1.6
6	전력용기기	2.3	16	철강관 및 철강선	1.4
7	건설광산기계	2.2	17	합성수지	1.3
8	원동기 및 펌프	2.0	18	철강판	1.2
9	무선통신기기	1.9	19	기타화학공업제품	1.2
10	정밀화학원료	1.8	20	기초유분	1.1

〈한국의 對中 수출 상위 20위 품목〉

순위	품 목	수출비중(%)	순위	품 목	수출비중(%)
1	반도체	29.0	11	비누 치약 및 화장품	2.2
2	합성수지	5.7	12	동제품	2.1
3	무선통신기기	5.6	13	플라스틱 제품	2.0
4	정밀화학원료	5.0	14	컴퓨터	1.6
5	석유화학중간원료	3.4	15	철강판	1.5
6	평판디스플레이센서	3.4	16	기구부품	1.5
7	기초유분	3.3	17	동광	1.2
8	석유제품	2.9	18	광학기기	1.2
9	반도체제조용장비	2.4	19	자동차부품	1.0

한국 방위산업은 2025년 수주고 100조원으로 세계 2위다. 2025

년 하반기 우크라이나 전쟁이 종식된다면 해외건설업이 호재다.

트럼프 정부에서 한국 생존전략은 미국 네트워크 확대와 현지 생산 증대, 교역을 미국중심 전환, 그리고 한국 법인세 인하와 4차 산업혁명 규제완화다.

다섯째, 상속세와 자본이전 관련 규제 완화를 통해 장기 경영과 기업 승계를 유도해야 한다. 정부는 재정 지원을 넘어서, 기업의 성장 조건 자체를 새롭게 만들어야 한다. 싱가포르와 캐나다는 상속세를 없애고 기업승계를 지원하고 있다.

여섯째 한국은 교역을 확대해야 한다.

우리나라는 세계에서 두 번째로 무역의존도가 높은 나라다. 전체 GDP의 75%가 무역에 의존하고 있으며, 이는 대외 환경에 대한 민감도를 높이는 원인이다.

특히 최근 트럼프 미국 대통령의 25% 고관세 정책과 미국 우선주의가 전 세계 경제에 큰 타격을 주고 있다.

그의 보호무역 정책은 한국 경제에 큰 부담이다. 트럼프 대통령은 한국에 25% 관세 인상, 50% 철강 관세, 환율관찰국 지정 등을 통해 한국을 압박하고 있다.

이에 대응하기 위해 정부는 보다 정교한 통상 외교 전략을 수립해야 한다. 미국, 중국, EU 등 주요 교역국과의 관계를 다변화하면서도, 경제적 이익을 극대화할 수 있는 실용적 접근이 필요하다.

정부는 국익을 중심으로 통상 환경을 안정화하고, 수출 시장을 다변화하여 한국 경제의 외풍을 최소화하는 데 집중해야 한다.

일곱째 국내 경제를 살리기 위한 과감한 재정정책이 요구된다.

현재 내수 경기 부진, 청년층 취업률45%, 중소기업 자금난 등 복합적인 경제 위기가 누적되고 있다. 이러한 상황에서 정부의 역할은 뚜렷하다.

20조 원 이상의 추경을 편성하여 경기 부양의 불씨를 다시 살려야 한다. 단순한 일회성 지원이 아니라, 일자리 창출, 녹색 전환, 인공지능 산업 육성 등 미래 성장 동력에 대한 투자로 이어져야 한다. 정부는 그동안 '재정은 국민을 위해 쓰는 것'이라 강조해 왔으며, 지금이야말로 그 원칙을 실천할 최적의 시점이다.

예산 집행의 공정성과 효율성은 반드시 함께 고려되어야 한다. 재정 투입은 국민 누구에게나 공정하게 돌아가야 하며, 그 과정에서 낭비 없이 최대의 효과를 거두도록 설계되어야 한다.

지금 대한민국은 안팎으로 중대한 갈림길에 서 있다. 세계 정치경제 질서는 빠르게 재편되고 있다.

맺음말: 생존 이후의 길

지금 한국 기업들은 '생존'을 위한 결단의 시기를 지나고 있다. 하지만 생존은 끝이 아닌 새로운 성장의 출발선이 되어야 한다.

기업이 살아야 일자리도 살고, 국민의 삶도 살아난다. 위기 속에서 역동성을 회복하고, 제도적 장벽을 낮추며, 민간 주도의 혁신이 가능하도록 돕는 것이야말로 한국 경제가 다시 도약하는 유일한 길이다.

'성장의 끝'은 곧 '생존의 시작'이다. 한국 기업들은 이제 눈앞의 성과보다 지속 가능성을 바라본다. 과거의 성공 공식이 통하지 않는 시대, 생존 전략을 고민하는 것은 선택이 아닌 필수다. 이 변화의 파동은 기업에서 개인, 그리고 사회 전체로 번지고 있다.

우리가 마주한 이 거대한 전환의 시대, 어떻게 버티고, 다시 일어설지를 함께 고민해야 할 때다.

대표 업종 투자하기

저자의 주식 투자 추천 종목은 엔비디어, 네이버, FAMANG 주식이다.

주식 투자는 여윳돈과 매월 급여에서 일정금액을 투자하자. 시가 총액 1등 주식에 투자하자. 업종 일등주식에 투자하는 것도 좋다. 전자 분야에서는 삼성전자. 자동차는 현대기아차. 화학주는 LG화학 주를 추천한다. 시가 총액 10위 이내의 대기업에 투자해야 한다.

주식에 투자하여 망하는 경우가 많다. 100명 중 99명이 망한다고 한다. 업종 대표 주에 투자하지 않고, 횡령하고 도망하는 기업들에 투자하기 때문이다. 삼성전자나 현대자동차 등의 우량 기업들은 횡령하지 않는다. 삼성전자의 시가 총액은 600조 원이고, 현대자동차의 시가 총액이 120조 원이다. 이런 큰 기업들은 횡령을 못

한다. 기아자동차 같은 경우에는 자본금이 1조원 가까이 된다. 현대자동차는 자본금이 8천억 원이다. 업종 대표 주에 투자하여야 한다.

LG화학은 우리나라 애널리스트나 전 세계 투자자들이 가장 유망하다고 보고 있는 기업으로 전기 자동차 배터리를 만든다. 경유차, 가솔린 자동차들이 앞으로는 전기 자동차로 대체될 것이다. 따라서 배터리를 납품하는 LG화학이 성장성이 있다.

굳이 주식에 투자하지 않더라도, 주식은 매일 관찰하여야 한다. 앞으로의 세계 경제 흐름을 이해할 수 있기 때문이다.

주식 투자로 돈을 많이 번 유명한 사람 중에 세계적 경제학자 케인즈가 있다. 금세기 가장 유명한 경제학자로 미국 경제를 살린 사람이다. 케인즈가 쓴 『일반이론』은 현대 경제학 이론에서 가장 많이 나오는 인용되는 저서로 그의 경제이론은 현대 경제학의 큰 흐름을 형성한다. 옥스퍼드 대학이 대학기금을 좀 살려달라고 그에게 대학 기금 운영을 맡겼다. 케인즈가 옥스퍼드 대학 기금 투자에서 자꾸 손실을 보아 물었더니, 자기 돈은 아내가 다트로 종목을 찍어 주식을 사고. 옥스퍼드 대학 기금은 자신이 분석해 투자한 탓에 그렇게 되었다는 우스갯소리를 했다고 한다. 그만큼 주식 투자가 어렵다는 의미이다.

워렌 버핏은 마이크로소프트의 빌 게이츠에 이어 현재 전 세계 부자 순위 2위이다. 워렌 버핏의 투자 방식은 우량주에 대한 장기 투자였다. 주식을 사면, 3~5년간은 팔지 않는다. 그의 투자 소신은 평생 가지고 갈 주식이 아니면 절대 사지 않는 것이다. 언제 어떻게 변할지 모르는 코스닥 주식은 평생 가져갈 수 없다.

개인들이 직접 투자하기란 결코 쉬운 일이 아니다. 신경을 많이 써야 하고 어렵기 때문에 간접 투자가 더 나을 수도 있다. 간접 투자하면 직접 투자에 비해 연구를 덜해도 되기 때문이다. 직접 투자에 나서려면 매일 신문을 보며 분석해야 하고 세계 경제는, 또 우리나라 경제는 어떻게 될까, 그리고 내 경제는 어떻게 해야 될까를 고민해야 한다.

어떻게 선택하고, 언제 매매할 것인가?

CB(convertible bond)를 전환 사채라고 부르는데, 발행 시장에 나온다. 일반적인 주식 거래는 유통 시장에서 이루어지는 거래를 말하고, 발행 시장은 경제 신문 등에 공시되는 공모주 청약 등의 거래 시장을 말한다. 실권주 청약, 공모주 청약, 전환 사채 등 주식 투자 용어를 알아야지 올바른 투자를 할 수 있다.

기아 자동차 CB는 2009년 2월, 3월에 각각 5천 원, 6천 원이었다. 2025년 기아자동차 주가는 약 10만원으로 20배 올랐다. 발행 후 불과 2년 만인 2010년 11월에 만 원을 돌파했다. 주식시장은 이렇게 부동산 시장에 비해 굉장히 빠른 속도전을 요한다.

주가 수익 비율인 PER는 주가가 1주당 수익의 몇 배가 되는지를 평가하는 지표로, 우리나라 PER 평균 10~12배 수준이다. 2025년 삼성전자의 주당 순이익은 1만 원쯤 된다. 최근 기아, 현대 자동차의 PER는 12이다. PER는 미래 가치를 반영한다.

이렇게 주당 수익에 대한 주가 배율을 PER라고 보면, 현대자동차와 기아자동차의 PER에서는 배율 차이가 많이 난다. 예컨대 현대자동차의 PER가 19, 기아차가 12라면, 앞으로 기아자동차가 더 오를 것이라는 것을 예측할 수 있다. 기아자동차 주식은 쉬지 않고 15일간 계속 상승했다.

주식 매수 시점은 눈여겨보다가 10% 오를 때, 예컨대 3만 원짜리 주식이 10% 오른 3만3천 원에 매수하면 된다. 반대로 매도할 때는 꼭짓점에서 10% 내릴 때 팔면 된다. 종가 기준 전일보다 10% 내렸을 때 팔아라. 살 때는 2분의 1이나 3분의 1씩 사라.

상장 기업 분석 책자를 서점에서 구입하려면 3만 원 가까이 들여야 하지만 증권사에 계좌를 만들면 한 권씩 준다. 증권사에 가서 그냥 상장 기업 분석 책 달라고 해도 준다. 지난 책도 받아서 보라. 1년에 두 번씩 펴내므로 재고는 항상 있다. 상장 기업 분석 책에는 2025년 기준 우리나라 전체 상장 기업 2,500개에 대한 분석이 다 들어있다. 재무제표부터 해당 기업이 무엇을 생산하는지 종업원 규모는 얼마인지 모두 알 수 있다.

마트에 가면 주부들이 주로 어떤 품목을 구입하는지, 사람들은 요즘 어떤 상품에 관심을 가지고 있는지, 내가 최근 산 물건은 무엇인지를 늘 관찰해야 한다. 사람들이 일상에서 선호하여 구입하는 제품이 무엇인지 판단하여 해당 기업의 주식을 사면 된다. 일상생활과 관련된 주식으로는 LG생활건강이나 CJ 주식이 강세를 보이고 있다. 생활 주식을 적극 추천한다. 아모레화장품을 만드는 태평

양화학의 주가는 30만 원이 넘었다.

주식 투자 종목 선택에서 제일 중요한 것은 성장성이다. 우리 경제의 성장 과정에 따라 가정에서 구매하는 품목을 보면 돌이켜보면, 일반적으로 가난을 벗어나며 제일 먼저 구입했던 품목들은 주로 TV, 냉장고, 전화기를 들이고, 맨 마지막에는 자동차를 구입한다. 결국 현대자동차, 기아자동차 등 자동차 주식은 그렇게 상승했다. 현대차, 기아차, 모비스는 우리나라 시가 총액 10위 안에 들어있다.

주식 투자로 부자가 된 지인이 2009년 1월에 현대 자동차 주식을 추천했다. 그 이유를 물었더니 "철강과 전자는 우리나라가 세계 최고이다. 포스코, LG 전자, 삼성전자는 가격과 기술 경쟁력에 있어 최고 기업이다. 자동차는 철강 및 화학, 그리고 전자 제품으로 이루어진다. 그러니 자동차도 우리나라가 세계 최고가 될 것이다"라고 하였다. 들어보면 매우 단순한 논리이다. 그때 당시 현대자동차 주가는 5만 원이었는데, 현재는 20만 원에 이른다. 그 당시에 비해 현대자동차 주식은 5배, 기아자동차 주식은 10배 정도 올랐다.

본주는 M&A 등 의사결정에 참여할 수 있는 권리가 있는 주식이고, 우선주는 의가결정권 없이 배당을 우선하는 주식이다. 현대자동차 주식이 20만 원, 현대자동차 우선주는 10만 원이다. 보통주와 우선주의 차이는 보통 60% 정도이다. 그렇게 본다면, 현대자동차 우선주 10만 원은 본주에 비해 저평가되어 있다고 볼 수 있다. 삼성전자 본주는 현재 지금 8만 원선인데, 우선주는 7만 원선 정도이다.

현대자동차는 매년 배당을 실시한다. 액면가 5천 원 기준 주당 1,500원에서 2,000원씩 배당한다. 그렇게 얻는 수익을 배당 수익이라고 한다. 배당을 실시해 시세가 일부 떨어지는 것을 배당락이라고 한다.

주식 투자 시 현재의 유통 시장보다 발행 시장의 공모주 청약이나 전환 사채(CB)에 투자하라. 전환 사채는 3개월 뒤 주식으로 전환해 준다.

아파트 청약

대한민국 국민이 누구나 아파트 청약에 계속 당첨될 권리가 있다. 아파트 청약에 당첨되더라도 1년이 지나면 다시 청약 1순위가 회복된다. 또 집이 한 채 있어도 32평 이상은 당첨 후 5년 지나면 1순위를 회복할 수 있다. 이런 사실을 아는 사람들은 예상 회로 그리 많지 않다. 아파트 청약 통장을 가지고 있어도 그 통장이 무슨 역할을 하는지 제대로 모르고 가입한 사람도 많다.

> 1. 통장 확인: 종합, 저축, 부금, 예금
> 2. 민영 아파트 공고: 경제신문
> 3. 청약저축: LH(주공), 도시개발공사, 보금자리, 임대 아파트, 공공 분양
> 4. 일반 분양 공고: 부동산 홈페이지 수시 확인, 부동산114, 닥터아파트 등

부동산 투자를 학습하면서 가장 먼저 해야 할 일이 청약통장에 가입하여 어떻게 활용하는지 이해하는 것이다. 아파트 청약 종합저축통장은 2009년 5월에 정부가 만들었다. 민영 아파트와 주공 아파트를 동시에 청약할 수 있게 만든 조치이다. 그 외에 청약저축통장, 청약부금, 청약예금이 있는데 넷 중 어느 하나는 꼭 가입하여 놓아야 한다. 청약저축에 가입한 후에는 반드시 경제 신문을 구독해야 한다. 매일경제신문이든 한국경제신문이든 무엇이든 구독하라.

2010년 하반기 즈음 유례없는 부동산 가격 하락이 있었는데, 최근에는 반등하여 오히려 가격 상승이 사회적 문제로 대두되고 있다. 2010년 즈음은 1997년 IMF 이후 처음으로 우리나라 부동산 가격 하락을 경험했다.

어쨌든 한국에서 집은 반드시 사야 하는 것으로 생각한다. 평생 전세로 살 생각이 아니라며 내 집을 소유하여야 한다. 집값이 오르내릴 수도 있지만, 주식과 달리 집은 투자 개념이 아니더라도 거주하기 위해 필요하기 때문이다.

민영 아파트 청약을 위해서는 관심을 가지고 공고를 계속 확인해야 한다. 일주일에 한 번은 꼭 공고가 나온다. 한국경제신문은 매주 월요일, 매일경제신문은 매주 금요일에 부동산 전망 기사가 실린다. 이처럼 경제신문은 매일 증권, 부동산 관련 뉴스가 쏟아져 나오므로 경제 전망과 투자를 위해서는 반드시 구독해 봐야 한다.

청약저축통장에 가입한 경우 일주일에 한 번 이상은 LH공사(전 주택공사)와 도시개발공사 홈페이지를 확인해야 한다. 문재인 정부가 가장 내세우는 주택 정책이 보금자리주택이다. 보금자리주택도 청약저축통장에 가입한 경우만 신청할 수 있다. 강남 지역 보금자리주택은 납입 횟수가 최소 120회, 서울 일반 지역은 최소 40~50회 이상이어야 가능성이 있다. 그러니 최소 3년 이상은 청약저축에 납입해야 한다. 그런데 민영이든 청약저축이든 모든 아파트는 6개월만 입금하면 2순위를 갖는다. 청약 순위를 보면, 통장이 없는 사람은 무순위(4순위), 통장에 1회 이상 가입하면 3순위, 6개월 이상이면 2순위, 2년 이상을 납입하면 1순위 자격을 취득한다. 1순위 중에서도 우선순위는 청약저축 납입 횟수가 60회 이상인 경우이다. 60회면 5년이다. 청약저축은 가입 횟수를 우선 판단하고 60회, 즉 5년 이상 가입자들에 대해서는 가입 금액을 우선한다. 그러므로 가급적 매달 10만 원씩 꼬박꼬박 납입하는 게 좋다. 청약저축의 밀린 금액은 일시불로 입금할 수 있다. 자녀나 조카가 태어나면 청약저축통장을 선물하라. 그리고 매달 10만 원씩 넣지 말고 처음에는 2만 원씩만 넣어주라. 청약 신청 자격은 만 19 이상부터 주어진다. 20년이 되면 240회가 되어 서울의 아무리 경쟁이 높은 곳도 당첨 가능성이 있다.

민영 아파트 청약

- 민영 아파트: 500세대 이상이 좋고 1,000세대 이상이면 가장 좋음 (근처에 대규모 단지가 있는 경우 나 홀로 아파트도 가능)
  - 주변 여건: 학교, 상가 등
  - 투자 지역: 강남, 서초, 송파
  - 실거주 목적: 본인이 거주하기 편한 곳
  - 자금 부담: 10%(계약금 준비), 현재 전세금

500세대 이상의 단지가 형성된 아파트는 가격이 비싸다. 한 두동만 있는 나 홀로 아파트는 비교적 싸다. 대규모 단지 근처에 있는 나 홀로 아파트에는 투자나 거주용으로 구매해도 괜찮다. 어쨌든 집이 없다면 주식이나 땅에 먼저 투자하지 말고 집부터 먼저 마련해야 한다. 투자 지역은 서울에서는 강남, 서초, 송파 등지가 교육 때문에 가치가 높다. 해당 지역은 2010년의 부동산 경기 하락에도 별로 영향을 안 받았다. 파주, 용인 등 수도권은 많이 하락했었지만, 해당 지역은 5%정도 내외의 하락에 그쳤다. 다만 부산에서 발생했던 오피스텔 화재 사건의 여파로 20층 이상은 좀 많이 하락했다. 실거주 목적이라면 어디든 상관없다. 거주의 편리성이 우선이다.

3억 원의 집이라면 월급쟁이가 아무리 알뜰하게 모은다 해도 30년 이상 걸리는 금액이다. 그러니 두려운 마음 갖지 말고 계약금 10%만 마련해 시작하라. 중도금은 대부분의 경우 건설사가 대출을 통해 차후 이자만 부담하면 된다. 마지막 입주 시에 잔금이 없다면 전세를 내 해결하면 된다. 보통 3억 원 정도의 분양 아파트 전세가는 대략 1억5천~2억 원 정도 된다. 전세를 포함하면 자기 돈 거의 안 들이고 집을 소유할 수 있다. 많은 사람들이 아파트 분양 가격이 없어 집을 못 산다고 한숨 쉬는데 걱정할 필요 없다. 일단 당첨 가능성만 있다면 무조건 참여해야 한다.

예컨대 분양가 5억 원이었던 30평형 잠실 아파트는 2025년 현재 20억 원에 거래된다. 초기 분양가 5천만 원만 있었다면 계약할 수 있었다는 얘기다. 그런데 지금 이 아파트의 전세가는 13억이다. 그러니 아파트 1,000세대 이상을 목표로 계약금 10%만 준비가 되면 당장 하라. 이자는 중도금 받을 때만 내면 된다. 일시에 아파트를 살 때는 목돈이 들어가지만, 청약으로 당첨되면 초기 자금은 거의 안 들어간다.

게다가 직장인인 경우 1년에 천만 원까지 소득 공제해준다. 그러니 한 달에 80만원씩 이자를 낸다 해도 연말 정산 시 공제를 해주므로 충분히 대출을 받아 집을 사도 된다는 이야기이다. 한 달에 80만원 이자를 갚을 수 있다면 3억 원을 대출받을 수 있다. 4억 원 아파트를 3억 원의 대출을 받고 구입했다고 하자. 그러면 다른 데 적금 넣을 필요 없이 대출 이자만 갚으면서 내 집에서 살면 된다. 직장인이이라면 이런 식으로 이자를 공제 받고 충분히 서울살이를 할 수 있다.

청약을 위한 첫 번째 조건은 교육 여건이다. 강남이나 목동이 인기 있는 이유이다. 두 번째는 교통, 세 번째는 주변 환경이나 조망이다. 직장인 같은 경우는 한 시간 안에 출근할 수 있는 거리면 더욱 좋다. 실거주 목적이라면 편리성이 제일이겠지만, 투자 목적이라면 강남, 서초, 목동 등이 좋다.

부동산 어떻게 고를 것인가?

- 지하철 1km 이내 역세권
    - 5호선: 방화동, 묵동, 여의도, 마포, 왕십리, 천호동
    - 7호선: 중랑구 중화동, 상봉동, 면목동, 중곡동 노원구 중계동, 공릉동
    - 8호선: 잠실, 성남 모란시장 부근
- 저층 아파트
- 전세권 비중이 높은 곳

부동산은 역세권이 좋다. 부동산뿐 아니라 모든 투자가 우선 편리해야 한다. 거기에 환금성, 즉 여차할 때 돈으로 바꾸기 쉬운 투자가 좋다. 주식은 3일이면 환금되니 제일 낫고 부동산은 환금성은 주식에 비해 안 좋은 편이지만 아파트는 그나마 토지보다 나은 편이다.

거주 목적이든 투자 목적이든 어떤 곳을 사는 것이 좋은지 물으면

제일 공통적 입지 조건은 지하철 종점, 버스 종점 지역이다. 얼마 전만 해도 마천역은 5호선 종점이었다. 마천은 서울에서도 낙후된 지역에 속했었는데, 서울시에서 대규모 재건축을 하기로 했다. 5호선의 반대편 방향인 마곡동도 노려볼 만하다. 거주 목적이든 투자 목적이든 5호선, 7호선 등 지하철 종점을 주목하라. 마천은 지하철과 버스 종점이 겹치는 곳이었다. 버스회사가 적자가 많다고 하는데, 버스 차고지로 이용하려면 넓은 땅이 있어야 하므로 버스회사들은 땅으로 돈을 많이 번다. 서울에 관심을 가지되 현재 살고 있는 지역 종점을 중심으로 집값이 오른다는 것을 유념할 필요가 있다.

저층 아파트는 2000년대 초반부터 2007년까지 재건축 때문에 많이 올랐다. 2025년 강남구 개포동 32평은 30억 원이다. 과거 개포동 1~5단지는 전부 5층 이하 저층 아파트이다. 개포동의 아파트는 13평인데 대지가 18평이다. 아파트는 가구 수로 땅의 지분을 나누기 때문이다. 개포동 아파트 13평이 2018년 15억에 거래되는 이유이다. 서울 외곽 지역이면 엘리베이터가 없고 대지가 넓은 저층 아파트에 주목할 필요가 있다.

전세권 비중이 높은 곳은 서울 상계동, 신림동, 봉천동 등이다. 집값 대비 전세가가 75~80% 정도이다. 상계동 주공 7단지는 집값 대비 전세 값이 90%까지 올랐었다. 13평의 매매가는 1억이었는데 2025년 7억까지 올랐다. 이런 곳을 투자 목적으로 노려도 된다. 투자 목적으로 서울 외곽을 보면 파주, 일산 같은 한강 이북보다 용인, 성남 등 이남이 좋다. 경부선을 중심으로 한강 이남이 먼저 발전했기 때문이다.

서울 외곽의 경우 집값이 1억이라면 자금이 2천만 원만 있어도 투자 목적으로는 구입 가능하다. 의정부 호원동 같은 서울 외곽 지역도 좋다. 의정부에 25평 아파트 매매가는 1억 원이고 전세가 8천만 원 정도할 때 2천만 원으로 100채 정도를 구입하여 부동산 임대업을 한 사람도 있다. 불과 3년 전이었는데, 한 채에 2억, 2억 5천만 원으로 올랐다.

의정부 집값이 오를 거라고 예상했던 이유가 상계동과 전철로 두 정거장 차이인데 상계동 아파트는 2억 원이고 의정부 아파트는 1억 원이었기 때문이다. 그리고 집값과 전세 값 차이가 10%였고 지하철만 연결되면 서울로 출퇴근 가능한 거리라고 본 것이다.

파주도 서울역에서 지하철이 연결되었고 집값 대비 전세 값이 80~90%이다. 앞으로 투자 계획이 있다면 대전의 신탄진을 눈여겨봐야 한다. 신탄진도 전세가가 집값의 90%에 이른다.

부동산 투자 수칙

부동산은 내 집을 마련한다는 취지를 우선하여 투자해야 한다. 실거주 목적이라면 집값이 내려도 크게 상관없다. 아파트 구매 시 가장 바람직한 방법은 급매물을 구매하거나 청약통장을 활용하는 것이다. 아파트를 한 채 보유하고 있더라도 청약통장으로 분양을 받을 시 30평 이상 아파트는 1순위 자격이 부여된다. 30평 이하는 무주택자가 1순위이지만, 30평 이상은 집을 한 채 보유해도 1순위를 준다. 청약 자격이 없는 경우는 동네 공인중개사를 통해 아파트 급매물을 구하라. 경매는 포털 사이트에 '경매'만 입력해 검색해도 많은 경매 사이트를 확인할 수 있다. 땅은 환금성이 낮으니 투자를 자제하는 것이 좋다. 땅에 투자하는 경우에도 반드시 먼저 집을 장만한 후 투자해야 한다.

중국에서 가장 부자가 된 사람 중 한 명은 황무지와 늪지를 샀던 사람이라고 하는데, 집을 장만한 후라면 투자 목적으로 근처의 미개발 부지, 임야를 사두는 것도 방법이다. 부동산 경매를 통해 천만 원으로도 몇 백 평의 땅을 살 수 있다. 부동산 가격이 전반적으로 하락하는 약세장에서는 가격이 불분명한 빌라보다는 아파트에 관심을 가져야 한다. 단독주택이나 빌라는 매가가 정확치 않아 불안할 수 있다.

한때 동대문에 밀리오레가 잘되니까 전국 대도시에 밀리오레를 분양했는데, 전부 다 깡통 상가가 됐다. 건물만 덩그러니 있고 안은 텅텅 비어 있다. 1, 2억 원씩 주고 분양받았는데 장사는 안 되고, 매월 관리비는 내야 한다. 때로는 계약금을 포기하고 싶지만 그럴 수도 없는 노릇이라 지방 사람들만 울고 있는 상태이다. 그래서 투자는 상가보다 주택이 안전하다. 그리고 투자는 아는 만큼만 해야 한다.

블록체인과 4차 산업혁명 인재 육성

1. 블록체인 기술

블록체인 기술은 해킹과 위조로부터 데이터를 보호하는 원장 분산 기술로서 4차 산업혁명 시대에 반드시 필요한 혁신 기술이다. 블록체인은 암호화폐와 밀접히 관련되어 있어 일각에서는 투기와 관련해 무조건 나쁜 것으로 몰아가는 데 이는 바람직하지 않은 관점이다. 이미 2016년부터 세계 기업 최고경영자와 지식인이 한자리에 모이는 글로벌 행사인 다보스포럼에서 '블록체인 기술과 빅데이터가 세계 경제를 주도할 것'이라는 전망이 제시됐다. 정부 차원에서 블록체인 기술을 활용한 나라도 있다. 대표적으로 스웨덴·미국을 꼽을 수 있다. 스웨덴은 현재 부동산 거래 시 등기·등본·증명서 등을 블록체인으로 저장·승인하는 시스템을 시범 운영한다. 미국은 버몬트주를 비롯한 몇몇 주에서 부동산 거래에 블록체인 기술을 사용한다. 블록체인 기술을 활용하여 주민번호나 등기부 등본 등을 위조해 거래하는 범죄 행위를 막을 수 있다. 학계에서는 블록체인 관련 전공·수업을 앞 다퉈 개설하고 있다.

2. 4차 산업혁명 인재육성에 나서야 한다

대한민국은 1997년 IMF 이후 경제를 살릴 하나의 방법으로 국가 인터넷망을 구축했다. 여기에 전 세계에서 가장 높을 교육열과 인프라를 이용해 우리 경제를 활성화하는 데 블록체인 등 4차 산업혁명을 시험하는 테스트베드가 되어야 한다.

테스트베드는 어떤 신제품 또는 새로운 플랫폼 등이 출시되었을 때 가장 먼저 시험하여 그 반응에 따라 문제점이나 오류를 잡아내는 것을 말한다. 이미 게임, 영화, 디지털 기기 등 여러 분야에서 한국은 이미 테스트베드가 되어 있다. 이제 블록체인과 공유 경제, 무인 자동차, 그리고 사물 인터넷 등 전 분야에 걸쳐 테스트베드로서의 역할을 강화해야 한다.

우리의 우수한 인터넷 망과 스마트폰 보급률, 그리고 통신 인프라는 국가 전체를 테스트베드화하는데 적격이다. 좁은 국토에 5,000만 명 인구가 밀집해 있는 환경은 이러한 시험장으로서의 역할에 오히려 긍정적 요소로 작용한다.

전 세계는 4차 산업혁명의 거대한 물결로 출렁이고 있다. 우리가 일본으로부터 지배를 받았던 역사 경험은 새로운 문물을 일찍 받아들이지 못하고 쇄국정치로 문을 닫았던 탓이었다. 이제 우리는 더 이상 세계의 큰 흐름을 무시해서는 안 된다. 그런데 아직 우리나라는 무인 자동차, 블록체인, 그리고 공유경제 등에 대한 사회 경제적 합의가 없는 상태다. 전 세계적으로 우버, 에어비앤비, 무인 자동차 등이 활성화되거나 준비되고 있는데, 한국은 여러 이유로 아직 허용하지 않고 있다. 이러한 4차 산업혁명의 새로운 혁신적 아이디어를 시급히 허용하고 테스트베드 역할을 제공할 수 있어야 한다.

1800년도 영국에서는 산업혁명으로 기계가 사람들의 일자리를 뺏는다며 기계를 파괴하는, 러다이트 운동이 일어났다. 그러나 도도한 변화의 물결 속에서 기계 문명은 오히려 계속 발전하여 러다이트 운동은 실패로 끝났다. 4차 산업혁명으로 인공지능이 활성화되면 일자리가 줄어들 것이라고 하지만 오히려 소프트웨어 일자리는 더 필요하다. 지금 일자리 부족으로 사회가 큰 곤란을 겪고 있는데, 그 해결책은 소프트웨어 인력 양성에서 찾아야 한다.

우리나라도 유럽에서와 같이 초등학교부터 코딩을 의무적으로 가르쳐야 한다. 실직자와 대졸 미취업자에게도 소프트웨어 교육을 강화하는 일이 필요하다. 대학을 졸업하고도 취업을 못 하고 있는 130만 명의 실업자를 국가 예산으로 적정한 임금을 제공해주고, 6개월에서 1년 정도 전문적인 소프트웨어 교육을 시켜야 한다.

삼성이 2,000여 명의 소프트웨어 인재 양성을 시작했다. 교육 기간 동안에 생활할 수 있는 급여를 주며 일 년간 무상으로 교육을 시킬 예정이다. 현재 정부는 대졸 미취업자에게 30만 원 정도의 급여를 지급하며 소프트웨어 교육을 시키고 있지만 이 급여 수준으로는 생계가 어렵다. 백만 원 수준으로 지원을 올려 생계를 보장하며 대대적으로 소프트웨어 전문 인력 양성에 나선다면 한국은 경제 강국으로 우뚝 설 수 있을 것이다. 우리나라의 하드웨어 기술 수준은 이미 세계 최강의 위치에 있다. 소프트웨어 분야만 보강된다면 세계 최고 선진국으로 성장할 수 있을 것이다.

결론은 세상의 변화에 문을 닫지 말고, 그 변화를 리드해야 하는 것이다. 그 첫걸음이 초등학교부터의 코딩 교육을 통한 소프트웨어 전문 인력 양성에 있다.

암호화폐 투자

암화화폐를 건전한 투자로 간주한다면 문제가 없겠지만, 투기꾼들과 일부 악성 창업자들이 투기 수단으로 악용해 사회적 문제를 일으키고 있다. 모든 투자의 3대 원칙은 안전성, 환금성, 수익성이라고 앞서 강조한 바 있다. 이 기준에서 암호화폐는 아직은 안전성을 담보할 수 없으므로 위험 투자 수단이라고 볼 수 있다.

암호화폐는 블록체인 기술과 동반 성장할 것이다. 하지만 세계적으로 거래량이 많고 대형 기업이나 국가가 인정하는 몇몇 암호화폐에 대해서만 가치가 올라갈 것이다. 반대로 거래량이 적고 사용처가 확실하지 않은 암호화폐는 사라질 것이다. 한마디로 수많은 암호화폐 중에서도 긴축통화 역할을 하는 비트코인·이더리움 등을 중심으로 가치가 오를 것이다.

특히 비트코인은 미국 나스닥에도 올라간 금융 상품이다. 만약 우리나라에서 미국으로 송금하고자 할 때 앞으로는 현금보다 비트코인으로 거래될 확률이 높다. 은행 송금 수수료가 10% 이상인 반면 비트코인은 2~3% 선이기 때문이다. 스마트폰으로 비트코인을 송금하면 수신자가 미국에서 비트코인을 현금으로 바꿔 사용할 수 있다.

하지만 투기 수단으로 만들어진 암호화폐들이 있어 투자 위험성을 감안해야 한다. 과거 코스닥에서 1년에 10개 이상의 기업이 도산한 경우가 많았다. 기업자들이 코스닥에 기업을 상장하고 기업어음이나 채권을 발행한 후 이를 개인에게 팔고 부도를 내다. 기업을 통해 돈을 버는 것이 아닌 상장을 통해 돈을 모으는 일종의 '돈놀이'다. 현재 암호화폐 시장에도 이 같은 경우가 종종 있다. 거래소에 상장한 후 거품처럼 사라지는 투기성 암호화폐에 투자하면 안 된다.

암호화폐에 투자하는 경우 가능하면 긴축통화 역할을 하는 암호화폐에 한해 투자하는 걸 추천한다. 통화 가치가 없는 작은 회사의 암호화폐는 안전성을 담보하지 않기 때문이다. 비트코인을 주면 새로운 암호화폐를 몇 배로 주겠다는 곳도 나중에 현금화하기 어려울 수 있다. 이 때문에 대형 암호화폐가 아니면 소액만 투자하는 게 좋다.

가상화폐 제도와 규정을 만들자

김대종 세종대 경영학부 교수

가상화폐에는 투자하지 말아야 한다. 투자를 원한다면 비트코인과 이더리움 같은 주요 화폐에만 투자해야 된다. 정부는 2021. 9. 24을 암호화폐 인가 규정 마감 시한으로 공시했다.

가상화폐가 연일 뉴스에 보도되고 있다. 한국에서 상장된 가상화폐만 1,500여 개가 넘는다. 미국에 상장된 가상화폐는 58개, 일본은 5개 밖에 상장되어 있지 않다. 한국에는 가상화폐 상장(ICO)에 대한 규정 자체가 없기 때문에 1,500개가 넘는 가상화폐가 상장된 것이다. 한국은 가상화폐 거래소에 대한 규정도 없다. 때문에 한국의 가상화폐 거래소는 200개가 넘는다. 가상화폐는 전 세계적으로 만 개가 넘는다. 이렇게 가상화폐에 대한 규정과 제도가 현재 우리나라에서 없기 때문에 문제 심각하다. 금융감독원과 기획재정부가 2022년부터는 양도세를 20% 부과하겠다고 발표하여 논란이 일었다. 투자 상품으로 인정하지 않으면서 양도 차익에 대해서만 과세를 부과한다는 것은 문제가 있다. 정부는 서둘러 미국과 일본 등 선진 국가에서 규제하는 정도의 규정과 제도를 만들어야 한다.

제도와 규정이 없다보니 주로 20~30대가 큰 피해를 보고 있다. 현재는 민간 자율로 상장 운영되고 있는데, 이것이 큰 피해를 키운다. 비트코인을 제외한 가상화폐를 알트코인 또는 잡코인이라고 부른다.

우리나라에서 가상화폐 상장은 코인 발행 기업이 거래소에 상장을 신청하면, 민간 거래소가 상장 여부를 결정한다. 정부의 법규와 제도가 없어 민간 가상화폐 거래소가 100% 자율로 결정하는 것이다. 한 대형 거래소는 가상화폐 기업의 사업 계획서, 기술 보고서 등의 서류를 받아 평가한다. 가상화폐를 발행하는 기업이 암호화폐 가격과 배분 등을 결정하기에 문제가 더욱 심각하다.

주식시장에서 기업 상장을 위해서는 감사 의견, 재무 심사 등 최소 9가지 기준을 충족해야 하므로 1년 이상의 시간이 걸린다. 그러나 가상화폐시장에서는 평가를 제대로 하지 않기에 검증되지 않은 알트코인이 상장된다. 국내 대형 거래소인 업비트에는 180여개의 가상화폐가 상장돼 있다.

금년에 뉴욕증시에 상장된 미국 최대 거래소 코인베이스에는 58개 코인만 상장되었다. 일본 최대 거래소인 비트플라이어는 비트코인, 이더리움 등 5개 코인만 상장돼 있다. 한국에는 가상화폐 투자자 보호를 위한 공시 규정과 제도가 전혀 없다. 코인을 발행하는 기업이 허위 공시를 하더라도 이를 적발하거나 처벌하기도 어렵다.

정부는 주식시장처럼 가상화폐 상장과 거래소 규정과 제도를 서둘러서 만들어야 한다. 암호화폐는 블록체인 기술과 동반하여 성장할 것이다. 하지만 세계적으로 거래량이 많고 대형 기업이나 국가가 인정하는 비트코인 등 암호화폐만 가치가 올라갈 것이다. 반대로 거래량이 적고 사용처가 확실하지 않은 암호화폐는 조만간 사라질 것이다. 한마디로 수많은 암호화폐 중에서도 기축통화 역할을 하는 비트코인만 살아남을 가능성이 높다.

가상화폐 투자는 위험 요소가 매우 많다. 투기 수단으로 만들어진 암호화폐가 많기 때문이다. 주식시장에서 매년 20개 이상의 기업이 도산한다. 코스닥에 상장한 기업들이 기업어음이나 채권을 발행한 후 개인에게 팔고 부도를 낸다. 기업 운영을 통해 돈을 버는 것이 아니라 상장을 통해 돈을 모으는 일종의 '돈놀이'인 것이다. 암호화폐 시장에도 이 같은 경우가 많다. 거래소 상장 후 거품처럼 사라지는 투기성 암호화폐에 투자하면 절대 안 된다. 개인이 투자한다면 기축통화 역할을 하는 비트코인에만 투자하길 바란다. 통화 가치가 없는 작은 회사의 암호화폐는 매우 위험하다. 비트코인을 주면 새로운 암호화폐를 몇 배로 주겠다는 곳은 현금화하기 어려울 것이다.

> 블록체인은 4차 산업혁명 시대에 국가적으로 키워야 할 기술이다. 정부 차원에서 블록체인 기술을 활용한 나라도 있다. 현재 세계는 인공지능, 빅데이터, 블록체인 등 4차 산업혁명이 세계 경제를 주도하고 있다. 대한민국은 세상의 거대한 물결에 편승하여 주도해야 한다. 4차 산업혁명과 관련된 인재가 1,500만 명 필요하다. 정부는 가상화폐에 대하여 외면하지 말고, 지금이라도 서둘러 규정과 제도를 만들어야 한다.

항상 뉴스를 관심있게 보라.

항상 뉴스를 보고 경제 신문을 봐야 한다. 생활 재테크는 먼 곳에 있는 게 아니라 뉴스와 신문에 있다. 경제 신문에 〈매일경제신문〉과 〈한국경제신문〉이 있다. 경제 신문 구독료를 대학생들에게는 50% 할인해준다. TV 메인 뉴스는 가급적 다 챙겨보고, 경제 신문의 중요 기사는 매일 스크랩하라. 그렇게 나만의 경제 노트를 만들라.

'10년에 10억 만들기' 등과 같은 재테크 동아리나 카페가 많다. 이런 모임에 가입해 연구하고 교육받는데 투자를 아끼지 말라. 정답은 경제신문과 뉴스에 있다.

투잡 또는 창업

투잡이 대세이다. 직장을 다니며 창업을 구상해보는 것도 방법이다. 새로운 사이드잡, 투잡이 생기기 전까지는 반드시 현재의 직장을 고수하라.

은행의 ATM에서 돈을 인출하는 경우 인출자의 얼굴이 저장된다. 그 영상 저장 장치를 DVR이라고 한다. 카이스트(KAIST)에서 이 영상 저장 장치를 만들었던 사람은 5천만 원으로 창업하여 자본금 60억, 시가 총액 일조 원에 이르는 기업을 일구었다. 자신이 가장 잘 알고 잘할 수 있는 분야에서 새로운 사업을 구상하라.

서울여대 한동철 교수가 담당하는 〈부자학〉 강의는 사업을 일구어 부자가 되어야 한다고 말한다. 〈두부마을〉, 〈놀부의 식당〉, 〈이랜드〉 그룹도 시작은 조그마한 가게였다. 주식 투자보다 회사를 만들어 주식을 파는 사람이 더 부자가 된다. 『부자 아빠, 가난한 아빠』라는 책이 부자학 교과서의 베스트셀러였는데, 여기에는 다른 사람으로 하여금 돈을 벌어오게 해야 한다는 내용이 있다. 의사도 아침 9시부터 저녁까지 일을 해야 하므로 행복한 부자는 아니라고 말한다. 더 나은 부자는 남이 돈을 벌어오게 해야 한다는 말이다. 창업하여 키워 놓으면 종업원들이 돈을 벌어오지 않겠는가.

가장 좋은 재테크 방식은 좋은 직장에 오래 다니는 것이다

현재 하는 일을 오랫동안 유지하는 게 제일 훌륭한 재테크 방식이다. 주식이나 부동산에 투자하는 게 중요한 재테크는 아니다. 요즘은 50~55세에 직장을 다닌다고 하면 오래 다닌다고 한다. 이직 시 먼저 자리를 찾은 후 옮겨야지, 회사를 먼저 그만두고 다른 자리를 찾으려면 불가능할 수 있다. 직장에 있으면서 다른 직장을 구하기는 비교적 쉬울 수 있지만 직장을 떠나 있으면 자리 구하는 일이 더 어려울 수 있다는 것이다.

우리나라 실업률은 2.5%, 고용률은 60%이다. 경제 활동 인구 100명 중 실제 일하는 사람은 60명, 나머지 40퍼센트는 놀고 있는 것이다. 구직을 포기하여 취업 의사가 없는 경우는 통계상 실업률에 포함하지 않고, 일주일에 1시간 이상만 아르바이트를 해도 비실업로 포함하여 실업률을 계산하기 때문에 믿을 만한 통계라고 보기 어렵다. 이러한 실업률 오류에 따라 지금은 구직률, 취업률, 고용률로 구분하여 통계를 잡는 경향이 있다. 우리나라의 실제 고용률은 55%밖에 안 된다. 그러므로 현재 직장을 오래 다니고, 만약에 이직을 하고 싶다면, 직장을 먼저 알아보고 퇴직하여야 한다.

회사에서 잘 지내야 한다. 상사와 부하 직원들과 잘 지내는 것이 중요하다. 사내 경조사나 회사 모임에는 가능한 한 참석해야 한다. 우리나라의 경우 일반적으로 대기업에 100명이 입사하면 1년 내에 30%가 퇴직하고, 2년 안에 반 이상이 나간다고 한다.

좋다는 직장에서 퇴직하는 가장 많은 이유는 인간관계에 있다. 일이 힘든 건 참고 이해하면 되는데, 인간관계는 어쩔 수 없기 때문이다. 그러므로 직장생활을 잘하는 것이 가장 **훌륭한 재테크**이고, 두 번째 재테크는 사람들과 잘 지내는 것이다.

공부를 잘하는 것이 인생의 정답이 아니라 사람들과의 관계를 잘 유지하는 게 더 필요한 인생 성공 방법이다. 재테크에 성공하려면 직장에서 살아남아야 하고, 직장이 필요로 하는 업무를 잘 수행하라. 그러고 나서 재테크에 나서라.

김 대 종 지음

초판 1쇄	2025년 9월 15일
발행인	강대진
편 집	**표지** 유지인, 최세림
	내지 이혜진, 김정우
발행처	북펀딩
등 록	제 2019-000337호
주 소	서울시 강남구 역삼로8길 21, 2F
번 호	02-540-4440
팩 스	02-554-4440
메 일	copyten@naver.com

© 2025, BookFunding
ISBN 979-11-7454-003-4 (13320)

*이 책은 저작권법에 따라 보호받는 저작물이므로 무단복제와 무단전재를 금합니다.
*이 책 내용의 전부 또는 일부를 이용하려면 반드시 북펀딩의 서면 동의를 받아야 합니다.